ReNew Marketing

Uwe Greunke

ReNew Marketing

10 Instrumente zur Stärkung
Ihres Marketings für mehr Wachstum
und Innovation

 Springer Gabler

Uwe Greunke
Henstedt-Ulzburg, Deutschland

ISBN 978-3-658-13980-3   ISBN 978-3-658-13981-0 (eBook)
DOI 10.1007/978-3-658-13981-0

Die Deutsche Nationalbibliothek verzeichnet diese Publikation in der Deutschen Nationalbibliografie; detaillierte bibliografische Daten sind im Internet über http://dnb.d-nb.de abrufbar.

Springer Gabler
© Springer Fachmedien Wiesbaden 2017

Gedruckt auf säurefreiem und chlorfrei gebleichtem Papier

Springer Gabler ist Teil von Springer Nature
Die eingetragene Gesellschaft ist Springer Fachmedien Wiesbaden GmbH

Geleitwort Daniel Sennheiser

Warum hat das Marketing in vielen deutschen Unternehmen immer noch einen so schweren Stand? Allerorten sehe ich gut gepflegte Vorurteile und Missverständnisse. Auf der einen Seite die seriösen Ingenieure und Techniker, die wissenschaftlich korrekt und mit einer Heerschar von Prozessen Produkte entwickeln, die niemand braucht oder versteht. Auf der anderen Seite eine anarchistische Horde Kreativer, die mit beiden Händen Geld zum Fenster hinauswerfen und meinen, ohne sie gehe gar nichts.

Zugegeben, das ist Schwarz-Weiß-Malerei und Übertreibung, aber wenn Sie ganz ehrlich sind, stimmen Sie insgeheim der einen oder anderen Seite zu, oder?

Ich habe gelernt, dass tiefgreifende Konflikte nur dann zu lösen sind, wenn jeder daran arbeitet, was er selbst vielleicht falsch macht, und die Veränderung bei sich selbst einleitet. Deshalb blende ich hier, als bekennender Marketer, die Seite der Ingenieure und Techniker aus und beschäftige mich mit dem Marketing.

Marketing wird leider viel zu oft noch mit Kommunikation verwechselt. Kommunikation ist ein wichtiger Bestandteil, aber Marketing geht viel tiefer, ist viel umfassender und lässt sich nicht auf „Werbung" reduzieren. Die gute Nachricht ist, dass Marketing gar nicht so kompliziert ist, wie es häufig von Universitäten, Beratern oder Agenturen verkauft wird. Marketing kann man lernen, und dieses Buch ist eine gute Anleitung für jeden, der morgen anfangen möchte, ein Umdenken im Marketing und im gesamten Unternehmen zu starten.

Die schlechte Nachricht ist: Marketing ist nicht so mechanisch und wissenschaftlich, wie es oft suggeriert wird. Nur weil eine Positionierung, eine Kampagne, ein Produkt gestern funktioniert haben, bedeutet es noch lange nicht, dass sie heute und morgen immer noch funktionieren. In jeder Branche, in jedem Markt und mit der Veränderung der Kundenpräferenzen muss die Lösung ständig neu erarbeitet werden. Nur wer sich ständig bewegt, fällt nicht zurück. Das bedeutet auch, Bewährtes loszulassen – und das idealerweise, bevor die Allgemeinheit merkt, dass es nicht mehr aktuell ist.

Was Uwe Greunke anschaulich herleitet, ist, dass die Konstante im Marketing eine Fokussierung auf den Kunden darstellt. Woher weiß ich aber, was der Kunde morgen will? Das klingt so einfach, aber genau darin liegt die Kunst. Der Kunde kann uns nicht sagen, was er morgen will, und heute gibt es „den Kunden" auch gar nicht mehr. Derselbe Mensch zeigt eine andere Präferenz je nach Stimmung, Kontext oder Tageszeit. So gibt es nicht mehr richtig oder falsch, sondern sowohl als auch – oder ganz und gar nicht.

So banal es klingt, die Lösung liegt im Beobachten, in der Empathie für den Kunden (leider noch viel zu wenig verbreitet) – und im Ausprobieren. Ausprobieren und den Kunden fragen, weiter verbessern und in die nächste Iteration gehen. Je rascher und konsequenter diese Iterationen laufen, desto schneller lernt das Team, wie dem Kunden geholfen werden kann. Und spätestens jetzt wird ersichtlich, dass Marketing nicht nur etwas für die Marketingabteilung ist. Es muss ein integraler Bestandteil der Wertschöpfungsprozesse sein und ist eine multifunktionale Veranstaltung.

Warum brauchen wir denn jetzt dieses Buch, wenn Marketing sowieso nur Trial & Error ist? Auch im Marketing ist Platz für Methoden, Prozesse und Strukturen. Nur so lassen sich die Erkenntnisse evaluieren und kann über die Zeit eine gewisse Erfolgswahrscheinlichkeit vorausgesagt werden. Die methodischen Schritte, wie sie hier beschrieben werden, helfen, das Gelernte zu institutionalisieren und zu nutzen. Nur so wird nachhaltig und immer wieder Mehrwert für den Kunden geschaffen. Dieser Mehrwert ist es letztlich, warum der Kunde kauft und wieder kauft.

Speziell im deutschen Mittelstand ist dieser Mehrwert das Geheimnis des Erfolges. Paradoxerweise war Marketing also schon ein wesentliches Element der „Hidden Champions", bevor dieser Begriff genutzt wurde oder es eine Abteilung mit diesem Namen gab. Intuitiv haben sich die Unternehmen, meist in einer Nische, sehr konsequent auf das Kundenverständnis und den Mehrwert für den Kunden konzentriert. Schwierig wird es dann, wenn sich plötzlich die Wahrnehmung des Kunden von funktionalen zu emotionalen Werten verschiebt.

Wir haben das am eigenen Leib erfahren, als die Nische Kopfhörer plötzlich zu einem Modephänomen wurde. Es dauerte eine Weile, bis wir verstanden haben, warum die Kopfhörer eines Konkurrenten, obwohl sie nach all unseren Qualitätskriterien und technischen Maßstäben eindeutig minderwertig waren, trotzdem vom Kunden gekauft wurden. Und es dauerte noch mal eine Weile, bis wir unsere Antwort darauf gefunden haben, nicht einfach die neue Art der Kopfhörer zu kopieren, sondern unseren Qualitätsanspruch mit einer zeitgemäßen Ambition zu verbinden.

Das bedeutet, sich auch klar zu positionieren und Dinge nicht oder nicht mehr zu tun. Das fällt erfolgreichen Unternehmen immer am schwersten. Eine konsequente und brutal ehrliche Analyse der eigenen Situation, der Fähigkeiten und Ressourcen ist notwendig, um dann realistische und Erfolg versprechende Strategien abzuleiten. Spätestens jetzt wird die strategische Bedeutung von Marketing klar und warum aus meiner Sicht jede Führungskraft im mittleren und oberen Management ein Grundverständnis von Marketing braucht.

Das bedeutet nicht, dass alle einen Master in Marketing brauchen (wahrscheinlich wäre das sogar kontraproduktiv), sondern es geht um das Verständnis und die Beantwortung der vier einfachen Fragen:

a. Why

Warum erschaffen wir ein Produkt oder führen eine bestimmte Initiative durch? Was ist der Mehrwert für uns?

b. Who

  Wer ist der Kunde? Wer nicht? Was sind seine Bedürfnisse und Anforderungen – heute und was könnten sie morgen sein?

c. What

  Was ist der Mehrwert für den Kunden, was kauft er wirklich (auch emotionale Werte!)?

d. How

  Wie bringen wir den Mehrwert zum Kunden, mit welchem Produkt oder Service und welcher Kommunikation?

So einfach ist das! Wirklich. Aber wie bei den meisten simplen Erkenntnissen im Leben ist die Umsetzung häufig eine Lebensaufgabe.

Viel Spaß beim Lesen und Erfolg beim Umsetzen

Ihr Daniel Sennheiser
CEO, Sennheiser electronic GmbH & Co. KG

Vorwort

Sind Sie zufrieden? Sie, Ihr Team, Ihre Kunden, Ihre User, Ihr Chef – zufrieden mit den heutigen Ergebnissen des Marketings? Leistet Ihr Marketing das, was Sie sich von dieser Disziplin erwarten?

Wenn ja, können Sie natürlich auch dieses Buch lesen, aber es ist für diejenigen geschrieben, die nicht zufrieden sind. Diejenigen, die sich in einem stagnierenden Vakuum befinden, die unter mangelnder Wertschätzung, wenig Einfluss, einer eingeschränkten Karriereperspektive und dem Veränderungstempo durch die Digitalisierung leiden.

Vielleicht hilft es Ihnen zu wissen, dass Sie nicht allein sind. Eine Umfrage des Chartered Institute of Marketing ergab, dass die erstaunlich hohe Zahl von 82 % der befragten Marketing-Verantwortlichen mit der Rolle und Positionierung des Marketings in ihrem Unternehmen unzufrieden sind. Lediglich ein Viertel der Befragten beurteilt die Leistungsfähigkeit der strategischen und crossfunktionalen Marketingaktivitäten als zufriedenstellend. Hennig-Thurau bezeichnet in seinem Harvard Business Artikel „Die Krise des Marketings" die einstige Königsdisziplin nur noch als Beiwerk. Nur noch 10 % aller CEOs schätzen die Arbeit ihrer Marketingmanager (vgl. Hennig-Thurau, Juni 2013, S. 93).

Womit ist die heutige Situation des Marketings zu erklären? Die Entwicklung des Marketings zeigte erstmals in den 80er-Jahren eine strategische Ausrichtung. Und erst in den 90er-Jahren wurde laut Meffert erstmals ein marktorientiertes Führungskonzept beansprucht (vgl. Meffert H. B. 2000, S. 5). Selten sind Marketing-Verantwortliche heute in der C-Suite bzw. der Unternehmensführung anzutreffen, beispielsweise als Chief Marketing Officer. Finanzen, Operations, Sales und andere Ressorts besetzen die strategisch wichtigen Positionen der Unternehmensführung. Dem Marketing bleibt allzu oft nur die Rolle des Ausführenden – mitunter anderen Einheiten, wie beispielsweise dem Vertrieb, sogar zu- bzw. untergeordnet.

Das Marketing folgt einem Selbstverständnis, das den heutigen Markt-, Konsumenten- und damit Entscheider-Anforderungen nicht gerecht wird. Gerade auf Effektivität getrimmte Unternehmenseinheiten wie der Vertrieb zeigen auf, was dem Marketing heute fehlt. Einen Nachweis über die Effektivität der investierten Mittel – jenseits von potenziellen Kontakten – bleibt das Marketing oft schuldig. Wer aber die Effekte seines Wirkens nicht nachweisen kann, überlässt anderen die Führung und Deutung des Erreichten.

Die besondere Chance liegt aber in der Erneuerung, der Innovation. Das Marketing kann einen aktiven Beitrag leisten. Nicht nur für sich selbst – sondern für das gesamte Unternehmen. Für ein Mehr an Wertschöpfung für den Kunden. Marketing ist eben nicht das Liefern von unterhaltsamen Kommunikationsideen, sondern der Anspruch an eine unternehmerische Impulsgeberrolle. Niemand – mit Ausnahme des Vertriebes – ist näher am Kunden, kann Trends des Marktes besser einschätzen, wichtige Kooperationspartner identifizieren und dadurch einen aktive, treibende Rolle für mehr Wachstum des Unternehmens durch Innovation einnehmen.

Es ist Zeit für eine Änderung des Selbstverständnisses des Marketings: aus der Stagnation zur Innovation. Die vorliegende Publikation zeigt Ihnen den Weg in zehn methodischen Schritten zu mehr eigenen Gestaltungsmöglichkeiten im Marketing. Sie verdeutlicht, wie Sie mit jedem Schritt dem Wandel näherkommen. Nehmen Sie diese Herausforderung an, werden viele der bisherigen Gewohnheiten infrage gestellt. Und das ist gut so. Steigen Sie ein in eines der spannendsten Veränderungsprojekte Ihrer Karriere: die Erneuerung Ihres Marketings. So werden Sie und das Team zum Impulsgeber, Innovator und respektierten Sparringspartner für die Führungsebene des Unternehmens, um Wachstumschancen aufzuzeigen und die bisher nicht gehobenen innovativen Potenziale zu realisieren.

Ich wünsche Ihnen den besten Erfolg und vielen neue Impulse zur Erreichung Ihrer Ziele.

Uwe Greunke

Inhaltsverzeichnis

Abbildungsverzeichnis

Tabellenverzeichnis

Teil I
Was Sie vorab wissen sollten

Der Begriff der Innovation

Zusammenfassung

Jedes Marketing strebt danach, einige besondere Eigenschaften oder Fähigkeiten eines Produktes oder Services in der Kommunikation für den Kunden intuitiv und einfach verständlich herauszuarbeiten. Wie viel einfacher wird das Marketing, wenn das Produkt oder der Service eine wirkliche Invention darstellt oder zumindest ein Bestandteil des Produktes oder des Services mit einer ebensolchen aufwarten kann. Ein Impuls gebendes Marketing wird nicht nur die Entwicklung für mehr Inventionen voranzutreiben, sondern insbesondere strategisch daran mitarbeiten, eine Invention in eine erfolgreiche Innovation zu transformieren – durch eine erfolgreiche Marktetablierung.

1.1 Marketing ist der Antrieb für Innovation

Der Titel dieses Buches beschreibt den erstrebenswerten Zielzustand: ein innovatives Marketing. Raus aus der Stagnation der ewig gleichen Kommunikations- und Prozessrituale. Die bisherige Rolle des Marketings innerhalb und außerhalb der Organisation neu überdenken. Der Aufbruch von der Kostenstelle, die in Einsparungsrunden gern als Erstes auf den Prüfstand gestellt wird, hin zu einer Impulsgeberrolle für die Unternehmensentwicklung.

Meffert beschreibt die Aufgabe eines (strategischen) Marketings mit der Bildung von strategischen Geschäftsfeldern inklusive der Ableitung strategischer Stoßrichtungen und der Formulierung von funktionalen Strategien. Laut Backhaus und Voeth kommt dem Marketing in einer funktionsübergreifenden Perspektive eine Koordinierungsaufgabe zu. Eine Koordination von Unternehmensfunktionen (z. B. F&E, Beschaffung, Fertigung, Vertrieb, Finanzierung) im Hinblick auf die Erfordernisse des (Absatz-)Marktes (Backhaus und Voeth 2012, S. 12). Benkenstein und Uhrich erweitern die Kernaufgaben des (strategischen) Marketings um die Implementierung der Strategien im Unternehmen und im Markt (Benkenstein und Uhrich 2010, S. 16).

© Springer Fachmedien Wiesbaden 2017
U. Greunke, *ReNew Marketing*, DOI 10.1007/978-3-658-13981-0_1

Von der Innovation ist die Invention zu unterscheiden. Eine Invention bezeichnet die reine Erfindung. Die Innovation hingegen ist gemäß Joseph Schumpeter die wirtschaftlich erfolgreiche Durchsetzung einer technischen oder organisatorischen Neuerung im Markt. Dabei unterscheidet Schumpeter fünf verschiedene Typen von Innovationen: neue Güter, neue Produktionsmethoden, die Öffnung neuer Märkte, die Verwendung neuer (Roh-)Materialien sowie neue Organisationsformen (vgl. Kaudela-Baum, Holzer und Kocher 2014, S. 22). Die reine Erfindung kann zwar durchaus bahnbrechend sein, aber wirtschaftlich bzw. gesellschaftlich kaum von Bedeutung, wenn sich diese im Markt nicht durchsetzen kann. Und genau hier kann das Impuls gebende Marketing ansetzen und Inventionen zu Markterfolgen verhelfen.

1.2   Die Bedeutung von Innovationen für das Marketing

Die Beantwortung dieser Frage soll aus zwei Perspektiven vorgenommen werden, wobei im Rollenverständnis als Impulsgeber beide von einer aktiven, gestaltenden Rolle des Marketings ausgehen.

Die Bedeutung von innovativen Produkten und Services für das Marketing
Jedes Marketing strebt danach, besondere Eigenschaften oder Fähigkeiten eines Produktes oder Services in der Kommunikation intuitiv verständlich für den Kunden herauszuarbeiten. Vorzugsweise ist das eine ganz besondere Eigenschaft oder Fähigkeit, die eine ausnehmend hohe Wertstellung für den Kunden bedeutet. So erscheint das Produkt oder der Service aus Sicht des Kunden wesentlich differenzierbarer in der Vielzahl der Angebote auf dem Markt. Ein Produkt oder Service, welches bzw. welcher nur mit durchschnittlichen, vergleichbaren Eigenschaften oder Fähigkeiten aufwarten kann, wird bei der Vielzahl von Angeboten im Markt kaum Beachtung finden.

▸   **Innovationen sichern Preisstabilität**
     Wie viel einfacher wird das Marketing, wenn das Produkt oder der Service eine wirkliche Invention darstellt oder zumindest ein Bestandteil des Produktes oder des Services mit einer ebensolchen aufwarten kann. In der Global Pricing Study 2014 von Simon Kucher setzten die befragten Unternehmen mit 77 % „Introducing new, innovative, differentiated products" ganz eindeutig an die erste Stelle, um erdrückende Marktkonditionen abzuwehren. Dies verhindert einen hohen Preisdruck für die Unternehmen. Mit deutlichem Abstand folgte mit 47 % erst „Changing the way customers think about price and value" (vgl. Tacke, Vidal und Haemer 2015, S. 12). Innovationen stellen somit mit probates Mittel zur Drucksetzung angemessener Preise für die eigenen Produkte und Dienstleistungen dar.

Eine Invention bietet für das eigene Marketing in den Dimensionen Promotion, Produkt und Preis eine hervorragende Differenzierungsmöglichkeit und eine Option, dem starken Wettbewerb des Marktes (durch Vergleichbarkeit) zu entfliehen. Ein Impuls gebendes Marketing wird nicht nur die Entwicklung von Inventionen vorantreiben, sondern strategisch daran mitarbeiten, eine Invention in eine erfolgreiche Innovation zu transformieren – durch eine erfolgreiche Marktetablierung. Es ist die Chance für den Impulsgeber, die Stärken des Marketings einzusetzen. Die Invention schafft in der Kommunikation eine starke Differenzierung. Die Stärke des Marketings liegt darin, aus der Invention in der Perspektive des Kunden auch eine hohe Wertschöpfung zu erzielen. Denn nur wenn eine Invention ein hohe Sinnhaftigkeit und damit Wertschöpfung darstellt, wird sich die neue Idee auch am Markt durchsetzen. Aus den ersten Nutzern werden dann Multiplikatoren, die die neue Verwendungsart beispielsweise über soziale Medien für Nachahmer empfehlen. Ein Impuls gebendes Marketing antizipiert dies und begreift eine Invention als Aufforderung, diese zur Innovation auszubauen, denn schwache Produkte oder Services wird auch ein noch so gutes Marketing im Zeitalter transparenter Märkte kaum oder nur mit überproportional hohen Investments zum Erfolg verhelfen können.

Die Bedeutung eines innovativen Marketings
Neben der Initiierung von Inventionen für neue Produkte oder Services ist das Marketing selbst gefordert, sich innovativer aufzustellen. Die Mehrzahl von Unternehmen ist in stagnierenden, da gesättigten Märkten tätig. Als Ergänzung zur Invention von Produkten und Services können neue Zugänge zum oder Interaktionen mit dem Kunden Innovationen schaffen. Anhand der Definition von Schumpeter lassen sich die grundlegenden Handlungsfelder für ein innovativeres Marketing beschreiben:

1. Neue Güter
   Aus der Perspektive des Marktes und des Kunden kann das Marketing auch aus bestehenden Produkten und Services „neue Güter" erschaffen. Eine neue „Verpackung", das „Bundling", eine konsistentere und attraktivere Markenpositionierung oder eine disruptive Promotion schafft in den Augen des Kunden ein „neues Gut" (ein überzeugendes Beispiel für die Positionierung des Low-Interest Produktes Milch findet sich in Abschn. 6.4).
2. Neue Produktionsmethoden
   Die Digitalisierung schafft neue Möglichkeiten für das Marketing. Das können beispielsweise neue Zugangsmöglichkeiten in den Markt sein. Die Automatisierung von Prozessen bietet Effizienzpotenziale, um wettbewerbsfähig Marketing-Endprodukte herstellen zu können (mehr dazu im Abschn. 11.5 zur Software-gestützten Automatisierung).
   1. Die Öffnung neuer Märkte
   Die klassische Erweiterungsdimension im Sinne der Ansoff-Matrix. Neue Märkte werden mit bestehenden Produkten und Services erschlossen. Dazu zählen auch neue Zugangskanäle, wie beispielsweise der eigene E-Shop, der neben dem stationären Handel neue Käufergruppen erschließt (siehe vertiefend dazu im Abschn. 6.3.4 Marktfeldstrategie).
   2. Neue Organisationsformen
   Ein Momentum für mehr Innovation ergibt sich aus einer flexibleren Organisationform. Das Denken in alten „Silos" verhärtet die Fronten und führt zu Stagnation und Still-

stand. Neue Vorhaben und Projekte können durch neue Organisationsformen effizienter bearbeitet werden (das kann bereits heute in liquiden Teams umgesetzt werden, siehe Abschn. 4.1).

Wie Sie dabei im Einzelnen vorgehen können, beschreibt der Teil 2 in 10 methodischen Schritten ausführlich: von der Sondierung der strategischen Optionen bis zur Finalisierung in der Marke selbst.

1.3   Die Grundparameter für Innovationen

Die Innovation teilt sich in zwei aufeinanderfolgende grundsätzliche Phasen. Zunächst die „Exploration"-Phase der Einsichts- und Ideenfindung. Daran schließt sich die „Delivery"-Phase der Umsetzung an. Dabei kann das „Delivery" ein Modell, einen Prototypen oder bereits ein Vorserienprodukt umfassen. Die „Delivery"-Phase benötigt aber ein Objekt, um die Innovationsidee auch konkret (durch den späteren Endanwender) beurteilen zu können. Manches liest sich auf dem Papier strategisch überaus gut und richtig, muss aber noch lange nicht zu einer überzeugenden Lösung für den Endanwender führen. Um das zu beurteilen, benötigt es ein konkretes Objekt. Je früher eine Evaluation der Idee am Objekt erfolgen kann, desto eher können in Iterationsschleifen Anpassungen erfolgen. Denn die meisten Erfolge liegen nicht sofort auf der Hand, sondern sind das Ergebnis mehrere Adjustierungen (wie Sie das am besten meistern können, erfahren Sie in Kap. 12).

Die Autoren Christensen, Dyer und Gregersen beschreiben in ihrem Harvard Business Review-Artikel „The Innovator's DNA" fünf Fähigkeiten für die erste „Exploration"-Phase (vgl. Christensen, Dyer und Gregersen 2009):

1. Assoziieren
   Die Fähigkeit, erfolgreich scheinbar unzusammenhängende Fragen, Probleme oder Ideen aus unterschiedlichen Bereichen zu verbinden. Ein offen agierendes, interdisziplinäres Team ist immer eine gute Basis hierfür. Aber das allein reicht nicht. Je mehr das Verstehen, Kategorisieren und Abspeichern neuen Wissens trainiert wird, desto leichter fällt das Verbinden und Speichern neuer Assoziationen.
2. Infrage stellen
   Erfolgreiche Innovatoren stellen kontinuierlich Fragen, die den Status quo und bekannte Weisheiten hinterfragen. Michael Dell hinterfragte beispielsweise, warum ein PC das Fünffache der Summe seiner Einzelteile kosten müsse. Diese Sinnfrage stellte die Basis für sein darauf folgendes neues Geschäftsmodell dar.
3. Beobachten
   Innovatoren halten sorgfältig, bewusst und konsequent Ausschau nach Details im Verhalten von Kunden, Zulieferern und anderen Unternehmen. So bekommen sie neue Einsichten, wie Abläufe, Produkte oder auch Services neu gestaltet werden können.

4. Experimentieren

Das Experimentieren ist, im Gegensatz zum reinen Beobachten, das Schaffen von interaktiven Erlebnissen, um neue Erkenntnisse zu erhalten. Der Versuch, scheinbare Sackgassen durch neue Methoden im Experiment zu überwinden.

5. Networking

Innovatoren verlassen ganz bewusst angestammte Netzwerke und treffen Menschen mit unterschiedlichsten Hintergründen, Ideen und Perspektiven. Diese Erweiterung des eigenen Horizonts ist das Grundprinzip der TED-Konferenzen (Technology, Entertainment und Design).

Wer das eigene Marketing als Impulsgeber gestalten möchte, sollte diese fünf Fähigkeiten für sich verinnerlichen, entwickeln und im Alltag anwenden. Im eigenen Marketing-Team wird es Menschen geben, die bereits solche Fähigkeiten mitbringen. Wer diese Fähigkeiten und damit Menschen konsequent fördert, wird zeitnah zu einem innovativeren Marketing gelangen.

Literatur

Backhaus, K., und M. Voeth. 2011. *Industriegütermarketing*. München: Vahlen.

Benkenstein, M., und S. Ulrich. 2010. *Strategisches Marketing*. Stuttgart: Kohlhammer.

Christensen, C., J. Dyer, und H. Gregersen. 2016. The Innovator's DNA. https://hbr.org/2009/12/the-innovators-dna (Erstellt: 30. März 2016). Zugegriffen: 15. Apr. 2016.

Kaudela-Baum, S. v, J. Holzer, und P.-Y. Kocher. 2014. *Innovation Leadership: Führung zwischen Freiheit und Norm*. Wiesbaden: Springer Gabler.

Tacke, G., D. Vidal, und J. Haemer. 2015. *Profitable Innovation. e-books*. Bonn: Simon Kucher.

Von der Analyse zur Lösung

2

Zusammenfassung

Wer etwas verändern oder gar erneuern möchte, sollte den methodischen Weg von der Analyse zur Lösung kennen. Eine gute Analyse steht selbstverständlich zu Beginn jeder Arbeit. Die Besonderheit dieser Methode ist der Zwischenschritt der Komplikations-Betrachtung. Dieser Zwischenschritt motiviert Sie, sich eingehender mit der Aufgabenstellung zu beschäftigen und dadurch den Lösungsraum zu vergrößern. Wer Veränderung initiieren möchte, braucht Unterstützer. Je weiter oben diese Unterstützer in der Hierarchie eines Unternehmens stehen, desto hilfreicher ist eine prägnante Analyse, die Ableitung der Handlungserzwingenden Komplikationen und eine nachvollziehbare Skizze der Lösung.

2.1   Situation – Komplikation – Lösung

Ausgehend von der Rolle eines Impulsgebers, stellt sich die Frage des Vorgehens. Wie kommen Sie vom heutigen Status quo eines stagnierenden Marketings in einen innovativeren Zielzustand? Der methodische Weg teilt diesen Prozess in drei Abschnitte: Situation, Komplikation und Lösung (siehe Tab. 2.1).

Zu Beginn steht eine Situationsanalyse. Sie sollte neutral erfolgen – ohne Lösungsansätze oder das Ableiten von Komplikationen bereits vorwegzunehmen. Der zweite Schritt evaluiert, ausgehend von der Situationsbetrachtung, welche Rahmenbedingungen die Situation zu einer Komplikation für das Marketing (und/oder das Unternehmen) werden lassen. Am Ende dieses Prozesses steht dann die Lösung. Diese sollte sich in einer eindeutigen Zielsetzung und abgeleiteten Vorgehensweise wiederfinden.

© Springer Fachmedien Wiesbaden 2017
U. Greunke, *ReNew Marketing*, DOI 10.1007/978-3-658-13981-0_2

Tab. 2.1 Von der Analyse zur Lösung

SITUATION	KOMPLIKATION	LÖSUNG
Die umfassende Evaluation der Situation nach externen und internen Einfluss-faktoren.	Welche Ausprägungen machen die Situation zu einer Komplikation? Logikbäume helfen dabei, die Ausprägung von Kompli-kationen besser zu erkennen.	Der Lösungsansatz beschreibt die Lösung der Komplikation und somit den Weg vom Ist zum Soll.
Mögliche Methoden Extern: Benchmarking Intern: SWOT (Stärken, Schwächen, Chancen und Risiken)	**Mögliche Methoden** Problemidentifikation Logikbäume (deduktiv, induktiv) Kausalität von Ursache und Wirkung	**Mögliche Methoden** Lösungsbeschreibung Zieldefinition Vom Lösungsansatz zur Implementierung Ggf. Entscheidungsvorlage (Kommunikation)
Endprodukt Verständnis, wo die eigene Marketing-Organisation (und das Unternehmen) heute stehen	**Endprodukt** Die wesentlichen Komplika-tionen für die Erreichung der Unternehmenszielsetzung auf Basis des Status quo der Marketing-Organisation	**Endprodukt** Die Skizzierung der Weiterentwicklung zu einem innovativeren Marketing, inklusive einer geeigneten Vorgehensweise und des Entscheidungs-prozesses

Die besondere Stärke dieser Methode liegt in der Betrachtung der Komplikationen. Aus Sicht der verantwortlichen Manager (und Entscheidungsträger) verdeutlicht dies erst den Handlungsbedarf für die Organisation.

2.2   Die Ausgangssituation

Die Situationseinschätzung für die eigene Marketing-Organisation erfolgt aus zwei Perspektiven: externe Betrachtung, beispielsweise mithilfe des Benchmarkings, und interne Betrachtung, musterhaft mit einer SWOT-Anaylse. Als Ergebnis erhalten Sie eine Einschätzung, wo Ihre Marketing-Organisation heute steht.

Das Benchmarking stellt einen Vergleich der eigenen Marketing-Organisation zu anderen Marketing-Organisationen innerhalb der eigenen Industrie oder auch industrieübergreifend dar. Hammerschmidt definiert dabei fünf Dimensionen (vgl. Hammerschmidt 2006, S. 86 f.):

1. Vergleichsobjekt
   Hier wird die Marketing-Organisation als Ganzes inklusive der Prozesse und Funktionen, aber auch Strategien sowie der Methoden der Marktbearbeitung betrachtet.
2. Vergleichspartner
   Aufgrund der Außenbetrachtung des Benchmarkings würden hier drei Gruppen infrage kommen: direkte Wettbewerber, gleiche Industrie oder industrieübergreifend.

3. Vergleichsmaßstab

   Hier unterscheidet Hammerschmidt zunächst die einfachen monetären und nicht monetären Kennzahlen. Interessant hinsichtlich der Fragestellung sind die Verhältniskenn-
   zahlen, sprich: Welche Ergebnisse werden mit vergleichbaren Ressourcen erzielt? Hier
   sollte in Betracht gezogen werden, dass Marketing-Organisationen immer im Kontext
   des gesamten Unternehmens agieren. So können allgemeingültige Kennzahlen, wie
   beispielsweise die Aufteilung der Marketingkosten (was wird wofür ausgegeben?) oder
   die Kommunikationswertschöpfungskette (typischerweise im digitalen Bereich Konversionsraten wie Besucher zu Käufern), miteinander verglichen werden.

4. Vergleichshorizont

   Beschreibt den Betrachtungszeitraum, in welchem die Benchmark durchgeführt wird.
   Zu vergleichende Unternehmenskennzahlen sollten aus annähernd gleichen zeitlichen
   Perioden stammen.

5. Vergleichsziel

   Mit welchem Ziel soll der Vergleich durchgeführt werden? Die Ermittlung eines „Best
   in Industry", die Gewinnung von „Insights aus guten Beispielen" oder die Bestimmung
   der „durchschnittlichen Leistung" wären mögliche Vergleichsziele.

Eine gängige Methode, die interne Situation zu beurteilen, ist eine SWOT-Analyse. Dabei werden die eigenen Stärken, Schwächen, Chancen und Risiken beurteilt. In Verbindung
mit einer zuvor durchgeführten Benchmark wird diese Betrachtung aussagefähiger werden.
Die SWOT-Analyse (siehe Tab. 2.2) dient der Evaluation einer übergeordneten Fragestellung im Veränderungsprozess des Marketings hin zu einer aktiveren, innovativeren Rolle.

2.3   Die Komplikation basierend auf der Situation

Nicht jede Situation erzeugt einen Handlungsbedarf. Es ist sinnvoll, vor der Erarbeitung der
Lösung die Situation auf ihre Komplikationen hin zu untersuchen. Was macht die Situation
hinsichtlich der Unternehmenszielsetzung bzw. -strategie zu einer Komplikation? Komplikationen stellen in der Regel Probleme dar. Somit gilt es im ersten Schritt, die Probleme
eindeutig zu identifizieren.

▶   **Mit Logikbäumen Lösungsoptionen strukturieren**
    Zur eingehenden Betrachtung und zum besseren Verständnis des Problems
    können Logikbäume helfen. Logikbäume verdeutlichen die Dimensionen
    eines Problems und zeigen Optionen für spätere Lösungsansätze auf. Es kön-
    nen induktive und deduktive Logikbäume verwendet werden. Der induktive
    Logikbaum beginnt beim Besonderen und schließt mit dem Allgemeinen.
    Der deduktive Logikbaum beginnt beim Allgemeinen und schließt mit dem
    Besonderen (siehe Tab. 2.3). Bei beiden Betrachtungsweisen muss beachtet
    werden, dass diese eindeutig und überschneidungsfrei ausgeführt werden, da

Tab. 2.2 SWOT-Analyse

STRENGTHS (STÄRKEN)	WEAKNESSES (SCHWÄCHEN)
Welche Stärken hat die Marketing-Organisation heute, um einen Nutzen für den Kunden zu erzielen? Worauf können die Marketing-Organisation und das Unternehmen als Ganzes aufbauen? Wo gab es erfolgreiche (Marketing-)Ergebnisse, die auf eine Impulsgeberrolle bereits eingezahlt haben?	Welche Kompetenzen (methodisch, personell) fehlen heute in der Marketing-Organisation, um erfolgskritische Fragestellungen zu bearbeiten? Liegen Erkenntnisse zu Marketing-Wirkungen auf der Basis von Mitteleinsätzen vor, oder sind diese nur in Teilen oder gar nicht vorhanden? Ist das Marketing integrierter Teil der Kernwertschöpfung oder nur operativ Ausführender?
OPPORTUNITIES (CHANCEN)	THREATS (BEDROHUNG, RISIKEN)
Welche positiven Effekte (in der Innen- und Außenwirkung) können durch eine Impulsgeberrolle entstehen? Welche Synergiepotenziale entstehen zu bereits existierenden Funktionsbereichen im Unternehmen durch ein verändertes Selbstverständnis? Welche Chancen ergeben sich für die wirtschaftliche Entwicklung des gesamten Unternehmens?	Wird bei einer Neuausrichtung des Marketings die heute bestehende Leistungserbringung gefährdet (in Quantität oder Qualität)? Welche Funktionsträger werden durch die Neupositionierung Einfluss verlieren, wer könnte gegen eine Veränderung opponieren?

Exemplarische SWOT-Analyse im Kontext der Veränderung des Marketings vom Status quo zum Impulsgeber.

> sie sonst an Aussagekraft verlieren. Am Beispiel eines Autos kann ein eindeutiger und überschneidungsfreier deduktiver Logikbaum beispielsweise die Kategorien Karosserie, Interieur, Räder sowie Motor umfassen. Die Kategorie Karosserie wiederum enthält dann Tür, Heckklappe, Kotflügel, Tankdeckel usw.

Hungenberg empfiehlt die folgende Vorgehensweise: zunächst ist die systematische und vollständige Identifizierung des Problems vorzunehmen – es gilt die zu lösende grundsätzliche Frage (die Aufgabenstellung) zu definieren, im Anschluss sind die Problemsymptome und Problemursachen zu trennen und beide – soweit erkennbar – zu beschreiben, um schließlich die Entscheidungsträger und deren Entscheidungskriterien zu benennen und eventuelle Lösungseinschränkungen sowie vorab definierte Grenzen der Problembearbeitung festzuhalten (vgl. Hungenberg 2010, S. 13).

Bei der Analyse der Situation ist es wichtig, die Beziehung zwischen der Ursache und der Wirkung – sprich die Kausalität – zu verstehen. Um zu einem besseren Verständnis und optimaleren Lösungsoptionen zu gelangen, ist insbesondere das Verständnis von Kausalordnungen oder auch Kausalketten von Bedeutung. Ähnlich wie die deduktive Ableitung kann auch die Kausalkette eine Konkretisierung von der allgemein beobachteten Wirkung zur Ursache aufzeigen. Im Kern behandelt die Ableitung die Identifizierung von Zusammenhängen, um besser zu verstehen, wo Lösungen ansetzen müssen, und um nachhaltige Effekte zu erzielen.

▶ **Wie Sie eine Kausalkette bilden**
Eine Kausalkette (Wikipedia 2015) deduktiert von einer allgemeinen Beobachtung auf die darunterliegende Konkretisierungsebene. Die Kausalkette wird zur Vereinfachung oftmals nur monokausal ausgeführt, was in der Realität selten der Fall sein wird. Bei der Erarbeitung ist also darauf zu achten, die kausale Ableitung zu bestimmen, die vermutlich am signifikantesten zur Wirkung beitragen wird. Somit wird bereits bei der Erarbeitung eine Verdichtung und Priorisierung vorgenommen. Bei vielschichtigen Kausalitäten, sprich: mehreren Ursachen für eine beobachtete Wirkung, empfiehlt sich die Bearbeitung über Logikbäume.

Nehmen wir beispielsweise an, dass ein Produkt (PKW) eine Absatzschwäche in einem bestimmten Markt aufweist. Um ein besseres Verständnis dafür zu entwickeln, welche Lösung zur Behebung eingesetzt werden können, kann eine (monokausale) deduktive Kette eingesetzt werden.

Tab. 2.3 Deduktive Ableitung eines Logikbaumes über drei Ebenen

Exemplarische Fragestellung „In welchen Aspekten wird das Marketing bei einer Weiterentwicklung zum Impulsgeber in der heutigen Leistungserbringung beeinflusst?"

Qualität		Quantität	
Kompatibilität	Zielgenauigkeit	Zeit	Kosten
Schärfung oder Verwässerung der Marke? Sicherstellung einer angemessenen Internationalität Ist die bisherige Kommunikation zu berücksichtigen?	Verständnis des Endkunden muss gegeben sein Ausreichende Involvierung des Handels Angemessene interne Kommunikation	Abstimmungsaufwand in der Vorbereitung wird erhöht Verlängerte Durchführungszeiten Zeitraum für Qualitätssicherung wird geringer Aufwand für die Aufarbeitung der „Lessons Learned" muss berücksichtigt werden	Möglicherweise Erhöhung der internen Personalkosten Ausweitung der internen Sachkosten Ausweitung der externen Kosten

Ein exemplarischer deduktiver Lösungsbaum für die identifizierte Komplikation. Der Baum unterscheidet zunächst in Qualität und Quantität. Daraufhin wird differenziert nach Kompatibilität, Zielgenauigkeit, Zeit sowie Kosten – das zweite Level des Logikbaumes. Bleiben Sie in der Ableitung eindeutig und überscheidungsfrei.

Die temporäre Absatzschwäche könnte demzufolge als Kausalkette wie folgt ausgeprägt sein:

- Beobachtete temporäre Absatzschwäche großer PKW
- (als Folge von) Rückgang der Kundennachfrage in urbanen Ballungsräumen
- (als Folge von) Verknappung von Parkplatzangeboten für Stadtwohnungen
- (als Folge von) Zunehmender Bebauungsdichte in Stadtzentren
- (als Folge von) Mehr Investoren im Wohnungsbau
- (als Folge von) Niedrigen Zinsen und mangelnden alternativen Anlagemöglichkeiten
- (als Folge von) …

2.4   Die Lösungsbeschreibung

Aus den identifizierten Treibern des Problems bzw. der heutigen Situation ergibt sich der Lösungsansatz. Das bedeutet, dass die Umkehr der Problemausprägungen den Weg zur Lösung aufzeigt. Somit stellt sich die Frage nach der Identifizierung der wesentlichen Lösungsparameter.

Eine effiziente Lösung enthält immer eine Verdichtung und Konzentration auf weniges, denn nur in wenigem können überproportionale Ergebnisse erzielt werden. Ein zu groß bemessener Lösungsraum, der zu viele Komponenten behandelt, wird kaum erfolgreich bearbeitet werden können. Unterschätzen Sie nicht die Ressourcen, die für innovativere Vorgaben oder die komplette Erneuerung des Marketings notwendig sind. Daher: weniger Projekte, weniger Komplexität. Nur diese Fokussierung gibt Ihnen den Freiraum, sich auf die wirklich wesentlichen Dinge zu konzentrieren.

2.4.1   Die Auswahl der wichtigsten Lösungskomponenten

Wie können die wesentlichen Lösungskomponenten ermittelt werden? Eine Auswahl lässt sich anhand der folgenden drei Kriterien durchführen:

Messbarkeit
Die einzelne Lösungskomponente sollte gut messbar sein. Je abstrakter die Komponente ist, desto schwieriger wird sich ein Management dieser Komponente gestalten. Daher sollte ein hohes Augenmerk auf die Überprüfbarkeit und Steuerbarkeit der jeweiligen Komponente gelegt werden. Eine gute Grundlage für die Messbarkeit ist die im Folgenden beschriebene SMART-Methode.

Strategiekonformität
Das zweite Kriterium fordert die Ausrichtung der Lösung bzw. der Lösungskomponenten in Richtung der Unternehmensstrategie. Es muss sichergestellt werden, dass die erarbeitete Lösung sich konform zur übergreifenden Unternehmensstrategie gestaltet, idealerweise auf dieser aufbaut und zur Realisierung nachhaltig beiträgt.

Stärkenorientierung

Eine Lösung sollte immer auf den Stärken der eigenen Organisation aufbauen. Es gilt, diese systematisch durch den Lösungsansatz zu fördern. Eine erfolgreiche Lösung bindet die bestehende Unternehmenskultur mit ein. Daher sind methodische Lösungen anderer Organisationen, sogenannte „Best Practices", auch nur bedingt auf die eigene Organisation übertragbar. Schwächen sind tendenziell zu ignorieren und Stärken der Organisation zu stärken. Eine Lösung, die diesen einfachen Grundsatz beherzigt, hat gute Erfolgsaussichten.

2.4.2 Zielbeschreibung

Die Lösung ist in ihren Zielen eindeutig zu beschreiben, ansonsten ist eine effiziente Umsetzung kaum möglich. Die Ziele werden dabei in ihrer Ausprägung, dem Inhalt und der zeitlichen Dimension beschrieben. Eine hinreichend aussagefähige Zielsetzung bietet die SMART-Methode (Marek 2010, S. 33). Die Ziele der Lösung werden dabei wie folgt konkretisiert:

(S)   schriftlich fixiert, präzise und klar auch für einen Außenstehenden,
(M)   messbar, das Ziel in relevanten Messgrößen abgebildet,
(A)   anspruchsvoll, angemessen, motivierend für die Beteiligten,
(R)   realistisch und erreichbar mit den zur Verfügung stehenden Ressourcen sowie
(T)   terminiert und somit auf einen realistischen, aber konkreten Zeitrahmen bezogen.

▶   Auch wenn es wie eine lästige Hausaufgabe erscheint, sollten Sie die Verbindlichkeit einer dezidierten Zielbeschreibung auf sich nehmen. Legen Sie Ihre Zielsetzung „die Entwicklung des Marketings aus der Stagnation zur Innovation" schriftlich fest und versehen Sie diese mit messbaren Kriterien. Hierfür bieten sich die zuvor in der Rollendefinition beschriebenen Dimensionen an.

Die Leistungsanforderung an einen Impulsgeber, Nutzen für den Kunden zu schaffen, sollte durch eine qualitative Messung des Nutzens aus Kundensicht in Fokusgruppen oder ähnlich ermittelt werden – und zwar in regelmäßigen Abständen. Darüber hinaus ist die Art der Involvierung des Marketings in zentrale Wertschöpfungsprozesse von Bedeutung – beispielsweise bereits in der Entwicklung von strategischen Geschäftsfeldern und Produkten/ Dienstleitungen. Das wird zunächst eine digitale Ja/Nein-Aussage sein. Wenn bereits eine Involvierung erfolgt, wären die prozentuale Einbindung in Bezug auf alle strategischen Geschäftsfelder und des Weiteren die Tiefe bzw. Frequenz bewertbare Größen. Die wichtigste Komponente dürfte aber die Quantifizierbarkeit des eigenen Wertbeitrages auf der Basis eines fundierten Controllings (Input zu Output) sein. Die sich daraus ergebende Relation steht für die Leistungsfähigkeit eines Impulsgebers.

Allein diese drei beispielhaften messbaren Zieldefinitionen sind anspruchsvoll. Sie sollten in ihrer Ausprägung realistisch und durchführbar auf der Basis der Situationsanalyse

angelegt werden. Die Zielbeschreibung schließt mit der zeitlichen Dimension ab. Ein Zeitraum unterhalb von zwölf Monaten spräche für eine sehr wandlungsfähige Organisation. In
der Regel dürften die Veränderungsprozesse, je nach Größe und internationaler Ausprägung
der Marketing-Organisation, einen Zeitraum von zwei bis drei Jahren einnehmen.

2.4.3 Die Determinanten der Lösung

Was muss eine Lösung enthalten, um sie in den nachfolgenden Prozess einer Implementierung zu überführen? Im Kern sind das Verantwortlichkeiten, Prozesse, Ressourcen sowie
die Transparenz bzw. Kommunikation.

Verantwortlichkeiten
Verantwortung ist unteilbar und Verantwortlichkeiten dienen dazu, Handlungsfähigkeit
zu garantieren. Eine Erarbeitung bzw. ein Input durch die Gruppe oder das Team ist sinnvoll, aber die Verantwortlichkeit muss eindeutig geregelt sein. Viele Reibungsverluste und
zeitliche Verzögerungen entstehen durch ungeklärte Verantwortlichkeiten, die zu Hand-
lungsunfähigkeit oder Ergebnisdubletten führen. Die Verantwortlichkeit sollte hinreichend
beschrieben sein, sodass die Entscheidungsbefugnisse, aber auch die Grenzen eindeutig
sind. Eskalationsinstanzen sind sinnvollerweise zu benennen, um im Fall der Fälle zeitnah
handlungsfähig zu sein.

Prozesse
Ein Prozess beschreibt einen strukturierten Ablauf mit dem Ziel der Wertschöpfung. Somit
muss ein Lösungsansatz die Kernprozesse in jedem Fall beschreiben. In der Regel reicht
die Beschreibung der Kernprozesse im wesentlichen Ablauf unter Hinweis auf die Verantwortlichkeiten. Umfangreiche Prozessmodelle werden der Erfahrung nach eher ignoriert
oder sind in der Operativen oftmals schlicht unbekannt, weil kaum Zeit ist, sich in eine
Vielzahl von Prozessen hineinzudenken. Deshalb hilft die Konzentration auf wesentliche
Kernprozesse. Diese müssen allerdings eindeutig und überscheidungsfrei definiert sowie
intensiv in der Operativen geschult und angewendet werden. Je einfacher und reduzierter,
desto besser. Komplexität, wie eine hohe Anzahl von Schnittstellen, vielstufige Abstimmun-
gen, vielköpfige Gremien, sollten – wenn möglich – vermieden werden. Einmal definiert,
müssen die Kernprozesse sicherlich von Zeit zu Zeit angepasst werden, aber Einfachheit
und kontinuierliche Verbesserung schlagen Vollständigkeit.

Ressourcen
Ohne Ressourcen keine Endprodukte. Klare Verantwortlichkeiten ermöglichen Handlungsfähigkeit, Prozesse erzeugen Wertschöpfung, die Ressourcen sind der Treibstoff, um Endprodukte zu ermöglichen. Zu den Ressourcen gehören die Personen und sachbezogenen
Mittel, sprich: im Kern Mitarbeiter und finanzielle Mittel. Die neue Rolle eines Impulsge-

bers wird in beiden Ressourcenbereichen Veränderungen erfordern, was nicht immer mehr, aber durchaus andere Ressourcen im Vergleich zum Status quo bedeuten kann

Kommunikation

Ein wichtiges und immer wieder unterschätztes Element der Lösung ist die interne Kommunikation über Status, Veränderung und Zielzustand. Dies wird in der Regel durch eine abgestimmte Kommunikation an die Stakeholder erreicht. Eine effiziente Kommunikation nimmt die Perspektive des Empfängers ein und beantwortet die Fragen dieser Adressatengruppe knapp und präzise.

Literatur

Hammerschmidt, M. 2006. *Effizienzanalyse im Marketing – Ein produktionstheoretisch fundierter Ansatz auf Basis von Frontier Functions*. Wiesbaden: Springer Gabler.

Hungenberg, H. 2010. *Problemlösung und Kommunikation im Management*. Stuttgart: Oldenbourg.

Marek, J. 2010. *Ziele ziehen*. Norderstedt: Books on Demand.

Wikipedia_Kausalitaet. (10. Dezember 2015). wikipedia.org. Von wikipedia.org: http://de.wikipedia.org/wiki/Kausalitaet zuletzt abgerufen am 15.04.2016.

Die Outside-in- und Inside-out-Perspektive

Zusammenfassung

Für einen strategischen Ansatz und eine Identifikation von Handlungsfeldern ist die Perspektivenbetrachtung von hoher Bedeutung. Insbesondere die Outside-in-Perspektive eröffnet mehr Spielräume als die typischerweise eingenommene Innenperspektive (Inside-out). Daher bietet sich für das Marketing eine hervorragende Chance, durch die Einnahme einer aktiven, gestaltenden Position unter einer Outside-in-Perspektive den Wertschöpfungsbeitrag zu treiben: von der Stagnation zur Innovation.

3.1 Outside-In-Perspektive als Wertschöpfungsoption

Der Harvard-Marketing-Professor pflegte diese Übung seinen Studenten in einfachen Worten mit auf den Weg zu geben: „People don't want to buy a quarter-inch drill. They want a quarter-inch hole!" (Christensen 2013, S. 59). Ein Kunde wird Ihnen mit der Frage „What's in it for me?" begegnen. Ein Impuls gebendes Marketing wird stets versuchen, darauf eine intuitive und überzeugende Antwort zu finden – selbst wenn es dazu in die Produkt- bzw. Serviceentwicklung eingreifen muss.

3.2 Outside-in-Perspektive

Jeder Wachstumsimpuls beginnt beim Kunden selbst. Er steht im Mittelpunkt des Handels. Um es mit Tom Peters Worten zu sagen: „Wer führt das Unternehmen? Die Kunden" (Peters 1998, S. 255). Ein Impuls gebendes Marketing setzt hier an. So positioniert sich das Marketing als „die konzeptionelle, bewusst marktorientierte Unternehmensführung, die sämtliche Unternehmensaktivitäten an den Bedürfnissen gegenwärtiger und potenzieller Kunden ausrichtet, um die Unternehmensziele zu erreichen" (Runia 2005, S. 4). Die Amer-

© Springer Fachmedien Wiesbaden 2017

U. Greunke, *ReNew Marketing*, DOI 10.1007/978-3-658-13981-0_3

ican Marketing Association erweitert den Kreis der Kunden und beschreibt das Marketing als Wertschöpfung für Kunden sowie Partner und die Gesellschaft als Ganzes (American Market Association 2015).

Wenn das Marketing konsequent die Kunden, ihre Bedürfnisse und Wünsche in den Mittelpunkt des Wirkens stellt, muss es als Korrektiv wirken, um die Zielsetzung und Aktivitäten des Unternehmens hierauf auszurichten. Es nimmt folglich die Rolle des Anwaltes der Kunden innerhalb der Organisation ein. Das Marketing stellt die Frage nach dem Sinn oder, einfacher ausgedrückt, die Frage nach dem direkten Nutzen für den Kunden. Die beste Grundlage für Effektivität in der Kommunikation liefert die Kundenfrage „What's in it for me?". Je überzeugender die Beantwortung dieser Frage gelingt, desto höher, ja unmittelbarer sind der Wertbeitrag des Marketings und damit die Basis für Wachstum.

Ein Impuls gebendes Marketing agiert über die operative Erstellung von Kommunikationsmitteln und den Betrieb von Kommunikationskanälen hinaus als Korrektiv in der kritischen Beurteilung des Wertschöpfungsbeitrages von Produkten und Services für den Kunden. So wird das Marketing als konstruktiver Sparringspartner zum gleichwertigen Mitglied der Führungsebene. Lassen Sie diese Chance nicht an sich vorbeiziehen.

3.3   Inside-out-Perspektive

Für Homburg und Krohmer ist ein Inside-out-Marketing die Schaffung der Voraussetzungen im Unternehmen für die Durchführung von marktbezogenen Aktivitäten (Homburg und Krohmer 2003, S. 10). Dabei steht die operative Endprodukterstellung der Kommunikation im Vordergrund, um unter effizientem Einsatz der Ressourcen eine effektive Aktivierung des Marktes für die unternehmenseigene Zielsetzung zu erreichen.

Der bestmögliche Einsatz der zur Verfügung stehenden Mittel, die Wahl der Kanäle und die Erstellung der Botschaften sind Kernelemente des Handelns. Basierend auf der Lösungskompetenz des Unternehmens, werden die passenden Märkte und Kunden als Abnehmer der Angebote ausgewählt. Das Marketing ist – neben dem Vertrieb – der Mittler zwischen den Lösungsangeboten des Unternehmens und den Marktabnehmern.

So widmet sich das Marketing der Erstellung von Kommunikationselementen nach Fertigstellung von Produkten und Services, unterstützt aber auch im Sinne der Gesamtsicht der 4 Ps konstruktiv bei der Leistungskonzeption bzw. -erstellung. Hier kann das Marketing durch die Bereitstellung von Markttrends und Erfordernissen der Zielmärkte sowie der Positionierung der Marke wichtige Impulse geben.

Dabei gilt es insbesondere, von der Einzelproduktbetrachtung auf das Gesamtportfolio zu schließen sowie die Einzellösung zugunsten einer klaren Differenzierung und der Wertschöpfung im Portfolio des Unternehmens zu bewerten.

3.4 Rollenmatrix des Marketings

Die Kombination der beiden Perspektiven (Inside-out und Outside-in) mit zwei grundlegenden Haltungsoptionen (aktiv bzw. passiv) ergibt vier grundlegende Positionen, die das Marketing im Unternehmen einnimmt. In den jeweiligen Quadranten beschreibt die „Erkenntnis" die Fähigkeit des Marketings, die eigene Rolle, das Angebotsportfolio sowie die Wettbewerbsposition des Unternehmens zu erfassen und eine strategische Zielsetzung zu entwickeln (siehe auch Tab. 3.1). Hier steht der Erkenntnisgewinn im Vordergrund, wie das Marketing einen Beitrag für mehr Wachstum des Unternehmens leisten kann. Die „Exekution" widmet sich der Leistungsfähigkeit in der effektiven und effizienten Umsetzung der gewählten Strategie bzw. deren taktischer Ausprägung.

Tab. 3.1 Rollenmatrix des Marketings in der Organisation

	Inside-out-Perspektive	Outside-in-Perspektive
Aktiv, Gestaltende Rolle	**Erkenntnisdimension** Verständnis für grundlegende Wirkungszusammenhänge inkl. turnusmäßiger Bestimmung der Wirkungen Adaption der Unternehmensstrategie auf das Marketing Entwicklung von Wettbewerbsstrategien für die vom Unternehmen erstellten Produkte und Dienstleistungen	**Erkenntnisdimension** Setzt den Nutzen für den Kunden vor alles andere, da nur aus Sicht des Kunden ein Wettbewerbsvorteil für das Unternehmen und seine Produkte bzw. Services entstehen kann Involvierung in wesentliche Wertschöpfungsprozesse, die bereits bei der Entwicklung von strategischen Geschäftsfeldern und Produkten bzw. Services ansetzen
	Exekutionsdimension Erreichen oder Übertreffen der Industriestandards in den typischen Leistungserbringungs-/Servicedimensionen des Marketings	**Exekutionsdimension** Unternehmensübergreifende Vernetzung der Leistungserbringung unter maximaler Nutzung von Synergien Make-or-Buy-Entscheidungen anhand der Relation Nutzen/Kosten
	Kernkompetenzen Best-Practice, Wissensmanagement Auswertung/Controlling Leistungsoptimierte Operative	**Kernkompetenzen** Trends, Markt- und Wettbewerbsbeobachtung Quantifizierbarer Wertbeitrag/Controlling (Input zu Output) Vernetzte Operative
	Typischer Berichtsweg Sales, Bereichsleitung	**Typischer Berichtsweg** CEO oder vergleichbar

Tab. 3.1 (*Fortsetzung*)

	Inside-out-Perspektive	Outside-in-Perspektive
Passiv, Aus- führende Rolle	**Erkenntnisdimension** Definition der Leistungserstellung in enger Abstimmung oder unter Vorgabe des Vertriebes zur best-möglichen Unterstützung der Unter-nehmensstrategie **Exekutionsdimension** Kosteneffiziente Erstellung von Kommunikationsmitteln für die jeweiligen Kanäle für die von der Organisation bereitgestellten Pro-dukte und Dienstleistungen **Kernkompetenzen** Hohe Kosteneffizienz Z. T. hohe Fertigungstiefe für die Erstellung von Kommunikations-mitteln Qualitätssicherung **Typischer Berichtsweg** Sales, Bereichsleitung	**Erkenntnisdimension** Entwicklung und Adaption einer eigenständigen Corporate Identity, auf der das Corporate Design aufbaut Einsatz von Marktsegmentierungs- und Marktforschungsinstrumenten **Exekutionsdimension** Kosteneffiziente Erstellung von Kommunikationsmitteln unter Ab-gleich der Kundenanforderungen für die jeweiligen Kanäle für die von der Organisation bereitgestellten Produkte und Dienstleistungen **Kernkompetenzen** Corporate Identity Hohe Konsistenz aus Sicht des Kunden Effiziente Operative Qualitätssicherung **Typischer Berichtsweg** Sales, C-Suite, GF

3.5   What's in it for you?

Welche Chancen liegen in der Transformation des eigenen Marketings in die Rolle eines Impulsgebers? Stellen wir die Frage einmal anders. Was ist eine der wesentlichen Be-dingungen zum Überleben von modernen Organisationen? Peter Drucker bezeichnet die wertvollste oder auch knappste Ressource von Organisationen als „performing people" (vgl. Drucker 2001, S. 15 f.). Wenn Sie „performing people" für ihre Organisation gewinnen und halten möchten, was müssen Sie ihnen dann bieten?

Leadership

Durch Leadership drückt sich die Stärke einer Organisation, einer Organisationseinheit oder auch von Gruppen aus, Mitarbeiter für eine Sache zu begeistern und in Richtung eines definierten Zieles zu führen. Dabei werden „performing people" einer Führung nur freiwillig folgen. Führung drückt sich darin aus, Wesentliches zu erkennen und zu fördern und Unwesentliches zu unterlassen. So können „performing people" ihre eigenen Stärken einsetzen und entwickeln sowie ihre Schwächen weitestgehend ignorieren.

Gestalten, Freiraum

Menschen möchten gestalten. „Leaving footprints to the world" – und insbesondere „performing people" möchten gestalten. Dafür benötigen sie Freiraum, die Möglichkeit, out-of-the-box zu denken. Nur dies ermöglicht neue Lösungswege für Fragestellungen, die gestern noch nicht existierten.

Return und Erfolg

Letztendlich sind alle Organisationseinheiten Kostenstellen, das einzige Profitcenter ist der Kunde. Er bestimmt laut Drucker den Erfolg der Organisation. „Performing people" sind leistungsorientiert. Sie setzen auf eine hohe Leistungstransparenz ihrer Arbeit. Somit ist es von großer Bedeutung, die Wirkung der Arbeit zu erfassen und bei entsprechender Abweichung zu optimieren. Erst die intensive Auseinandersetzung mit den erreichten Ergebnissen schafft die Basis für den Erfolg.

All diese Punkte vereinen sich am besten in einem aktiv-gestaltenden outside-in-basierten Selbstverständnis – dem Impulsgeber. Dieser baut sein Selbstverständnis auf einem intensiven Verständnis des Marktes und der Kunden auf. Als Impulsgeber werden Sie am ehesten die kritischste Ressource der modernen Organisation für sich gewinnen können: „performing people".

Aber warum sollte das Marketing die Rolle eines Impulsgebers überhaupt einnehmen? Reicht es nicht aus, einfach eine gute Kommunikation für die gegebenen Produkte und Services des Unternehmens zu erstellen? Das Marketing ist die Schnittstelle zum Verständnis, Bedürfnis und Anliegen des Kunden. Insbesondere in diversifizierten Business-to-Consumer-Märkten ist der Beziehungsaufbau zum Kunden nur von zwei Abteilungen überhaupt zu leisten: Vertrieb oder Marketing. Der Vertrieb hat dabei oftmals die kurzfristige Perspektive im Blick – zu Recht –, denn nur aus diesen Umsätzen können die Investitionen für die Zukunft getätigt werden. Das Marketing muss daher die mittel- und langfristige Sicht im Fokus behalten. Roisin Donnelly, Corporate Marketing Director bei P&C, beschreibt es so: „[W]e see Marketing as the heart of our business model and a key investment to grow our brands" (Davidi 2013).

Literatur

Association, A. M. 2015. AMA.org. https://www.ama.org/AboutAMA/Pages/Definition-of-Marketing.aspx (Erstellt: 14. Oktober 2015). Zugegriffen: 15. Apr. 2016.

Christensen, C. C. (2013). Marketing Malpractice. In H. B. Review, On Strategic Marketing (S. 57–76). Boston: Harvard Business School Publishing Corporation.

Davidi, A. 2013. The Guardian. http://www.theguardian.com/media-network/media-network-blog/2013/mar/13/digital-marketing-branding-procter-gamble (Erstellt: 13. März 2013). Zugegriffen: 15. Apr. 2016.

Drucker, P. 2001. *The Essential Drucker*. New York: HarperCollins Books.

Homburg, C. und H. Krohmer. 2003. *Marketingmanagement: Strategie – Instrumente – Umsetzung – Unternehmensführung*. Wiesbaden: Springer Gabler.

Peters, T. 1998. *Der Innovationskreis*. Berlin: Econ.

Runia, P.W. 2005. *Marketing*. München: Oldenbourg Wissenschaftsverlag.

Das Marketing-Impulsgeber Team 4

Zusammenfassung

Wer das eigene Unternehmen durch Impulse voranbringen möchte, wird um die Überprüfung der eigenen Teamaufstellung nicht umhinkommen. Die erfolgreichen Marketing-Teams zeichnet eine klare Vision, der Wille zur Ergebnisorientierung, die Exzellenz in der Umsetzung, die Führungsstärke sowie die Ausrichtung am Kunden aus. Der Impulsgeber antizipiert, dass ein Großteil der Wertschöpfung in liquiden Teams erbracht wird, die funktions- und hierarchieübergreifend kollaborieren. Je weniger Berührungsängste und Reporting-Line-Bedenken eine Rolle spielen, desto besser die Ergebnisqualität. Die Erneuerung der Marketings wird ohne ein starkes Impuls gebendes Team nicht gelingen.

4.1 Impulsgeber ist ein Teamplay

Was zeichnet erfolgreiche Marketing-Organisationen aus? Welche organisatorischen Voraussetzungen benötigt man, um herausragende kommunikative Endprodukte zu erstellen und zum akzeptierten Wachstumstreiber im Unternehmen zu werden? Vision, Effektivität, Exzellenz in der Umsetzung, Führung und Kundenorientierung sowie die Kultur sind die notwendigen Kompetenzen für eine Impuls gebende Marketing-Organisation:

Vision – die Kompetenz, eine mittel- bis langfristige Perspektive zu bestimmen.
Trotz aller kurzfristigen Ergebnisorientierung ist die mittel- und langfristige Perspektive elementar. Eine Organisation, die Impulse setzen möchte, braucht eine Vorstellung von den wesentlichen Entwicklungen der nächsten drei bis fünf Jahre. Hierzu zählen Megatrends der Gesellschaft ebenso wie sich verändernde Zugangskanäle zur Zielgruppe.

© Springer Fachmedien Wiesbaden 2017
U. Greunke, *ReNew Marketing*, DOI 10.1007/978-3-658-13981-0_4

Effektivität und (Wirkungs-)Orientiertheit – die Kompetenz, die unternehmerische Zielsetzung im Blick zu behalten und entsprechende Ergebnisse zu liefern.

Ein Ergebnis hat eine qualitative und eine quantitative Seite. Wer sich vorher darüber im Klaren ist, hat schon den ersten Schritt getan. Marketing-Organisationen, die hier ihre Kompetenzen stärken, werden sich einer höheren Reputation in der gesamten Organisation erfreuen.

Fokussieren Sie bei der Ergebnismessung auf die Parameter, die die Zielsetzung maßgeblich beeinflussen. Impulse geben, Wirkung durch Marketing erzeugen, messbar und ergebnisorientiert sowie nah an der Value Proposition aus Sicht des Kunden, so lauten die Anforderungen. Ein Impuls gebendes Marketing braucht die Kompetenz, Wirkung zu erzeugen. Wenn es dazu nötig ist, in die Value Proposition des Produktes bzw. des Services oder der Unternehmenspositionierung selbst einzugreifen, so müssen Sie dies tun. Nur wer die Value Proposition für den Kunden überzeugend definiert, kann eine wirkungsstarke Kommunikation entwickeln.

Exzellenz in der Operative – die Kompetenz, in kontinuierlicher Verbesserung zu denken.

Der Impulsgeber wird an seiner Kompetenz gemessen, die Umsetzung erfolgreich abzuschließen. Das Geheimnis exzellenter Umsetzungen ist häufig das Ergebnis eines kontinuierlichen Verbesserungsprozesses. Projekten, Vorhaben oder Initiativen ist es nun mal zu eigen, dass jede(s) von ihnen anders ist. Erfahrungen, Best Practice und Ausbildung helfen, aber die Kunst liegt in der Anwendung auf die spezifische Situation – und eben in der Anpassung, wenn der ursprüngliche Konzeptansatz nicht funktioniert. Dabei ist es nicht unbedingt entscheidend, auf welchem Niveau begonnen wird, sondern dass die Maxime lautet: „Wir wollen besser werden". Es ist dabei akzeptabel, dass das Ideal wohl nie erreicht wird. Der Prozess der laufenden Verbesserung ist wichtiger als das Ziel selbst.

Führung – die Kompetenz, eine Richtung vorzugeben und diese auch durchzusetzen.

Wer Impulsgeber sein möchte, führt in der Regel die betreffende Initiative oder gibt zumindest die Richtung vor. Führung ermöglicht eine Kombination aus der Vision und der dazugehörigen Realisierung. Der Führende ist in der Lage, wichtige Entscheidungsträger ebenso wie die ausführenden Mitarbeiter für ebendiese Richtung und deren Realisierung mitzunehmen – besser, sie zu ihrer eigenen zu machen. Ein Impulsgeber besetzt so Schlüsselthemen für sich in der Organisation.

Kundenorientierung – die Kompetenz, die Bedürfnisse des Kunden zu verstehen.

In seinem Buch „Der Innovationskreis" bringt es Tom Peters auf den Punkt, dass letztendlich der Kunde ein Unternehmen bzw. eine Organisation führt. In der Konsequenz reicht damit nicht mehr nur das reine Zuhören, sondern ihm – dem Kunden – ist die Führung zu übergeben (vgl. Peters 1998, S. 254 f.). Folglich gibt dann auch der Kunde die Richtung in der Marketing-Organisation vor. Die Bedürfnisse und Erwartungen der Kunden bzw.

der Kernzielgruppe sind Maxime für die Entwicklung der Marketingaktivitäten. Eine gute Marketing-Organisation baut ihr Handeln zuvorderst auf dem Verständnis des Kunden auf.

Kultur – die Kompetenz, im Einklang mit der Kultur des Unternehmens zu handeln.
Bei Veränderungsprozessen spielte die Kultur eine wichtige Rolle. Die Schaffung einer offenen, kollaborativen Atmosphäre ist die Voraussetzung für eine erfolgreiche Umsetzung. Engagiert in der Sache, aber fair sowie transparent gegenüber allen Beteiligten zu agieren, ist die Basis für Vertrauen, das für eine ergebnisorientierte Arbeitsweise eine unbedingte Voraussetzung ist.

4.2   Die Arbeit in liquiden Teams

Die Wertschöpfung des Marketings erfolgt häufig in eigenständigen temporären Projekten. Daher sollte die Marketingabteilung eines Unternehmens flexibel genug organisiert sein, um in diesen übergreifenden Projektteams mitzuarbeiten. Damit sind wir bei der typischen Schnittstelle der dezentralen Organisation: dem Projekt. Der Schlüssel für die Leistungsfähigkeit einer Marketing-Organisation liegt daher weniger in ihrem strukturellen Aufbau oder in ihrer Einbettung in die Gesamtorganisation, sondern vielmehr in ihrer Fähigkeit, bei einer dezentralisierten Leistungserbringung als Teil einer in der Regel temporären Projektorganisation mitzuwirken. Hier wird die eigentliche Wertschöpfung erbracht.

Neben der Einbettung der Marketing-Organisation in die Ablauf- und Aufbauorganisation sind somit die Erfolgsfaktoren für die Arbeit im Team zu beachten. Kunz benennt dafür fünf kritische Erfolgsfaktoren: Zielsetzung, Kompetenzen, Teamstruktur, Arbeitsprozess und Ergebnis. Der erste Faktor umreißt die eigentliche Aufgabe. Hier werden häufig schon entscheidende Fehler gemacht, indem nicht präzise eine Auftragsklärung durchgeführt wird. Die bereits beschriebene SMART-Methode kann hier eine gute Grundlage bilden. Der zweite Faktor umfasst die Zusammensetzung des eigentlichen Teams. Hier geht es um eine kompromisslose Auswahl nach besten Kompetenzen zur Bewältigung der Aufgabe. Ein Kompromiss führt zu unbefriedigenden Endprodukten, da notwendige Kompetenzen in der Aufgabenbearbeitung fehlten. Hieran schließt sich die Struktur an, die Klärung von Rollen und Rollenerwartungen an die einzelnen Teammitglieder. Als vierter Faktor ist der Arbeitsprozess selbst zu klären: Spielregeln, Commitment und Feedback. Der fünfte Erfolgsfaktor ist die Ergebnisfokussierung in der Teamarbeit (vgl. Kunz 2010, S. 17 ff.).

Bei der Organisation innerhalb von Projekten wird häufig ein „wasserfallartiger", feststehender Ansatz gewählt. Dieser folgt den „klassischen" Schritten aus Zielsetzung, Teamauswahl, Konzepterstellung inklusive der Struktur- und Prozessbeschreibung, Umsetzung sowie Ergebnisüberprüfung. Die Alternative zu einem solchen wasserfallartigen Vorgehen stellt ein dynamisch-agiler Ansatz dar. Ein interessanter Ansatz wurde von Jeff Sutherland mit der „Scrum"-Methode im Bereich der Softwareentwicklung eingeführt, ausgehend von der Erfahrung, dass der Entwicklungsprozess letztlich nicht vorhersehbar ist und ein typischer „Wasserfallansatz" sich im Verlauf des Projektes als zu starr erweist. Oftmals entsprechen die zu Beginn des Softwareprojektes entwickelten Lasten- und Pflichtenhefte in der Projektdurchführung nicht mehr der Realität und weisen so große Abweichung in Zeit, Kosten und Arbeitsergebnissen auf (Gloger 2011, S. 19 ff.). Der Grundansatz von Scrum ist, dass der Fortschritt und die Hindernisse turnusmäßig festgehalten, die Produktfunktionalitäten in regelmäßigen Abständen überprüft und die Anforderungen an das Projekt nach jedem wesentlichen Ergebnisschritt neu festgelegt werden (vgl. Scrum 2015).

Das Revolutionäre an diesem Ansatz ist die dynamische Behandlung des Ergebnisses, das nicht zu Projektbeginn komplett festgeschrieben wird, sondern sich Schritt für Schritt entsprechend dem Projektverlauf ergibt. Diese Erfahrung aus Softwareprojekten kann auch auf komplexe Marketing-Aufgabenstellungen, wie beispielsweise Kampagnen, übertragen werden. Bei Kampagnen können zwei Phasen generell unterschieden werden: die Kampagnen-Entwicklung und die Kampagnen-Durchführung.

Die Kampagnen-Entwicklung weist analog zu komplexen Projekten häufig eine Vielzahl von Schnittstellen und Stakeholdern auf. Die Konzeption und Realisierung umfassender Kampagnen nimmt einige Zeit in Anspruch, sodass sich unterdessen die Marktlage durch eine veränderte Nachfragesituation, neue Wettbewerber oder neue Produkte verändern kann. In einem agilen Ansatz ist die Kampagnen-Entwicklung ein dynamischer Prozess, der eine höhere Flexibilität zulässt, weil mit dem Ergebnis von vornherein flexibler umgegangen wird. Neue Erkenntnisse können leichter in den Prozess eingebracht werden, und die Stakeholder sind offener für Veränderungen, wenn die Agilität als Korrektiv akzeptiert wird. Dabei kommt aber der Transparenz von Erreichtem und noch zu Bearbeitendem eine große Bedeutung zu.

Eine wesentlich stärkere Auswirkung wird ein agiler Ansatz aber auf die Kampagnen-Durchführung haben. Die Ablauforganisation im Marketing weist im grundsätzlichen Wertschöpfungsprozess bei der Auswertung bereits ein potenziell iteratives Element auf. Bei einem agilen Projektverständnis kann nun diese Auswertung zur Anpassung der Kampagne selbst – insbesondere während der Durchführung – herangezogen werden. Dabei kommt diesem Vorgehen zugute, dass in der Regel nicht alle Kampagnen-Maßnahmen zu einem bestimmten Zeitpunkt gestartet werden und dass sie, wenn doch, häufig unterschiedliche zeitliche Wirkungen entwickeln. Eine Onlinepressemitteilung oder eine Bannerkampagne haben dabei eine andere Lebensdauer als ein Pressebericht in einem Printtitel oder eine verkaufsunterstützende Maßnahme am Point of Sale. Diese zeitliche Ausdehnung kann zur Anpassung der Kampagne selbst genutzt werden, wenn die Ergebnisse nicht den Erwartungen entsprechen. Der Vorteil des agilen Ansatzes besteht in seiner Flexibilität. Wenn die Stakeholder und das Projektteam bereits in der Konzeption eine „Agilität" integrieren, können während der Realisierung wirkungsschwache Komponenten der Kampagne schneller identifiziert und vor allem wesentlich „geräuschloser" adjustiert werden. Das Projektteam und die Stakeholder werden sich weniger mit Schuldzuweisungen oder vorgeschobenen Erklärungen aufhalten. Sie werden vielmehr ihre Kraft dafür aufwenden, die gewonnenen Erkenntnisse zu interpretieren, und den weiteren Verlauf der Kampagne an die neue Situation anpassen. Das kann durchaus mehrere Iterationsschleifen beinhalten, wenn es sich um eine komplexe Kampagne handelt.

► **Agile Ansätze erfordern Loslassen**
  So einfach diese Erkenntnis klingt, so schwer ist diese in Unternehmen durchzuführen. Die Offenheit eines agilen Ansatzes bedingt ein Loslassen bereits
  in der Planung, da die Unsicherheit über den Projektverlauf Bestandteil der
  Methode ist. Ein solcher Ansatz erfordert ein Umdenken, gerade in klassisch
  geprägten Ablauforganisationen, die darauf geschult sind, ein einmal definiertes Konzept ohne große Veränderungen bis zum Abschluss auszurollen.

Da sich Märkte heute schneller ändern und Kunden via Internet bestens vernetzt und informiert sind, spricht vieles für ein agileres Vorgehen. Gerade Impulsgeber müssen bei ihren
wachstumsorientierten Vorhaben sicherstellen, aktuelle Entwicklungen und Veränderungen
der Rahmenbedingungen zu berücksichtigen. Es liegt in der Verantwortung des Impulsgebers, die Bedenken gegenüber einer agilen Vorgehensweise bereits zu Beginn zu erkennen
und für eine ausreichende Einbindung, Transparenz sowie Nachvollziehbarkeit von Rich-
tungsänderungen bei den Stakeholdern Sorge zu tragen. Das erfordert eine entsprechend
Kompetenz sowie einen hohen Kommunikations- und Interaktionsaufwand. Das Ergebnis
wird aber eine wirkungsstarke Kommunikation sein, basierend auf einem tieferen Verständnis für die Zielgruppe, den Markt und die Wirkungsmechanismen der Kampagne selbst.

Literatur

Gloger, B. 2011. *Scrum. Projekte zuverlässig und schnell entwickeln.* München: Hanser.

Kunz, C. 2010. *Das Führen und Motivieren von Teams.* München: GRIN.

Peters, T. 1998. *Der Innovationskreis.* Berlin: Econ.

Scrum. 2015. scrum.org. www.scrum.org (Erstellt: 15. September 2015). Zugegriffen: 15. Apr. 2016.

Die Größe zur geduldigen Demut

Zusammenfassung

Das Wirken für das größere Ganze hilft dem Impulsgeber, sich selbst als Initiator und Katalysator zu verstehen, aber die eigene Person nicht allzu wichtig zu nehmen. Dieser Grundsatz geht von einem alterozentrierten Weltbild aus. Es erfordert vom Einzelnen: Toleranz, Anerkenntnis, die Fähigkeit, mit dialektischen Situationen spielen und siegen zu können – aber darauf auch zu verzichten. Jeder, der eine Organisation als Impulsgeber verändern möchte, sollte beherzigen, dass es einfacher ist, eine Organisation zu liquidieren, als sie grundlegend zu verändern. Eine Veränderung wird kontroverse Reaktionen hervorrufen und benötigt schlicht Zeit und damit Geduld. Oftmals mehr als der innovationsorientierte Impulsgeber bereit ist zu akzeptieren.

5.1 Veränderungen benötigen Zeit – und Demut

Braucht es Demut im Marketing? Nicolai Hartmann definiert die „Demut [als] das Bewusstsein unendlichen Zurückbleibens, bei dem aller Vergleich versagt. Sie misst das eigene Sein an der Vollkommenheit, so wie sie diese versteht, als Gottheit, als sittliches Ideal oder als erhabenes Vorbild" (Hartmann 1949, S. 476). Die Demut reflektiert die Diskrepanz zwischen dem Unerreichbaren, einem Ideal und dem Status quo, der unvollkommen bleiben muss. Gerade der Impulsgeber wird in seiner „Mission" einen ambitionierten Zielzustand anstreben, möglicherweise ein Ideal: das innovative Marketing, vor einer Geduldsherausforderung stehen. Veränderung benötigt eben Zeit. Organisationen, die sich über Jahre auf ein risikoaverses Verhalten konditioniert haben, sind nur mühsam und unter großem Kraftaufwand für innovativere Herangehensweise zu öffnen.

Das Wirken für das größere Ganze hilft dem Impulsgeber, sich selbst als Initiator und Katalysator zu verstehen, aber die eigene Person nicht allzu wichtig zu nehmen. Dieser Grundsatz geht von einem alterozentrierten Weltbild aus. Rupert Lay beschreibt die

U. Greunke, *ReNew Marketing*, DOI 10.1007/978-3-658-13981-0_5

Alterozentrierung als die Fähigkeit, sich selbst und seine Werturteile zurückzunehmen und sich ganz auf seinen Partner und die Sache zu konzentrieren. Dieses alterozentrierte Verhalten erfordert vom Einzelnen: Toleranz, Anerkenntnis, die Fähigkeit, mit dialektischen Situationen spielen und siegen zu können – aber darauf auch zu verzichten (vgl. Lay 1999, S. 21).

Eine moderne Art der Demut findet sich in einer Vielzahl von Unternehmensleitlinien. Zumeist wird dafür nicht der antiquiert wirkende Begriff der Demut verwendet, aber im besten Sinne einer Alterozentrierung findet sie sich häufig in der Betonung der Unternehmensmission für die Kunden oder gar die Gesellschaft wieder. So stellt beispielsweise die Unternehmensberatung McKinsey den Kunden vor alles andere: „Client first, Company second". Eine demütige Haltung darf nicht als Schwäche missverstanden werden. Wo sie dem Hochmut gegenübertritt, schafft sie einen gebührenden Ausgleich. Wer als Impulsgeber viel Mut für die Durchsetzung der „Mission" benötigt, begegnet Rückschlägen besser mit Demut als mit Hochmut, wissend, dass der Status quo gegenüber dem Ideal nahezu immer eine Diskrepanz aufweisen wird. Aber die „Mission" hilft dem Einzelnen und der Gruppe, sich für eine Veränderung einzusetzen, sich überhaupt auf den Weg zu einer Verbesserung zu begeben. Es zählt die Veränderung an sich, nicht das idealisierte Ziel, was möglicherweise niemals erreicht wird.

5.2   Die Konsequenzen der Veränderung

Ein Impulsgeber verändert bestehende Strukturen, er hinterfragt, initiiert, treibt, polarisiert und bezieht Stellung. Möglicherweise werden bisher vernachlässigte Bereiche nach vorn gestellt und bisher fokussierte Bereiche hintenan. All dies hinterlässt Reaktionen bei den Beteiligten in der Organisation. Die daraus resultierenden typischen Barrieren eines Impulsgebers sind interne „Politik", Risikoaversion und Entscheidungslähmung sowie ein Mangel an Fehlertoleranz.

Interne „Politik"

Es kommt vor, dass gute Ideen an der internen „Politik" und deren zumeist nicht offensichtlichen Stakeholdern scheitern. Es geht dabei weniger um die „gute" Idee an sich, als vielmehr darum, die maßgeblichen Personen in der richtigen Art und Weise zu involvieren. Dieses Phänomen ist nicht einmalig, sondern will für jedes Impuls gebende Vorhaben neu evaluiert und berücksichtigt werden. Wer die neuralgischen Knotenpunkte einer „politischen Struktur" berücksichtigt, wird Impuls gebende Vorhaben häufiger erfolgreich platzieren können. Man kann die „politische Struktur" zwar zu Recht beklagen, verringern oder eliminieren wird man sie kaum. Der kluge Impulsgeber integriert sie deshalb in sein strategisches Handeln.

Risikoaversion einer Organisation

Organisationen und Individuen neigen dazu, Risiken zu vermeiden. Anselm Bilgri sieht in der Submission – dem vorauseilenden Gehorsam – die Verhinderung von innovativem

Querdenken, das Grenzen kreativ überschreiten kann (vgl. Bilgri 2005, S. 32). Aber gerade dieses Querdenken benötigen jeder Impulsgeber und jede Organisation, die im Wettbewerb nachhaltig bestehen will. Daraus ergibt sich ein klassischer Konflikt: Ein Impulsgeber ist davon inspiriert, Grenzen zu überschreiten und neue Wege sowie Lösungsansätze in die Organisation zu tragen. Aber Organisationen benötigen ebenso Menschen mit Risikobewusstsein. Diese bewahren und kultivieren vergangene Erfolgsfaktoren. Ein Impulsgeber sollte zunächst dieser Gruppe von Menschen Anerkennung und Wertschätzung entgegenbringen. Diese Wertschätzung schafft die notwendige Vertrauensbasis. Wer in seiner Rolle als Impulsgeber ins Risiko geht, muss sich über die Konsequenzen im Klaren sein. Ein innovativer mitunter disruptiver Weg wird die Gruppe der Bewahrer herausfordern, die im Einklang mit ihren Überzeugungen für das Konservative einstehen. Diese Reaktion ist ein zutiefst im Menschen angelegtes Verhalten. Der Mensch wird mit Vorliebe das wiederholen, was ihm bisher und erwartet auch in der Zukunft Sicherheit bietet. Der Impulsgeber bewahrt die Balance aus einem Mitnehmen der einflussreichen Bewahrer und die Motivation der Veränderer für die Schaffung von mehr Innovation.

Entscheidungslähmung und Fehlertoleranz
Entscheidungen zu treffen heißt, Position zu beziehen und Verantwortung für das Ergebnis zu übernehmen. Dies erhöht die Sichtbarkeit, aber auch die Angst vor dem (persönlichen) Scheitern. Wo im voranschreitenden Entscheidungsprozess Raum für Interpretation war, basierend auf Fakten oder geleitet von Emotionen, wo für die beste Lösung gestritten wurde, erzeugt die eigentliche Entscheidung einen zunächst finalen Reibungspunkt, an dem sich die Kritik entladen kann. Nicht selten werden sich dann die Beteiligten und Betroffenen über ebendiese getroffene Entscheidung echauffieren. Das darf einen Impulsgeber niemals davon abhalten, Entscheidungen zu treffen oder deren Vorbereitung zu verzögern. Denn ein Verzögern oder Nichttreffen von Entscheidungen führt zu einer Lähmung. Es ist besser, eine Entscheidung zu treffen und sich für deren Realisierung mit großem Engagement einzusetzen, als keine Entscheidung zu treffen und damit für den Status quo zu votieren (und auch das ist eine Entscheidung – wenn auch oftmals unbewusst). Auch wenn die Entscheidung im Nachgang betrachtet falsch war, ist es besser, aus den Fehlern zu lernen und den Kurs zu revidieren, als den vermeintlich sicheren Hafen – den Status quo – nicht zu verlassen.

Eine demütige Haltung gegenüber diesen aufgezeigten typischen Barrieren hilft dem Impulsgeber, nicht in den Abgrund des Klagens, der Frustration oder gar des Zornes zu geraten. Nach Jens Corsen hat zunächst jeder Recht in seinem Denk- und Angstverhalten. Es gibt ein „Richtig" oder „Falsch" eben immer nur aus dem jeweiligen Betrachtungswinkel des Individuums oder einer Gruppe. Jeder, der eine Organisation als Impulsgeber verändern möchte, sollte beherzigen, dass es einfacher ist, eine Organisation zu liquidieren, als sie grundlegend zu verändern. Eine Veränderung wird kontroverse Reaktionen hervorrufen, diese Vielstimmigkeit, in der viele Perspektiven und Überlegungen zum zukünftigen Weg existieren, erfordert ein hohes Maß an alterozentriertem Verhalten der Beteiligten und insbesondere des Impulsgebers.

Literatur

Bilgri, A. (2005). Leadership. Handelsblatt Nr. 180 vom 16. September 2005, b32.

Hartmann, N. 1949. *Ethik*. Berlin: Walter de Gruyter.

Lay, R. 1999. *Führen durch das Wort*. München: Wirtschaftsverlag Langen Müller Herbig.

Teil II
Wie Sie in 10 Schritten das Marketing erneuern

Schritt 1: Denken Sie!

Zusammenfassung

Der erste methodische Schritt: das Denken und Handeln in strategischen Optionen. Bei der Sondierung von Lösungen für die Aufgabenstellung wird dieser Punkt häufig übersprungen. Schnell sind die ersten Ideen zur Lösung auf dem Tisch, und schon geht es nahezu übergangslos an die Umsetzung. Nehmen Sie sich vor dem Sprung zur Lösung ausreichend Zeit, sich für eine strategische Sichtweise zu öffnen. Diese Öffnung führt zu neuen (Ein-)Sichten auf das Problem mit daraus resultierenden neuen Lösungsoptionen für die Fragestellung. Ein Impulsgeber denkt in Optionen – und nicht zu früh in nur einem möglichen Lösungsweg. Es liegt im ureigenen Interesse des Impuls gebenden Marketings, eine eindeutige strategische Ausrichtung einzufordern, ein mittel- bis langfristiges Marketingmandat zu erwirken und anschließend die Marketinginstrumente entsprechend der gewählten Option auszurichten.

6.1 Wie Sie mit strategischen Optionen neue Perspektiven eröffnen

Die Marketingabteilung ist ein Problemlöser. Stets sucht sie für eine Aufgabenstellung eine smarte (Kommunikations-)Lösung. Der erste methodische Schritt des Impulsgebers widmet sich der Evaluation von grundsätzlichen Lösungsansätzen: das Denken und Handeln in strategischen Optionen.

Nehmen wir ein beliebiges Problem. Häufig beginnt der Prozess direkt mit einer Suche nach Lösungen bzw. Versatzstücken einer möglichen Lösung, die für eine spätere Implementierung passen können. Die schnelle Generierung von Ideen, ersten Hypothesen oder konzeptionellen Ansätzen schafft eine vermeintliche Sicherheit, weil ja „etwas getan wird" und schon früh erste Bruchstücke einer möglichen Lösung auf dem Tisch liegen. Aber diese unmittelbare Fokussierung auf die Lösung arbeitet nur allzu oft mit bekannten Ansätzen, da sich diese schließlich in der Vergangenheit schon mehr oder weniger bewährt haben.

© Springer Fachmedien Wiesbaden 2017
U. Greunke, *ReNew Marketing*, DOI 10.1007/978-3-658-13981-0_6

Der Einsatz eines Denkens und Handelns in strategischen Optionen hingegen verhilft Ihnen zu Beginn des Problemlösungsprozesses, den Lösungsraum zu vergrößern. Das hat den Vorteil, nicht immer mit den gleichen Lösungen auf neue Probleme zu reagieren. Es verschafft Ihnen damit mehr Möglichkeiten, auch Out-of-the-box-Lösungswege zu erarbeiten. Ob Sie diese dann auch nutzen, ist erst in der Folge zu beantworten.

Zunächst geht es um die sinnvolle Erweiterung des Lösungsraumes. Sie werden schlicht innovativer und flexibler im Durchdenken von möglichen Lösungen, ohne zu schnell aus kleineren und bekannten Lösungsversatzstücken eine nur halbwegs passende Lösung zu erstellen.

▶   Das Wort „Strategie" leitet sich vom altgriechischen „strategós", das für „Feldherr, Kommandant" steht, ab. Die Ursprünge der Strategie liegen in der Kriegsführung. Historische Größen der Militärgeschichte wie Cäsar, Machiavelli, Clausewitz oder Moltke haben sich mit der Strategie der Kriegsführung beschäftigt. Dabei stand die Effizienz des Ressourceneinsatzes bei der Erreichung eines maximalen Effekts im Vordergrund – eine in Unternehmen nur allzu bekannte Anforderung.

Jede Prüfung der strategischen Optionen basiert auf einer fundierten Analyse der Ausgangslage: Wie stellen sich meine Kompetenzen, mein Lösungsangebot im Vergleich zu den Wettbewerbern und den Marktanforderungen dar? Was kann ich gut, wo liegen meine Schwächen? In welchen Bereichen kann ich überhaupt agieren – wo kann ich innovative (Überraschungs-)Elemente einsetzen?

Schon der Feldherr Hannibal von Karthago sah sich einer überlegenen römischen Armee gegenüber. An Männern und Schiffen war Rom Karthago weitaus überlegen. Hannibal vermied die Konfrontation im Bereich der Stärken des Gegners. Er wählte einen für die Römer überraschenden Kriegsschauplatz – den Angriff zu Land über die Alpen – und setzte innovative Elemente ein: Kampfelefanten, die die Römer zuvor noch nicht gesehen hatten. So gelang es ihm, zumindest zu Beginn der Offensive, Rom ernsthaft in Bedrängnis zu bringen (vgl. Bickhoff 2008 S. 8 ff.). Auch Hannibal unternahm zuvor eine eingehende Betrachtung der strategischen Optionen auf der Basis der eigenen Fähigkeiten. Die Strategie ist somit ein Prozess, der die Fähigkeiten, Kenntnisse und Kräfte der Organisation bündelt, um einen Auftrag zu erfüllen (vgl. Krauthammer und Hinterhuber 2005, S. 94).

Die Evaluation von strategischen Optionen im Problemlösungsprozess zeigt verschiedene Sichtweisen auf das Problem, wobei die Basis die Ausgangslage ist. Die eigenen Fähigkeiten, Kenntnisse und Stärken spielen dabei eine zentrale Rolle. Diese öffnen den Blick für mögliche strategische Optionen auf dem Weg zur Erfüllung des Auftrages. Das Finden von Optionen ist eine zentrale Aufgabe des Impulsgebers, denn nur wer Optionen hat, bleibt handlungsfähig – auch wenn sich die Ausgangslage ändert oder die Rahmenbedingungen ungünstig sind. Ein Impulsgeber denkt in Optionen – und nicht zu früh in nur einem möglicherweise altbekannten Lösungsweg.

6.2   Die Standortbestimmung: Fähigkeiten, Kenntnisse und Stärken

Bevor wir die strategischen Optionen zur Problemlösung bestimmen, ist die Ausgangslage zu analysieren. Beginnen wir mit dem Vorhandenen, auf dem die Organisation aufbauen kann. Dabei sind die drei Kategorien Fähigkeiten, Kenntnisse und Kräfte zu betrachten. Aus der Betrachtung des Status quo und der Anforderungen des heutigen und zukünftigen Kunden bzw. der Entwicklung des Marktes lässt sich der Handlungsbedarf ableiten.

Die Fragen in Tab. 6.1 verdeutlichen beispielhaft den Evaluationsprozess im Rahmen der eigenen Standortbestimmung. Sinnvollerweise umreißt das Projektteam zu Anfang die Fragen und erarbeitet im Anschluss die nötige Informationsbasis zur Erstellung der strategischen Optionen, indem es die Fragen beantwortet.

Tab. 6.1 Ableitung der Standortbestimmung am Beispiel „Vermarktung eines neuen Produktes, Erstellung eines Marketingkonzeptes inkl. Implementierung"

	Status quo	Heutige Anforderungen von Kunden/ Märkten	Zukünftige Anforderungen von Kunden/ Märkten
Stärken (Fokus Organisation)	Die Mission der Organisation im Allgemeinen Stärken, auf denen das Marketing aufbauen kann Welche Kundendaten liegen vor – allgemein oder spezifisch für die Zielgruppe?	Der Marktanteil (Wert und Volumen) im Vergleich zu den Top-3-Wettbewerbern Ist eine Angreifer- oder Verteidigerrolle sinnvoll?	Welche Zukunfts- orientierung hat die Organisation? Welches Selbstver- ständnis und welche Rolle nimmt die eigene Organisation im Marktsegment zukünftig ein?
Fähigkeiten (Fokus Produkt, Kunde)	Warum gibt es das vorliegende Produkt (Reason to exist)? Was ist die emotionale und herauszustellende rationale Besonderheit des Produktes? Über welche Fähig- keiten verfügt das Pro- dukt im Allgemeinen? Wurden bereits ähnli- che Marketingaktivi- täten unternommen? Welche? Ergebnisse?	Welche Fähigkeiten hat der potenzielle Kunde? Welches Problem des Kunden wird mit dem vorliegenden Produkt gelöst? Lösen das Problem bereits andere (Wettbewerbs-) Produkte? Kann der potenzielle Kunde überhaupt mit dem Produkt ohne An- leitung bzw. Service eine Wertschöpfung erbringen?	Welche zukünftigen Trends haben einen Einfluss auf das vorlie- gende Produkt bzw. auf den Problemlösungsan- satz des Produktes? Werden neue Techno- logien das vorliegende Problemlösungskon- zept des Produktes ablösen? Werden sich die Bedürfnisse der Zielgruppe für dieses Produkt grundlegend verändern?

Standortbestimmung anhand der Fähigkeiten, Kenntnisse und Stärken der Organisation, Kunden, Produkte und Kompetenzen.

Tab. 6.1 (*Fortsetzung*)

	Status quo	Heutige Anforderungen von Kunden/ Märkten	Zukünftige Anforderungen von Kunden/ Märkten
Kenntnisse (Fokus Produkt, Kompetenz)	Welche Personen haben entscheidend an der Entwicklung mitgearbeitet? Welche besonderen Kenntnisse waren für die Entwicklung notwendig?	Über welche spezifischen Kenntnisse verfügt der Wettbewerb (Top 3)? Wie können die eigenen Kompetenzen gegenüber dem Wettbewerb abgegrenzt werden?	Welche Investitionssicherheit bietet das Produkt? Anpassungen an zukünftige Entwicklungen möglich?

Standortbestimmung anhand der Fähigkeiten, Kenntnisse und Stärken der Organisation, Kunden, Produkte und Kompetenzen.

6.3 Die strategischen Optionen zur Erneuerung

6.3.1 Marktstimulierung

Die grundsätzlichen strategischen Optionen für die Stimulierung eines Marktes sind Kosten- oder Qualitätsführerschaft. Beide stellen durch die Ausprägung einer dominanten Führerschaft in einer der beiden Dimensionen eine deutliche Abgrenzung vom Wettbewerb dar. Sie drücken sich in der Preis-Mengen-Strategie (Kostenführerschaft) oder der Präferenzstrategie (Qualitätsführerschaft) aus.

Die Wertschöpfung steigt für ein Unternehmen bei einer eindeutigen Ausprägung in der Dimension Kosten oder der Dimension Qualität. Mischansätze führen zu einer ungenügenden Wertschöpfung und aus Sicht des Marketings zu einem grundsätzlichen Problem: Wofür stehen das Unternehmen und seine Produkte bzw. Services? Je weniger eindeutig die Position ist, desto schwerer fällt es dem Marketing, effektiv zu kommunizieren und damit ein klares Nutzenversprechen zu geben. Bei einer unklaren Positionierung wird die Profitabilität eines Unternehmens zwangsläufig leiden (siehe Abb. 6.1).

Einerseits den günstigsten Preis (aufgrund der niedrigsten Herstellungskosten) je nach Marktlage für einzelne Produkte oder das ganze Portfolio anzubieten und andererseits einen Qualitätsanspruch im Sinne einer Premiummarke zu erheben, passt nicht zusammen. Ein potenzieller Käufer beurteilt nach wenigen prägnanten Kriterien, wie er eine Marke einordnet. Bei einer unklaren Positionierung wird er kaum Ihre Marke in sein „Relevant Set" legen, da die Nutzenfunktion für ihn nicht klar erkennbar ist. Kosten- oder Qualitätsführerschaft, für welche grundsätzliche Position steht das betrachtete Unternehmen?

Bevor wir in die Einzelbetrachtung von Preis-Mengen-Strategie und Präferenzstrategie einsteigen, sollten wir die Rolle eines Impuls gebenden Marketings betrachten.

Abb. 6.1 Treiber der Profitabilität

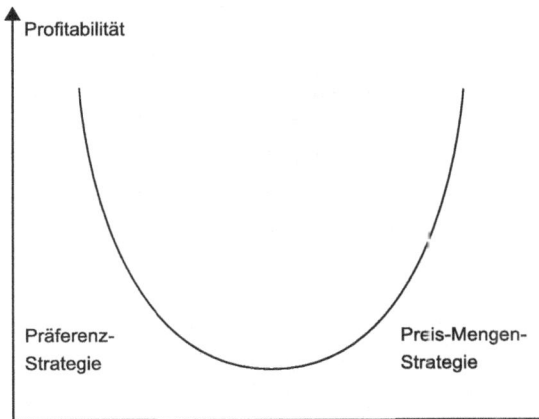

Auch wenn das Grundmodell einfach verständlich ist und aus anderen Branchen viele eindrucksvolle Beispiele vorliegen, gelingt die Transformation auf den eigenen Markt und insbesondere das eigene Unternehmen weitaus weniger gut. Niemand wird ernsthaft die Vorteile einer Präferenzstrategie anzweifeln, doch bei schwachen Quartalsergebnissen liegt die Versuchung des Einsatzes von preispolitischen Instrumenten allzu nahe. Ein Impuls gebendes Marketing nutzt frühzeitig die Chance, die grundsätzlichen Optionen für das eigene Unternehmen aufzuzeigen und darauf hinzuwirken, eine strategische Entscheidung für den langfristigen Weg zu erreichen. Der Sparringspartner des Marketings ist beispielsweise die Unternehmensentwicklung oder eine gleichartig ausgerichtete Unternehmenseinheit.

Ist die grundsätzliche Entscheidung für eine der beiden Optionen getroffen, haben Sie aus Sicht des Marketings eine Referenz bekommen, an der Sie Ihre mittel- und langfristige Arbeit ausrichten können. Nur mit diesem Mandat wird es Ihnen gelingen, eine Stringenz aufzubauen, die zu entsprechenden Effekten bei den potenziellen Kunden führt: die Aufnahme Ihrer eigenen Marke in das „Relevant Set" des Kunden.

Wenn die mittel- und langfristigen Wege gesetzt sind, können Sie sich den kurzfristigen taktischen Maßnahmen zuwenden. Auch ein Qualitätsführer wird zeitweise preispolitische Instrumente einsetzen und ein Kostenführer auch über Qualität sprechen wollen. Solange die grundsätzliche Richtung bleibt, ergibt sich daraus eine vertretbare Koexistenz. Bei einer dauerhaften Zunahme von konträren Aktivitäten muss ein Impuls gebendes Marketing aber die Konsequenzen gegenüber den Entscheidungsträgern aufzeigen – welche Gefährdung liegt in der Abweichung vom grundsätzlichen Weg?

▶   Dabei wird der Preis immer einen kurzfristigen Absatzeffekt aufweisen und die
      Qualitätsführerschaft eine längerfristige Wirkungsdimension.

Aber den Preis können Sie nur schwerlich wieder nach oben korrigieren und er ist als Verkaufsargument allzu leicht vom Wettbewerb kopierbar. Wenn das Unternehmen dann keine

Kostenführerschaft besitzt, wird der Preis zu einem ruinösen Instrument. Das Beispiel der Praktiker-Baumarktkette zeigt das eindrucksvoll. „20 % auf alles außer Tiernahrung" stimulierte den Markt kurzfristig wie erhofft, nur blieben die Kunden nach der Aktion aus (vgl. Aichner 2013). Auch wenn dies sicherlich nicht der einzige Grund für die Insolvenz war, so stellte sich das Kaufverhalten der Kunden zwangsläufig auf diese Preisaktionen ein. Die Marke wurde im „Relevant Set" des Kunden als Kostenführer eingeordnet. Offensichtlich konnten aber die Kosten der Praktiker-Ketten nicht wettbewerbsfähig gehalten werden. Wenn dann die Umsätze zwischen den Aktionen einbrechen, führt dies zwangsläufig zu Problemen.

Das Impuls gebende Marketing muss eine eindeutige strategische Ausrichtung einfordern, ein mittel- bis langfristiges Marketingmandat erwirken und anschließend die Marketinginstrumente entsprechend der gewählten Option ausrichten. Bleiben Sie in der Ausrichtung konsequent.

6.3.2   Preis-Mengen-Strategie

Nach Porter ist der Kostenführer derjenige, der auch nach einem intensiven Wettbewerb um den attraktivsten Preis noch profitabel agieren kann (vgl. Porter 1995, S. 63 f.). Das kann ihm nur gelingen, wenn er seine Angebotsleistung mit niedrigeren Kosten gegenüber dem Wettbewerb bei vergleichbarer Qualitäts- und Funktionsausprägung erbringen kann.

Bei einer Preis-Mengen-Strategie wird der Käufer seine Kaufentscheidung in erster Linie vom Preis abhängig machen. Dadurch wird der potenzielle Käufer zu zusätzlichen Käufen bzw. dem Präferenzkauf für die entsprechende Marke stimuliert. Die höhere Quantität von Abverkäufen gleicht dann den geringeren Profit je Einzelstück bzw. Einzeldienstleistung aus. Die Preis-Mengen-Strategie wird häufig von einflussreichen Unternehmen angewendet, die tendenziell ein komplettes Marktsegment als Marktführer dominieren – und somit hohe Synergien beim Einkauf sowie bei der kosteneffizienten Produktion sowie bei Zugängen zu Produktionsressourcen ausnutzen können. Das Marketing richtet sich in diesem Szenario an preispolitischen Maßnahmen aus. Das könnten Instrumente der Preisgestaltung, der Varianten des Preises, der Differenzierung des Preises in Abhängigkeit von den Märkten, der mengenabhängigen Preisgestaltung oder der Bündelung mit anderen Produkten bzw. Services sein.

Was ist die Rolle des Impuls gebenden Marketings? Gerade im Preis liegt ein wesentliches Gestaltungselement, da dieser eine direkte Korrelation zur Wertschöpfung aus Sicht des potenziellen Kunden darstellt. Häufig liegt die Preisgestaltung in der Hoheit der Produktentwicklung oder des Vertriebes. Aber der Impulsgeber sollte sich hierbei nicht zurückziehen. Gerade das Marketing kann als „Anwalt des Kunden" wichtige Indikationen für die Rechtfertigung des Preises liefern. Markttrends, Fokusgruppen, die die Preisbereitschaft der Kunden ermitteln, oder auch eine Einschätzung der emotionalen Wertschöpfung des eigenen Angebotes sind wichtige Bestandteile zur Preisfestlegung, die das Impuls gebende Marketing beitragen kann.

6.3.3   Präferenzstrategie

Bei der Anwendung einer Präferenzstrategie versucht das Unternehmen, durch den Einsatz von nicht preisbezogenen Aktionsparametern eine Vorzugsstellung beim Käufer zu erzielen. Dabei soll sich das eigene Produkt durch die Schaffung spezifischer Produktmerkmale vom Wettbewerb so differenzieren, dass der Anbieter bestimmte Präferenzen bezüglich des Produktes aufbaut und dadurch bereit ist, einen höheren Preis zu bezahlen. Dahinter steht die Aufladung des eigenen Unternehmens (der Marke), der Produkte und der Dienstleistung mit einem genügend hohen Wert, wobei der Wert sich aus den zwei Komponenten der rationalen Leistungs-/Qualitätsdimension und des emotionalen Imagefaktors zusammensetzt.

Die Präferenzstrategie wird häufig von kleineren, spezialisierten Unternehmen angewendet, die tendenziell eine Nische besetzen und nicht ein komplettes Marktsegment. Der Wertbeitrag eines Impuls gebenden Marketings ist einerseits die Identifikation und Kommunikation von Zusatznutzen, die eine diskriminierende Leistungsfunktion gegenüber dem Wettbewerb ermöglicht. Ein Premium(-Preis) benötigt aus Sicht des potenziellen Kunden eine rationale Rechtfertigung. Der Impulsgeber erarbeitet diese gemeinsam mit den Angebotsverantwortlichen aus der Outside-in-Perspektive. Sprich: Welche Elemente stellen aus Sicht des potenziellen Kunden eine eindeutige Alleinstellung gegenüber dem Wettbewerb dar? Die zweite Aufgabe ist die emotionale Aufladung der eigenen Marke und daraus folgend der Produkte bzw. Services mit einem Mehrwert. Dies drückt sich in einer adäquaten Inszenierung des Angebotes aus. Der Präferenzkunde erwartet ein stimmiges Angebot von der Verpackung über die Ansprache und das Kauferlebnis bis hin zum Service.

6.3.4   Marktfeldstrategie

Dieser strategische Bereich umfasst die Entscheidung, auf welche Bereiche fokussiert werden soll, um Wachstumspotenziale für das Unternehmen zu nutzen oder zumindest die eigene Position im Markt zu stabilisieren.

Die Matrix nach Ansoff (siehe Tab. 6.2) verdeutlicht grundlegende Optionen (vgl. Ansoff 1965, S. 98 f.). Sie basiert auf den strategischen Erkenntnissen der 60er- und 70er-Jahre, benötigt aber eine Transformation auf das jeweilige Unternehmen. So werden Stärken und Schwächen des Unternehmens in der Matrix nicht berücksichtigt. Ebenso fehlt die Betrachtung der Wettbewerbsdimension. Eine potenzielle Substitution von bestehenden Produkten in bestehenden Märkten durch neue Wettbewerber oder neue disruptive Technologien stellt eine große Gefahr dar. Ein Verharren des eigenen Unternehmens im unteren linken Quadranten ist somit langfristig keine sinnvolle Option. Das musste auch die Musikindustrie schmerzlich feststellen, die allzu lange an der „Cashcow" CD festhielt. Disruptive Technologien (MP3) und neue Distributionskanäle (iTunes, Streaming-Services) revolutionierten den traditionellen CD-Markt. Tradierte Märkte (Quadrant bestehende Produkte bzw. Services/Märkte) sind per se sehr anfällig für disruptive Innovatoren. Impulsgeber erkennen dieses Risiko frühzeitig und nehmen Einfluss, um eine Diversifikation in die oberen Quadranten (neue Produkte bzw. Services) zu erwirken – ganz im eigenen Interesse!

Tab. 6.2 Marktfeldstrategien in Anlehnung an Ansoff

	Bestehende Märkte*	Neue Märkte*
Bestehende Produkte bzw. Services*	Ausschöpfen vorhandener Potenziale des eigenen Angebotsportfolios. In der Regel kaum signifikante Wachstumspotenziale und anfällig, wenn neue Wettbewerber den Markt betreten. Wesentlicher **Wertbeitrag** des Impuls gebenden Marketings: Frühzeitiges Erkennen von neuen Wettbewerbern bzw. Substituten des eigenen Angebotsportfolios Anreichern des bestehenden Portfolios mit Zusatznutzen, beispielsweise durch Kooperationen, Bundles, Änderung der Verkaufseinheit Zusätzliche Stimulierung durch dezidierte Aktivitäten, beispielsweise Test-Promotions, Abbau von Preisschwellen	Wachstumsstrategie, die die vorhandenen Stärken des Produktes bzw. Unternehmens beim Eintritt in neue Märkte nutzt. Kurzfristig hohes Potenzial, führt aber mittelfristig zu einer hohen Komplexität durch Ausweitung der Unternehmensfunktionen (z. B. Logistik, Vertrieb, Marketing, Strategie). Wesentlicher **Wertbeitrag** des Impuls gebenden Marketings: Stärkung der emotionalen Unternehmensmission (Brand-Mission) Erhaltung der Konsistenz des eigenen Images und Erscheinungsbildes CICD bei einer räumlichen Diversifikation Identifikation neuer Anwendungsbereiche durch Marktbeobachtung
Neue Produkte bzw. Services	Typische evolutionäre Weiterentwicklung des eigenen Angebotsportfolios. Entscheidungsdruck zur Weiterführung oder Bereinigung des eigenen Portfolios bei Einführung neuer Produkte. Wesentlicher **Wertbeitrag** des Impuls gebenden Marketings: Abschätzung Kundenpotenziale Identifikation der Werttreiber bei Wettbewerbsprodukten innerhalb und außerhalb des Angebotes Erarbeitung von psychologischen Produktinnovationen durch Neu- bzw. Repositionierung	Innovativer, risikoreicher Ansatz mit hohem Wachstumspotenzial. Stellt hohe Anforderungen an Unternehmensfunktionen, erfordert Unternehmenskultur, die radikalere Wege ermöglicht. Wesentlicher **Wertbeitrag** des Impuls gebenden Marketings: Trendbestimmung, Marktforschung, Outside-in-Betrachtung Reale Differenzierung gegenüber Wettbewerb (emotionale, rationale Benefits) Verbindung des Neuen mit dem Bisherigen – „stringente Story"

* Aus Sicht des Unternehmens.

6.3.5 Marktsegmentierung

Eine Marktsegmentierung teilt heterogene Gesamtmärkte in homogene Teilmärkte (Segmente) auf der Basis spezifischer Kriterien. Der Grund für eine solche Segmentierung ist das bessere Verständnis der betrachteten potenziellen Kunden innerhalb eines gebildeten Segmentes. Dadurch ergeben sich Wettbewerbsvorteile, Vermeidung von Substitutionseffekten, fundiertere Marktprognosen und ein gezielterer Einsatz von Marketinginstrumenten (vgl. Handelsblatt 2006, S. 3842–3845). Darauf abgestimmt lassen sich passendere Angebote für ebendiese Segmente erstellen.

Ein überzeugendes Beispiel stellt die „Neuerfindung" von Carsharing-Diensten dar. Schon in den 90ern gab es in jeder größeren Stadt eine Reihe von Anbietern. Das Ausleihen war aber mithilfe von Schlüsseltresoren und festgelegten Ausleih- und Rückgabestellen nicht besonders attraktiv. Das Image vieler Carsharing-Dienste hatte daher eine ökologisch motivierten Ausrichtung. Dank neuer Technik und durch eine zielgruppenadäquate Aufstellung erweckten Angebote wie Car2Go oder DriveNow schnell eine große Begehrlichkeit bei urbanen Early Adoptern. Diese Zielgruppe konnte ihr Parkplatzproblem mit einem zeitgemäßen Dienst kombinieren. Und das nächste Leihauto stand nur ein paar Ecken weiter – schnell identifizierbar via App. Das richtige Verständnis von Kundensegmenten und darauf abgestimmten Angeboten schafft die Voraussetzung für überproportionales Wachstum (siehe Tab. 6.3).

Grundsätzlich kann ein Unternehmen entscheiden, ob es sich auf einzelne Segmente konzentriert oder ein Angebot entwickelt, das möglichst auf wenigen gemeinsamen Nennern eines Großteiles der Segmente aufsetzt. Je komplexer und hochpreisiger die Produkte bzw. Services werden, desto eher bietet sich eine Segmentierungsstrategie an. Die Zuspitzung auf einzelne Segmente reduziert folglich die Volumina. Diese Strategie verfolgt eine Vielzahl von Luxusgüterhersteller. Sie konzentrieren sich auf ein einziges Segment oder nur wenige Segmente. Hier wird dann unter künstlicher Verknappung eine limitierte Auswahl bzw. Stückzahl von Produkten angeboten. Eine Ausnahme bilden Produkte, die von allen

Tab. 6.3 Mögliche Segmentierungskriterien

Kriterien des beobachteten Kaufverhaltens	Preisverhalten	Preisklasse, Kauf von Sonderangeboten
	Mediennutzung	Art und Zahl der Medien, Nutzungsintensität
	Einkaufsstättenwahl	Betriebsformen sowie Geschäftstreue
	Produktwahl	Käufer/Nichtkäufer der Produktart, Markentreue/Markenwechsel, Vielkäufer/Wenigkäufer
Psychografische Kriterien	Allgemeine Persönlichkeitsmerkmale	Lebensstil (Aktivitäten, Interessen, Meinungen), Persönlichkeitsinventare (soziale Orientierung, Wagnisfreudigkeit)
	Produktspezifische Kriterien	Wahrnehmungen, Motive, Einstellungen, Präferenzen, Kaufabsichten
Sozioökonomische Kriterien	Soziale Schicht	Einkommen, Schulbildung, Beruf
	Familienlebenszyklus	Geschlecht, Alter, Familienstand, Zahl und Alter der Kinder
	Geografische Merkmale	Wohnort, Region, Stadt/Land

Eine Segmentierung kann dabei auf beobachtetem Kaufverhalten, psychologischen Eigenschaften und soziodemografischen Kriterien des potenziellen Käufers aufbauen.

genutzt werden können, die aber eine psychologische Segmentierung verfolgen. GoPro oder Mini Cooper sind entsprechende Beispiele. Sie bauen auf ein stark differenzierendes Image, sprechen aber gezielt ganz bestimmte Kundentypen an. Durch die Attraktivität dieses Kundentypus – im Sinne einer Leitfunktion für andere Kundengruppen – erfolgt eine Erschließung zusätzlicher Marktsegmente.

Ein Impuls gebendes Marketing ist zunächst einmal gut beraten, eine Marktsegmentierung für das eigene Angebotsportfolio durchzuführen. Idealerweise werden dabei Top-down und Bottom-up verbunden. Top-down stellt die Gesamteinteilung des potenziellen Marktes in Segmente dar. Bottom-up stellt die Analyse der tatsächlichen eigenen Kunden und deren Aufteilung in Segmente aufgrund von Kriterien dar. Die eigentliche Wertschöpfung des Marketings liegt in der richtigen Interpretation der Ergebnisse.

> ▶   **Gefahren der Segmentierung und wie man ihnen begegnet**
>   Eine Segmentierung birgt immer die Gefahr, den eigenen Markt zu stark zu
>   fragmentieren und sich einer Vielzahl von Optionen gegenüberzusehen.
>   Gerade der Mittelstand wird nicht über die Mittel verfügen, alle Segmente mit
>   einer individuellen Ansprache und Angebotsausprägung zu bedienen. Wie
>   immer hilft hier die Fokussierung auf die wesentlichen Wachstumstreiber. Die
>   wichtigste Gruppe ist zunächst die der tatsächlichen Kunden. Konzentrieren
>   Sie sich maximal auf die Top-3-Gruppen, die Sie aufgrund der Segmentie-
>   rungskriterien isolieren können.

Versuchen Sie gegebenenfalls, die Datenbasis durch den Zukauf von Daten zu erweitern, damit Sie ein möglichst umfassendes Bild Ihrer Kunden haben. Damit werden Sie schon den Großteil Ihrer Kollegen hinter sich gelassen haben. Es ist immer wieder erstaunlich, wie wenig ein Unternehmen wirklich über seine (End-)Kunden weiß. Gleichen Sie nun die gewonnenen Daten mit den drei wachstums- und margenstärksten Top-down-Segmenten ab. Bei einer hohen Übereinstimmung liegen Sie richtig und sollten die bestehenden Aktivitäten ausweiten. Bei einer großen Abweichung sollten die bestehenden Aktivitäten auf die Gewinnung der lukrativeren Segmente ausrichtet werden. Isolieren Sie die fehlenden Angebotsbestandteile und passen Sie Ihr Angebot an, bevor der Markteintritt erfolgt.

6.4   Die strategische Bewertung von Optionen

Nach der Betrachtung der generellen strategischen Optionen für die Bereiche Marktstimulierung, Marktfeldstrategie und Marktsegmentierung stellt sich die Frage der Bewertung. In der Kombination der Fähigkeiten, Kenntnisse und Stärken mit den strategischen Optionsfeldern ergibt sich daraus ein Bewertungsmodell für das eigene Unternehmen (siehe Tab. 6.4).

Die eigentliche Erarbeitung sollte im Rahmen einer Analysephase erfolgen. Eine ausreichende Vorbereitung bei der Kenntnis seiner eigenen Stärken und Schwächen ist die Voraussetzung für eine erfolgreiche Implementierung.

An die Eingangsbetrachtungen der Strategie lassen sich – auch für das Marketing – abgeleitet nach Bieckhoff (vgl. Bickhoff 2008, S. 9) die folgenden Parameter für eine erfolgreiche Implementierung der Strategie benennen:

1. Ressourcen
   Die Ressourcen sind knapp, was demzufolge immer eine Konzentration der Kräfte erfordert. Verlieren Sie sich nicht im Detail und in zu vielen Projekten, sondern konzentrieren Sie sich auf weniges. Dabei müssen Sie aushalten, dass vieles nicht bearbeitet oder erledigt werden kann. Je besser Sie Ihre knappen Kräfte konzentrieren, desto höher werden die Effekte ausfallen.
2. Überraschungselement
   Der zweite Parameter ist das Überraschungselement. Heute sind Unternehmen überwiegend mit saturierten Märkten konfrontiert. Versuchen Sie zu überraschen und inspirieren Sie Ihre Kunden. Das Instrument hierfür ist die konsequente Einnahme der Outside-in-Perspektive. Wer das eigene Unternehmen aus der Sicht der Anwender betrachtet, macht häufig überraschende Entdeckungen.
3. Schauplatz
   Die Auswahl des Schauplatzes entsprechend den eigenen Stärken ist von großer Bedeutung. Auch wenn die Marktpotenziale noch so überzeugend sind, sollten Sie genau abwägen, auf welchen Märkten Sie sich bewegen. Hannibal wählte die Alpenüberquerung und somit die für die Römer überraschende Nordseite von Italien. Welcher überraschende strategische Schauplatz bietet sich für Ihr Angebot?
4. Organisation und Kommunikation
   Als vierter Parameter kommt der Organisation und Kommunikation zwischen den Handelnden höchste Priorität zu. Wie gut ist die eigene Organisation verzahnt und wie transparent sind die jeweiligen Aktivitäten? Sind Marketing, Vertrieb sowie Produktentwicklung gut verzahnt und ist die Feedbackkette intakt?

6.5 Der Hemme-Milch-Case

Das Unternehmen Hemme-Milch ist seit 1589 in Familienbesitz. Der Unternehmer Jörgen Hemme führt als geschäftsführender Gesellschafter den landwirtschaftlichen Betriebsteil bereits in der 18. Generation. Der Milchhof verfügt über 300 eigene Milchkühe sowie eine eigene Hofmolkerei. Der Betrieb verarbeitet am Standort Wedemark bei Hannover 18.000 Liter Milch pro Tag. Die jüngere Erfolgsgeschichte stellt ein eindrucksvolles Beispiel für eine strategisch konsequente Positionierung des Unternehmens und seiner Produkte dar. „Ich wollte schon als Junge, dass meine Milch später einmal im Regal des Supermarktes zu finden ist. Mein Ziel war der Aufbau einer eigenen Marke, um mehr Unabhängigkeit zu erreichen." Mit dieser Vision übernahm Jörgen Hemme den damaligen Familienbetrieb mit nur einem Auszubildenden. Der vorliegende Case und die hier dargestellten Zusammenhänge basieren auf einem Interview, das ich mit Jörgen Hemme führte.

Tab. 6.4 Übersicht der Bewertung von strategischen Optionen

Marktstimulierung (Preis-Mengen-Strategie)	Wettbewerbsvorteile in der Prozess- und/oder Verhandlungs-/Einkaufskompetenz Kompetenz in preispolitischen Maßnahmen Erfordert hohe Transparenz des Marktes, um USP bei den preispolitischen Marketingmaßnahmen einzusetzen Langfristig ausgelegte Unternehmenskultur, um in der Dimension Kosten den Wettbewerb zu unterbieten
Marktstimulierung (Präferenzstrategie)	Wettbewerbsvorteile in der Produkt- und Servicequalität/Leistungsdimension Starkes Markenimage mit entsprechender Premiumposition Erfordert Kompetenzen, um die Marke langfristig aufzubauen und die entsprechenden Angebote dieser Aufgabe zuzuordnen – Konsistenz hat hohe Bedeutung Langfristig ausgelegte Unternehmenskultur, um in der Dimension „Leistung/Qualität" den Wettbewerb zu übertreffen
Marktfeldstrategie (Neue Produkte/ Märkte)	Wille zum Kategorieführer Schnelle Auffassungsgabe des Marketing-Teams für Neues und Innovatives Zuordnung von adäquaten Marketinginstrumenten zu neuen Märkten bzw. Zielgruppen Genaues Zielgruppenverständnis: enge Abstimmung mit Vertrieb und Produktentwicklung
Marktfeldstrategie (Bestehende Produkte/neue Märkte)	Zugang zu Marktinformationen und Analysekompetenz für neue Märkte Zuordnung von adäquaten Marketinginstrumenten zu neuen Märkten Genaues Marktverständnis: enge Abstimmung mit Vertrieb
Marktfeldstrategie (Neue Produkte/bestehende Märkte)	Schnelle Auffassungsgabe des Marketing-Teams für Neues und Innovatives Genaue Abgrenzung der neuen Produkte zum bestehenden Portfolio – Differenzierung, Gründe für eine Ausweitung herausarbeiten Genaues Zielgruppenverständnis: enge Abstimmung mit Vertrieb und Produktentwicklung
Marktsegmentierung (Gesamtmarkt)	Hohe Kompatibilität des eigenen Produktes mit den kleinsten gemeinsamen Nennern, wenn keine Monopol-/Oligopolstellung gegeben ist Starke Leistungstreiber oder hoher Preis-USP für das eigene Portfolio Ausreichende Markenbekanntheit
Marktsegmentierung (Nischenadressierung)	Dominanz, idealerweise Marktführerschaft in einzelnen Segmenten Hohes Alleinstellungspotenzial des eigenen Portfolios gegenüber dem Wettbewerb Genaues Zielgruppenverständnis: enge Abstimmung mit Vertrieb und Zugang zu fundierten Zielgruppendaten Sammlung und Auswertung der eigenen Kundendaten (CRM)

Voraussetzungen in den Fähigkeiten, Kenntnissen sowie Stärken (im Marketing)

Die besondere Stärke und der große Mut des strategischen Konzeptes liegen in dessen hoher Differenzierung zum Rest des Marktes. In Deutschland existieren rund 500.000 Höfe, 85.000 davon besitzen Milchvieh – nur 100 dieser Betriebe verarbeiten Milch und nur zehn sind davon wirklich nennenswert in der direkten Distribution. Damit sind nur die allerwenigsten Milcherzeuger als eigene Marke mit einem Direktvertrieb am Markt vertreten. Als Betrieb zwischen Minimolkerei und Erzeuger ist Hemme-Milch einzigartig in Deutschland. Die erdrückende Mehrheit der Wettbewerber liefert ihre Milch über eine der rund 100 Molkereien anderer Marken zu. Gerade die Molkereien haben sich in der Vergangenheit noch stärker konzentriert als die Milch erzeugenden Betriebe. Damit gibt es immer weniger regionale Angebote.

6.5.1   Welche besonderen Herausforderungen stellten sich Hemme-Milch bei der Verwirklichung der Vision eines eigenen Direktvertriebes?

Kosten der Distribution

Der Grund dafür, dass so viele Milchbauern den Direktvertrieb zum Endkunden meiden, liegt im Wesentlichen am hohen Aufwand für die Distribution. Die Verteilung des verderblichen Gutes Milch ist mit einen großen organisatorischen Aufwand verbunden. Insbesondere die kontinuierliche Betreuung der gewonnenen Haushaltskunden verursacht viele Kontakte, seien es die Um- und Abbestellung oder die Änderung der bezogenen Menge. Ein Aufwand, der eigentlich nur durch Selbstbedienung via Internet kostenmindernd betrieben werden kann. Das haben bereits in den 90er-Jahren die Retail-Banken erkannt, die via Internet die Transaktionskosten für Überweisungen und ähnliche Vorgänge auf einen Bruchteil der vorherigen Kosten minimieren konnten.

Kaum Nachfrage nach unveredelten landwirtschaftlichen Produkten

Nimmt man die Bereiche des saisonalen Obstes und gegebenenfalls Spargel oder Kartoffeln einmal heraus, besteht – auch auf dem Land – kaum eine signifikante Nachfrage nach unveredelten landwirtschaftlichen Produkten. Nahezu alles im Lebensmittelbereich wird mehrmals weiterverarbeitet, bevor es dem Kunden zum Kauf angeboten wird. Der direkte Einkauf beim Bauern ist die Ausnahme. Dafür gibt es vielerlei Gründe. Die Verknappung der Ressource Zeit, die der Konsument zum Einkauf seiner Lebensmittel bereit ist aufzuwenden, und der omnipräsente Zugang zu einer Vielzahl von Lebensmitteln in fast jedem Ort sind maßgeblich. Des Weiteren hat die Mehrzahl der Konsumenten einen hohen Anspruch an Qualität, Form, Farbe, Geruch sowie die appetitliche und hygienisch einwandfreie Lebensmittelpräsentation.

Die Heterogenität einer „Naturernte" ist zwar eine interessante Geschichte für die vielen Landleben-Magazine, doch der Konsument bevorzugt ein bequem zugängliches und qualitativ überzeugendes „Norm"-Produkt. Davon ausgenommen sind regionale Wochenmärkte. Hier hat der Konsument einfachen Zugang zu vielen Lebensmitteln verschiedener Höfe.

Des Weiteren stellt es für den Konsumenten ein Einkaufserlebnis dar – im Gegensatz zum immer gleichen Supermarkt. Aber auch hier stellt sich die Frage nach der Rentabilität der Distribution.

Die Veränderung bei den eigenen Mitarbeitern und den Kunden bewältigen
Die dritte wesentliche Herausforderung ist der Umgang mit der Veränderung des eigenen Unternehmens. Ein Unternehmer, der einen Weg aus Überzeugung gehen möchte, den nur sehr wenige seiner Wettbewerber teilen, muss ein besonderes Augenmerk auf die Überzeugung seiner eigenen Mitarbeiter und der wichtigsten Abnehmer seiner Produkte haben. Eine Veränderung – insbesondere eine solch signifikante – wird immer von Zweiflern und Mahnern begleitet. Der Normalfall ist eine fortwährende Iteration, da Veränderung immer von kleineren und größeren Fehlern sowie Irrtümern begleitet ist. Hier nicht den Weg aus den Augen zu verlieren und die Menschen innerhalb und außerhalb des Unternehmens auf diesem Weg sicher zu begleiten, ist eine wesentliche Maxime.

6.5.2 Welche strategischen Optionen standen zur Disposition?

Nach der Übernahme des Hofes von den Eltern baute Jörgen Hemme zunächst einen Direktvertrieb für Haushalte in der näheren Umgebung auf. Dieses „Milchmann"-Konzept adaptierte Herr Hemme aus England. Nach einer fast zehnjährigen stetigen Entwicklung des Betriebes sah sich der Unternehmer 2009 aufgrund des steigenden Kostendrucks der Distribution aber gezwungen, grundsätzlich über den weiteren Weg des Unternehmens zu entscheiden (siehe Tab. 6.5).

6.5.3 Wie gestaltete sich der Lösungsweg?

Eindrucksvoll ist im Falle von Hemme-Milch die konsequente Umsetzung des Lösungsweges. Anhand der vier Strategieparameter Auswahl des Schauplatzes, Auswahl des Überraschungselementes, Innovation sowie der organisatorischen Verknüpfung lässt sich die erfolgreiche Umsetzung veranschaulichen.

Schauplatz des Wettbewerbes
Aufgrund der notwendigen Investitionen wurde eine Positionierung als Preisführer schnell verworfen, dennoch die Entscheidung für den Neubau einer Hofmolkerei getroffen. Da die Distributionskosten für die Einzelverteilung nach dem „Milchmann"-Prinzip zu aufwendig waren, wurde dieser Kanal weitgehend reduziert – von 5000 auf nur noch 500 Haushalte. Das Handling erfolgt nur noch über Selbstadministration der Kunden via Internet. Dadurch entfielen die vielen Telefonanrufe und die Prozessaufwendungen konnten erheblich minimiert werden. Zur Auslastung der eigenen Hofmolkerei musste der bestehende Absatzkanal zu den Geschäftskunden (Lebensmitteleinzelhandel) ausgeweitet werden. Hierzu wurden neue Mitarbeiter im Außendienst eingestellt, die die Hemme-Milch-Produkte nun überregional vertreiben.

Tab. 6.5 Die Übersicht der strategischen Optionen für Hemme-Milch

	Bestehende Kenntnisse und Fähigkeiten	Stärken, Differenzierung	Schwächen, Risiken
Strategische Grundposition: Präferenzstrategie (Leistungs-/Qualitätsführerschaft)			
(A) Regional begrenzter Direktvertrieb „MILCHMANN" (Fokus: Business-to-Consumer) (bis 2009 die umgesetzte Strategie)	Von seinem Auslandsaufhalt in England brachte Herr Hemme das Modell des Milchmannes mit. Dieses wurde schon früh in der näheren Umgebung umgesetzt	Durch die intensive Bewerbung mithilfe von Hauspostbriefen wurden in der Spitze 5000 Haushalte für die Direktlieferung gewonnen – ein einzigartiges Modell in der Region	Keine kosteneffiziente überregionale Skalierung möglich; hohe Prozesskosten durch hohe Kontaktfrequenz der gewonnenen Kunden
(B) Überregionaler Direktvertrieb (Fokus: Business-to-Business)	Bis 2009 Erfahrungen nur bei wenigen regionalen Geschäftskunden (einzelnen Supermärkten vor Ort)	Modell für eine überregionale Ausdehnung mit hohem Skalierungsfaktor war grundsätzlich möglich; Nutzung des allgemeinen Nachhaltigkeitstrends	Bei dem Low-interest-Produkt Milch kaum Differenzierung möglich; andere Mitarbeiterprofile zur überregionalen Akquisition (Business-to-Business-Außendienstler) notwendig
(C) Ausbau zum Erlebnishof	Bereits in der Vergangenheit wurden saisonale Hoffeste veranstaltet, die mittlerweile mit mehr als 10.000 Besuchern pro Jahr einen großen Anklang in der Region finden	Aufbau der Marke mit einer starken Erlebniskomponente, die insbesondere Familien anspricht und bindet (Beispiel: Karls Erdbeerhof bei Lübeck)	Ohne überregionale Distributionswege entsteht aus dem Erlebnishof kein Skalierungseffekt für den Absatz des Hauptproduktes Milch; anderes Betriebskonzept; hohe Investitionen für wettbewerbsfähige Neugestaltung
Strategische Grundposition: Preis-Mengen-Strategie (Kostenführerschaft)			
(D) Reduktion auf eine Leistungskomponente, z. B. Vor-Produkt-Erzeugung (Milch-Produktion)	Hemme-Milch war bereit, eine eigene Hofmolkerei aufzubauen, die dann 2010/2011 auch gebaut wurde	Einige in der Branche sind diesen Weg gegangen, aber bisher kein Milchbauernhof (in der Regel sind das verarbeitende Stufen wie Molkereien, so startete Müllermilch als erste deutsche Molkerei den nationalen Absatz von Milchfrischprodukten)	Hohe Eintrittsbarrieren durch Investitionsanforderungen, völlig anderes Betriebskonzept

Im Rahmen der Herleitung der strategischen Optionen wurden die eigenen Kenntnisse, Fähigkeiten und Kenntnisse von Hemme-Milch sondiert.

Wahl des Überraschungselementes

In einem intensiven Prozess wurde eine Kommunikationsagentur ausgewählt, die von allen Wettbewerbern den radikalsten Weg vorschlug: eine schwarze-weiße Verpackung. Das hatte es bisher noch nicht gegeben. In der Farbenlehre gilt Schwarz als unbunt. Es gibt zahlreiche Wortkombinationen mit Schwarz-, die auf Illegales verweisen: Schwarzfahren, Schwarzmarkt, Schwarzgeld etc. Für ein verderbliches Produkt wie Milch ist die naheliegende Standard-Farbassoziation Blau – Frische – oder Grün – Natur/Ökologie. Um sich aber insbesondere im starken norddeutschen Wettbewerb zu differenzieren, kam für den Unternehmer Hemme nur eine radikale Lösung in Betracht: Schwarz-Weiß als Corporate Design (CD) in Verbindung mit einem authentischen Corporate Identity (CI) „Kommt vom Hof. Und von Herzen.", welches den vielen anonymen Marken entgegentrat. Das prägnante Corporate Design wurde aber nur für die norddeutsche Region gewählt. Das gleichnamige Produkt im Raum Berlin/Brandenburg setzte nicht auf dieses CICD. Für Hemme-Milch (Uckermark) im Raum Berlin/Brandenburg ist gegenüber Hemme-Milch (Wedemark) keine so starke Alleinstellung erforderlich, da die Absatzmöglichkeiten dort durch das um den Faktor 5 größere Einzugsgebiet günstiger sind.

Innovation und Leistungsparameter

Jede erfolgreiche Präferenzstrategie benötigt einen starken Innovations- bzw. Leistungsaspekt. Nur ein überraschendes CICD hätte im hart umkämpften Markt nicht gereicht. Hier konnte Hemme-Milch mit der Ecolean-Verpackung einen echten Innovationsvorteil bieten, die die Milchtüte der 70er-Jahre zeitgemäß wiederbelebt hat. Durch den 40%igen Kreideanteil der Ecolean-Verpackung minimiert sich der Kunststoffbedarf und sorgt für hohe Standfestigkeit – der Plastikbehälter der 70er-Jahre konnte damit entfallen. Die Herstellung des Milchbeutels verbraucht darüber hinaus weniger Wasser und Energie als andere Einwegverpackungen. Das Abfallvolumen reduziert sich im Vergleich zu Milchkartons um beeindruckende 66%! Zudem sicherte sich Hemme-Milch die Domain milchbeutel.de, um auch im digitalen Kanal die Innovationshoheit für diesen Bereich zu besetzen.

Organisatorische Verknüpfung

Auch wenn der Betrieb noch eine übersichtliche Größe und Struktur aufweist, wurde von Anfang an auf eine hohe Synergie von Vertrieb und Marketing gesetzt. Die Leitung beider Bereiche wird in Personalunion wahrgenommen. Die Außendienstler für den Ausbau des Business-to-Business-Geschäftes sind ebenfalls hier angegliedert. Um die Kernkompetenz der „Überraschung" nicht zu verwässern, werden weiterhin die Kommunikationsmaterialien mit der gleichen Agentur mit dem gleichen konsequenten Qualitätsanspruch umgesetzt. Jörgen Hemme ist überzeugt davon, dass „wir lieber weniger Kommunikationsmaterialen erstellen, die dann aber in puncto Qualität und Differenzierung die Marke Hemme-Milch aus Sicht des Konsumenten weiter stärken". Auch damit geht Hemme-Milch eigene Wege, da viele Mittelständler nach dem „teuren" Initialpaket für ein neues CICD lieber auf vermeintlich billigere Leistungsersteller zurückgreifen. Wenn aber kein Verständnis für die emotionale und rationale Aufladung der Marke besteht, verwässert sich die Wirkung beim Kunden, und damit ist der Präferenzvorteil dahin. Folglich kann dann auch kein höherer Preispunkt erzielt werden.

▶ **Integration von Vertrieb und Marketing – die Herausforderung**
Genau bei dieser Verzahnung – Vertrieb und Marketing sowie der konsequenten und kompromisslosen Aufladung der Marke mit den immer gleichen Inhalten – scheitert der Großteil der mittelständischen Unternehmen. Das Ergebnis ist eine aus Konsumentensicht kaum differenzierbare Marke, die in ihren Aussagen völlig austauschbar mit Vergleichsmarken ist.

Aus den vier zur Disposition stehenden Optionen setzte Jörgen Hemme den überregionalen Direktvertrieb mit einem Fokus im Bereich Business-to-Business um. Zugunsten dieser Option wurde der Direktvertrieb an Endkunden erheblich reduziert, aber nicht ganz aufgegeben und auch saisonale Hoffeste stehen weiterhin auf dem Plan. Im eigenen Hofladen können die Hemme-Produkte eingekauft werden.

Die Stärke der Marke konnte sich aber erst durch eine konsistente Umsetzung und professionelle Verbindung von Überraschungselement (CICD) mit dem Innovationselement Ecolean-Verpackung voll entfalten. Auf dieser differenzierten Markenpräsentation konnte dann der Business-to-Business-Außendienstvertrieb erfolgreich aufsetzen. Da die starke Differenzierung zu Vergleichsprodukten ein wesentlicher Erfolgsfaktor ist, gibt es das Produkt von Hemme-Milch nicht alternativ im klassischen Pappeinwegkarton. Selbstverständlich ist aber die Milchflasche weiterhin im Angebot.

6.5.4   Die „Lessons Learned"

Wurde dieser Weg auch mit den Kunden abgestimmt? Es wurden in der Vergangenheit zwar gelegentlich Kundenbefragungen durchgeführt (zuletzt 2007), vor der eigentlichen strategischen Repositionierung gab es jedoch keine diesbezüglichen Kundenbefragungen, Marktforschungen oder Ähnliches. Durch den bestehenden Direktvertrieb an die Haushaltskunden blieb das direkte Feedback nach der Umstellung aber nicht aus. Viele der Bestandskunden lehnten die Umstellung, welche sich im neuen CICD manifestierte, ab.

Jetzt könnte man einfach argumentieren, dass schon Marty Neumeier in seiner Good/Different-Matrix für den oberen rechten Quadranten (Good and different) attestiert hat, dass dieser schlecht in Kundentests abschneidet (vgl. Neumeier 2007, S. 37), oder auch Steve Jobs zitieren: „It's not the customer's job to know what they want" (Jobs 2011) – aber der massiven Kritik, insbesondere in der Anfangsphase, standzuhalten, verdient besonderen Respekt. Wenn es meines Erachtens wesentliche „Lessons Learned" für den Impulsgeber in mittelständischen Unternehmen gibt, ist es genau das: der Mut, den strategisch als richtig erachteten Weg konsistent, entschlossen durchzuhalten. Damit ist nicht gemeint, ihn gegen alle Widerstände als Einzelkämpfer durchzusetzen, aber als Impulsgeber und Initiator diesen Weg immer weiterzutreiben, Begleiter und Unterstützer zu gewinnen und Vertrauen bei den Stakeholdern aufzubauen – das ist die eigentliche Aufgabe.

Nur in der wirklichen Differenzierung liegt die Chance für signifikantes Wachstum und einen überproportionalen Ergebnisbeitrag. Jörgen Hemme: „Wenn ich aus Überzeugung ein gutes, authentisches Produkt erstelle, was sogar faktisch besser ist als das des Wettbewerbers, dann ist es doch nur konsequent, mich auch anders darzustellen. Ein gutes Produkt verdient auch eine gute Verpackung."

6.6   Fazit für die Erneuerung Ihres Marketings

Das unterscheidet den erfolgreichen Impulsgeber
Der erfolgreiche Impulsgeber findet die richtige Balance zwischen Nach-Denken und Zaudern. Er ist in der Lage, die Rückmeldungen zu seinen strategischen Überlegungen richtig und gewissenhaft zu deuten und er denkt in Szenarien statt in nur einem möglichen Lösungsweg. Der erfolgreiche Impulsgeber versteht den Unterschied zwischen einer bloßen taktischen Maßnahme und einer Strategie, zwischen einer lediglich auf das Marketing abzielenden Maßnahme und einer Handlung von unternehmerischer Tragweite. Insbesondere das Denken in strategischen Optionen zweigt den Unterschied zwischen einem operativ geprägten Manager und einem Impulsgeber. Die investierten Stunden in das Durchdenken strategischer Optionen ist die beste Absicherung der daraufhin getätigten Investitionen und Allokationen von Ressourcen. Der erfolgreiche Impulsgeber antizipiert, dass die strategische Planung der effizienteste Weg ist. Alle späteren elementaren Änderungen werden aufwendiger und damit teurer.

Darauf kommt es an
Lernen Sie von den großen Strategen. In den allermeisten Fällen werden Ihre Ressourcen nicht ausreichen, um mit bloßem Mitteleinsatz die Konfrontation im Wettbewerb für sich zu entscheiden. Die Verknappung der Ressourcen sei Ihnen eine Ermunterung – ganz im Sinne von Hannibal – die Dimensionen Schauplatz des Wettbewerbes, ein geeignetes Überraschungselement, den überaus wichtigen Parameter Innovation sowie die organisatorische Verknüpfung der einzelnen Maßnahmen zu durchdenken. Ein Durchlaufen dieser Dimensionen anhand unterschiedlicher Szenarien hilft Ihnen, die Mittel mit dem besten Effekt einzusetzen.

Fragen

1. Ist Ihnen der Unterscheid zwischen Strategie und Taktik bewusst?

2. Über welche Fähigkeiten, Kenntnisse und Stärken verfügt Ihre Unternehmung (Ihr Marketing)?

3. Welche grundlegende Strategie verfolgt Ihre Unternehmung: Preis-Mengen-Strategie (Kostenführerschaft) oder Präferenzstrategie (Qualitätsführerschaft)? Vermeiden Sie einen kompromissreichen Mittelweg!

4. Die wichtigsten Wachstumstreiber sind Innovationen (neue Märkte, neue Produkte).
   Welchen wesentlichen Wertbeitrag kann Ihr Marketing leisten?

5. Welche strategischen Optionen existieren für Ihr Unternehmen innerhalb der nächsten drei Jahre?

Literatur

Aichner, C. 2013. web.de. http://web.de/magazine/finanzen/wirtschaft/17617742-praktiker-insol-
venz-gruende.html (Erstellt: 11. Juli 2013). Zugegriffen: 15. Apr. 2016.

Ansoff, H.I. 1965. *Checklist for Competitive and Competence Profiles; Corporate Strateg.* New
York: McGraw-Hill.

Bickhoff, N. 2008. *Quintessenz des strategischen Managements.* Heidelberg: Springer.

Handelsblatt 2006. *Wirtschaftslexikon*, Bd. 7. Stuttgart: Schäffer Poeschel.

Jobs, S. 2011. businessinsider.com. http://www.businessinsider.com/not-the-customers-job-to-know-
what-they-want-2011-4?IR=T (Erstellt: 27. April 2011). Zugegriffen: 15. Apr. 2016.

Krauthammer, E. und H.H. Hinterhuber. 2005. *Wettbewerbsvorteil Einzigartigkeit.* Berlin: Erich
Schmidt.

Neumeier, M. 2007. *ZAG.* Berkeley: New Riders.

Porter, M. 1995. *On competition. A Harvard Business Review Book.*

Schritt 2: Verstehen Sie!

Zusammenfassung

Das Wissen um den Kunden ist elementar. Denn kein Unternehmen kann ohne Kunden überleben. Heute treffen saturierte Märkte auf gut informierte, autarke Kunden. Eine effiziente Kommunikation und damit Konversion von Interessenten zu Käufern kann nur gelingen, wenn die (Kauf-)Motive und Bedürfnisse des Interessenten bzw. Kunden hinreichend bekannt sind – und zwar die rationalen sowie die emotionalen Aspekte einer Entscheidung für oder gegen die Produkte bzw. Services eines Unternehmens. Als Impulsgeber wissen Sie, dass Sie Ihre knappen Ressourcen zielgenau einsetzen müssen, um Wirkung zu erreichen. Fokussieren Sie Ihr Motiv- und Wertesystem auf weniges – besser nur auf eines! Seien Sie konsequent.

7.1 Wie Sie erfolgreich auf den Kunden fokussieren

Zentral für ein Impuls gebendes Marketing ist das Verständnis des Kunden. Es ist die wesentliche Grundlage aller Kommunikationsmaßnahmen, dabei stehen zwei Fragen beim zweiten methodischen Schritt im Vordergrund: „Wer ist eigentlich mein Kunde?" und „Was möchte dieser Kunde wirklich?".

Diejenigen Unternehmen, die im Business-to-Consumer- oder Business-to-Business-Bereich auf Distributionsdienstleister oder Absatzmittler zurückgreifen, haben nur bedingten Kundenkontakt. Für sie ist zunächst der Großabnehmer ihr Kunde, der Distributor, weniger der eigentliche Endkunde, der die Produkte und Services einsetzt. Sind Produkte ohne Service oder Registrierung nutzbar, liegt das Wissen (sprich die Daten) über den Kunden dann nur beim Distributionspartner vor, selten beim Hersteller selbst. Daher ist die Frage „Wer ist eigentlich mein Kunde?" nicht so einfach und schnell von jedem Unternehmen zu beantworten.

Die zweite Frage „Was möchte mein Kunde wirklich?" geht der Frage nach der „wirklichen" (Kauf-) Motivation auf den Grund. Wer wird auf die Frage nach den Gründen für den

Kauf einer Luxusmarkenuhr antworten, dass es ihm eigentlich darum geht, seinen Nachbarn zu beeindrucken? Statt „ich wollte einfach mein Ansehen, meinen Status verbessern" werden die meisten „Qualität, Präzision, Zuverlässigkeit" als Begründung nennen. Eine Uhr, die die Zeit zuverlässig und präzise anzeigt, ist schon für wenige Euros zu bekommen – zumal die Uhrzeit auf jedem Smartphone ohnehin angezeigt wird. Warum hat dann also der Kunde die Luxusmarkenuhr gekauft? Selbst eine Digitaluhr für wenige Euro oder das bereits vorhandene Smartphone zeigen mit ausreichender Genauigkeit die Uhrzeit an. Wer den eigentlichen Treibern für eine Handlung bzw. Verhaltensänderung nahekommt, hat eine Chance auf eine wirklich effektvolle Kommunikation.

Diesen zwei Fragen schließt sich die Wahl des richtigen Zeitpunktes an. Wann wird das Verständnis des Kunden benötigt? Da eine gute Kreation und ein gutes Marketingkonzept kaum ohne ein profundes Kundenverständnis auskommen, wird es spätestens zum Beginn der Marketingkonzeption benötigt.

Ein Impulsgeber wird das noch weit davor einsetzen, idealerweise an der Quelle – der eigentlichen Produktidee. Nur wenn die Produktidee und die Befriedigung der (eigentlichen) Kundenmotivation zusammenpassen, wird daraus ein überzeugendes Angebot. So wird bereits mit dem Beginn der Produktentwicklung die Value Proposition gebildet, auf die eine spätere Kommunikation aufbauen und einzahlen kann.

7.2   Erneuern Sie Ihre Sicht auf den Kunden

Warum ist das Verständnis des Kunden wichtig? Ohne den Kunden wird ein Unternehmen nicht überleben. Heute treffen saturierte Märkte auf gut informierte, autarke Kunden. Nicht die Produkte, sondern die Kunden sind ein rares Gut. In einer Angebotswelt, die vergleichbare Produkte mit ähnlichen Leistungskriterien bietet, wird das Wissen über Erwartungen und Bedürfnisse des Kunden zum entscheidenden Wettbewerbsvorteil. Um aber die Kunden im Verkaufsentscheidungsprozess für sich zu gewinnen und insbesondere langfristig an das Unternehmen und seine Produkte zu binden, wird ein fundiertes Wissen über ebendiese Kunden benötigt. Über welche Eigenschaften lässt sich der Kunde definieren? Welche allgemeinen und spezifischen Interessen, welche Bedürfnisse und Erwartungen hat der Kunde? Was generiert Wertschöpfung für ihn? Welchen Anteil an dieser Wertschöpfung haben die eigenen Produkte bzw. Services?

7.2.1   Kunden-Insights aus internen und externen Daten

Für das bessere Verständnis des Kunden können interne sowie externe Datenquellen genutzt werden. Der Zugang zu Kundendaten ist für ein Unternehmen immer dann möglich, wenn ein eigener Direktvertrieb bzw. direkter Kontakt zum Kunden besteht. Dieser ergibt sich beispielsweise über einen eigenen Internetshop oder aber kooperationsbasierte Vertriebsmodelle, in denen ein direkter Zugriff auf die Daten erfolgen kann. Interessant ist die Möglichkeit, die eigenen Kundendaten durch externe Daten zu ergänzen. So bieten Dienstleister die Option, die eigene Datenbasis unter Ergänzung von externen Daten gezielt im Hinblick auf nutzbare Strukturen auszuwerten, Konsummuster zu erkennen und daraus Regeln abzuleiten. Dazu werden beispielswiese Bonusprogramme wie Kundenkarten genutzt, die eine hohe Dichte an kundenspezifischen Transaktionsdaten liefern können.

Sind die direkten Vertriebswege zum Kunden nicht möglich, können in der Anbahnungsphase oder der After-Sales-Phase Daten über den Kunden generiert werden. Kunden, die sich in der Phase der Kaufüberlegung befinden, werden oftmals die Informationen vom Hersteller nutzen. Wenn diese dann im digitalen Kanal interaktiv aufbereitet sind, beispielsweise über strukturierte Anfrageformulare und die Auswertung von E-Mails, lässt sich einiges über die Kunden lernen.

Dazu können auch direkte Kontaktmöglichkeiten wie ein Live-Chat genutzt werden. In der After-Sales-Phase stellen die Produktregistrierung, die Behandlung von Garantieansprüchen oder zusätzliche Servicedienstleistungen Möglichkeiten dar, mehr über den Kunden zu erfahren. Alle gewonnenen Kundendaten sollten in einem zentralen System zusammengeführt werden. Hierfür bieten sich Customer-Relationship-Management-Programme (CRM) an.

▶   Liegen keine oder nur unzureichende interne Daten über die Kunden vor, können über ein Marktforschungsunternehmen zusätzliche Daten bzw. Erkenntnisse gezielt erhoben werden (siehe Tab. 7.1). Dazu muss allerdings eine genügend hohe Fallzahl mit einem vertretbaren Aufwand generiert werden können.

Mittelständische Unternehmen, insbesondere jene mit einem heterogenen und weit verzweigten Distributionsnetz, werden sich hier schwertun. Des Weiteren können die Kundendaten nur anonym erhoben werden, sodass sich hieraus nur allgemeine Kundengruppen mit entsprechenden Eigenschaften bilden lassen. Ist die gesamte Betrachtung der Kunden zu aufwendig, sollten zunächst die profitabelsten Kunden bzw. Segmente des eigenen Unternehmens untersucht werden.

Gerade für ein besseres Verständnis der Bedürfnisse und Wünsche der Kunden bieten sich qualitative Fokusgruppen an, die spezifische Produkte und Services eines Unternehmens detailliert bewerten, Verhaltensmuster sowie Anwendungsabläufe aufzeigen und neue Angebote hinsichtlich ihrer Besonderheiten und der Preis-Wert-Relation qualitativ einschätzen können. Allerdings sind die Erkenntnisse dieser Fokusgruppen statistisch nicht repräsentativ und haben damit nur eine eingeschränkte Aussagekraft.

Nach dem grundsätzlichen Erkenntnisgewinn über den Kunden schließt sich die Auswertung der Daten an. In der Regel steht in saturierten Märkten die Kundenbindung vor der Kundenneugewinnung. Stark wachsende Märkte fokussieren auf die Neukundengewinnung. Die gewonnenen Daten sind strukturiert und turnusmäßig zu analysieren und auszuwerten. Eine sinnvolle Auswertung kann nur im Bezug auf ein zuvor definiertes Ziel, den Wettbewerb bzw. den Markt oder eine erstellte Hypothese vorgenommen werden. Oftmals wird eine Aussage erst über eine zeitliche Entwicklung deutlich, wenn mehrere Messpunkte vorliegen. Stellen Sie also sicher, dass Sie sich vor der Erhebung von Daten

Tab. 7.1 Marktforschungsprozess in Anlehnung an C. Weis und P. Steinmetz. (Vgl. Steinmetz 2005, S. 29)

Marktforschungs-dimension	Ausprägung	Sichtweise für den Impulsgeber
Problem-Formulierung	Situation, Komplikation, Lösungsansatz	Inwieweit passt die Marktforschung zu Ihren priorisierten Projekten/Vorhaben? Sind intern schon vergleichbare Daten vorhanden?
Vorgehen	Timing, Endprodukt, Milestones	Denken vom Endprodukt her: Was soll am Ende dabei herauskommen?
Entscheidung	Kosten, Dienst-leister, Return-on-Invest-Faktor	Werden wesentliche neue Erkenntnisse erwartet? Wenn ja, welche geschäftlichen Auswirkungen haben diese neuen Erkenntnisse?
Vorgehen Datenerhebung	Zeitpunkt, Aus-wahl: Verfahren (primär/sekundär, qualitativ/ quantitativ)	Welche saisonalen Effekte können auftreten? Wann lassen sich Erhebungen (insbesondere im Business-to-Business-Bereich) sinnvoll durch-führen? Können wesentliche Erkenntnisse nicht aus bestehenden Untersuchungen gewonnen werden (Sekundärforschung)?
Auswahlmethode	Auswahl: Befragte, Festlegung: Umfang	Welcher Genauigkeitsgrad wird benötigt? Reicht eine Trendaussage? Beachten Sie regionale Übertragbarkeit bzw. Besonderheiten.
Erhebungs-methode	Auswahl: Erhebungsmethode	In der Regel sind nur Teilerhebungen aufgrund der Aufwendungen möglich. Festlegung der Auswahl (zufalls- oder nicht zufallsorientiert) nach Absprache mit dem Dienstleister vornehmen.
Datenerhebung	Durchführung: Erhebung	Auf Bereinigung der Daten nach der Erhebung achten.
Datenauswertung, Interpretation	Auswahl: Analyse-verfahren	Sind bereits Auswertungsinstrumente im Unternehmen vorhanden (wie SPSS, SAS oder BMDP)? Wenn ja, ggf. Übergabe der Rohdaten, damit umfangreichere eigene Analysen möglich sind.
Dokumentation	Gestaltung: Abschlussbericht	Verteiler für die Ergebnisse festlegen, dabei auf gute Management-Summary achten. Passen Forschungsergebnisse zur Ausgangsfragestellung, wurden die relevanten Fragen beantwortet bzw. hierfür neue Einsichten generiert?

Vor der Initiierung einer Marktforschung ist in einem strukturierten Prozess von der Problemformulierung bis zur Dokumentation das Vorgehen zu klären.

über deren Zielsetzung, Frequenz, Handlungsoptionen bzw. Konsequenzen sowie relative Einordung auf Basis der Ergebnisse klar werden.

7.3   Die grundlegende Segmentierung von Kunden

Das Wissen über die Kunden wird in seiner kommunikativen Anwendung einfacher, wenn die Kunden in grundlegende Gruppen zusammengefasst werden. So werden Kundengruppen mit gleichen oder ähnlichen Merkmalen gebildet, für die dann eine zielgenaue Kommunikation entwickelt werden kann. Die Aufteilung des Gesamtmarktes in einzelne Segmente dient somit der Reduktion der Komplexität des einzelnen Kunden auf eine einigermaßen homogene Gruppe mit gleichen bzw. ähnlichen Eigenschaften. Eine Allokation der knappen Ressourcen und damit eine Priorisierung können effizienter erfolgen. Eine Segmentierung erfordert eine Einteilung des Gesamtmarktes in sinnvolle und handhabbare Einheiten, die eine genügend hohe Aussagefähigkeit auf Basis der Kundenbedürfnisse und des bisherigen Verhaltens aufweisen.

Für jedes der Segmente sollte eine Abschätzung der quantitativen Größe, des anteiligen Marktvolumens, des Konsumverhaltens und daraus abgeleitet der Attraktivität für das eigene Unternehmen und dessen Produkte bzw. Services vorliegen. Somit kann das Marketing einfacher und zielgerichteter für eine größere Gruppe mit deren zusammengefassten Eigenschaften entwickelt werden, ohne den Anspruch zu haben, für nur einen Einzelnen oder den gesamten Markt zu gelten. Werden einzelne Angebote für ausgesuchte Segmente entwickelt, können diese dann beispielsweise mit qualitativen und quantitativen Marktforschungsmethoden unter den Kunden dieses Segmentes evaluiert werden.

▶   Bedenken Sie, dass Kunden zu mehr als einem Segment gehören können.
    Es ergibt sich nur selten eine 1:1-Beziehung: 1 Kunde = 1 Segment. Je nach
    Situation und Bedürfnis kann ein einzelner Kunde verschiedenen Segmenten
    zugehören. So kann ein Kunde durchaus in einem für ihn „untypischen" Seg-
    ment „einkaufen", um sich mit den Eigenschaften dieser Gruppe „aufzuladen",
    obwohl er eigentlich aufgrund seiner intrinsischen Eigenschaften zu einem
    anderen Segment gehört.

Für die konkrete Entwicklung eines neuen Produktes, Services oder die Kreation einer Marketingkampagne ist jedoch häufig ein gesamtes Kundensegment zu abstrakt. Hier können sogenannte „Personae" helfen, ein besseres Bild der Zielperson zu erhalten. „Persona" stammt aus dem Lateinischen und steht für Masken, die in griechischen Dramen verwendet wurden. Die „Persona" steht für einen bestimmten Typen, beispielsweise eines Konsumenten. Die „Persona" ist keine reale Person, aber sie repräsentiert einen bestimmten Lebensstil, ein Alter, einen charakteristischen Werdegang, typische Interessen und Neigungen, Einkaufsverhalten, Ausbildung und soziale Bindungen. So können eine oder mehrere „Personae" stellvertretend für Menschen aus einem bestimmten Segment stehen, die aber so real nicht existieren. Sie helfen aber in einem kreativen Entwicklungsprozess, die Kommunikationselemente zielgerichtet für „typische" Kunden aus einem Segment zu entwerfen. Die „Persona" ist somit eine weitere Konkretisierung gegenüber einem eher allgemein beschriebenen Kundensegment.

Im Bereich Business-to-Business sind die Kundengruppen individueller ausgeprägt. Hier finden sich Gruppen wie ein sogenanntes „Buying Center", aber auch Entscheider als Einzelpersonen. Hier gilt es, das Marketing bzw. die Kommunikation auf typische Situationen sowie Einkaufs- bzw. Verhandlungspartner abzustimmen. Mit dem Fokus auf eine individuelle Person, wie beispielsweise den Entscheider bzw. die einzelnen Personen einer Entscheidergruppe, lässt sich ein effektives Marketing für die Unterstützung des Verkaufsprozesses entwickeln. Bates und Keirsey beschreiben dabei vier Paare von Basispräferenzen für Personen. Die Kenntnis dieser Präferenzen und deren Pole sind für die Schaffung von Marketing-Materialien sinnvoll. Je nach Präferenz benötigen die jeweiligen Typen eine unterschiedliche Ansprache, konzentrieren Sie sich jedoch auf den Typus, der für die Entscheidung im Kaufprozess der maßgebliche Kontakt ist (vgl. Bates und Keirsey 1984, S. 14 ff.).

7.3.1 Die vier Basispräferenzen und deren Pole nach Bates und Keirsey

Extravertiert vs. introvertiert
Der Extravertierte wird durch Interaktion mit anderen Menschen „aufgeladen". Ihn zeichnet eine hohe Anzahl und wiederkehrende Frequenz von sozialen Kontakten. aus Der Introvertierte ist territorial veranlagt, er beansprucht eigenen Raum und eigene Aktivitäten für sich, um sich „aufzuladen". Er widmet sich intensiv bestimmten intrinsischen Aktivitäten. Die Präferenz wird durch die jeweilige Sozialisierung im Kulturkreis stark beeinflusst. Ein Amerikaner wird tendenziell mehr zur extravertierten Seite tendieren, während jemand aus dem asiatischen Raum tendenziell introvertiert ist.

Sensorik vs. Intuition
Jemand, der sich von Sensorik leiten lässt, wird sich als pragmatisch, bewusst, realistisch, down-to-earth und faktenbasiert beschreiben. Er wird in der Regel offen sein für Erfahrungen, Best Practice, faktenbasiertes Wissen, möchte es aber auch gern „auf den Punkt" gebracht haben. Derjenige, der sich durch Intuition leiten lässt, wird hingegen eher fantasiereich, zukunftsorientiert, inspirierend und „head in clouds"-orientiert sein sowie gut Stimmungen erfassen können. Der Intuitionsorientierte ist offen für Visionen und lässt sich von einem holistischen Bild leiten.

Denken vs. fühlen
Personen mit einer Präferenz im Bereich Denken werden Eigenschaften wie objektiv, prinzipiell, regelkonform oder standardisierend zugeschrieben. Denk-Typen nehmen gern eine Metaposition ein, beurteilen Dinge aus einer distanzierten Perspektive. Personen mit

einer Präferenz im Bereich Fühlen können mit Eigenschaften wie wertebasiert, persönlich, menschlich, sympathisch, subjektiv oder harmonisch positiv beschrieben werden. Menschen dieser Ausprägung versetzen sich gern in eine Situation hinein, sind gern involviert.

Urteilen/folgern vs. wahrnehmen/gewahr werden
Menschen, die dem Pol Urteilen/folgern nahestehen, werden darauf aus sein, so viele Fakten wie möglich zu sammeln, bis sie ein Urteil oder eine Schlussfolgerung für sich ziehen können. Rationale, effizienzorientierte Menschen werden versuchen, dies in möglichst kurzer Zeit zu absolvieren, um sich dann anderen Dingen zuzuwenden – systematisch, planmäßig, entscheidungsfreudig, ergebnisorientiert, einer Strategie folgend sind ihre präferierten Eigenschaften. Menschen, die dem zweiten Pol Wahrnehmen/gewahr werden nahestehen, orientieren sich stark an der Gegenwart. Eigenschaften wie adaptiv, situationsbezogen, spontan und flexibel sind dieser Präferenzgruppe zuzuschreiben.

Durch die Verbindung der einzelnen Pole der Präferenzen entstehen jeweils Profile. Diese helfen, einzelne Entscheider oder auch kleine Gruppen von Entscheidern besser zu verstehen und für diese zielgerichteter Marketingmaßnahmen zu entwickeln. Personen lassen sich gut anhand ihres Auftretens, ihrer Gestik und ihrer Aussagen den jeweiligen Präferenzpolen zuordnen.

Der Impulsgeber weiß um die Stärke eines substanziellen Kundenverständnisses und setzt das für die Marketingaktivitäten ein. Ausgehend von einer Hypothese über den Zielkunden, beispielweise als Persona, die den jeweiligen Kundensegmenten zugeordnet ist, wird er während der Durchführung von Marketing-/Kommunikationsmaßnahmen darauf dringen, durch gewonnene reale Kundendaten die ursprüngliche Hypothese zu überprüfen und gegebenenfalls anzupassen. Insbesondere in dieser Iterationsschleife wird das Verständnis geschärft und die Wissensbasis ausgebaut.

7.4   Was will der Kunde wirklich?

Das Verständnis der Motive des Kunden bewegt alle Marketing-Schaffenden. Welche Wünsche liegen den Handlungen des Kunden zugrunde? Ein Weg, diese Motive besser zu begreifen, ist das Verständnis des limbischen Systems. Kai Müller beschreibt das limbische System als ein theoretisches Konzept. Dieses wurde von Paul MacLean im Jahre 1952 entwickelt. Es steht als Einheit für die Emotionsbildung und spielt eine Rolle bei der Entstehung von Gedächtnisinhalten. Zu den wichtigsten drei Emotionen im Neuromarketing zählen Vertrauen, Wert und Verlangen. Für den Menschen dienen Emotionen zur Orientierung, Verhaltensorientierung sowie zur Motivation für zukünftige Handlungen (vgl. Müller 2012, S. 56 f).

Auch wenn wir dem limbischen System nicht ausschließlich die Entstehung von Emotionen und Triebverhalten zurechnen können, stellt sich aus Sicht der praktischen Anwendung die Frage, wie wir das Werte- und Motivsystem des Menschen für das Marketing nutzen können.

▶   **Die Motiv- und Werte-Landkarte**
    Aus meiner eigenen Arbeit hat sich das System von Hans-Georg Häusel (Nym-
    phenburg-Gruppe) als hilfreich erwiesen. Die Nymphenburg-Gruppe widmete
    sich intensiv der Frage, was Kunden und Konsumenten bewegt, welche Kauf-
    motive von hoher Relevanz sind und wie Kaufentscheidungen im Gehirn des
    Menschen entstehen. Dazu werden die Erkenntnisse der Psychologie mit den
    Ergebnissen der Gehirnforschung verknüpft (vgl. Häusel 2005, S. 15) sowie die
    Motive und Werte des Menschen auf einer einfachen „Landkarte" kombiniert
    (siehe Abb. 7.1).

Meines Erachtens ist dieses System praktikabel, da es in einer übersichtlichen Karte hilft, die Grundposition für die eigene Marke – und gegebenenfalls daraus abgeleitet die Position für die eigenen Kernprodukte/-services – zu bestimmen. Diese Visualisierung vereinfacht die Diskussion mit anderen Organisationseinheiten des Unternehmens, um ein Verständnis für die zugrunde liegende Motiv- und Wertestruktur des Menschen zu erreichen, ohne allzu komplexe Modelle zu bemühen.

Wenn Sie die Aufmerksamkeit und das Verständnis beispielsweise des Vertriebes oder der Produktentwicklung gewinnen wollen, hilft ein solch einfach verständliches System, die Wertetreiber der eigenen Marke und Produkte bzw. Services nicht nur aus Sicht der Leistungsdimension zu definieren. Es ermöglicht den Beteiligten, das eigene Angebot als Gesamterlebnis zu begreifen, da es neben den „hard facts" auch das Motiv- und Wertesystem des Menschen anspricht, um eine Gesamtwirkung zu erzielen.

Warum ist die Kenntnis von Werten und Motiven des Kunden so wichtig? Das Marketing und in der übergeordneten Funktion das Branding sind im Wesentlichen ein Versprechen für das zu erwerbende Produkt bzw. den Service. Ob das Produkt oder der Ser-

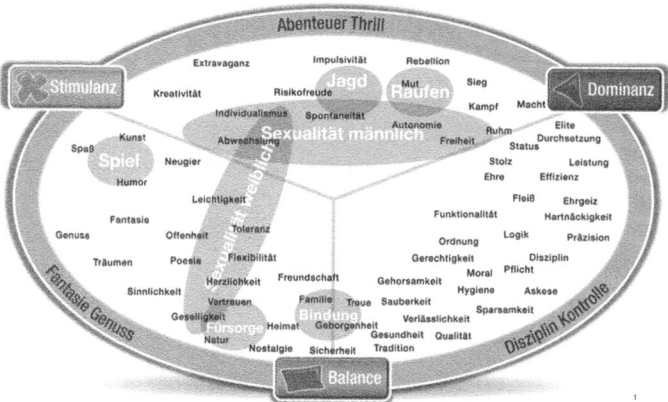

Abb. 7.1 Motiv- und Wertestruktur des Menschen, Limbic Map von H.-G. Häusel. (Häusel 2005, S. 44)

vice den suggerierten Nutzen auch erbringt, kann der Kunde erst nach dessen Anwendung überprüfen. Daher muss das Marketing möglichst genau das Nutzenversprechen für den Kunden vor dem Kauf kommunizieren. Je fokussierter dabei auf der „emotionalen Motive- und Wertelandkarte" bestimmte Bereiche – und damit verbundene Wünsche – beim Kunden angesprochen werden, desto bereitwilliger wird die Botschaft vom Rezipienten aufgenommen. Sind das Markenversprechen, welches sich in der Botschaft manifestiert, und die Nutzungserfahrung des Produktes bzw. Services deckungsgleich, so erhält der Kunde einen überaus konsistenten Gesamteindruck. Und genau dies muss die Bestrebung eines wirkungsvollen Marketings sein.

Erfahrungsgemäß wird aber das Werte- und Motivsystem des Menschen von Marken in zu vielen Aspekten angesprochen. Zusätzlich ist dann diese Ansprache auch noch ungenau. Dieses Verhalten entspringt vermutlich der Angst, bei einer Fokussierung auf nur einige Werte bzw. Motive – oder sogar nur einen Wert bzw. ein Motiv – viele potenzielle Kunden zu verschrecken. So werden Produkte bzw. Services gleichzeitig als innovativ, verlässlich, sicher, risikoarm, genussreich, präzise und kreativ angeboten. Erfolgreiche Marken fokussieren sich auf wenige, häufig sogar nur auf einen Aspekt. Dadurch entwickeln sie aber eine Monopolstellung im „Relevant Set" des Kunden. Die Marke wird wiederkennbar, entwickelt eine mentale Stärke und differenziert sich deutlich vom Wettbewerb.

So ist die Frage „Was will der Kunde wirklich?" auch die Frage nach dem Willen zur Konsequenz der eigenen Markenausrichtung. Als Impulsgeber wissen Sie, dass Sie Ihre knappen Ressourcen zielgenau einsetzen müssen, um Wirkung zu erreichen. Fokussieren Sie Ihr Wertesystem auf weniges – besser nur auf eines! Seien Sie konsequent und halten Sie durch – auch und gerade wenn es unterschiedliche Unternehmensbereiche betrifft. Eine Unterscheidung in Business-to-Consumer und Business-to-Business ist dabei nicht notwendig. Sicherlich wird die kommunikative Ausgestaltung unterschiedlich und angepasst an die Märkte erfolgen. Das emotionale Motive- und Wertesystem ist aber immer gleich – und muss dies auch sein. Denn am Ende entscheiden immer Menschen.

7.5 Die Frage „Warum soll ich kaufen?"

An die Frage „Was will der Kunde wirklich?" schließt sich die Frage „Warum soll ich kaufen?" direkt an. Wenn wir das Werte- und Motivsystem unseres Kunden verstanden haben, wird uns der Kunde fragen, warum er eben gerade dieses Produkt bzw. diesen Service kaufen soll. Dieser Aspekt findet sich in der Outside-in-Perspektive widergespiegelt, die im ersten Abschnitt dieses Buches betrachtet wurde: „What's in it for me?" (siehe Abschn. 3.4). Es ist erstaunlich, wie selten einfache Antworten hierfür vorliegen. Gerade der Impulsgeber kann dadurch für das eigene Unternehmen eine elementare Wertschöpfung erbringen, indem er auf einem klaren Nutzenversprechen insistiert. Ein Nutzenversprechen enthält dabei immer eine rationale (die Leistungsattribute) und eine emotionale Seite (die Werte bzw. Imageattribute).

Was aber beeinflusst den Kunden in seiner Entscheidung? Robert Cialdini beschreibt den Einfluss auf das (Kauf-)Verhalten eines Kunden in sechs Dimensionen: Wechselwirkungen, Zustimmung und Konsistenz bzw. Verpflichtung, sozialer Einfluss, Gefallen, Autorität und Verknappung. Für die Arbeit des Marketings im mittelständischen Umfeld möchte ich dabei drei Einflussfaktoren näher behandeln, die eine Kaufentscheidung meines Erachtens nachhaltig positiv beeinflussen (vgl. Cialdini 2007, S. IX).

Konsistenz bzw. Verpflichtung
Das Bedürfnis, sich einer Gruppe zugehörig zu fühlen, stellt eine starke Motivation für den Einzelnen dar. Dafür ist der Einzelne durchaus bereit, einen hohen persönlichen Einsatz zu bringen. Je höher die Hürde, desto begehrlicher wird diese Zugehörigkeit. Ist die Zuge-hörigkeit mit einer hohen Einstiegsbarriere verknüpft, wird diese dann häufig glorifiziert. Dies ist das Grundprinzip beispielsweise eines elitären Clubs. Im Umkehrschluss wird ohne eine Zugangsbarriere keine Attraktivität entstehen. Exklusivität und Zugehörigkeit zu einer Gruppe sind ein starker Motivator. Wenn Sie dies für Ihre Marke einsetzen wollen, sollten Sie den Zugang limitieren, nur dann generiert eine solche Zugangsbarriere einen Wert für den Kunden. Gleiches gilt für Zusatzservices, die mit dem Produkt gebündelt werden. Denken Sie über Exklusivität nach, wenn Sie diese Motivation des Menschen nutzen möchten.

Sozialer Einfluss
Cialdini beschreibt dieses Phänomen folgendermaßen: „The greater the number of people who find any idea correct, the more the idea will be correct" (vgl. Cialdini 2007, S. 128). So einfach diese Aussage klingt, umso schwerer ist deren Anwendung im Zusammenspiel von Produktentwicklung und Marketing.

▷   **Was ist für die Mehrheit richtig?**
        Es zählt für die Masse der Konsumenten (und auch das gilt in gewissem Masse
        auch für Geschäftskunden) nicht das, was objektiv betrachtet „das Richtige" ist,
        sprich: die bessere Produktqualität, die besseren Leistungsdaten etc. aufweist,
        sondern das, was subjektiv die Mehrheit der Zielgruppe als „das Richtige"
        empfindet.

Ihnen als Impulsgeber fällt die Aufgabe zu, die Meinung der „Allgemeinheit", der maß-geblichen „Einflussgruppe" zunächst zu identifizieren. Anschließend vergleichen Sie diese identifizierte Meinung mit der eigenen Argumentation, der eigenen Meinung. Hier ist der Impulsgeber als Moderator gefragt, es geht nicht darum, die „Meinung des Marketings" ge-genüber der „Meinung der Produktentwicklung" auszuspielen, sondern einen realistischen Blick dafür zu bekommen, was die Mehrheit der Zielgruppe zurzeit als „das Richtige" erachtet. Wenn Sie einen effektiven Markteintritt planen, sollten Sie diese „Mehrheits-meinung" in der Kommunikation berücksichtigen und Ihre Argumentation entsprechend aufbauen.

Autorität

Einen weiteren wesentlichen Einflussfaktor stellt die Autorität dar – ein Faktor, der nicht genügend gewürdigt werden kann. Warum? „We are trained from birth that obedience to proper authority is right and disobedience is wrong" (Cialdini 2007, S. 216). Von frühester Kindheit an lernen Menschen, Autoritäten zu respektieren. Auch in der Kommunikation finden sich viele Autoritäten bzw. Formen der Autorität. Typische Ausprägungen der Autorität sind Titel, Auszeichnungen oder auch Referenzen – von unabhängigen, aber einflussreichen Personen oder Institutionen bescheinigt. Hier bietet sich viel Potenzial für die Kommunikation eines mittelständischen Unternehmens. Oftmals steckt hinter der erfolgreichen Unternehmensentwicklung eine eindrucksvolle Persönlichkeit – eine Autorität, die die Marke erfolgreich einsetzen kann. Als Impulsgeber können Sie diese Symbolik geschickt verstärken und zu einer konsistenten Darstellung aufbauen. Dabei sollte die Autorität die Markenpositionierung stärken. Aber seien Sie sich bewusst, dass jedes Touchpoint-Element das Bild der Marke stärken oder schwächen kann. Wer also auf eindrucksvolle Autoritäten setzt, muss sicherstellen, dass im Gesamtbild keine Inkonsistenz entsteht, beispielsweise in Form eines Außendienstmitarbeiters, der keine Autorität bzw. Sicherheit ausstrahlt.

7.6   Der Vorwerk-Kobold-Case

Die Vorwerk & Co. KG ist ein Familienunternehmen, welches 1883 in Wuppertal gegründet wurde. Insgesamt beschäftigt Vorwerk rund 12.000 angestellte Mitarbeiter sowie mehr als 600.000 selbstständige Berater. Die Marke Kobold ist eine eigene Division unterhalb der Holding von Vorwerk. Neben Kobold im Bereich Haushaltsreinigung stellen die Divisionen Thermomix (Multifunktionsküchengeräte) und Jafra (Kosmetik) die wesentlichen Geschäftsfelder von Vorwerk dar.

Die Division Kobold stellt die umsatzstärkste Sparte innerhalb von Vorwerk. Die Leitung der Division von Kobold besteht aus drei Personen: dem CEO, dem CFO und der Leitung Marketing und Business Development. Der vorliegende Case und die hier dargestellten Zusammenhänge basieren auf einem Interview, das ich mit Michael von Geldern führte, der im Board für die Bereiche Marketing und Business Development verantwortlich zeichnet.

Der Erfolg des Unternehmens basiert ursprünglich auf einem Distributionsproblem. Anfangs produzierte Vorwerk im Kerngeschäft Teppiche. Die damalige Geschäftsidee, auch Reinigungsgeräte (Staubsauger) für den Teppich anzubieten, fand in den 20er-Jahren des letzten Jahrhunderts im Handel keinen Anklang. Das Produkt Staubsauger war schlicht unbekannt. Aus den Vereinigten Staaten übernahm Vorwerk kurzerhand das Prinzip des „Door to Door"-Direktvertriebes. Aus der Not erwuchs ein erfolgreiches Direktvertriebsunternehmen, das allein in der Division Kobold über 9500 Fachberater als freie Handelsvertreter beschäftigt. Demgegenüber erwirtschaftet der Geschäftsbereich Teppiche mittlerweile nur wenige Prozentpunkte des Umsatzes von Vorwerk.

Was verbinden potenzielle und bestehende Kunden mit der Marke Vorwerk bzw. Kobold? Vor allem zwei konkrete Aspekte: Erstens die besondere Produktqualität der Reinigungsgeräte als gelebte Philosophie. Gründliche Reinigungsergebnisse, Haltbarkeit, Zuverlässigkeit und die Vielseitigkeit in der Anwendung sind Maximen, die der Marke Vorwerk bzw. Kobold die heutige Stärke geben. Die Geräte funktionieren auch noch Jahrzehnte nach dem Kauf tadellos. Die Versorgung mit Ersatzteilen sowie der Produktservice werden über einen langen Zeitraum garantiert. Der zweite Aspekt ist die Komponente des Direktvertriebes als Säule des Unternehmens. Wie kaum ein anderes Unternehmen im Bereich Reinigung stehen die Marke Vorwerk und somit auch die größte Division Kobold für die direkte Ansprache des Kunden – inklusive der Demonstration der Produkte beim Kunden zu Hause.

Die Frage nach dem Kundenverständnis mündet, wie bereits aufgezeigt, in zwei zentrale Fragen: „Wer ist mein Kunde?" und „Was will mein Kunde?". Historisch gesehen waren die Abnehmer der Division Kobold all jene Kunden, die über einen Teppich verfügten. Da das Unternehmen Vorwerk die Teppiche selbst herstellte, war das Reinigungsgerät ein folgerichtiges „Cross-Selling"-Produkt – auch wenn in den Anfangszeiten der Staubsauger zunächst noch unbekannt war. Das Unternehmen Vorwerk kommt von einer Produktanwendung und „demokratisiert" ebendiese Anwendung für die verschiedenen Kundengruppen – also das Gegenteil einer Spezialisierung oder Segmentierung. Wo bleibt bei dieser Sichtweise die Individualität des Kunden? Im Laufe der Zeit bildeten sich unterschiedliche Kundentypen heraus, die gemeinsam mit einem Marktforschungsinstitut analysiert wurden, um ein besseres Verständnis für den Kunden, dessen Situation und dessen Motivation zu erhalten. Aus den Kundentypen werden im Folgenden zwei Typen hinsichtlich der Fragestellungen „Wer ist mein Kunde?" und „Was möchte dieser Kunde wirklich?" näher behandelt.

7.6.1 Der Kundentypus Leiter/-in des Haushaltes

Der erste Typus ist die verantwortliche Person für die Führung des Haushalts. Diese Person übernimmt die kombinierte Rolle aus Leitung des Haushaltes und Erziehung der Kinder. Sie ist dafür verantwortlich, dass die Prozesse und die Organisation des Haushalts so effizient gestaltet werden, dass mit den zur Verfügung stehenden Mitteln ein maximales Ergebnis erreicht wird. Die zweite erwachsene Person ist dann für die Erwirtschaftung des Einkommens für den Haushalt zuständig. Diese Person sorgt dafür, dass die finanziellen Mittel für die Aufrechterhaltung des Haushaltes zur Verfügung stehen. Dieses Modell war in Deutschland sehr typisch für die Nachkriegszeit der 50er-Jahre – in einer „klassischen" Aufgabenteilung Frau und Mann. Aber auch heutzutage ist dieses Modell kein Auslaufmodell. Der Fachberater trifft nun in seiner „Door to Door"-Vertriebstätigkeit auf ebendiese Person, der die Leitung des Haushalts obliegt. Damit hätten wir für diesen ersten Typus die Definition „Wer ist mein Kunde?" bestimmt.

Erfolgreich wird die Tätigkeit des Fachberaters aber erst, wenn der Fachberater und das dahinterstehende Unternehmen verstehen, wie das Motivbild des Kunden ausgestaltet ist.

Wenn nun der Fachberater auf die Leitung des Haushaltes trifft, gilt es, Klarheit darüber zu gewinnen: „Was möchte dieser Kunde wirklich?"

Eines der wichtigsten Elemente der Motivation ist die Anerkennung des Menschen, das Gefühl, dass die eigene Tätigkeit eine Wertschätzung erfährt. Das ist einmal die Wertschätzung im eigenen Umfeld, aber auch die gesellschaftliche Anerkennung des eigenen Schaffens. Jeder Geschäftsführer, der ein eigenes Unternehmen – selbst mit einer kleinen Anzahl von Mitarbeitern – führt, wird erfahrungsgemäß mehr interne und externe Anerkennung erfahren als die Leitungsfunktion eines Haushaltes. Dabei ist die Leitungsfunktion des Haushaltes nicht nach einem Achtstundentag erledigt, sondern ein „ongoing stream", der sich im Krankheitsfall eines der Kinder auch zum 24-Stunden-Einsatz wandeln kann. Einer der wesentlichen Erfolgsfaktoren eines guten Fachberaters ist es, der Leitung des Haushaltes genau jene Anerkennung zu geben, dass diese Person eine elementar wichtige Rolle einnimmt. Denn die Bedeutung der Rolle wird oftmals leider nicht gewürdigt, weder intern noch extern.

Allein diese Anerkennung wird aber noch keine Motivation auslösen, sich für ein Produkt des Unternehmens Vorwerk zu entscheiden. Die Wertschätzung ist eine unbedingte Voraussetzung, wie es dem Respekt auf Augenhöhe zwischen Geschäftspartnern gebührt. Nehmen wir noch einmal das Beispiel der Leitungsfunktion auf: Was sind die Key Performance Indicators (KPIs) einer Haushaltsleitung? Auch wenn oftmals die Wertschätzung nicht in genügendem Maße ausgeprägt ist, wird sich ein Mensch immer eigene Kriterien suchen, nach denen er sein Schaffen beurteilt – und er selbst wird dabei oftmals der härteste Kritiker sein.

Neben der Einhaltung des Budgets, der Sicherheit der betreuten Personen und der Fehlerfreiheit im täglich getakteten Prozessablauf werden zu den KPIs auch Reinheitsgrad und Gesundheit gehören.

Alle drei zuletzt genannten KPIs bedient das Unternehmen Vorwerk mit seinen Kobold-Produkten auf exzellente Weise. Zunächst einmal gewährleistet die hohe Produktqualität über einen sehr langen Zeitraum den ungestörten Prozessablauf, die wesentlichen Elemente sind aber Reinheitsgrad und Gesundheit. In der Produktdemonstration werden die Geräte vorgeführt, wobei der potenzielle Kunde aufgefordert wird, zunächst mit seinen bestehenden Reinigungsgeräten beispielsweise den Teppich zu reinigen.

In der anschließenden Produktdemonstration wird jener Gegenstand noch einmal mit den Kobold-Geräten gereinigt. Dabei wird der Filter durch ein Tuch ersetzt. Nach der Kobold-Reinigung ist dieses Tuch schmutzig. Diese Prozedur wird für verschiedene Einsatzbereiche der Reinigungsgeräte wiederholt. Bei jedem der Reinigungsprozesse ist das Endergebnis ein schmutziges Tuch. Im Umkehrschluss bedeutet das, dass nach der Reinigung mit den Kobold-Produkten weniger Schmutz im Haushalt verblieben ist und die bisherigen Reinigungsgeräte diesen Schmutz offensichtlich nicht beseitigen konnten.

Jeder Entscheider wird bei einer solch eindrucksvollen Präsentation seine Messlatte für den KPI Reinheitsgrad nach oben korrigieren müssen. Der zusätzliche Motivator ist die Gesundheit. Ein Entscheider, der ein kontinuierliches Maß an „zu viel" Schmutz akzeptiert, wird den KPI Gesunderhaltung aller betreuten Personen möglicherweise gefährden. Da im Zweifel sogar persönliche Nachteile drohen – die angesprochene zusätzliche zeitliche und psychische Belastung –, ergibt sich aus dem Verständnis des Kunden und seiner Motivation ein überzeugendes Gesamtangebot, das die Leistungsbilanz der Haushaltsleitung voraussichtlich nachhaltig verbessern wird.

7.6.2   Der Kundentypus Haushalt/Berufstätigkeit-Kombination

Der zweite Typus von Kunden ist ebenfalls für die Leitung des Haushaltes verantwortlich, allerdings erfolgt dies nicht allein verantwortlich. Die Rolle teilt sich, häufig sogar dynamisch bzw. situativ, auf mehrere Personen auf. Das hat weniger mit der Einsicht zu tun, dass aufgrund der fehlenden Wertschätzung für die Leitung des Haushaltes diese Aufgabe eben auf mehrere Schultern verteilt werden muss, sondern mit der Tatsache, dass mehr als eine Person einer beruflichen Tätigkeit nachgeht. Zu diesem Kundentypus zählen ebenfalls Personen, die allein den Haushalt führen und berufstätig sind – mit oder ohne Kinder.

Dieser Kundentypus hat aufgrund einer zunehmenden beruflichen Qualifizierung der Bevölkerung in Westeuropa deutlich zugenommen. So ist allein die Zahl der erwerbstätigen akademischen Fachkräfte von 2001 bis 2011 um fast 50 % auf 7,7 Mio. in Deutschland gestiegen. In Westdeutschland stieg die Zahl der Erwerbstätigen zwischen 1950 und 1990 von 19,6 auf 30,4 Mio. Im wiedervereinigten Deutschland ging die Zahl der Erwerbstätigen zunächst zurück. Zwischen 1991 und 1994 sank sie von 38,8 auf 37,8 Mio.. 2014 erreichte die Erwerbstätigenzahl mit 42,64 Mio. aber ihren bisherigen Höchststand (vgl. Bundesamt 2015).

Was möchte dieser Kundentypus? Auch wenn keine Wertung des Anforderungsgrades zwischen den zwei Typen des Kunden vorgenommen werden soll, so ist die Belastung, die mit einer zusätzlichen beruflichen Tätigkeit einhergeht, evident. Das können selbstverständlich auch Teilzeitbeschäftigungen sein. Allein durch die räumliche Trennung von Haushalt und Arbeitsstätte entstehen durch Fahrzeiten zusätzliche Aufwendungen, da die berufliche Tätigkeit in den meisten Fällen nicht zu Hause ausgeübt werden kann. Den zuvor genannten Leistungsfaktoren ist also noch ein weiterer wichtiger KPI hinzuzufügen: die Effizienz. Mit den zur Verfügung stehenden Ressourcen – und die knappste Ressource ist bei diesem Kundentypus häufig die Zeit – müssen die gleichen Aufgaben im Haushalt erbracht werden. Dabei gelten die anderen KPIs nach wie vor. Der zusätzliche KPI ist also der Grad der Effizienz, und zur Verbesserung der Effizienz kann bekanntlich Technik helfen. Seit Beginn der Industrialisierung haben die Menschen gelernt, dass ihnen Maschinen und im digitalisierten Zeitalter Software Aufgaben erleichtern oder sogar komplett abnehmen können.

Dieser Einsicht folgend, hat die Division Kobold also ihr Angebot auf ein „erweitertes KPI-Set" angepasst. Unter dem Stichwort „Automatisierung" von Haushaltsaufgaben verfolgt das Unternehmen die Maxime, eine möglichst hohe Deckung zwischen der Art und Weise, wie ein Mensch eine (Reinigungs-)Aufgabe erfüllen würde, und der möglichst passgenauen Leistungsfähigkeit einer Maschine zu erreichen. Es geht um die Maximierung der Effizienz, also wie in der zur Verfügung stehenden Zeit mehr Reinigungtätigkeiten im Haushalt erbracht werden können. Ein Beispiel ist der neue Fensterreiniger der Division Kobold. Traditionell werden Fensterscheiben in einem zweistufigen Prozess gereinigt: zunächst die Anfeuchtung der Scheibe, dann deren Abwischen und Trocknen. Das Produktangebot der Division Kobold erledigt dies nun in einem Schritt. Das Produkt ermöglicht durch die Zeitersparnis eine höhere Effizienz, indem die Technik die Arbeitsschritte reduziert. Die Kenntnis des Kunden und seiner Motivation – in diesem Fall Prozesseffizienz – schafft ein überzeugendes holistisches (Produkt-)Angebot. Im Kern eine passgenaue Problemlösung für die Bedürfnisse dieses Kundentypus.

7.6.3   Von der neuen Autonomie des Kunden

Unabhängig von den zuvor genannten Kundentypen hat sich ein weiterer Parameter im Verhalten und Anspruch des Kunden geändert: der Anspruch des Kunden, autark die Produktauswahl sowie den Entscheidungs- und Kaufprozess zu gestalten. Durch die digitale Revolution seit den 90er-Jahren hat sich beides maßgeblich verändert. Das Internet ist nicht nur der Kaufanbahnungskanal durch den direkten Zugriff auf eine unermessliche Anzahl von Informationen, sondern auch eine Preisvergleichsmaschine sowie der Einkaufskanal selbst geworden.

Der heutige Kunde möchte autarker als früher entscheiden, wann und wie er sich informiert. Dieser Veränderung hat sich auch Vorwerk gestellt. So erfolgt die Ansprache neuer potenzieller Kunden nicht mehr an der Haustür, sondern themen- bzw. anlassbasiert im öffentlichen Raum, beispielsweise auf hochfrequentierten Flächen in Einkaufszentren, mit der Möglichkeit, einen zusätzlichen Demonstrationstermin zu Hause zu vereinbaren. Der Wechsel also von einem „Push"- zu einem „Pull"-Ansatz, bei dem der Kunde autark entscheidet, wie er den weiteren Informations-, Entscheidungs- und Kaufprozess fortsetzen möchte. Die Zufriedenheit des Kunden, das „gute Gefühl" im gesamten Prozess steht an oberster Stelle.

Der individuelle Nutzen der Kobold-Produkte erschließt sich am besten durch die direkte Produktdemonstration beim Kunden zu Hause, dennoch ist es nur konsequent, die Distribution zusätzlich zu den Fachberatern in Richtung neuer Kanäle wie E-Commerce und eigenen Stores zu öffnen. So entstand seit 2014 in Deutschland eine zweistellige Anzahl von eigenen Geschäften. Die Geschäfte tragen zusätzlich einem Nachteil des Internets Rechnung, dass das eigentliche emotionale Einkaufserlebnis in der rationalen digitalen Welt ins Hintertreffen gerät.

Ergänzend zum emotionalen Einkaufserlebnis im eigenen Vorwerk-Geschäft oder zum bequemen Einkauf im Vorwerk-E-Commerce-Shop bietet der bestehende Fachberateraußendienst einen hohen Differenzierungsfaktor zum Standardangebot anderer Wettbewerber. Auf Wunsch bietet der Fachberater eine eingehende fachliche Beratung und den kompletten Aufbau sowie die persönliche Erläuterung des Gerätes an.

Was möchte der Kunde? In einem zunehmend unpersönlicheren Einkaufserlebnis und Einkaufsprozess, bei dem der Kunde sich über Kundenrezensionen oder seine Peergroup um die Beratung selbst kümmern muss, sind Menschen offen für einen guten Service und eine fachlich fundierte Beratung. Denn für die Kobold-Produkte und die Marke Vorwerk gibt es aufgrund der hohen Produktqualität eine hohe Markensympathie. Um die heutigen Anforderungen eines „autarken" Kunden auch intern umzusetzen, bedurfte es allerdings einer maßgeblichen organisatorischen Änderung. Bis zum Jahr 2010 operierten die Fachbe-

rater im Rotationsprinzip und hatten keine feste regionale Zuteilung. So konnte zwar eine
große Fläche abgedeckt, aber keine längerfristige Kundenbeziehung aufgebaut werden, da
der Fachberater den Kunden häufig nur einmal kontaktierte. Seit 2010 wurde das Rotationsprinzip zugunsten einer festen regionalen Aufteilung sowie einer Zuordnung von einem
Fachberater zu dezidierten Kobold-Kunden abgelöst. Dadurch kann auch Einkaufskanal-
übergreifend ein entsprechender Kundenservice gewährleistet werden. Der Fachberater
wird nun neben seinem Vertriebserfolg noch stärker am erfolgreichen Aufbau einer langfristigen Kundenbeziehung zu seinen Kunden gemessen.

7.6.4   Die „Lessons Learned"

Der Kobold-Case zeigt eindrücklich, dass ein erfolgreicher Wandel nur im Einklang mit
dem Verständnis des Kunden erfolgen kann. Ein Unternehmen sollte sich schnell und
konsequent verändern, und zwar in die Richtung, die der Kunde vorgibt, wenn sich das
ursprüngliche Geschäfts-modell und die Markterfordernisse auseinanderbewegen. Mit dem
Wechsel von einem Rotationsmodell hin zu einer festen Gebietsaufteilung wurde eine tief
gehende Veränderung eingeleitet. Denn die Leistungsträger des alten Systems mussten in
ein neues System erfolgreich integriert werden. In Deutschland durchliefen mehr als 2000
Handelsvertreter den Wechsel des Vertriebsmodells. Diese unternehmerische Justierung
zeigt die beeindruckende Bereitschaft des Unternehmens Vorwerk, auf Veränderungen des
Marktes und damit der Bedürfnisse des Kunden zu reagieren.

Gerade die informations- und Einkaufskanal-übergreifende Wertschöpfung für den autark agierenden Kunden, insbesondere des Typus „Kombination von Haushalt/Berufstä-
tigkeit", schafft im Wettbewerb ein weiterhin überzeugendes Gesamterlebnis. Denn eine
exzellente Produktqualität, zeitgemäße, stärker automatisierte Produkte, alternative Distri-
butionswege, kombiniert mit einer fundierten persönlichen Beratung, schaffen eine hohe
Übereinstimmung mit den Bedürfnissen der Kunden. Konsequenterweise liegt die Führung
neuer Kobold-Produktentwicklungen strategisch in der Hand des Marketings, was somit
sicherstellt, dass das Verständnis des Kunden die maximale Berücksichtigung bei der Entwicklung neuer Produkte findet.

7.7   Fazit für die Erneuerung Ihres Marketings

Das unterscheidet den erfolgreichen Impulsgeber

Das genaue Verständnis des Kunden bzw. des Endanwenders von Produkten bzw. Services
sollte eigentlich eine Selbstverständlichkeit darstellen, wird aber häufig nicht konsequent in
der Praxis umgesetzt. Da steht das Bedürfnis der Kunden eher an hinterer Stelle, insbesondere dann, wenn dieses nicht zum Leistungsangebot des Unternehmens passt. Die eingehende Evaluation und das tiefe Verständnis für den Kunden sind aber die Voraussetzungen
für ein erfolgreiches Impuls gebendes Marketing. Dabei belassen es die Erfolgreichen

nicht bei einer einmal getroffenen Ausrichtung des Angebotes, sondern überprüfen – auch im Erfolgsfall – die Kunden und deren Motive eingehend. Der erfolgreiche Impulsgeber unterstützt die produktentwickelnden Teams durch fundierte Analysen und Insights zu Kundenmotiven, um mittel- und langfristig überzeugendere Angebote zu entwickeln, die wiederum das Leistungsversprechen der Marke stärken. Das ist eine Win-win-Situation für beide Beteiligten – nutzen Sie dabei Ihre Stärke: Neben dem Vertrieb ist niemand so dicht am Kunden, seinen Rückmeldungen und Motiven wie das Marketing. Diese Stärke nutzt der erfolgreiche Impulsgeber im besten Sinne einer Unternehmensentwicklung.

Darauf kommt es an

„Was will der Kunde (wirklich)?" ist die meiner Ansicht nach die wichtigste Frage. Es kommt dabei auf die Aggregation auf einen gemeinsamen Nenner an. Wie Cialdini beschreibt, zählt für die Masse der Konsumenten nicht das, was objektiv betrachtet „das Richtige" ist, sprich: die bessere Produktqualität, die besseren Leistungsdaten etc. aufweist, sondern das, was subjektiv die Mehrheit der Zielgruppe als „das Richtige" empfindet. Es kommt also darauf an, sich nach der Analyse von der Kunden-Einzelbetrachtung und objektiven Argumentation entlang der Kundenbedürfnisse auf eine übergreifende Motivklammer zu fokussieren. Diese zentrale Motivklammer gilt es, übergreifend in der Kommunikation und durch die Produkte bzw. Services authentisch und nachhaltig zu bedienen. In einer Welt der Millionen von Marken und Vielzahl von Optionen vergleichbarer Produkte ist das fokussierte Portfolio mit einer klaren Motivbefriedigung immer im Vorteil gegenüber einem sehr gedehnten Portfolio, das möglichst viele Kunden- bzw. Motivgruppen bedienen möchte.

Fragen

1. Kennen Sie die Kunden für Ihre Top-3-Umsatzträger in ihrer rationalen und emotionalen Motivausprägung?

2. Verfolgen Sie in ausreichendem Maße die Erfassung, Auswertung und Anwendung von Daten Ihrer Kunden?

3. Haben Sie für Ihre Marke die übergreifende emotionale Positionierung auf Basis der Kundenbedürfnisse festgelegt?

4. Verfügen Sie über eine Kundensegmentierung? Welche Wettbewerber haben Sie in welchen Kundensegmenten?

5. Wenn Sie nur ein Kundenmotiv befriedigen möchten, welches wäre das?

Literatur

Bates, M. und D. Keirsey. 1984. *Please understand me*. Del Mar: Prometheus Nemesis Books Company.

Bundesamt, S. 2015. www.destatis.de. http://www.bpb.de/nachschlagen/zahlen-und-fakten/soziale-situation-in-deutschland/61685/entwicklung (Erstellt: 15. März 2015). Zugegriffen: 15. Apr. 2016.

Cialdini, R. 2007. *Influence*. New York: Harper Collins.

Häusel, H.-G. 2005. *Brain Script*. München: Rudolf Haufe.

Müller, K.-M. 2012. *NeuroPricing: Wie Kunden über Preise denken*. Freiburg/München: Haufe Gruppe.

Steinmetz, P.W. 2005. *Marktforschung*. Ludwigshafen: Friedrich Kiehl.

Schritt 3: Stärken Sie sich!

Zusammenfassung

Gerade die Deutschen neigen dazu, stets als erstes das Verbesserungspotenzial zu benennen und herauszuarbeiten. Die Schwächen sind erfahrungsgemäß viel einfacher zu entdecken als die Stärken. Stärken hingegen werden häufig zu wenig gewürdigt und dann noch mit beliebigen Allgemeinplätzen belegt – „kundenorientiert", „innovativ" oder auch „Leidenschaft" – die zumeist Wunschbilder darstellen, anstatt belastbare Wettbewerbsvorteile. Die wirklich spezifischen Stärken eines Individuums, eines Teams oder einer Unternehmung sind weniger augenfällig. Umso wichtiger ist es, diese sorgfältig zu identifizieren und differenzierend zu benennen. Denn nur dank der Stärken lassen sich Wettbewerbsfähigkeit und Profitabilität kurz- und mittelfristig steigern. Aus heutigen Schwächen wettbewerbsfähige Stärken zu entwickeln, wird jedenfalls deutlich länger dauern.

8.1 Schaffen Sie belastbare Stärken als Wettbewerbsvorteil

In einer sich beschleunigenden Welt müssen Sie sich stetig entscheiden, wo und wie Sie Ihre Ressourcen einsetzen. Sie können nicht alle Vorhaben gleichzeitig verfolgen. Damit stellt sich die Aufgabe der Priorisierung. Der zentrale Grundsatz lautet dabei, die Stärken zu stärken und die Schwächen zu vernachlässigen oder sie nicht zu beachten. Mit dem dritten methodischen Schritt sucht sich der Impulsgeber selbst die Handlungsfelder, in denen die Stärken eines Unternehmens mithilfe eines übergreifenden Marketings weiterentwickelt werden können. Die marketingorientierten Stärken eines Unternehmens lassen sich beispielsweise anhand der Kriterien Markenbekanntheit, Markenbegehrlichkeit, Produktportfolio (Innovationskraft bzw. Qualitätsführerschaft der Produkte), Sichtbarkeit im Markt (Marktanteil, Krisenfestigkeit gegenüber signifikanten Marktveränderungen und wirtschaftlichen Kennzahlen [Umsatz, EBIT, Wachstum]), Marketing-Ressourcen (Perso-

© Springer Fachmedien Wiesbaden 2017
U. Greunke, *ReNew Marketing*, DOI 10.1007/978-3-658-13981-0_8

nal, Sachmittel), Kampagnen-Produkt(e), Angebotspreis (Kostenniveau), Vertriebskanal (Konsistenz für Roll-out von Kommunikation), strategische Partner sowie Track-Records des Marketings bestimmen.

Auch der Markt, in dem Ihr Unternehmen agiert, weist spezifische Stärken auf, die erkannt und berücksichtigt werden müssen. Trends lassen sich durch frühes überproportionales Wachstum von Teilgebieten des Marktes erkennen. Dies könnten neue Wachstumsfelder für das eigene Unternehmen werden, aber nur, wenn sie mit den eigenen Stärken korrespondieren. Ein Angebotsportfolio eines Unternehmens lässt sich nicht über Nacht ändern. Wenn neue Produkte bzw. Services neue Marktsegmente erschließen sollen, sind insbesondere die zukünftigen sowie die bestehenden Cashcows nicht zu vernachlässigen – insbesondere deshalb nicht, weil hier bestehende Stärken des Unternehmens eingeflossen sind. Versuchen Sie, diese zugrunde liegenden Stärken – unabhängig vom einzelnen Produkt oder Service – zu isolieren und in eine stärkenorientierte Kommunikation zu integrieren.

Stärken zu stärken bedeutet, dass Unternehmen sich mit ihren Produkten und Services auf ihr Kerngeschäft bzw. Kerngeschäfts-nahe Bereiche fokussieren sollten. Peters und Waterman verweisen auf eine bereits 1954 erschienene Studie von Richard Rumelt mit dem Ergebnis, dass diejenigen Unternehmen die beste Gesamtleistung erreichen, deren Diversifikationsstrategie sich auf das angestammte Geschäft oder verwandte Sektoren beschränkt. Eine beeindruckende Kombination der Stärkenorientierung beschreiben Peters und Waterman am Beispiel des Unternehmens 3M „… [so] ist eine spezifische Stärke des Unternehmens … [, dass die] oberste Führung vor allem aus Chemieingenieuren besteht, die fast allesamt im Verkauf gearbeitet und sich mit praktischen Anwendungen beschäftigt haben. Die wichtige Stärke des Unternehmens – die Lösung von Kundenproblemen in speziellen Marktnischen auf der Grundlage der 3M-Technologie – geht somit direkt vom Topmanagement aus" (Peters und Waterman 2003, S. 338–343). Eine beeindruckende Kombination von Stärken, die sich im Unternehmensergebnis auszahlt. Ein Impulsgeber versucht, genau diese Stärkenkonstellation zu identifizieren und die Kommunikation in ein zielgruppenadäquates Konzept zu gießen.

▸   Die Stärken zu stärken – dies gilt auch für die Marke des Unternehmens. Pro-
         dukte und Services eines Unternehmens zahlen auf die Marke und damit das
         Image ein. Der Impulsgeber wird sich auf die wichtigste Charaktereigenschaft
         der Marke konzentrieren – auf die zentrale Stärke, die der Marke zugrunde
         liegt.

Im gemeinsamen Zusammenspiel können Marketing und Vertrieb einen starken Wachstumstreiber für ein Unternehmen darstellen. Denn auch ein nachhaltig erfolgreicher Vertrieb baut auf den wesentlichen Stärken des Unternehmens und seiner Produkte bzw. Services auf. Marketingkonzepte und die sich anschließende Umsetzung, die die Stärken des Vertriebs nicht berücksichtigen, scheitern dort, wo es darauf ankommt: am Point of Sale oder im Verkaufsgespräch. Ein gutes Marketingkonzept berücksichtigt die Stärken in den direkten wie indirekten Vertriebskanälen.

Je klarer Sie die Stärke Ihres Unternehmens sowie der Produkte und Services identifiziert haben, desto besser lassen sich die Mitarbeiter dazu auswählen. Das gilt ebenso im unbefristeten wie im temporären Team, beispielsweise innerhalb eines zeitlich begrenzten Projektes. Beachten Sie in jedem Fall auch die Unternehmenskultur. Eine nachhaltige Strategie zur Stärkung des Unternehmens baut immer auf dessen Kultur auf und stellt sich niemals gegen sie. Selbstverständlich lassen sich Kulturen auch verändern, aber das braucht viel Zeit und das Marketing sollte sicherlich aktiver Unterstützer für einen positiven Wandel der Unternehmenskultur sein, nicht aber dessen Initiator.

Was aber, wenn Sie für die Erreichung von Zielen spezifische Kompetenzen und somit Stärken benötigen? Suchen Sie sich Partner! Es ist eine Illusion, alles allein bewältigen zu können. Partner können sehr gut dort eingesetzt werden, wo das eigene Unternehmen und möglicherweise das eigene Marketing Schwächen aufweisen, die aber für eine Aufgabenstellung nicht akzeptabel sind. Statt das eigene Unternehmen bzw. das eigene Team zu ändern, was erfahrungsgemäß zeit- und kostenintensiv wird, können dann über Partner, die genau in der geforderten Disziplin ihre Stärken haben, die eigenen Schwächen ausgeglichen werden.

8.2   Die eigenen Stärken erkennen

„It's all in the sauce" (Welch 2005, S. 165). In der Kommunikation aus einem Produkt oder Service etwas herauszuholen, was nicht schon in ihm selbst angelegt ist, kann niemals überzeugend gelingen. Ist Marketing Kommunikation? Ja und nein. Die Marke ist das „Versprechen", das Produkt der „Beweis" für den Anwender. Eine überschneidungsfreie Übereinstimmung von Markenversprechen und Produktbeweis ist die effektivste Kommunikation, die Sie erreichen können. Im Prinzip muss dann die Kommunikation diese Übereinstimmung nur noch verstärken, aber das Produkt ist bereits die kleinste Einheit der Kommunikation. Deshalb ist markenorientierte Werbung auch nicht teuer. Eine gute Nachricht für mittelständische Unternehmen – denn jeder Produktbeweis stärkt das Markenversprechen. Die weniger gute Nachricht ist, dass sich das Marketing in die Produktentwicklung – und damit der Entwicklung der ureigenen Stärken – einbringen muss. Diese Einsicht lässt gar keine andere Option zu.

Sie als Impulsgeber haben es in der Hand, alle Bestandteile der Kommunikation bereits im Produkt – lange vor dem eigentlichen Produktlaunch – anzulegen. Das wird Ihnen und dem Team sehr handfeste Diskussionen bescheren. Es geht um das Verlassen der Komfortzone, die Konzentration auf das Wesentliche: die Anlage des Beweises des Markenversprechens im Produkt selbst. Die Stärken des Unternehmens erkennbar für den Endkunden im Produkt zu stärken.

Sie müssen folgerichtig in die Auseinandersetzung für die Mission des Produktes gehen. Nur so kann eine Begehrlichkeit beim Endkunden geweckt werden, aus der heraus dann der Kaufimpuls entsteht. Dabei muss jede Produktmission konsistent zum übergeordneten Markenversprechen passen. Daran darf es niemals Zweifel geben. Denn jeder Kompromiss wird mittelfristig das Markenversprechen schwächen, im schlechtesten Fall sogar zerstören. Und es wird viel (Marketing-)Geld erfordern, um die irritierten Endkunden wieder für sich zu gewinnen. Erinnern Sie sich an die „Umdenken"-Kampagne von Opel? Welche Investition, um ein verlorenes Verhältnis aus Markenversprechen und Produktbeweis wieder aufzubauen. Kein Mittelständler kann diese Mittel aufbringen und er muss es auch nicht. Solange die gesunde Beziehung aus Markenversprechen und Produktbeweis aufrechterhalten wird, besteht dazu überhaupt keine Notwendigkeit.

Folgerichtig ist die Besinnung auf die Stärken des Unternehmens und seiner Produkte sowie Services von elementarer Bedeutung. Es lässt sich so viel einfacher auf den Stärken des eigenen Unternehmens aufbauen, als schwache Eigenschaften über die Zeit aufzubauen (siehe Tab. 8.1). Selbst wenn Sie dort einigermaßen schnelle Erfolge erzielen, werden Sie vermutlich doch nur zum Mittelfeld im Wettbewerbsvergleich aufschließen.

Aber wie finden Sie die Stärken? Die einfachste Antwort: Hören Sie zu! Stärken finden ganz allein ihren Weg (zu Ihnen). Vielleicht kommen sie nicht so laut durch die Tür wie manche werbliche oder vertriebliche Botschaft, aber sie sind da. Sie müssen nur zuhören. Je deckungsgleicher Sie Endkunde und Ihre Produkte bzw. Services bekommen, umso besser. Die Methode? Büro verlassen. Rausgehen, dahin, wo die Kunden Ihre Produkte einsetzen, und zwar wirklich „vor Ort", nicht im Konferenzraum Ihres Kunden – es sei denn, Sie verkaufen Konferenzmobiliar.

▶   **Das Wesentliche: Markenversprechen und Produktbeweis**
In einem halbstündigen Gespräch bei einem Endkunden lernte ich einst mehr über die Produktstärken als jemals zuvor. In Downtown New York erläuterte mir einer der erfahrensten Anwender ohne Umschweife, was das Produkt leistet und warum er es genau für seine Zwecke einsetzt. So präferierte er unser Produkt – neben einem weiteren Anbieter – insbesondere aufgrund seiner unbedingten Robustheit. Eindrucksvoll schlug er es im Gespräch mehrere Male hart auf die Tischplatte auf – und es funktionierte auch anschließend noch einwandfrei. Ein Beweis der Leistungsfähigkeit, der auch den skeptischsten Kunden überzeugt und den Hersteller und damit indirekt auf den Händler von Garantieforderungen verschont. Im direkten Einsatz eines Produktes sind alle Produktflyer, Trainingsvideos, rationalen Argumentationsbäume, die Key Message und das Key-Visual vergessen. Es geht nur noch um die Mission des Endkunden und den Betrag des Produktes zu dieser Mission. Das Markenversprechen und der Produktbeweis. Keine Kompromisse, keine „Verpackung". Nichts Unwesentliches. Und das kann und sollte Ihnen keine Agentur, kein Berater abnehmen, das müssen Sie selbst als Ihre ureigenste Mission annehmen. Wie könnten Sie sonst inspiriert werden? Wie kann sonst der Funke überspringen? Der Kern, um den es im Grunde immer geht – the reason to exist!

Aus dem Beobachteten ist die Essenz abzuleiten. Je besser Sie beim Endanwender zugehört haben, desto einfacher lassen sich die Stärken wie von selbst erkennen und benennen.

Leider funktioniert das Prinzip auch umgekehrt. Mühsam ausgearbeitete Kundenanalysen, nach unendlichen Diskussionen erstellte Produktpositionierungen, errungene Kompromisse in der Formulierung der Headline/Copy lösen sich beim Anwender und Endkunden buchstäblich in Luft auf. Und das innerhalb weniger Minuten. Sie gelten einfach nichts mehr angesichts der Herausforderung, die Ihr Kunde lösen will – mit oder ohne Ihr Produkt oder Ihren Service.

Deswegen sind die investierte „Hörzeit" und das intensive Sparring mit Ihren Anwendern und Endkunden niemals ein verlorenes Investment. Sie werden mehr über die Stärken Ihres Unternehmens und Ihrer Produkte lernen, als Sie jemals gedacht haben. Impulsgeber werden diese Insights immer clever einsetzen, da sie wissen, dass damit der wichtigste Baustein der Kommunikation erstellt ist. Eine strukturiertere Ableitung lässt sich anhand von Profilen entwickeln. In Abgrenzung zu den Stärken des Konkurrenten kann sich daraus eine Handlungsempfehlung ergeben. Die zugrunde liegenden Daten können aus einer eigenen qualitativen Bewertung unter Einbeziehung von Externen oder durch eine quantitative Untersuchung ermittelt werden. Letzteres ist die aufwendigste Form.

Tab. 8.1 Schwächen-Stärken-Profil eines Unternehmens, in Anlehnung an Benkenstein/Ulrich. (Vgl. Benkenstein und Uhrich 2010, S. 46)

Leistungsbereiche	Methode, Quelle	Bezugspunkt
Markenbekanntheit Die allgemeine Bekanntheit der eigenen Marke gegenüber den Wettbewerbsmarken (gestützt oder ungestützt).	Quantitative Erhebung	Markt, Wettbewerb
Markenbegehrlichkeit Neben der Bekanntheit ist die Begehrlichkeit von zentraler Bedeutung. „Nur" bekannt zu sein, stärkt das Markenbild nicht. Hier ist die Attraktivität aus Sicht des Endkunden zu bewerten.	Qualitative Erhebung	Übereinstimmung zur Mission des eigenen Unternehmens
Produktportfolio Wie stark ist das eigene Produktportfolio im Gegensatz zu dem des Wettbewerbes (Innovationskraft bzw. Qualitätsführerschaft der Produkte)? Im Zweifel kann dieser Aspekt auch in mehrere Dimensionen aufgelöst werden (eine Unterteilung in Business-to-Business und Business-to-Consumer).	Quantitative, qualitative Erhebung	Markt, Wettbewerb
Sichtbarkeit Über welche Sichtbarkeit verfügt Ihr Unternehmen im Markt? Dazu zählen u. a. Marktanteil, Krisenfestigkeit gegenüber signifikanten Marktveränderungen und wirtschaftliche Kennzahlen (Umsatz, EBIT, Wachstum).	Marktreports	Wettbewerb

Tab. 8.1 (*Fortsetzung*)

Leistungsbereiche	Methode, Quelle	Bezugspunkt
Ressourcen (Personal) Welche Aussage lässt sich hinsichtlich Ihrer personellen Ressourcen im Marketing treffen? Beurteilen Sie die beiden Aspekte Kenntnisse/ Ausbildung und Erfahrungen.	Quantitative, qualitative Erhebung	Markt
Ressourcen (Sachmittel) Welche Sachmittel stehen Ihnen im Vergleich zu Ihren Wettbewerbern am Markt zu Verfügung?	Quantitative, qualitative Erhebung	Benchmark, Studien
Angebotspreis/Kostenniveau Die Betrachtung spezieller Produkte ist ebenfalls ein wesentlicher Gradmesser. In der Regel werden aber nur die Angebotspreise ermittelbar sein.	Quantitative Erhebung, Marktreports	Markt, Wettbewerb
Vertriebskanal Der Vertriebskanal ist bei der Umsetzung eines Kommunikationskonzeptes überaus wichtig. Wie stark ist dieser Kanal bei der konsistenten Umsetzung der kommunikativen Botschaft am POS?	Strukturelle Erhebung	Benchmark, Wettbewerb
Partner Über welche strategischen Partner verfügen Sie im Vergleich zu Ihrem Wettbewerb? Welche Bedeutung haben diese auf den Sales-Funnel aus Sicht des Endkunden?	Analyse	Benchmark, Markt
Track-Record Über welchen „Track-Record" verfügt Ihre Marketing-Organisation im Vergleich zum Wettbewerb? Auf welche bisherige starke Kommunikation können Sie aufsetzen?	Quantitative, qualitative Erhebung	Benchmark, Studien

Für ein Impuls gebendes Marketing wird eine qualitative Beurteilung ausreichend sein, da es im Wesentlichen um die Erkennung von eigenen Stärken geht. Ratsam ist in jedem Fall die Einbindung von externen beurteilenden Marktexperten.

8.3   Die eigenen Stärken entwickeln

Die Kunst, die eigenen Stärken zu stärken bzw. zu entwickeln, besteht im Nichtbeachten von Schwächen und damit in einer Konzentration auf die bereits existenten starken Eigenschaften und Fähigkeiten. Peter Drucker beschreibt es so: „Waste as little effort as possible on improving areas of low competence. Concentration should be on areas of high competence and high skill. It takes far more energy and far more work to improve from incompetence to low mediocrity than it takes to improve from first-rate performance to excellence" (Drucker 2001, S. 220).

▶   **Sieben Stärkedimensionen**
    Grundsätzlich gelten für das Marketing die sieben Dimensionen, in denen das Impuls gebende Marketing eine spezifische Stärke aufweisen sollte:
    1. Die Kompetenz, eine mittel- bis langfristige Perspektive herauszuarbeiten.
    2. Effektivitätsorientiertheit – die Kompetenz, die unternehmerische Zielsetzung im Blick zu behalten und entsprechende Ergebnisse zu liefern.
    3. Exzellenz in der Operative – die Kompetenz, in kontinuierlicher Verbesserung zu denken.
    4. Führung – die Kompetenz, eine Richtung vorzugeben und diese auch durchzusetzen.
    5. Kundenorientiertheit – die Kompetenz, die Bedürfnisse des Kunden zu verstehen.
    6. Wirkungsorientiertheit – die Kompetenz, in Effekten zu denken.
    7. Kultur – die Kompetenz, im Einklang mit der Kultur des Unternehmens zu handeln.

Wie entwickeln Sie die Stärken weiter? Betrachten wir dabei eine spezifische, beispielhafte Kompetenzausprägung in den Dimensionen Effektivität und Effizienz. Nehmen wir an, Sie haben eine ausgeprägte Kundenanalysekompetenz, die ihre Grundlage in der klassischen Marktforschung hat. Analysieren Sie zunächst diese Stärke und versuchen Sie zu verstehen, was Sie in der Vergangenheit in dieser spezifischen Kompetenz stark gemacht hat. Wie kam es zu diesem Kompetenzaufbau, welche Erfolge lagen auf dem Weg dahin, welche wesentlichen Einflussfaktoren hatten Anteil daran? Auch wenn möglicherweise andere Kompetenzen in einer aktuellen Betrachtung eine höhere Attraktivität haben, bleiben Sie zunächst bei Ihren spezifischen Stärken. Ordnen Sie die entsprechende Stärke hinsichtlich Effektivität und Effizienz ein.

Daraus können Sie ableiten, wie Sie die vorhandene Stärke in einer oder beiden Dimensionen Effektivität/Effizienz weiterentwickeln können. Lassen Sie hier Erfahrungen und Beurteilungen im Austausch mit anderen Abteilungen oder auch externen Experten einfließen. Wenn Sie eine Stärke weiterentwickeln möchten, sollte dies immer mit einem konkreten Zeitplan, dem benannten Budget/den benannten Ressourcen sowie einer definierten Verantwortlichkeit erfolgen. Das Prinzip einer Stärkenentwicklung ist die Nichtakzeptanz des Status quo. Wer aufhört, besser werden zu wollen, wird keine herausragenden Stärken entwickeln und an Wettbewerbsfähigkeit verlieren. Die stete Wiederholung, die Überprüfung des Erreichten und die Zielsetzung, das bisher Erreichte wieder zu verbessern, sind die besten Voraussetzungen, um eine überragende Stärke zu entwickeln. Eine einmal weiterentwickelte eigene Stärke wird sich durch eine generelle technische, gesellschaftliche oder kompetitive Weiterentwicklung

Abb. 8.1 Die Entwicklung von Stärken für die eigene Marketingabteilung

Aufbauend auf Kompetenzen

- Umfangreiche Kenntnis der relevanten Zielgruppen aufgrund eines gepflegten CRM-Systems
- Signifikante Prozesskompetenz bei der Erstellung von Kundenstudien
- Niedrige Prozesskosten durch eigene Ressourcen

Eckdaten der Entwicklung

- Zeitraum:
- Budget:
- Ressourcen:
- Leitung:
- Überprüfungstermin:

Entwicklung Effektivität sowie Effizienz (Priorität 2)

- Ausweisung von Umsatz-/Kosteneinsparungspotenzialen für beauftragende Abteilung
- Einsatzmöglichkeiten eines besseren Kundenverständnisses für eine effektivere Produktentwicklung, um höhere Preispunkte durchzusetzen
- Benchmark der Wertschöpfung aus fundierterem Kundenverständnis anderer Industrien
- Enge Verzahnung von Kundenverständnis mit Marketingkampagnen

des Marktumfeldes mit großer Wahrscheinlichkeit wieder abschwächen, wenn sie nicht laufend überprüft und optimiert wird. Neben dem Willen zur Weiterentwicklung ist die Annahme der eigenen Stärkenausprägung elementar. Die eigenen Stärken zu entwickeln, ist immer in einem mittel- bis langfristigen Kontext zu betrachten. Wie Sie eine Stärke anhand eines Entwicklungsplanes entwickeln, verdeutlicht Ihnen das Beispiel (siehe Abb. 8.1).

Niemand wird über Nacht nachhaltig exzellente Ergebnisse erreichen. Bernie Michalik beschreibt in seinem 99U-Artikel „The Life Marathon: What creatives can learn from elite runners" anschaulich, welche Eigenschaften für das Entwickeln der eigenen Stärken und das Durchhalten auf diesem Weg von elementarer Bedeutung sind (vgl. Michalik 2014):

- Vereinbaren von konkreten Targets, die auf ein exzellentes Ergebnis abzielen: Kein Elite-Marathonläufer trainiert ohne eine konkrete Zielsetzung. Übertragen bedeutet das die Vereinbarung von 1-/2-/5-Jahres-Zielen für die Entwicklung Ihrer wesentlichen Stärken.
- Erstellen eines Trainingsprogramms, Engagement eines Coaches und Ausbauen des eigenen Wissens: Ein Elitesportler hört nicht auf zu trainieren, Gleiches gilt für den Stärkenoptimierer. Ein Coach hilft Ihnen, die Durststrecken zu überwinden und neue Insights zu gewinnen. Nutzen Sie das Wissen Ihrer und anderer Industrien zur Weiterentwicklung.
- Die Dokumentation der Aufwendungen und Ergebnisse: Die akribische Dokumentation erlaubt dem Elite-Sportler das Erkennen von Patterns: Was hat funktioniert, was hat nicht funktioniert? Das Tracking, welche Aufwendungen in welche Projekte und Vorhaben einfließen, und die daraus entstehenden Effekte sind bedeutend für das Entwickeln einer Stärke. Nur die Dokumentation erschließt eine gute Lernbasis.

- Das große Bild im Blick behalten: Den heutigen Marathonlauf bzw. das heutige Vorhaben als Vorbereitung für das nachfolgende und das darauf folgende noch größere Vorhaben einzuordnen, schafft Raum für die größere Perspektive. Es geht selbstverständlich um den Erfolg im aktuellen Vorhaben, aber im Gesamtkontext kann der einzelne Lauf nicht isoliert betrachtet werden. Die Gesamtleistung über einen längeren Zeitraum bringt erst den nachhaltigen Erfolg.

▸   Nehmen Sie Ihre vorhandenen Stärken als gegebene Substanz, lassen Sie sich darauf ein und konzentrieren Sie Ihre Aktivitäten auf deren Ausbau – auch wenn Sie möglicherweise nicht zu den Trends der Branche oder im Marketing passen.

Aber was ist zu tun, wenn eine der oben genannten strategisch wichtigen Eigenschaften oder Fertigkeiten im Marketing noch nicht auf Ihrem Stärkenkonto verbucht werden kann? Auch wenn das grundsätzliche Prinzip eine Konzentration auf Stärken postuliert, könnten die zuvor genannten Kompetenzen nicht vollständig ausgeklammert werden. Die erste Möglichkeit besteht in der Nutzung von Stärken beim Ausgleich von Schwächen. Haben Sie eine ausgeprägte Stärke im Bereich Kundenorientierung, aber es fehlt Ihnen an der Kompetenz, eine Richtung vorzugeben und diese auch durchzusetzen, dann bietet sich die Erschließung der Schwäche über die Nutzung der Stärke an. Welche grundsätzlichen Kenntnisse und Fähigkeiten in der Kompetenz Kundenorientierung können auf die Kompetenz Führung von Themen übertragen werden? So kann eine bestehende Schwäche über bereits ausgeprägte Kenntnisse und Fähigkeiten einer Stärke erschlossen bzw. bearbeitet werden. Eine weitere Möglichkeit der Kompetenzerschließung ist die Verstärkung mit neuen Ressourcen bzw. Teams, oder aber auch die Ergänzung des eigenen Teams durch einen Partner.

8.3.1   Das Team auf Basis von Stärken entwickeln

Als Impulsgeber sind Sie in der exponierten Rolle eines Stärkenerkenners. Die nachhaltig erfolgreiche Interaktion eines Teams ist entscheidend, nicht der außergewöhnliche Peak eines Einzelspielers. Der Fokus muss in der besten Zusammenstellung eines Teams liegen – auf Basis der jeweiligen Stärken. Einzelpersönlichkeiten, die in ihren Stärken einfach nicht zueinanderpassen, liefern kein überzeugendes Ergebnis, auch wenn der einzelne Teamspieler noch so stark ist. Dabei relativiert das schwächste Element den überragenden Einzelbeitrag. In der Zusammenstellung eines Teams sollten Sie darauf achten, dass die starken Leistungsträger nicht in der Unterzahl sind, sodass womöglich die Schwachen die Gruppe dominieren. Verkleinern Sie im Zweifel die Gruppe, besetzen Sie Positionen um, oder nehmen Sie sich externe Kräfte hinzu. Versuchen Sie, nicht zu lange an schwachen Konstellationen zu laborieren. Konzentrieren Sie sich darauf, die Stärken der Gruppe und ein konstruktives Zusammenwirken zu fördern. Verbringen Sie nicht zu viel Zeit mit den Schwächen.

Beachten Sie dabei, dass Stärken niemals Stärken an sich sind, sondern nur im Kontext der Zielsetzung eine Stärke oder Schwäche darstellen. Ob Ergebnisorientierung eine Stärke oder Schwäche ist, hängt vom Kontext ab. In explorativen Phasen kann eine zu schnelle Ergebnisfokussierung eine Schwäche sein, da die Suche nach Out-of-the-box-Lösungen Zeit, Freiraum und ein Loslassen erfordert, was nicht eben gut mit Ergebnisorientierung korreliert.

Als Impulsgeber achten Sie auf die Qualität der Interaktion, auf eine intakte Rückkopplung, die in iterativen Schleifen schnell und zielsicher zu überproportionalen Ergebnissen führt. Einzelpersonen aus dem Team, die im Sinne der Aufgabenstellung weniger gut interagieren, sollten auf Basis ihrer Stärken besser in anderen Projekten eingesetzt werden, als dass ihre jeweiligen Schwächen für das bestehende Projekt optimiert würden.

Wenn es um die Teamzusammensetzung geht, entscheiden Sie zunächst nach Stärken für die gegebene Zielsetzung, erst dann nach Entwicklungspotenzialen oder den jeweiligen Interessen der Teammitglieder. Daher ist es wichtig zu erkennen, was dem jeweiligen Teammitglied leichtfällt, wo es seine Stärken hat. Die meisten Mitarbeiter entscheiden nach ihren Interessen, was sie gern machen möchten, weniger danach, was ihnen leichtfällt. Gerade weil es ihnen leichtfällt, tritt die eigentliche Stärke weniger auffällig in Erscheinung. Das kann irreführen, denn eine Tätigkeit, die eine Person gern machen möchte, muss nicht zwangsläufig mit deren Stärken korrelieren. Dann ist der Impulsgeber gefragt, die richtige Zuordnung im Sinne der Zielsetzung vorzunehmen.

8.4   Dem Trend nicht zu folgen, ist auch eine Stärke

Geschäftszyklen verlaufen in Wellen. Eine Sache beginnt klein, nimmt Fahrt auf und wird plötzlich zu einem großen Trend, der eine ganze Industrie verändert. Wenn das eigene Unternehmen nicht der Initiator dieses Trends ist, wird dieser nur allzu neidisch beobachtet. Der sich einstellende geschäftliche Erfolg wird mit großem Interesse verfolgt und nun mehren sich die Stimmen im eigenen Unternehmen, die eigenen Geschäftsaktivitäten in Richtung dieses neuen Trends zu überprüfen oder sogar dem Trend aktiv zu folgen, um auch etwas von dem sich entwickelnden Geschäft mitzunehmen.

Die Kenntnis von Trends ist etwas sehr Wesentliches für das eigene Unternehmen. Dabei sind die gesellschaftlichen und makroökonomischen Megatrends von den Trends der eigenen Branche zu unterscheiden. Die Megatrends zeigen Entwicklungen in einem größeren Zeitraum von einer Dekade oder mehr auf. Die Branchentrends sind erfahrungsgemäß kurzfristiger. Einschneidende Trends brechen mit bisher Existierendem, setzen bekannte Elemente neu zusammen oder kopieren Elemente aus anderen Branchen und transferieren bzw. adaptieren sie in der Zielbranche. Dabei sind evolutionäre von revolutionären Trends zu unterscheiden. Signifikante wirtschaftliche Trends sind revolutionärer Natur: die CD, die mit dem bisherigen Vinyl brach, iTunes als revolutionäre Möglichkeit, statt eines kompletten CD-Albums nur den Titel zu kaufen, der einen wirklich interessiert, oder die Streaming-Services, die pauschale Mitgliedschaften auf den Komplettbestand als Mietmodell gegenüber einem Einmalerwerb anbieten.

▶   **Bleiben Sie authentisch – vermeiden Sie Kopien**
    Ein Unternehmen kann durch das Folgen eines bereits bestehenden Trends
    nur ein „Verfolger" werden. Dadurch werden Sie immer ein Nachahmer einer
    Bewegung, die bereits andere als Pioniere beschritten haben, die aus ihren
    Stärken eine starke neue Bewegung geschaffen haben. Eine Imitation wird
    lediglich als solche enden – insbesondere in den Augen der Kunden, die dann
    noch lieber das Original, den Begründer des Trends als authentischeres Ange-
    bot der schlichten Kopie vorziehen.

Sollten daher Trends in der eigenen Branche nicht beachtet werden? Diese nicht zu beobachten, wäre leichtsinnig. Der Trendmotor ist ein bisher nicht oder zu wenig beachtetes
Kundenbedürfnis. Somit ist der Impulsgeber aufgerufen, nicht so sehr den Wettbewerb
als vielmehr die Kunden bzw. die eigene Zielgruppe und ihre Bedürfnisse zu beobachten.
In Zusammenspiel mit der Kenntnis der eigenen Stärken ergibt sich eine hervorragende
Ausgangsposition, um bei einer Übereinstimmung die Kräfte zu bündeln und basierend
auf den eigenen Stärken ein überzeugendes Angebot für die bisher unbeachteten Wünsche
und Bedürfnisse des Kunden zu erstellen.

▶   **Was sagt Ihnen ein Trend über die eigentlichen Bedürfnisse des Kunden?**
    Fragen Sie sich nicht, wie Sie den Erfolg eines Wettbewerbers nachahmen
    können, indem Sie ähnliche Produkte bzw. Services schlicht nachahmen.
    Fragen Sie sich, was der Trend Ihnen über die Bedürfnisse der Kunden erzählt
    und wie Ihre vorhandenen Unternehmens-, Produkt- bzw. Servicestärken dazu
    passen. Sollte es keine überzeugende Übereinstimmung geben, ist es besser,
    einem Trend nicht zu folgen, sondern auf den nächsten passenden Trend zu
    warten oder – besser noch – einen eigenen Trend zu kreieren.

Der Impulsgeber, der stetig das eigene Portfolio in seiner Übereinstimmung mit den Bedürfnissen der Kunden hinterfragt und gesellschaftliche sowie wirtschaftliche Megatrends
sowie signifikante Trends in anderen Branchen aufmerksam beobachtet, erkennt rechtzei-
tig, wann sich die Gelegenheit für das eigene Unternehmen mit seinen ganz spezifischen
Stärken bietet. Wenn Sie dennoch in einen sich entwickelnden Trend einsteigen möchten,
muss Ihnen die Frage nach dem „Warum?" ein besonderes Anliegen sein. Wenn die einzige Motivation für den Einstieg in einen Trend die Zielsetzung des „Geldverdienens" ist,
werden Sie nur ein schlechter Nachahmer werden. Sie benötigen als Impulsgeber eine
sehr klare Vorstellung davon, wie Sie den Trend weiterentwickeln, wie sie ihn verändern,
ihm eine neue Richtung oder eine erweiterte Perspektive geben können. Wenn Sie einen
Wettbewerber, der diesen Trend initiiert hat, angreifen wollen – sprich: loyale Kunden
abwerben –, benötigen Sie einen sehr starken Produktbeweis. Ansonsten warten Sie lieber
auf den nächsten Trend. So dominierte Apple mit die iPad 2011 noch sehr souverän den
weltweiten Markt mit über 50 %. Dann gelang es Samsung aber nach und nach von deutlich unter 10 % auf zeitweilig über 20 % (Q1, 2014) zu wachsen (statista 2016). Samsung

gelang es, nicht nur eine Kopie zu bauen, sondern auch in wichtigen Leistungsdimensionen für Auflösung des Displays, schneller Prozessor und sinnvollen Zusatzfunktionen wie ein integrierter Stift. So bescheinigte Computerbild Samsung eine gute Wettbewerbsposition gegenüber dem damaligen Platzhirsch Apple iPad (vgl. Computerbild 2016).

Grundsätzlich bieten sich als überzeugende Handlungsbereiche auch hier Preis- oder Qualitätsführerschaft an. Ein deutliches preisliches Unterbieten sichert Ihnen einen guten Absatzmarkt, aber es diskreditiert Ihre Position als Innovator und Premiummarke. Eine Qualitätsführerschaft kann Ihnen nur bei sehr eklatanten Qualitätsmängeln des Wettbewerbers gelingen – und der Wettbewerber hat immer noch den Originalitätsbonus. Stellen Sie sich ein Unternehmen vor, welches in den kurzen Zyklen von Branchentrends immer nur dem letzten Trend folgt, ohne eine eigene Interpretation der dahinterliegenden Kundenbedürfnisse auf Basis der eigenen Stärken vorzunehmen. Es mutiert zu einem positionslosen Me-too-Anbieter ohne eigene starke Value Proposition. Wer in der Rolle als Impulsgeber Kundenwünsche, die sich zu einem Trend entwickeln, frühzeitig aufgreift und mit den Stärken des eigenen Unternehmens in Einklang bringt bzw. auf diesen Stärken aufbaut, wird die Marke und deren Produkte bzw. Services nachhaltig entwickeln. Das gilt besonders für mittelständische Unternehmen, die kaum die Ressourcen aufbringen können, ständig einem anderen neuen Trend hinterherzulaufen.

8.5   Der LINDAL-Case

Die LINDAL Group stellt Ventile, Sprühköpfe und Sprühkappen für verschiedene Arten von Aerosolprodukten her. Die Aerosolventile und -sprühköpfe werden in einer Vielzahl von Produkten für den täglichen Bedarf eingesetzt, dazu zählen beispielsweise Haarspray, Polyurethan-Schaum oder Asthmaspray. Die Kunden von LINDAL sind typische multinationale Konzerne wie Beiersdorf, Johnson&Johnson, Unilever oder auch Pharmaunternehmen. Das Geschäft der LINDAL Group ist ganz eindeutig Business-to-Business.

Das Unternehmen LINDAL wurde 1959 für die Produktion und den Vertrieb von Aerosolventilen als Lizenznehmer der Newman-Green Inc. (USA) mit Sitz in Hamburg gegründet. Die LINDAL Group arbeitet mit rund 1000 Mitarbeitern an elf weltweiten Standorten. Der vorliegende Case und die hier dargestellten Zusammenhänge basieren auf einem Interview, welches ich mit Philip Brand, dem Director Global Marketing, führte.

Die LINDAL Group hat sich aus einer Reihe von Unternehmensaufkäufen über die Jahre entwickelt. Dabei blieb das Kerngeschäft immer auf die Produktion und den Vertrieb von Aerosolventilen und -sprühköpfen bezogen. Das Wachstum durch den Zukauf von Unternehmen brachte für das Marketing zunächst die Aufgabe einer Konsolidierung der typischen visuellen Kommunikationselemente mit sich. Darüber hinaus werden innerhalb des Marketings der LINDAL Group die üblichen Business-to-Business-Marketing-Endprodukte erstellt: die Durchführung von Messen, der Aufbau und die Pflege des Internetauftrittes, der Bereich Public Relations oder auch die Erstellung von Literatur. Die eigentlich interessante Herausforderung war und ist die kulturelle Integration der zugekauften

Unternehmen sowie die konsequente Orientierung an den Stärken des Unternehmens. Im Rahmen dieses Cases soll dabei die Rolle des Marketings betrachtet werden.

8.5.1   Die Stärken des Unternehmens

Bei der LINDAL Group lassen sich drei Cluster von Stärken erkennen:

Das Einbringen neuer Geschäftsideen
Als mittelständisches Unternehmen besitzt die LINDAL Group eine beeindruckend hohe Innovationsorientierung. Die Gruppe definiert sich im Kern über Innovationen, die ihr einen entsprechend hohen Wettbewerbsvorteil bieten. In der Historie des Unternehmens gab es immer die Bereitschaft, einen hohen Anteil an personellen und finanziellen Ressourcen in Research & Development zu investieren. Dazu zählte auch, kompetente Mitarbeiter aus industrienahen, aber anderen Bereichen in das Team zu integrieren. Ein eigenes Innovationszentrum in Briey (Frankreich) bietet innovativen Projektvorhaben einen adäquaten Rahmen.

Die hohe Umsetzungsquote von eingebrachten neuen Geschäftsideen
Die zweite Stärke ist die Realisierungskompetenz. Eine Idee ist eben nur so gut wie ihre Umsetzung. Die Innovationen werden nah an der eigentlichen Umsetzung geplant und verifiziert. Über einen langen Zeitraum konnte das Unternehmen mit diversen erfolgreichen Projekten das Vertrauen der Kunden nachhaltig aufbauen.

Die große Nähe zu den globalen Kunden
Die dritte Stärke ist eine ausgesprochene Nähe zum Kunden. Das gilt nicht nur für die Produktion selbst, die oftmals in direkter Nähe der Produktion des Kunden errichtet wird. Das gilt insbesondere auch für das tiefe Verständnis für die Situation des Kunden an sich. Die LINDAL Group setzt die Produktidee des Kunden in eine technische Komponente – das Ventil an der Verpackungseinheit – um. Ohne ein eingehendes Verständnis des Auftraggebers kann eine Umsetzung nicht erfolgreich vorgenommen werden. Daraus ergibt sich ein gegenseitiges Selbstverständnis als Partner. Die Beziehung von Auftraggeber und Auftragnehmer löst sich in eine partnerschaftliche synergetische Einheit auf, die gemeinsam ein Produkt erstellt – als Einheit aus dem Inhalt und der Verpackung, bei der das Ventil einen wichtigen Bestandteil darstellt, um die erwünschte „User Experience" zu erreichen. Dazu benötigt es die Bereitschaft des Auftragnehmers, sich mit einer hohen Empathie auf die Aufgabenstellung einzulassen und diese mit innovativen Lösungen zu untermauern.

Kein Unternehmen weist nur Stärken auf. So hat auch die LINDAL Group Schwächen, der Unterschied zu anderen ist möglicherweise der transparentere Umgang mit diesen. Der Ausgleich der Schwächen basiert dabei auf dem großen Engagement des Einzelnen, eine praktikable Lösung zu finden, der konsequenten Auswahl der „richtigen" Ressource(n) auf der Basis von Erfahrungen und der Offenheit auch für externe Lösungsansätze, beispielsweise über unternehmensfremde Spezialisten, die die vorhandene Schwäche ausgleichen können.

8.5.2   Die „Stärken stärken" – Rolle des Marketings bei der LINDAL Group

In dem sehr technisch geprägten Umfeld eines Unternehmens im Business-to-Business-Bereich stellt sich die Frage der Rolle des Marketings. Ausgehend von den genannten Stärken, läge es nahe, dem Marketing eine eher untergeordnete Rolle zuzuweisen, da die Herstellung des eines Ventils selbst und insbesondere die Innovation eines Ventils für LINDAL eine derart hohe Bedeutung haben.

Das Global Marketing ist bei der LINDAL Group in einer „Business Development Unit" als gleichwertiges Mitglied neben dem Global Sales, Global Research & Development, New Product Development und dem CEO integriert. Dabei übernimmt das Global Marketing die Rolle der ersten Bewertungsinstanz für neue Ideen, ausgehend von der Erkenntnis, dass angesichts des Unternehmenswachstums der zurückliegenden Jahre eine frühzeitige Konsolidierung erfolgen muss. Ansonsten besteht die Gefahr, dass die raren Entwicklungsressourcen nicht abgestimmt an ähnlichen, parallelen oder möglicherweise sogar an wenig lukrativen Entwicklungsaufgaben arbeiten. Somit setzt das Unternehmen zur konsequenten Weiterentwicklung der zuvor genannten Stärken mit dem Global Marketing eine „Filter"-Instanz ein, um die vorliegenden Ideen jeweils mit einem Business-Case systematisch auf der Basis der gegebenen Regeln zu evaluieren. Zu dieser Evaluierung gehören neben der Prüfung auf gegebenenfalls bereits vorhandene Produktentwicklungs-Ansätze die internationale Abfrage innerhalb der LINDAL Group für weitere Interessenten an einer solchen Produktentwicklung sowie eine erste Aufwandsabschätzung.

Die meisten Ideen werden dabei von den Vertriebsmitarbeitern sowie von dezidierten Projektentwicklern eingereicht. Das Marketing hat mit dem sogenannten „Ideen-Marketingbrief" eine Vorlage geschaffen, die durch die jeweils einreichenden Mitarbeiter ausgefüllt werden muss. Auf dessen Grundlage erfolgt dann vom Marketing eine erste Bewertung der Idee. Anschließend werden diese evaluierten Ideen in der „Business Development Unit" hinsichtlich einer finanziellen Investition für eine Realisierung bis zur Pre-Launch-Phase diskutiert und selektiert. Nach einer erfolgreichen Pre-Launch-Phase entscheidet dann das gleiche Gremium über ein entsprechendes Investment für den Launch-Prozess entscheiden.

▸   **„Meine Kampagne heißt Sales"**
    Bemerkenswert ist nicht nur die Gatekeeper-Rolle bei der Bewertung der
    Ideen durch das Marketing, auch die Konferenzfrequenz der „Business Development Unit" selbst ist erstaunlich häufig. Jede Woche kommt dieser Kreis für
    zwei Stunden zusammen, um unter anderem über neue Ideen und Projekte
    zu diskutieren und im Anschluss zu entscheiden, was davon umgesetzt wird.
    Die Rolle eines Gatekeepers für Impulse zur Weiterentwicklung des Unternehmens setzt ein hohes Eigenverständnis des Marketings als „Unternehmer" und
    „Vertriebler" voraus. Philip Brand beschrieb das treffend so „meine Kampagne
    heißt Sales". Die unbedingte Nähe zum beauftragenden Kunden beziehungsweise Partner ist dabei elementar. Alle 40 Vertriebsmitarbeiter erstellen
    kontinuierlich von ihren Kundenbesuchen einseitige Berichte. Diese Berichte
    werden noch einmal in monatlichen und vierteljährlichen Berichten zusam-

mengefasst. Jedem Mitglied aus der „Business Development Unit" stehen diese Berichte zur Verfügung, die neben den typischen Kennzahlen des Vertriebes auch Auskunft über Verwendung der eigenen (Ventil-)Produkte, neue Marken und neue Ideen aufseiten des Kunden geben. Neben Global Sales, dem CEO und dem Eigentümer liest auch das Global Marketing diese Berichte.

Darüber hinaus absolviert der Global Marketing Director neben dem Global Sales Director nahezu die meisten strategischen Kundenbesuche. Auf den Reisen sucht Philip Brand dabei immer die Nähe der Vertriebsmitarbeiter. In der Summe ergeben sich hieraus eine hohe Identifikation mit den Kunden und deren Belangen sowie der Situation der eigenen Vertriebsmitarbeiter und schließlich die Akzeptanz innerhalb des Unternehmens für die Impulsgeber- und Gatekeeper-Funktion des Marketings selbst. Neben dem Tagesgeschäft des Marketings, welches die Pflege des Corporate Designs und der eigenen Kommunikationskanäle umfasst, hat die Kundenorientierung damit eindeutig die höchste Priorität für den Global Marketing Director. Die klassischen Bereiche des Marketings wie Messen, Literatur, Anzeigen werden über eine Marketing-Fachkraft abgedeckt. Die Themen Public Relations und Suchmaschinenoptimierung werden über externe Dienstleister in den USA wahrgenommen. Darüber hinaus gibt es in jedem Land einen regionalen Marketing-Verantwortlichen, der durchaus in Personalunion eine Vertriebsrolle innehaben kann. Dieser bearbeitet lokale Marketingaspekte, aber insbesondere übernimmt er die Übermittlung von neuen Ideen, Berichten über Markttrends und Entwicklungen der regionalen Kunden.

Nach Ansicht von Philip Brand kann man den Business-to-Business-Markt nur verstehen, wenn man beim Kunden vor Ort ist. Auch der Director Global Marketing von LINDAL bestätigt die bereits im Abschnitt „Die eigenen Stärken erkennen" (Abschn. 8.1) skizzierte Methode, zur Erkennung der eignen Stärken (und Schwächen) am besten den eigenen Kunden zuzuhören, und das kann eben am besten im direkten Gespräch in einem konstanten Austausch erfolgen.

Der Kern der Aufgabenbeschreibung des Global Marketing Directors bei der LINDAL Group ist „going out". Das bedeutet, mehr rauszugehen, den Markt und die Kunden besser zu verstehen und dabei Ideen (aus dem Vertrieb, von den Kunden) aufzugreifen, um sie dann anschließend zu evaluieren und über das Gremium der „Business Development Unit" in eine Umsetzung zu überführen.

8.5.3 Was können Marketing-Verantwortliche dem Case entnehmen?

Wer in einem Business-to-Business-Unternehmen eine Impuls gebende Rolle einnehmen möchte, sollte nach Ansicht von Philip Brand die folgenden Aspekte beherzigen.

Auf der Vertriebsseite lernen
Vor der Rollenübernahme als Impulsgeber steht das Verständnis für den Markt und die Situation sowie die Bedürfnisse der Kunden. Dabei ist eine enge Anbindung an den Vertrieb

eine unbedingte Voraussetzung, insbesondere bei einem Anbieter für technische Lösungskomponenten. Das ist ein Prozess, der vermutlich nie enden wird und eine Einarbeitung von mehreren Jahren umfassen kann. Wichtig ist die Abdeckung der einzelnen regionalen Märkte. Von Deutschland aus lassen sich nur bedingt die weltweiten regionalen Märkte mit ihrer spezifischen Situation und ihren Anforderungen verstehen. Auch hier gilt: vor Ort sein. Daraus ergibt sich ein umfassendes Allgemeinwissen über die eigenen Produkte, die Besonderheiten der regionalen Märkte sowie die eigentliche Produktverwendung beim Kunden vor Ort.

Passion zur Innovation

Der Wille, nach dem Abschluss eines bestehenden Projektes wieder ein neues Vorhaben zu beginnen, ist der zweite Aspekt für eine akzeptierte Impulsgeberrolle. Die bestehenden Produkte mit den klassischen Mitteln des Marketings zu kommunizieren, wie Pressemitteilungen oder Einträge auf der eigenen Website, ist die Pflicht, die Kür ist aber der Beginn eines neuen Projektes. „Im Beginn liegt das Leben", die Passion, den Status quo durch Innovation neu zu definieren, um ein bisher nicht befriedigtes oder erkanntes Kundenbedürfnis zu bedienen. Dazu zählt auch die strategische Arbeit, wie ein Unternehmen, welches noch kein Kunde ist, als ebensolcher gewonnen werden kann. Da hilft insbesondere der Innovationsgedanke: ein Produkt, eine Lösung, die nur die LINDAL Group bieten kann und kein anderer Wettbewerber.

Menschen für die (eigenen) Ideen begeistern

Keine Umsetzung ohne Buy-in: Der dritte Aspekt fordert die Begeisterung der eigenen Stakeholder für ein Vorhaben. Eine Eigenschaft, die mitunter, insbesondere in stark rational geprägten Unternehmen, vernachlässigt wird. Die Realisierung von Ideen kann nur durch Menschen erfolgen. Diese Menschen wollen begeistert werden, eine Mission in ihrem Handeln spüren, um an einer großen Sache mitwirken zu können. Ohne diesen dritten Aspekt werden Sie keine Impulsgeberrolle im Unternehmen einnehmen können. „What's in for me?" ist die zentrale Frage, die sich jeder Impulsgeber vor der Präsentation einer Idee beantworten muss. Welches Ergebnis kann für den Einzelnen und das Unternehmen erwartet werden? Warum gerade dieses Vorhaben? Warum jetzt? Das bedeutet nicht, dass ein Impulsgeber einen Schauspielkurs absolvieren sollte. Die Rolle muss immer authentisch für die jeweilige Persönlichkeit sein. Transparenz hinsichtlich der Gründe, ein Vorhaben umsetzen zu wollen, sowie die Gründe aus Sicht des Marktes, des Kunden, des Unternehmens und der eigenen Person müssen dabei im Vordergrund stehen.

8.5.4   Die „Lessons Learned"

„Jeder kann bei uns eine Produktidee einbringen." Dieser Satz hat mich am nachhaltigsten bei dem Gespräch mit Philip Brand beeindruckt. In der DNA des Unternehmens lag schon immer die Ermutigung der Mitarbeiter, eine gute Idee vorzutragen und deren Realisierung, bei einer entsprechenden Stichhaltigkeit des Vorhabens, konsequent voranzutreiben. Dabei waren und sind der Eigentümer sowie das Topmanagement immer nahbar, also keine distanzierten Persönlichkeiten. Dies setzt sich auch in der Rolle des Gobal Marketing Director fort, der durch seine hohe Präsenz beim Kunden und bei den Vertriebsmitarbeitern diese DNA selbst verkörpert. Dadurch fühlen sich die Menschen respektiert, ernst genommen und haben das Gefühl, „in einem Boot zu sitzen". Jeder Mitarbeiter traut sich, mit einer Idee zum CEO zu gehen, das schafft Vertrauen in den gelebten Wert Innovation des Unternehmens. Die hohe Umsetzungsfrequenz neuer Ideen zeigt, dass das Unternehmen in der Lage und gewillt ist zu investieren.

Der Erfolg gibt der LINDAL Group einen großen Rückhalt. Der Produktbeweis findet sich jeden Tag im Regal eines Supermarktes. Eine überwiegende Mehrheit aller neuen Produkte in den letzten ein bis zwei Jahren der großen multinationalen Konzerne wie Unilever oder Beiersdorf wird mit LINDAL-Ventilen ausgeliefert. Aus diesem Produktbeweis lässt sich das Markenversprechen „LINDAL – your innovation partner" glaubwürdig ableiten. Damit ist die Kernaufgabe des Marketings erfüllt: Ein Markenversprechen wird durch einen überzeugenden Produktbeweis gestützt. Somit erfolgt die Zeitinvestition des Impulsgebers an der richtigen Stelle: beim Forcieren neuer Produktbeweise, der Passion für Innovation. Das Markenversprechen muss dann „nur noch" daraus abgeleitet werden. Der Impulsgeber im Marketing kann sich in seinem Selbstverständnis als „Enabler" für Ideen der Kunden und Vertriebsmitarbeiter somit signifikant in die Unternehmensentwicklung einbringen. Er denkt als „Unternehmer" auch unter Einbeziehung des unternehmerischen Risikos. Die Stärken, „Ideen zu entwickeln, deren Realisierung vorzunehmen und global Kundennähe zu praktizieren", sind in der Rollenbeschreibung des Global Marketing Directors der LINDAL Group direkt verankert und werden authentisch vorgelebt.

8.6   Fazit für die Erneuerung Ihres Marketings

Das unterscheidet den erfolgreichen Impulsgeber

Der erfolgreiche Impulsgeber lässt sich nicht von Allgemeinplätzen, die als vermeidliche Stärken „verkauft" werden, blenden. Er hinterfragt mit Mut und Offenheit die leisen Töne der individuellen Stärken, die gerade deshalb so wenig präsent sind, weil das, was einem leichtfällt, doch so einfach erscheint. Deshalb benötigt der erfolgreiche Impulsgeber eine gute Analysefähigkeit, das Wesentliche von dem Unwesentlichen zu unterscheiden. Der erfolgreiche Impulsgeber weiß neue Mitarbeiter geschickt in diese Analysetätigkeit zu integrieren. Gerade neuen Mitarbeitern fallen viele Selbstverständlichkeiten auf, die ein hervorragender Indikator für (versteckte) Stärken sind. Es erfordert Mut, die Schwächen kaum oder gar nicht zu beachten. Selbstverständlich gibt es stetig die Notwendigkeit, bestimmte Kompetenzen und Fähigkeiten nachzujustieren oder gar erst aufzubauen. Der erfolgreiche Impulsgeber im Marketing weiß aber, dass auf diesen Schwächen zunächst nicht aufgebaut werden kann.

Darauf kommt es an

Jedes Individuum, jedes Team und auch jedes Unternehmen hat Stärken. Es gibt niemals nur Schwächen. Die besonderen Stärken, die im Wettbewerb die Kunden überzeugen, sind aber nur wenige Ausprägungen. Der Fokus ist das Entscheidende. Wer sich nicht die Mühe macht, die individuellen Stärken herauszuarbeiten, verbleibt bei kommunikativen Banalitäten, wie beispielsweise Innovation, Kundennähe, guter Service und dergleichen. Der Impulsgeber geht hier entscheidend weiter und arbeitet die differenzierenden Eigenschaften heraus. Nur Stärken, die aus Sicht des Kunden nachvollziehbar und wertschöpfend für ihn sind, gelten als relevant – alles andere wird gleich wieder aus dem Kurzzeitgedächtnis gestrichen. Schade um das Marketing-Investment. Deshalb gilt für das impulsgebende Marketing: Fokus, keine Allgemeinplätze und nur authentisch auch gelebte Stärken nutzen.

Fragen

1. Was sind die wesentlichen drei authentisch gelebten Stärken Ihres Teams bzw. Ihres Unternehmens?

2. Welche Schwächen hat Ihr Unternehmen? Auf welche Bereiche in der Kommunikation sollten Sie ab sofort verzichten (weil die existierenden Schwächen nicht kurzfristig abgestellt werden können)?

3. Kennen Sie Ihre Leistungsparameter in den Dimensionen Markenbekanntheit, Markenbegehrlichkeit, Produktportfolio, Vertriebskanal und strategische Partner?

4. Verfolgen Sie nur jene (Mega-)Trends, die im Einklang mit den authentisch gelebten Stärken des eigenen Unternehmens stehen?

5. Sind Sie in einem regelmäßigen Austausch mit dem Vertrieb, der täglich mit den Kunden konfrontiert ist?

Literatur

Benkenstein, M., und S. Ulrich. 2009. *Strategisches Marketing*. Stuttgart: Kohlhammer.

Computerbild.de. 2016. Samsung Galaxy Note 10.1 16 GB LTE (2014 Edition) im Test. http://www.computerbild.de/artikel/cb-Tests-PC-Hardware-Samsung-Galaxy-Note-10.1-16-GB-LTE-2014-Edition-9110404.html (Erstellt: 10. April 2016). Zugegriffen: 15. Apr. 2016.

Drucker, P. 2001. *The Essential Drucker*. New York: HarperCollins Books.

Michalik, B. 2014. The Life Marathon: What creatives can learn from elite runners. http://99u.com/articles/7112/the-life-marathon-what-creatives-can-learn-from-elite-runners (Erstellt: 22. Juni 2014). Zugegriffen: 15. Apr. 2016.

Peters T.J. und R.H. Waterman. 2003. *Auf der Suche nach Spitzenleistungen*. Landsberg: Redline Wirtschaft bei Verlag Moderne Industrie.

Statista.com. 2016. Marktanteile der Hersteller am Absatz von Media Tablets weltweit vom 2. Quartal 2011 bis zum 4. Quartal 2015. http://de.statista.com/statistik/daten/studie/208900/umfrage/marktanteile-der-hersteller-am-absatz-von-media-tablets/ (Erstellt: 10. April 2016). Zugegriffen: 15. Apr. 2016.

Welch, J. 2005. *Winning*. New York: Harper Collins Publishers.

Schritt 4: Befreien Sie sich!

Zusammenfassung

Die Erarbeitung von kreativen Ideen stellt ein wesentliches Endprodukt des Marketings dar. Im ganzheitlichen Verständnis des Marketings – und das ist von Bedeutung in der eigenen Sichtweise auf das Marketing – umfasst die Kreativität nicht nur die Kommunikation. Natürlich gelingt es einer kreativen Kommunikation in einer Welt voller Botschaften und vergleichbarer Produktnutzen leichter, die Herzen der Kunden zu gewinnen. Die kreative Inszenierung ist dabei Teil des Produkt- bzw. Dienstleistungserlebnisses und damit eine wichtige Aufgabe eines Impulsgebers. Kreative Arbeit hat aber im ganzheitlichen Verständnis des Marketings auch die Aufgabe, die Unternehmung in Gänze durch neue Impulse agil und damit wettbewerbsfähig zu halten. Die Märkte sind in stetiger Veränderung, wodurch neue Anforderungen bei Kunden entstehen und bestehende Lösungen möglicherweise nicht mehr gebraucht werden. Einer der „Motoren" der Kreativität – das Marketing – kann hier einen entscheidenden Wertbeitrag für das Unternehmen liefern.

9.1 So setzen Sie mittels Kreativität neue Impulse

Wenn eine Dimension dem Marketing erfahrungsgemäß ohne Einschränkungen zugesprochen wird, dann ist das die kreative Wertschöpfung. Dieser vierte methodische Schritt behandelt nicht die „Brot und Butter"-Endprodukte der Kommunikation, sondern die Entwicklung des „kreativen Motors" für Kommunikationsmaßnahmen und die Unternehmensentwicklung im Gesamten – ganz im Sinne des Marketing-Verständnisses nach Meffert. Für ein impulsgeberorientiertes Marketing ist dies einer der wesentlichen Wertschöpfungsaspekte. Doch was bedeutet Kreativität in diesem Zusammenhang? Die häufig bemühten „bunten Bilder", die von Entscheidern nach ihrem Bauchgefühl beurteilt werden?

Kreativität eröffnet die Möglichkeit, Bekanntes in einen neuen Zusammenhang zu setzen und/oder Bekanntes durch Aufladung zu überhöhen. So kann ein an sich lediglich rationaler

Sachverhalt oder auch eine Produkteigenschaft durch eine emotionale kreative Aufladung entscheidend an Attraktivität für den Kunden gewinnen. Das Angebot einer Marke wird dadurch begehrlicher. Selbstverständlich kann eine koffeinhaltige Limonade über den rationalen Benefit – länger wach bleiben – kommuniziert werden, ein Rindvieh mit Flügeln in einem bisher nicht gekannten visuellen Stil ist dagegen deutlich einprägsamer und differenzierter im Wettbewerb. So schafft die kreative Aufladung einen neuen Zusammenhang und kombiniert diesen mit einer Überhöhung. In den Fluten der täglichen Botschaften geht das eigene Anliegen schlicht unter, wenn sie nicht kreativ und damit einprägsam präsentiert wird. Eine lediglich auf der rationalen Ebene aufgebaute Botschaft geht unter, wenn das Produkt oder der Service nicht über eine einzigartige Alleinstellung verfügen, die eine Monopolstellung allein aus seinem überragenden Nutzen heraus erzeugt. Niemand – auch nicht in der Business-to-Business-Kommunikation – möchte nur die trockene, da nur rationale Botschaft serviert bekommen. Noch dazu, wenn sich die Botschaft – um es allen Beteiligten Recht zu machen – banaler Attribute bedient: innovativ, servicefreundlich, kundennah, modern, individuell und so weiter und so weiter.

Als Impulsgeber ist die Kreativität Ihre Domäne. Sie sollte auf keinen Fall nur Ihrem Agenturpartner überlassen werden. Denn das Endergebnis kann nur so gut sein, wie die Vorbereitung und die Begleitung des kreativen Partners sind. Und das beginnt bei der strategischen Positionierung, schließt mit der Erarbeitung der kreativen Idee selbst an und mündet in der Ausgestaltung der eigentlichen Differenzierung. Das Impuls gebende Marketing muss hier als Sparringspartner auf Augenhöhe agieren. Während meiner Agenturzeit habe ich leider selten erlebt, dass sich die Auftraggeber intensiv in diesen Prozess eingebracht haben. Unklare Aufgabenstellungen und fehlende Auseinandersetzung bei der Erarbeitung führten dann zu oftmals eher mittelmäßigen Ergebnissen, die kaum eine Wirkung entfalteten. Eine Agentur ist ein guter Wegbegleiter, wenn sie entsprechend ihren Stärken eingesetzt wird. Keine Agentur ist für alle Aufgabenstellungen gleich gut geeignet. Keinesfalls kann einem die Agentur die Auftragsklärung und die strategische Positionierung abnehmen. Einen Pitch, einen sogenannten Agenturwettbewerb, erachte ich als ungeeignet für ein mittelständisches Unternehmen. Einmal abgesehen von dem immensen Ressourcenverbrauch, lässt ein Pitch kaum Zeit für eine intensive gemeinsame Arbeit an der Aufgabenstellung. Das entscheidende Wort ist hier „gemeinsam", denn wie soll ein externer Dienstleister, der noch nie für Ihr Unternehmen gearbeitet hat, eine passgenaue Lösung entwickeln? Sicherlich gelingt einer Agentur ein kreativer Ideenansatz, aber was nützt dieser, wenn er sich in der mittelständischen Organisation nicht umsetzen lässt? Als geeigneter erachte ich eine sorgsame Auswahl durch persönliche Vorgespräche. Ist eine vertrauensvolle Konstellation gegeben, sollte man sich gemeinsam einem Wettbewerb stellen, der zum Ziel hat, die Entscheider des Unternehmens von einem Lösungsansatz für ein gegebenes Problem zu überzeugen. Durch diese enge Zusammenarbeit wird ein weitaus besserer Einblick in die Leistungsfähigkeit und die Arbeitsweise des Partners erreicht, und die Chancen für eine nachhaltige Implementierung steigen signifikant.

Für Eric Ries basiert ein erfolgreiches Start-up auf der konsequenten Berücksichtigung der beiden Parameter: Value und Growth (vgl. Ries 2011, S. 61). Meines Erachtens sollten insbesondere diese beiden Parameter in die Kreation von Lösungen einfließen. Der erste

Parameter stellt den Wert – und zwar immer aus Sicht des Kunden – in den Mittelpunkt. Der Kunde wird sich immer fragen: „Was habe ich davon? Warum soll ich meine Zeit und meine Aufmerksamkeit ausgerechnet diesem Angebot widmen? Warum sollte ich diesen Service oder jenes Produkt kaufen?" Der zweite Parameter widmet sich der Wachstumsstrategie. Genau darauf kommt es bei einer guten Kreation an. Die kreative Idee inszeniert den Wert des Angebotes. Die darauf aufbauende Kampagnen-Mechanik stellt das Wachstum im Sinne der (eigenständigen) Weiterverbreitung der Idee sicher – und zwar je schneller, desto besser. Denn bei fast jedem mittelständischen Unternehmen reichen die knappen Media-Spendings kaum aus, um eine genügende Anzahl von Kontakten für den Transport der kreativen Idee ohne eine sich selbst verstärkende Kampagnen-Mechanik zu generieren.

Ist Kreativität dabei immer neu? Kann es wirklich etwas Neues geben, oder ist nicht alles (oder zumindest das meiste) eine Kopie von Bestehendem? Salvador Dalí drückte es wie folgt aus: „Those who do not want to imitate anything, produce nothing" (Dali 2014). Austin Kleon unterscheidet in seiner Abhandlung „Steal like an artist" schlechte von guten „Dieben". Für Kleon liegt die Kunst in der kreativen Transformation. Es geht nicht um Plagiate, sondern um Anleihen, keine einfache Kopie, sondern eine neue Kombination, eine genetische Weiterentwicklung. Die Auseinandersetzung und Weiterentwicklung bestehender Ansätze und Ideen, die Adaption auf die eigene Fragestellung, die Verstärkung, die Wandlung von Versatzstücken, die in Bisherigem existieren (vgl. Kleon 2012, S. 38 ff.). Insofern sind bestehende Ansätze und Ideen immer eine Quelle der Inspiration, die einem dabei helfen, in der Transformation seine eigene Lösung weiterzuentwickeln. Reine 1:1-Kopien werden dagegen in den meisten Fällen scheitern, da sie entweder zu der individuellen Aufgabenstellung gar nicht passen oder aber vom Rezipienten als ebenjene erkannt werden: eine „billige" Kopie. Und das wird weder Ihrem Markenimage noch der Weiterverbreitung der Kommunikation dienlich sein.

▶   **Kreativität als tägliche Übung**
Ist Kreativität ein Zufallsprodukt oder nur besonderen Menschen vorbehalten? Weder noch. Die erfolgreiche amerikanische Choreografin Twyla Tharp spricht von Kreativität als einer guten Angewohnheit: „Creativity is a habit, and the best creativity is a result of good work habits." Für sie ist Kreativität eine Berufung, ein Fulltime-Job mit etablierten täglichen Routinen und die effiziente Einteilung des Tages in Schaffensperioden (vgl. Tharp 2006, S. 6 f.). Kreatives Schaffen ist eine persönliche Entscheidung. Sie ist Ergebnis eines disziplinierten und kontinuierlichen Schaffensprozesses, der sich in der eigenen Haltung manifestiert: sich einer kreativen Tätigkeit, der Lösung von komplexen Problemen zu widmen und dafür eine andere Tätigkeit aufzugeben oder zumindest einzuschränken.

Eine nicht zu unterschätzende Hürde liegt in der Spiegelung der kreativen Ergebnisse durch externes Feedback und der darin vorweggenommenen eigenen kritischen Beurteilung. Wer sich dem kreativen Prozess stellt, sollte lernen, mit dem fremden und eigenen Feedback umzugehen. Es benötigt Beharrlichkeit, das Einstehen für die eigene Überzeugung und Mut, um (seine) Grenzen zu überwinden. Kreative Schöpfung ist jedem gegeben und kann, ja sollte täglich trainiert werden. Sicherlich liegen die Einsatzbereiche in unterschiedlichen Feldern und die Ergebnisse sind von unterschiedlichem Umfang bzw. unterschiedlicher Güte, aber warum sollte das schlecht sein? Auch der Mythos des wilden Kreativen in allen Lebensbereichen stimmt nur in den wenigsten Fällen.

9.2   Kreativität als erneuernder Wertschöpfungsfaktor

Es liegt nahe, die kreative Wertschöpfung zunächst auf die Ausgestaltung der Kommunikation zu beziehen. Aber als Impulsgeber können Sie die Kreativität in weitaus mehr Bereichen einsetzen. Die Kreativität ist angesichts saturierter Käufermärkte ein probates Mittel, um unternehmerische Fragestellungen durch neue, ungewöhnliche Ansätze mit neuen Impulsen zu bereichern. So werden klassische Denkpfade und Lösungsmuster verlassen, um Ausgangselemente in einer möglichen Lösung neu zusammenzusetzen.

Im vertikalen oder auch konvergenten Denk- und Problemlösungsprozess werden eingeübte Muster genutzt. Das Vorgehen ist durch einen schrittweisen Prozess gekennzeichnet, der vom Allgemeinen zum Besonderen verläuft. Die Deduktion einer gegebenen Fragestellung, wie bereits im ersten Abschnitt aufgezeigt (Kap. 2), bietet hierfür eine gute methodische Unterstützung.

Beim lateralen oder auch divergenten Denken steht die Durchbrechung ebendieser eingeübten Lösungs- und Wahrnehmungsmuster im Mittelpunkt. De Bono bezeichnet das als „ernsthafte Kreativität". Für ihn ist laterales Denken gleichbedeutend mit Querdenken. Es ist darauf ausgerichtet, bestehende Konzepte und Wahrnehmungen grundlegend zu verändern (vgl. De Bono 1996, S. XIV).

Divergentes Denken ist das Gegenteil von Uniformität. Und Uniformität ist einer der ärgsten Gegenspieler der Kreativität. Uniformes Denken spiegelt sich in der uniformen Unternehmenskultur, den Normen und Werten wider. Eine Unternehmenskultur durchdringt die Mitglieder der Organisation, bis es zu einem unausweichlichen Konformismus kommt. Man denkt gleich, handelt gleich, entscheidet gleich – warum auch nicht, der Unternehmenserfolg gibt einem Recht. Wenn sich dann die Marktbedingungen maßgeblich verändern und neue Wettbewerber die Regeln zu ihren Gunsten anpassen, ist es genau dieser Uniformismus, der neue Lösungsmodelle für neue Fragestellungen behindert.

Dann ist der Impulsgeber gefragt. Dann kann Kreativität wirtschaftlich elementaren Nutzen für das eigene Unternehmen schaffen. Aber wie? Richard Foster und Sarah Kaplan beschreiben den divergenten Denkprozess in drei Phasen: die Observation, die Inkubation und die Kollision. Foster und Kaplan beschreiben divergente Denker als Zoom-Thinker: „Zoom-out thinkers are ‚wide categorizers'. They tend to surround themselves with diverse stimuli, and they change those stimuli regularly." In der ersten Phase, der Observation, gilt es, Inkonsistenzen zwischen Bestehendem und Neuem zu definieren. Diese Observation von Anomalitäten bildet das Rohmaterial, auf dessen Basis das Unterbewusstsein agieren kann. In der zweiten Phase, der Inkubation, wird das Sondierte reflektiert und bekommt Zeit, sich zu entwickeln. Diese Phase ist für ergebnisorientierte Manager am schwersten zu ertragen, da gerade in der unstrukturierten Exploration das Potenzial für ungewöhnliche Lösungen steckt. Die dritte Phase der Zusammenführung beginnt, wenn sich aus der vorigen Phase ein adäquater und zielführender Ansatz herauskristallisiert hat (vgl. Foster 2001, S. 116 ff.).

▶   Denken Sie quer – Konformismus und Uniformität wird es in der Mehrzahl von Unternehmen schon zur Genüge geben.

In „The Innovator's Dilemma" zeigen Christensen, Matzler und Eichen fünf Prinzipien auf, die erfolgreiche Führungskräfte nutzen, um disruptive Herausforderungen zu meistern (Christensen, Matzler und Eichen 1997, S. 126 f.):

- Ressourcenabhängigkeit: Die Kunden beeinflussen Ressourcen-Allokationsprozesse in erfolgreichen Unternehmen.
- Kleine Märkte befriedigen nicht die Wachstumsbedürfnisse großer Unternehmen.
- Die tatsächlichen Anwendungsgebiete einer disruptiven Technologie sind nicht im Voraus bekannt. Fehlschläge sind wichtige Schritte auf dem Weg zum Erfolg.
- Organisationen haben eigene Fähigkeiten – unabhängig von den Fähigkeiten einzelner Mitarbeiter. Organisationale Kompetenzen liegen in den Prozessen und Werten. Und genau diese Prozesse und Werte, die den Erfolg im bestehenden Geschäft begründen, sind jene, die den Unternehmen ihre Grenzen bei disruptiven Innovationen aufzeigen.
- Die technologischen Möglichkeiten müssen nicht zwangsläufig auf Nachfrage am Markt treffen. Die Leistungskriterien, die disruptive Innovationen für bestehende Märkte unattraktiv machen, sind oft genau jene, die einen ganz bedeutenden Mehr- wert in neu entstehenden Märkten darstellen.

Als Impulsgeber können Sie durch divergentes Denken einen besonderen Mehrwert schaffen. Denken Sie in Zoom-out, erweitern Sie den Frame-of-Reference. Wer nur in sei- nem angestammten und bekannten Rahmen bleibt, verliert einen Großteil seiner Optionen. Wer sagt, dass die Probleme und Aufgabenstellungen des Marketings nur im Marketing gelöst werden können?

Verbinden Sie Gegensätzliches, öffnen Sie sich für Unerwartetes, Überraschendes. Spie- geln Sie neue Eindrücke, Ideen, Gedanken gegen das Bestehende. Bleiben Sie bei allen Problemlösungen nah beim Kunden. „What's in it for me?" bleibt die zentral zu beantwor- tende Frage. Des Weiteren sollten Sie sich bei der Auswahl auf die wesentlichen Märkte konzentrieren. Und Scheitern ist Teil des Erfolges, das gilt insbesondere für Kreativität. Ein erfolgreicher kreativer Prozess ist durch viele Versuche gekennzeichnet. Ändern Sie die Tak- tik, verändern Sie die Perspektive, aber bleiben Sie bei der strategischen Aufgabenstellung.

9.3   Zuerst die strategische Positionierung

Eine Kreation kann nur dann wirkungsvoll sein, wenn sie auf einer überzeugenden strate- gischen Positionierung aufbaut. Die Position verortet ein Unternehmen und dessen Pro- dukte bzw. Services. Die grundlegende Positionierung legt die Marke fest. Sie ist der

richtungsweisende Leuchtturm für alle vom Unternehmen angebotenen Produkte und
Services. Daher muss jede Kreation ihren Ausgangspunkt in der Marke selbst haben und
diese durch die jeweilige Produkt- bzw. Servicekommunikation stärken. Wer Einzelpro-
dukte oder Services als das führende System zulässt, erhält ein Universum verschiedener
Planeten, die aber nicht um eine gemeinsame Sonne (Marke) kreisen, sondern seltsam
verstreut auf nicht koordinierten Pfaden ihre Bahnen ziehen. Für einen Mittelständler
ist das fatal, da die wenigen Ressourcen nicht gebündelt werden, sondern zusammen-
hanglose Einzelphänomene geschaffen werden, die temporär, aber niemals nachhaltig
Wirkung erzeugen. Die Voraussetzungen zur Schaffung eines starken „Sonnensystems"
sind die strategische Positionierung der Marke und die daraus abgeleiteten Produkt- bzw.
Servicepositionierungen.

1. Positionierung und „Reason why" der Marke
   Vor jeder kreativen Phase steht die „Rückbesinnung" auf die Positionierung der Marke.
   Wofür steht die Marke ein? Was beschreibt sie in nur einem Statement? Vergewissern
   Sie sich, dass das Bild der Marke klar als Leitstern über der kreativen Phase steht. Mehr
   zur Marke finden Sie im letzten methodischen Schritt (Abschn. 15.1).
2. Das verbindende Element
   Ermitteln Sie unter allen Ausprägungen des Angebotes (Produkt/Service) das stärkste
   verbindende Element zwischen der Marke (bzw. ihrer Positionierung) und dem Angebot. Das kann im Bereich der funktionalen Eigenschaften, des Designs, der Historie,
   der Entwicklung oder aber auch einer bestimmten Verbindung von Personen gefunden
   werden. Nur durch diese Verbindung wird das Angebot von der Marke aufgeladen und
   das Angebot lädt im Verwendungsfall die Marke neu auf.
3. Diskriminierendes Element gegenüber den anderen
   Was ist die Alleinstellung des Angebotes? Warum gibt es genau dieses Angebot für den
   Markt – was ist der „Reason why"? Alles, was mehr als ein bis zwei überzeugende Sätze
   benötigt, muss zurück in die Entwicklung. Eine kreative Idee kann sich besonders gut
   an dem Besonderen, dem Einzigartigen, dem Andersartigen entwickeln. Nehmen Sie
   dabei immer die Outside-in-Perspektive des potenziellen Kunden ein. Was Sie nicht
   überzeugt, wird den potenziellen Kunden auch nicht überzeugen. Es wird die Agentur
   in der Kreation vor große Herausforderungen stellen – und führt schließlich zu keinem
   überzeugenden Ergebnis. Investieren Sie ausreichend Zeit und Leidenschaft in eine
   überzeugende „diskriminierende" Positionierung gegenüber dem Wettbewerb.
4. Angesprochene psychologische Motive bei der Zielgruppe
   Verdeutlichen Sie sich, welche psychologischen Motive Sie bei Ihrer Zielgruppe ansprechen möchten. Die Grundpole sind Angst oder Gier. Sie können die bereits vorge-
   stellte Motiv- und Emotionssystem-Landkarte von H.-G. Häusel oder die von Cialdini
   verwendeten Einflussfaktoren auf das (Kauf-)Verhalten eines Kunden nutzen: Wechselwirkungen, Zustimmung und Konsistenz/Verpflichtung, sozialer Einfluss, Gefallen,
   Autorität und Verknappung. Die elementaren psychologischen Motive Ihres Kunden
   sollten Sie kennen und das ausgewählte Motiv in der Positionierung hinreichend berücksichtigen.

5. Kontext des Angebotes im Markt

Nutzen Sie Trends im Markt als Verstärker. Das können kurzfristige lokale Trends oder Themen sein, die die potenziellen Kunden bewegen, oder auch Megatrends, wie beispielsweise die demografische Entwicklung der Gesellschaft, steigende Gesundheitskosten, die Überschuldung von Staaten, die nächste Bevölkerungsmilliarde oder der steigende Wohlstand in asiatischen Wachstumsländern. Prüfen Sie, welche Trends zu Ihrem Angebot und dessen Alleinstellung in Beziehung stehen. Idealerweise setzt Ihr Angebot auf einem der Trends auf.

9.4   Die Kreativitätstechniken zur Erneuerung

Überlassen Sie die Kreativität nicht nur Ihren Dienstleistern! Wie bereits erwähnt, ist die Kreativität ein Wertschöpfungsfaktor für das Impuls gebende Marketing. Komplexe Aufgabenstellungen erfordern neue Lösungswege – nutzen Sie die Methoden der Kreativität, um für Ihr Unternehmen Wertschöpfung zu erbringen.

Die Tabelle zeigt eine Übersicht von etablierten Methoden (siehe Tab. 9.1). Welche davon passend ist, hängt von der Aufgabenstellung und dem Kontext ab. Im Zweifel würde ich empfehlen, verschiedene Methoden auszuprobieren, statt immer nur das in den meisten Unternehmen etablierte Brainstorming einzusetzen.

Tab. 9.1 Kreativität mit Methode – eine Übersicht der Möglichkeiten

Techniken der freien Assoziation	
Brainstorming	Gesprächsrunde zur Ideenfindung, die sich der Kritik enthält, mit dem Ziel, viele ausgefallene und möglichst aufeinander aufbauende Ideen zu generieren.
Kartenumlauf-technik	In der Gruppe werden die Ideen auf Karten notiert, die jeweils weitergereicht werden. Auf den Ideen des Vorgängers aufbauend, werden dann neue Ideen generiert. Anschließend erfolgt die Bewertung der Ideen durch Klebepunkte.
Ringtausch-technik	Einteilung eines Blattes in drei Spalten, die durch den Teilnehmer mit drei Ideen gefüllt werden. Nach festgelegtem Zeitabstand wird das Blatt an den Nachbarn weitergereicht, der ebenfalls drei Ideen in den Spalten notiert.
Techniken der strukturierten Assoziation	
Mindmapping	Dokumentation einer Gruppendiskussion über eine baumartige verästelte Gedankenlandkarte, dabei bildet das behandelte Thema den Stamm.
Sechs Denkhüte	Teilnehmer nehmen über „Hüte" unterschiedliche Denkweisen bezogen auf das Problem ein: Info/Fakten (weiß); Gefühle/Intuition (rot); Risiken (schwarz); Realisierbarkeit/Nutzen (gelb); Alternativen/Ideen (grün); übergeordnete Aspekte/Schlussfolgerungen (blau).

Übersicht der Kreativtechniken nach H. Geschka (vgl. Handelsblatt 2006, S. 3265 ff.)

Tab. 9.1 (*Fortsetzung*)

Kombinationstechniken	
Morphologische Matrix	Die Gruppe zerlegt den Problembereich in Merkmale samt Ausprägungen und kombiniert die Merkmalsausprägungen zu neuen ungewöhnlichen Lösungen (Mittelmann 2011, S. 171).
Attribute Listing	Unterteilung des Problems oder Inhaltes in Attribute, die dann separat beschrieben werden (insbesondere die, die verbessert werden sollen) (Andler 2011, S. 47).
Konfrontationstechniken	
Exkursionssynektik	Durch Rollenspiele und Analogien werden die Teilnehmer an das Problemfeld herangeführt, um Ideen aus der gedanklichen Konfrontation mit problemfremden Inhalten zu entwickeln.
Visuelle Konfrontation	Hier werden die Teilnehmer mit Bildern konfrontiert, die dann ebenfalls in Zusammenhang mit der Aufgabenstellung gebracht werden.
Imaginationstechniken	
Drei-Türen-Methode	Diese Methode geht auf die Stufe des Unterbewussten, um dort Inspirationen in Form von bedeutsamen Bildern und Assoziationen für eine gegebene Fragestellung zu finden (Heinnrich 2013, S. 158).
Try to become the problem	Die Teilnehmer versuchen, sich in die Problemsituation hineinzuversetzen: „Was erlebe ich in der Problemsituation? Was bedrängt mich?"

Übersicht der Kreativtechniken nach H. Geschka (vgl. Handelsblatt 2006, S. 3265 ff.)

9.5   Der Philipp-und-Keuntje-Case

Die seit 1999 bestehende Agentur Philipp und Keuntje ist ein inhabergeführtes Unternehmen mit rund 200 Mitarbeitern an den Standorten Hamburg und Ingolstadt. Zu den betreuten Kunden gehören unter anderem Audi, Lamborghini, Jägermeister, die Bierkultmarke Astra sowie die Deutsche Telekom. Für die bisherige Arbeit erhielt Philipp und Keuntje zahlreiche Effie-Awards und kreative Auszeichnungen.

Die Agentur ist in Kundenteams unterteilt, die jeweils von einem verantwortlichen Account Manager sowie einem Creative Director betreut werden. Unter deren Leitung arbeiten dann ein bzw. mehrere Teams, bestehend aus Spezialisten in den Bereichen Art und Text sowie – wenn die Aufgabenstellung es erfordert – einem digitalen Experten. Um die strategische Positionierung kümmert sich des Weiteren ein spezialisiertes separates Team. Der vorliegende Case und die hier dargestellten Zusammenhänge basieren auf einem Interview, das ich mit Diether Kerner führte, der im Management für die Unit-Leitung Kreation verantwortlich zeichnet.

9.5.1 Kreativität als Wertschöpfer

Für Philipp und Keuntje ist die Kreativität die elementare Eintrittstür, durch welche der Konsument geht, wenn dieser von Marken angesprochen wird. In Zeiten, in denen die „Übertölpelung des Konsumenten" ausgedient hat, stellt die Güte der kreativen Ansprache des Konsumenten einen essenziellen Wert für das Unternehmen dar. Die Kreativität ist der Teil des Angebotes, in dem nicht die plumpe „Witzigkeit" dominiert, sondern die Überzeugung steckt, den Kunden bzw. Anwender zu einem leidenschaftlichen Botschafter der Marke zu entwickeln.

Eine Transformation von einem einfachen Anwender zu einem Aficionado einer Marke kann aber nur gelingen, wenn das Unternehmen die Menschen ernst nimmt, ihre Lebensumstände versteht, spiegelt und mit Kreativität neu auflädt – sie dort abholt, wo sie sind. Marken, denen es gelungen ist, einen psychologischen Insight zu finden, der die Menschen bewegt, gelingt es, Botschafter der Marke um sich zu versammeln, und zwar ohne Aufforderung oder finanziellen Anreiz, sondern allein aus Überzeugung von der Marke, die die eigene Überzeugung und Haltung widerspiegelt (beispielsweise „Think different", „Just do it" oder auch „Was dagegen?"). Die Überzeugung lässt aus einem Nutzer einen Aficionado werden. Eine gute Kreativität, die auf den authentischen Werten der Marke aufbaut, kann dies maßgeblich fördern. Die Kampagne, als häufige Ausdrucksform der Kreativität, muss dabei auf den Markenkern und dessen Werten authentisch aufsetzen, um Wirkung zu entwickeln.

9.5.2 Von der Auftragsklärung zur Exekutive

Der erste Schritt bei der Entwicklung einer Kreation ist die Auftragsklärung, die Beantwortung der Frage, was strategisch und taktisch zu tun ist. Die Auftragsklärung umfasst im Kern die analytische Betrachtung der Beziehung aus Marke, Mensch und Markt. Die Betrachtung der Marke beginnt bei der Daseinsberechtigung. Warum gibt es die Marke überhaupt? Was ist der Kern, der die Marke zusammenhält? Philipp und Keuntje spricht in diesem Zusammenhang von der „Bestimmung der Marke".

▶   Relevante Marken sprechen darüber, warum sie etwas tun, was sie verändern wollen. Dann wird der Konsument, der Mensch betrachtet. Was treibt ihn an? Was bewegt ihn? Anschließend werden innerhalb der Marktbetrachtung die Trends und mögliche Differenzierungen für die Kommunikation der Marke im Wettbewerb analysiert. In der Auftragsklärung sind die erfahrensten Mitarbeiter der Agentur involviert, sie ist die unbedingte Voraussetzung für jede gute Kreativität.

Ein weiterer Aspekt der Auftragsklärung ist die grundsätzliche Orientierung in „Pull" oder „Push". Der „Pull"-Ansatz ist endkundenorientierter, zahlt ein auf eine grundsätzliche Differenzierung der Marke gegenüber dem Wettbewerb und zielt auf eine mittel- bis langfristige Steigerung von Bekanntheit und Begehrlichkeit. Der „Pull"-Ansatz setzt bei authentischen Geschichten an, der Passion, dem, was eine Marke und ihre Akteure im Innersten bewegt. Ein „Push"-Ansatz baut demgegenüber situativ auf einem Trend, etwas bereits Vorhandenem auf. Es verstärkt die Wirkung mit der Absicht, kurzfristige Effekte zu erzielen. Beides kann je nach Aufgabenstellung Sinn ergeben. Was keinen Sinn ergibt, ist eine gleichzeitige Kombination der Ansätze in nur einer Kommunikationsmaßnahme, wenn Haltungsattribute der Marke aufgebaut und gleichzeitig kurzfristige Sales-Effekte erreicht werden sollen. In einer bedrohlichen Umsatzsituation ist natürlich immer klar, dass „Push" Vorrang vor „Pull" haben muss. Eine Aneinanderreihung von „Push"-Maßnahmen ist definitiv keine erfolgsorientierte Strategie, sondern lediglich eine punktuelle Entlastung, die bei einem „Ausfaden" der Aktivitäten zeitnah die Effekte wieder einbrechen lässt. Die Festlegung, welche Richtung eine Maßnahme nehmen soll, ist Bestandteil einer Auftragsklärung, bevor die kreative Ausarbeitung beginnt.

Erst wenn die Auftragsklärung erfolgt ist – und mit den maßgeblichen Stakeholdern auf Kundenseite auch einvernehmlich abgestimmt wurde –, kann die Erstellung des eigentlichen Kreationsbriefings erfolgen. Ohne eine eindeutige Auftragsklärung werden Unklarheiten aus der Aufgabenstellung des Auftraggebers in die Kreation hineingetragen, die diese aber nicht lösen kann – und wenn, dann nur unter der Aufbietung einer hohen Anzahl von Korrekturschleifen. Das erzeugt unnötig hohe Mehraufwendungen, zeitliche Verzögerungen sowie Frustration bei allen Beteiligten. Ein gutes Kreationsbriefing enthält somit die Problemstellung, die Mission bzw. „Bestimmung" der Marke, das Verständnis des Menschen (Konsumenten, Anwenders) sowie die Analyse des Marktes. Darüber hinaus sollten selbstverständlich die administrativen Eckdaten nicht fehlen.

Auf der Basis des Kreationsbriefings erarbeitet dann das Team eine medienneutrale Botschaft bzw. Problemlösung für die Aufgabenstellung. Diese Botschaft muss Begehrlichkeit wecken, dem „Elevatortest" standhalten und sollte natürlich gut verständlich sein. Eine zu diesem Zeitpunkt umfangreich ausgearbeitete Kreation, beispielsweise mit Ideenansätzen für Werbefilme, Key-Visuals, Outdoorplakaten, Landingpages oder dergleichen, verstellt nur allzu häufig die Sicht auf die eigentliche Botschaft, die eigentliche Lösung für das gegebene kommunikative Problem. Die medienneutrale Botschaft muss für sich selbst stehen. Ein guter Proof-of-Concept für die Güte der Botschaft ist beispielsweise die Verfassung der Idee als simple Pressemitteilung. Sie enthält die sachliche Zusammenfassung in einer Ankündigung oder rückblickenden Zusammenfassung. Wenn sie nicht überzeugen kann, ist mit hoher Wahrscheinlichkeit die Lösung des Problems noch nicht gefunden.

Nach der erarbeiteten Botschaft erfolgt die eigentliche Ausarbeitung der Kommunikationsmaßnahmen. Dazu gehören die adäquate Auswahl der Medienkanäle und die Adaptation der Botschaft in den jeweiligen Medien. Erst daran schließt sich die Exekution an.

Eine Überprüfung der Wirkung erfolgt in qualitativer bzw. quantitativer Weise, wobei die quantitative Überprüfung der Wirkung häufig durch den Auftraggeber selbst vorgenommen wird. Typische Dimensionen sind hierbei Leistungskriterien von der reinen Betrachtung/Aufmerksamkeit, Shares/Weiterempfehlung bis zur Sales-Konversionsrate. Eine sinnvolle Marktforschung sollte darauf ausgelegt sein, neue Einsichten zu gewinnen und nicht Bekanntes zu bestätigen. Insbesondere bei neuen disruptiven Ansätzen bzw. Normbrüchen sollte der Schwerpunkt auf dem Erkenntnisgewinn über die eigentlich erzielte Wirkung liegen und nicht der expliziten Feststellung dienen, dass ein disruptiver Ansatz zunächst die Menschen verwirrt – was hinlänglich bekannt sein sollte.

9.5.3 Kreativität in Zeiten von unternehmerischen Notwendigkeiten und „Was tue ich im Internet?"

Mitunter entsteht im kreativen Prozess der Zweifel, ob die „kreative Freiheit" durch die wirtschaftlichen Notwendigkeiten des Auftraggebers eingeengt wird. Diether Kerner schließt in diesem Zusammenhang durchaus nicht aus, dass es zwischen der Sichtweise des Auftraggebers und dem kreativen Vorschlag der Agentur – auf Basis der zuvor erfolgten Auftragsklärung – zu Unverständnis oder gar Ablehnung kommen kann. Wenn es das eigentliche Problem löst, ist es ja durchaus die ureigene Aufgabe der Agentur, den „richtigen" Lösungsweg aufzuzeigen. Aber ohne Empathie für die Unternehmensrealitäten geht es nicht. So muss gerade die Agentur Brücken bauen, insbesondere bei Normbrüchen, die durchaus eine positive energiegeladene Unruhe entfalten können. Es gilt, in verkraftbaren Schritten zu denken, die Beteiligten mit positiver Energie zu begleiten. Auch für die Kreativteams ist das ein gangbarer Weg. Denn die Frustration entsteht häufig nicht dadurch, dass taktische „Brücken"-Maßnahmen erarbeitet werden müssen. Die Frustration innerhalb der Teams entsteht, wenn nicht begründet werden kann, warum die entworfenen Konzepte nicht passen, die mit viel Herzblut ausgearbeitete Idee verworfen wurde. Je genauer zu Beginn der Auftrag geklärt wurde, desto geringer fällt dann die Frustration aus, weil die Passgenauigkeit oder eben aber auch die Diskrepanz für alle Beteiligten transparenter ist.

Auch in den Zeiten der nach wie vor ungebrochenen Digitalisierung der Kommunikationskanäle haben die Menschen immer noch „Lust" auf Kreativität – auf Beschäftigung mit Marken. Die unidirektionale Form, beispielsweise der klassische TV-Spot, ist einem „partizipativen" Anspruch gewichen. Der Wunsch, nicht von Kommunikation „überfahren", sondern zur Auseinandersetzung eingeladen zu werden, ist eine der wesentlichen Veränderungen. Wer inspirierende Angebote zur Auseinandersetzung offeriert, wird auch in der neuen Kanalvielfalt die notwendige Aufmerksamkeit bekommen. Kommunikation schafft also „Tore", durch die autarke Nutzer freiwillig und mit der Überzeugung gehen, eine für den Rezipienten passende Botschaft zu unterstützen.

Der digitale Kanal mahnt durch seine Vielfalt und Wandlungsfähigkeit zur Konzentration auf weniges – gerade für ressourcenlimitierte Mittelständler. Der Fokus gilt sowohl für die Botschaften als auch für die digitalen Medienelemente. Niemand erwartet von einer mittelständischen Marke, in allen digitalen Medienelementen gleichzeitig präsent zu sein. Lieber weniges, besser nur eines und dafür eine intensivere Durchdringung des gewählten Mediums. Das bedeutet auch, den Mut zu haben, Dinge nicht zu tun und damit nicht jeden neuen Trend in den bestehenden Kommunikationsmix zu integrieren. In den digitalen Medienelementen, gerade wenn dies den Schwerpunkt der Kommunikation des eigenen Unternehmens darstellt, ist aber eine hohe visuelle und inhaltliche Konsistenz angezeigt, um die Wiedererkennbarkeit der Marke zu ermöglichen. Die große Heterogenität von Formaten und digitalen Medienelementen legt dies nahe. Als Ergänzung zum digitalen Kanal bieten sich Out-of-Home-Medien an. Typischer Anwendungsfall ist die „blitzlichtartige Kommunikation". Kurz und knackig informiert das Medium: „Ja, es gibt uns (noch)", „Dafür stehen wir!" oder „Event im Mai. Jetzt buchen!" Alles, was in die zwei bis drei Sekunden Rezeptionszeit passt, aber eben auch nicht mehr. Vertiefung der Botschaft, Diskurs und Auseinandersetzung müssen dann in anderen Kanälen stattfinden, das kann ein Out-of-Home-Medium nicht leisten.

9.5.4 Der Nutzen der Kreativität für Mittelständler

Eine exzellente Kreation – im Sinne des Auftrages und der Einordnung Mensch, Marke und Markt – ist für jedes Unternehmen ein taktisches Instrument, um eine Botschaft besser zu kommunizieren. Insofern ist Kreativität nie ein Selbstzweck, sondern dient der Effizienz und damit einem besseren Return-on-Invest für die Unternehmensaufgabe Kommunikation. Die Effizienz liegt insbesondere in der Wiedererkennung, der Nachhaltigkeit der Botschaft. Malcolm Gladwell spricht in diesem Zusammenhang vom Stickiness Factor: „Is the message … memorable? Is it so memorable, in fact, that it can create change, that it can spur someone to action?" (Gladwell 2001, S. 92). Nehmen wir einen einfachen Stift als Beispiel. Was ist die Value Proposition eines Schreibgerätes? Einerseits könnten das die Eigenschaften sein, wie „gutes Schriftbild, modernes Design, beste Verarbeitung etc.". Oder wir betrachten das Schreibgerät von seiner Anwendungs-(Nutzen-)Seite: „Wie wollen Sie das beste Angebot Ihres Lebens, das Sie genau jetzt bekommen, unterschreiben, wenn Sie keinen Stift haben?" Die inszenierte relevante Botschaft, die zu einer hohen Wiedererkennung, zu Begehrlichkeit und im besten Sinne nach Gladwell zu einer Handlung führt – das ist der Nutzen von Kreativität, auch für mittelständische Unternehmen. Die Kreativität ist der Verbindungsschlüssel vom Menschen zur Marke. Mit ihm kann sich der Konsument die emotionale Erlebniswelt der Marke erschließen. Sie ist ein langfristiges Investment in die Haltung der Marke zu den Menschen und Märkten.

Dabei gibt es natürlich einen Unterschied zwischen Business-to-Business und Business-to-Consumer. Im Business-to-Business-Bereich findet sich keine starke Diversifizierung der Medienkanäle und die Angebote sind weitaus konkreter in einem homogeneren Wettbewerbsumfeld. Das führt zu einer „Mikro-USP-sierung", welche möglicherweise nur auf wenigen differenzierenden Leistungsparametern basiert – gegenüber einer Business-to-Consumer-Kommunikation, die stärker die Metaebene fokussiert und weniger kleinteilig ausgerichtet ist. Das bedeutet aber nicht, dass eine leistungsparameterorientierte Botschaft nicht kreativ inszeniert werden kann. So warb eine Minolta-Kamera, die seinerzeit über die schnellste Verschlusszeit verfügte, mit der Aussage: „Dürfen wir Ihre Aufmerksamkeit für eine 25.000stel-Sekunde beanspruchen?" Auch hier geht es im Kern um Effizienz – die

Erhöhung der „Stickiness" der Botschaft – und dabei schafft Kreativität Nutzen. Dabei ist es insbesondere für die Business-to-Business-Kommunikation immer eine charmante Option, nicht mit den Leistungsparametern des Angebotes selbst zu werben, sondern der Anwendergruppe Wertschätzung sowie Respekt entgegenzubringen. Die Botschaft mit einem neuen, unerwarteten, aber Wiedererkennung schaffenden Insight zu versehen. Damit verschiebt sich automatisch die Perspektive vom Inside-out zum Outside-in.

9.5.5 Und wenn einem nichts einfällt?

In der kreativen Arbeit ist die Aufrechterhaltung des Arbeitsflusses wichtig. Lange Unterbrechungen stören dabei. Oft zitiert, aber kaum in der Praxis wirklich gelebt, ist das positiv orientierte Ein- und Loslassen. In vielen Diskussionsrunden wird eine Idee gleich mit einer neuen Idee „torpediert" oder kritisch kommentiert: „Das wird eh nichts", „Meinst du wirklich ...?", „Haben wir schon probiert – vergiss es!" und dergleichen. Aufeinander aufzubauen, es zuzulassen, neue Ansätze auszuprobieren, Ideen weiterzuspinnen – dazu braucht es eine freie, partnerschaftliche und positive Umgebung. Des Weiteren sollte die kreative Arbeitseinheit die Dauer von etwa 45 Minuten nicht übersteigen. In dieser Zeit kann eine intensive Auseinandersetzung stattfinden, dann braucht der Mensch eine Pause, ein Durchschnaufen, einen Abstand zum Bisherigen. Die Ausdenkintervalle hochenergetisch, aber eben kurz halten und lieber häufiger zur Aufgabenstellung zusammensetzen. Die Auseinandersetzung mit einer Aufgabenstellung muss „atmen" können. Diether Kerner spricht vom Ziehharmonikaprinzip. Sprich: einmal ganz eng am eigentlichen Briefing arbeiten und am nächsten Tag das Briefing „vergessen", die Ausgangsfrage neu formulieren, sich öffnen, einfach weiterdenken. Dann am folgenden Tag die Ideen der Extrahierung mit dem Fokussierten der eigentlichen Aufgabenstellung spiegeln. Aus dieser Überdeckung ergeben sich neue Ansatzpunkte.

Des Weiteren ist es hilfreich, die Themen und die Art der Beschäftigung über den Tag zu wechseln. Sprich: von einem intensiven Denkprozess zur administrativen Stillarbeit. Es braucht eben unterschiedliche Stimuli, um die Denk- und Auseinandersetzungsprozesse neu zu befeuern – und wer hatte nicht schon die rettende Idee beim Waldlauf oder Spaziergang? So belegen empirische Studien, dass Menschen sich am kreativsten fühlen, wenn sie sich bewegen: gehen, laufen oder schwimmen. Offenbar sind es halb automatische Bewegungsabläufe, die unsere Kreativität fördern (Brunner 2008, S. 55). Dazu gehört auch die Beschäftigung mit ganz anderen Themen, Inhalten und Menschen, die mit der eigenen Tätigkeit möglicherweise nur begrenzt im Zusammenhang stehen.

9.5.6 Wie wähle ich den richtigen Agenturpartner?

Wie in so vielen Bereichen geht es vornehmlich um eine gute, in erster Linie vertrauensvolle Beziehung. Darum ist bei der Auswahl die persönliche Beziehung – in Verbindung mit der inhaltlichen Auseinandersetzung – von großer Bedeutung. Zum Ersten zählen Verständnis,

Empathie, Ehrlichkeit und Offenheit, zum Zweiten zählen methodische Vorgehensweise, Transparenz, Ergebnisorientierung und grundsätzliches Verständnis für die Aufgabenstellungen des beauftragenden Unternehmens. Fühle ich mich als Person und als Unternehmen verstanden? Löst der Partner meine Aufgabenstellung? Wie reagieren die Beteiligten, wenn die Bedingungen mal schwierig werden? Dies sind die zentralen Fragestellungen, die ein Unternehmen sich bei der Auswahl des Partners stellen sollte.

▶   **Die Auswahl des Agenturpartners**
Die Vorauswahl eines Partners sollte anhand der Durchsicht des Portfolios, Gesprächen und einer ersten Probearbeit erfolgen. Wer übermäßig viele Agenturen zu einem Pitch einlädt, hat in der Regel seine Hausaufgaben unvollständig gemacht. Denn wenn die Aufgabenstellung und damit das Problem hinreichend identifiziert wurden, verringert sich der Kreis der Agenturen ganz von allein. Denn jeder Agenturpartner hat seine ganz besondere Stärke. Stellen Sie sicher, dass Sie mit dem gleichen Team anschließend arbeiten, was sich Ihnen zuvor vorgestellt hat. Nicht, dass das beste Verkaufsteam präsentiert und Ihre Aufgabenstellung, da ein Mittelständler in der Regel eben nicht über die großen Budgets verfügt, an ein Juniorteam weitergereicht wird.

In der ersten Testphase ist insbesondere zu überprüfen, ob das Verständnis der Aufgabenstellung, die kreative Ausgestaltung und das erzielte Ergebnis im Feldtest zusammenpassen. Wie stellte sich der Prozess der Leistungserstellung dar, war dieser von Beruhigung, intensiver Auseinandersetzung und guter Orientierung geprägt? Wenn beides zusammenpasst – Ergebnis- und Prozessqualität –, haben Sie den richtigen Partner an Ihrer Seite.

9.5.7   Die „Lessons Learned"

Kreativität schöpft Wert. In Zeiten, in denen die Übertölpelung des Konsumenten ausdient hat, ist sie wichtiger denn je. Dabei geht es nicht um vordergründige „Witzigkeit", sondern darum, den Konsumenten für die eigene Botschaft zu gewinnen, ihm den Nutzenkern der Marke und des Produktes einfach, aber wiedererkennbar zu vermitteln. Die Kreativität ist Wertschöpfer, und das unabhängig von Business-to-Consumer oder Business-to-Business. Ohne ein klares Verständnis der „Bestimmung" der eigenen Marke, eingehende Insights in die Gedanken- und Entscheidungswelt des Konsumenten und einer genauen Kenntnis des Marktes wird aber jede nachhaltige Kreation scheitern. Wer nicht den Mut für eine eindeutige Positionierung und die damit einhergehende Auseinandersetzung aufbringt, wird keine begehrenswerte Marke erschaffen. Und schließlich ist es bei der Auswahl des richtigen Agenturpartners wie im richtigen Leben: Vertrauen ist die maßgebliche Basis.

9.6   Fazit für die Erneuerung Ihres Marketings

Das unterscheidet den erfolgreichen Impulsgeber

Der erfolgreiche Impulsgeber nutzt beide Wertschöpfungsdimensionen der Kreativität: sowohl für eine erinnerungsstärkere Verankerung der Produkte und Dienstleistungen im „Relevant Set" des Kunden als auch für ein gezieltes Out-of-the-box-Denken zur Verstärkung der Agilität und damit Wettbewerbsfähigkeit des gesamten Unternehmens. Erst wer beide Dimensionen gezielt nutzt, sichert sich den strategischen Einfluss des Marketings in der gesamten Unternehmensentwicklung und wird damit zum erfolgreicheren Manager. Solange die Zielsetzung eindeutig umrissen ist und sich am Ende des Tages auch in besseren Ergebnissen wiederfindet. „Show me the money" ist ein guter Leitfaden, als Impulsgeber sicher zu gehen, an den richtigen Themen zu arbeiten. Dazu wird sich der erfolgreiche Impulsgeber immer aktiv Feedback von seinen Stakeholdern einholen.

Darauf kommt es an

Wie wir bereits bei den Stärken lernen konnten, hat jedes Individuum und jedes Team unterschiedliche Fähigkeiten. Nicht jeder ist ein Out-of-the-box-Denker, der kontinuierlich Gefallen daran findet, den Status quo zu hinterfragen. Der Entdeckermodus erfordert die stetige Auseinandersetzung. Dabei ist die Mehrheit immer für den Status quo und gegen Veränderung, denn diese birgt Ungewissheit und stellt damit ein Risiko dar. Sie können niemals nur mit dem Hinterfragen in einer Organisation erfolgreich sein. Sie müssen auch liefern. Daher kommt es darauf an, diejenigen im Team zu identifizieren, die stärker in der Umsetzung, weniger stark im Hinterfragen sind. Eine geschickte Aufteilung erzeugt beides: eine hohe Kreativität und eine ergebnisorientierte Umsetzung.

Fragen

1. Verstehen Sie unter Kreativität ausschließlich die kurzweilige Kommunikation über Ihre Produkte bzw. Dienstleistungen?

2. Führen Sie Ihre Dienstleister (Agentur) anhand einer eindeutig umrissenen strategischen Markenpositionierung, oder werden Sie durch kurzfristige Marketing-Trends gesteuert?

3. Sind Sie ein regelmäßiger Out-of-the-box-Denker?

4. Kennen Sie die „Entdecker" und die effizienten „Umsetzer" in Ihrem Team? Setzen Sie diese richtig ein?

5. Welches Netzwerk pflegen Sie regelmäßig außerhalb der Marketing-Community?

Literatur

Andler, N. 2011. *Tools for Project Management*. Erlangen: Publicis Publishing.

De Bono, E. 1996. *Serious Creativity*. Stuttgart: Schäffer-Poeschel.

Brunner, A. 2008. *Kreativer denken*. München: Oldenbourg.

Christensen, C.M., S.F. Eichen und K. Matzler. 1997. *The Innovator's Dilemma*. München: Franz Vahlen.

Dali, S. 2014. goodreads.com. http://www.goodreads.com/quotes/340919-those-who-do-not-want-to-imitate-anything-produce-nothing (Erstellt: 5. Oktober 2014). Zugegriffen: 15. Apr. 2016.

Foster, R.K. 2001. *Creative Destruction*. New York: Currency Book published by Doubleday.

Gladwell, M. 2001. *The Tipping Point*. New York: Back Bay Books.

Handelsblatt_Band06. (2006). Wirtschaftslexikon, Band 06, Kreativitätstechniken, Geschka, H. Stuttgart: Schäffer Poeschel.

Heinnrich, P. 2013. *Brainstorming for One*. Paderborn: Junfermann Verlag.

Kleon, A. 2012. *Steal like an Artist*. New York: Workman Publishing Company.

Mittelmann, A. 2011. *Werkzeugkasten Wissensmanagement*. Norderstedt: Books on Demand.

Ries, E. 2011. *The Lean Startup*. London: Penguin Group.

Tharp, T. 2006. *The creative habit*. New York: Simon & Schuster Inc.

Schritt 5: Kooperieren Sie!

Zusammenfassung

Das eigene Marketing-Team kann wohl kaum jede Aufgabe allein lösen. Damit aufgrund von limitierten Ressourcen ambitionierte Projekte nicht scheitern, sind Kooperationen ein probates Mittel die eigene Leistungsfähigkeit zu erweitern. Grundsätzlich lassen sich typische Kooperationsfelder anhand der klassischen 4 Ps im Marketing ableiten: Promotion, Price, Place und Product. Neben den externen Kooperationsmöglichkeiten, bei denen das Crowdsourcing an Bedeutung gewonnen hat, sind für den Impulsgeber die interne Kollaboration mit den Bereichen Sales und IT von großer Bedeutung.

10.1 Wie Sie mittels internen und externen Kooperationen Ihre Wertschöpfung erhöhen

Was eine Person, eine Einheit oder auch ein Unternehmen nicht gelingt, kann ein Zusammenschluss mehrere Kräfte leisten. Die Wertschöpfung einer Kooperation beginnt dort, wo sich diese Kräfte sinnvoll ergänzen, möglichst ohne hohe Reibungsverluste. Es liegt nahe zunächst die klassische, oftmals temporäre Kooperation mit anderen externen Marken anzustreben. Neben den internen Funktionsbereichen wie IT oder Sales ist der Kunde selbst von hoher Bedeutung für einen kooperativen Ansatz. Aufgrund der digitalen Vernetzung ist die Einbindung in die eigene (Marketing)Wertschöpfung einfacher den je geworden.

Die „Insights 2020"-Studie von Millward Brown Vermeer zeigt die wachsende Bedeutung des Kunden als wichtiger Kooperationspartner für das Unternehmen sowie ein innovatives Marketing auf: Seit 2010 befinden wir uns im Zeitalter des „Connected Customers". Im Jahre 2020 wird sich die Anzahl der Kommunikationsgeräte mit rund 50 Milliarden gegenüber 2015 verdoppelt haben – zuzüglich 212 Milliarden von Geräten, die über einen Sensor verfügen. Damit ergibt sich ein vernetztes System aus Kunden, Daten, Prozessen und eben Geräten. Die Befragten der Studie votieren eindeutig (72 % vs. 42 %) für eine

© Springer Fachmedien Wiesbaden 2017
U. Greunke, *ReNew Marketing*, DOI 10.1007/978-3-658-13981-0_10

intensivere Zusammenarbeit mit dem Kunden. Eine erfolgreiche Zusammenarbeit mit dem Kunden sollte dabei die vier Stufen aufweisen: die Kooperation zwischen Marketing und IT als Grundlage, die Kollaboration zwischen verschiedenen Unternehmensfunktionen, die Zusammenarbeit mit externen Partnern sowie schließlich die vierte Stufe des Co-Create mit dem Kunden (vgl. Millward Brown 2015, S. 26 f).

Ein vernetzter Kunde wird sich über eine Vielzahl von Kanälen Zugänge zu Informationen über Beschaffenheit sowie die Nutzung von Produkten und Services erschließen. Darüber hinaus werden die Devices selbst smarter werden und Selektionen von Informationen anhand von Nutzungspatterns des Verwenders selbstständig übernehmen. Ein Trend, der im Rahmen der Industrie 4.0 bereits intensiv diskutiert wird. Dieser fünfte methodische Schritt wird sich auf die Kooperation mit dem Kunden konzentrieren. Eine Kooperation mit dem Kunden ist ein fundamentaler Unterschied zum „Delivery"-Verständnis des Unternehmens, das heute in den meisten Organisationen anzutreffen ist. Der Impulsgeber sieht hier seine Chance und der Trend zu einer (noch) vernetzteren Gesellschaft wird ihn dabei unterstützen. Das Marketing mit seiner Ausnahmestellung im Zugang zu Märkten und den Kunden kann dabei die Impulsgeberrolle einnehmen.

10.2 Grundsätzliche Kooperationsfelder des Marketings

Grundsätzlich lassen sich Kooperationsfelder anhand der klassischen 4 Ps ableiten, die in einem kundenzentrierten Kooperationsansatz das Marketing erneuern können.

Promotion – der kooperative Kommunikationsansatz
Der Ansatz einer kooperativen kundenzentrierten Kommunikation dürfte mittlerweile zum Standard-Repertoire jeder Marketingabteilung gehören. Im Zuge der Digitalisierung haben die bidirektionalen digitalen Kanäle signifikant an Bedeutung gewonnen (siehe auch Kap. 14). Der Minimalansatz einer Marketingabteilung ist die gewissenhafte Auswertung der Response des Users bzw. Kunden auf die Kommunikationsangebote in den digitalen Kanälen. Daraus können Rückschlüsse über die Effektivität gewonnen werden – oder in einfachen Worten: Trifft die Marketingbotschaft überhaupt auf Kundenresonanz? Die erste Übung eines kooperativen Kommunikationsansatzes ist die „Resonanzoptimierung". Die gegebenen Möglichkeiten von Produktreviews, Likes, Kommentaren, Retweets – um nur einige zu nennen, sollten für jede Marketingabteilung eine ausreichende Basis für die Optimierung darstellen. Eine weitergehende Kooperation macht den User bzw. Kunden selbst zum Partner der Botschaft. Überzeugende Beispiele finden sich u. a. bei den Marken GoPro, Mini, Tesla oder Astra Bier, die die eigenen Kunden als authentische Markenbotschafter gewinnen – und das ganz ohne Vergütung, allein aus der Begeisterung für den Added Value des Produktes bzw. des Services. Voraussetzung ist eine sehr klare Positionierung und damit einzigartige Differenzierung der Marke und seiner Produkte bzw. Services. Der beste Verstärker ist eine disruptive Umwälzung innerhalb der jeweiligen Kategorie. So hat Mini das Lifestyle-Stadtauto erfunden. Der Added Value für den Verwender des Produktes

liegt in einem deutlich gehobenen, zeitgemäßen Image, das sich kaum auf die technischen KPIs des Autos selbst bezieht.

Price – warum der Kunde den Wert vorgibt, der mit einem für ihn richtigen Preis korrespondiert

Ein „zu hoher Preis" ist nur ein Problem des fehlenden Wertes aus Sicht des Kunden. Sie können für Produkte oder Services jeden Preis ansetzen, der aus der Perspektive des Kunden gerechtfertigt ist. Selbstverständlich wird jedes Kundencluster einem Produkt oder Service einen anderen Wert beimessen, deshalb werden nur einzelne Kundencluster die Barriere zum Kauf eines Clusters nehmen. Aus Sicht des Business Cases ist es dann nur die Frage, wie viele Kundencluster mit welchen Volumina für den Kauf überzeugt werden können. Hier ergibt sich auch zumeist der größte „Ent-Täuschungsfaktor" für die Stakeholder. Die hoch gesteckten Absatzerwartungen werden nicht erreicht, sprich: Der offerierte Wert überzeugt gegenüber den Erwartungen im Business Case zu wenige Kundencluster mit den entsprechenden Volumina. Es lag offensichtlich eine Täuschung vor, die nun durch den Markt „ent-täuscht" wird. Im Prinzip eine ganz natürliche Lernkurve. Was folgt, sind Preis-Elastizitätstests, temporäre/regionale Preispromotions und zum Finale die unvermeidlichen Discounts. Ein Discount ist aber nur eine Anpassung an das Wertempfinden eines Kunden gegenüber dem angebotenen Produkt bzw. dem Service – und zwar aus der Sicht des Kunden auf den für ihn „richtigen" Preis.

Der Gap entsteht aus einer Fehleinschätzung zwischen Produzenten und Abnehmer. Der Impulsgeber lernt aus diesen „Ent-Täuschungen" und hilft den verantwortlichen Entwicklungsteams, den Kunden als Wert bestimmenden Parameter einzubeziehen. Dadurch erneuert er das Verständnis vom Kunden als identitätsloser Abnehmer von Produkten und Leistungen zu einem vollwertigen Entwicklungsmitglied im Team. Der Kunde wird zum Kooperationspartner bei der Preisfindung. Denn nur der Kunde wird am Ende darüber entscheiden, ob das angebotene Produkt oder der angebotene Service seine Leistung wert ist. Die Evaluation von Angebotskonzepten hat zugenommen – sicherlich. Aber die iterative Auseinandersetzung und Anpassung von Wert und Preis findet kaum in der Intensität statt, die es benötigt, ein wettbewerbsfähiges Produkt auch erfolgreich im Sinne des Business Cases zu etablieren. Bei einem Ungleichgewicht von Preis und Wert aus Sicht des Kunden hilft auch keine kreative Kommunikationskampagne, denn in einer vernetzten Gesellschaft hat der Kunde eben wesentlich mehr Zugänge zu Informationen und die eigene Marketing-Argumentation ist eben nur eine von mehreren – wenn sie den Kunden überhaupt erreicht.

Place – wo der Kunde das Produkt erwartet

Die Fortsetzung des disruptiven, kooperativen Kommunikationsansatzes findet sich in der territorialen Komponente. Eine vernetzte Gesellschaft erwartet die Auslieferung eines Angebotes an den Schnittstellen der neuen (digitalen) Interaktionspunkte. Sich auflösende Limitierungen von Öffnungszeiten bis hin zur PR-aufmerksamkeitsstarken Amazon-Auslieferung per Drohne werden die Erwartungshaltung des Kunden eindeutig in Richtung einer erhöhten Flexibilität verschieben. Nicht der Lieferant, sondern das Schwarmverhalten des Konsumenten geben die Auslieferungspunkte vor. Dabei tritt die Bedienung durch Verkaufspersonal gegenüber einer intelligenten Technologie zurück. 24/7 verfügbare Paketboxen an einfach erreichbaren Knotenpunkten bedienen die neue Bequemlichkeit des Kunden. Das Unternehmen, welches dies frühzeitig für sich antizipiert und die eigene Distributionskette den neuen (digitalen) Auslieferungspunkten anpasst, wird im Wettbewerb bestehen. Dem vorausschauenden Marketing fällt die Rolle des Inputgebers zu, es kann frühzeitig die nachhaltigen Trends dem Vertriebskanal aufzeigen. Ein kooperativer Ansatz wird den Kunden bei der Sondierung unternehmensspezifischer Lösungen unterstützen.

Product – Was ist ein Produkt für den Kunden? Und braucht er es überhaupt?

Der Impulsgeber stellt zunächst einmal die Frage, was das Produkt überhaupt für den Kunden darstellt. Ein konservativ geprägtes Entwicklungsteam versteht darunter klassischerweise lediglich die reine Hardware, gegebenenfalls ergänzt um funktionale Softwarekomponenten. Ein kooperativer Produktentwicklungs-Ansatz, der das Marketing und die Sicht des Kunden involviert, wird einerseits den Kunden und neben der Hard-/Software auch andererseits den schon erwähnten Imagefaktor als gleichwertige Komponente einarbeiten. Erst die Kundensichtweise eröffnet die Chance auf ein disruptives, innovatives Konzept, das in der Lage ist, eine Kategorie neu zu definieren. Neben dem rationalen Wert gibt es eben immer auch einen emotionalen Wert – und zwar unabhängig von Business-to-Business oder Business-to-Consumer. Aber die Integration des Kunden ersetzt nicht die analytische sowie strategische Arbeit zur Schaffung eines einzigartigen Produktes oder Services. Ein kooperativer Entwicklungsansatz öffnet die Sichtweise, aber selten wird der Kunde genau das zu schaffende Produkt oder den entsprechenden Service vorgeben. Die Interpretation, das „Zuhören zwischen den Zeilen", ist entscheidend, gerade bei einem kooperativen Ansatz.

Eine besondere Form der Kooperation ist die geteilte Nutzung durch den Kunden. Zwar kennen in Deutschland laut GfK in 2015 nur 15 % der Gesamtbevölkerung den Begriff der „Sharing Economy", bei den Internetnutzern sind es bereits aber 28 %. Diejenigen, die das Sharing bereits kennen, sind zu knapp 70 % davon überzeugt, dass sich diese Entwicklung in der Zukunft immer stärker durchsetzen wird (vgl. GfK Verein 2015, S. 1, 5). Ein vorausschauendes Entwicklungsteam wird diese neue Form des Produktkonsums in Betracht ziehen.

10.3 Erneuerung durch interne Kooperation

Als entscheidende Hindernisse in der weiteren Unternehmensentwicklung sehen die in der Boston Consulting Group Studie befragten CMOs die Bereiche: organisatorische „Silos", Ownership-Probleme und ein Mangel im Bereich Technologie. Wie die Studie zeigt, verhalten sich moderne Marketing-Organisationen zunehmend wie Technologiefirmen, die agile Vorgehensmodelle aus der Softwareentwicklung nutzen, um die Erstellung von Initiativen zu beschleunigen (vgl. BCG_CMO 2015). Daher werden im Folgenden die Bereiche IT und Sales als Entwicklungsfelder für die interne Kooperation beschrieben. Sie bieten für

den Impulsgeber bedeutsame Erneuerungsmöglichkeiten für eine effektivere Leistungserbringung zum Nutzen des gesamten Unternehmens.

10.3.1 Marketing und IT

Die zunehmende Digitalisierung (siehe auch Kap. 14) legt bereits diese Kooperation zwischen Marketing und IT nahe. Das Marketing-Team der Zukunft wird mehr auf Technology
und die dazu gehörigen Werkzeuge setzen als heute. Laut einer Accenture-Studie gehen
sogar 26 % der befragten CMOs davon aus, dass Marketing und IT in einer Funktion
verschmolzen werden (Accenture 2015). In den heutigen Strukturen versteht sich die IT-
Abteilung weitestgehend als Infrastruktur-Betreiber, sei es für die für Geräteausstattung
der Mitarbeiter oder für die Anschaffung, Entwicklung und Betreib von Softwaresystemen.
Dazu zählen auch Systeme, die eine Schnittstelle zum Marketing haben. Am Beispiel des
Customer Relationship Managements oder einer Produktdatenbank, die neben den Stammdaten zu Produkten auch die Marketingdaten verwalten kann, wird dies deutlich. Eine bis
dato tradierte Zusammenarbeit einzig auf der Ebene der Bereitstellung von IT-Plattformen
durch die IT und die weitgehend autarke Nutzung durch das Marketing (oder Sales) zu
reduzieren, reicht nicht mehr aus. Der Impulsgeber sieht hier seine Chance, neue Akzente
zu setzen: die Initiierung einer neuen Kooperation von Marketing und IT. Laut Forrester
Research finden sich unter den Top-10-Herausforderungen für Unternehmen (und das Marketing) drei, die sich hervorragend als Aufgaben für die Initiierung einer neuen Kooperation
mit der IT-Abteilung für den Impulsgeber anbieten (vgl. cmo_Key 2015):

1. Personalisierung
   Der Kunde von morgen erwartet personalisierte Services, nicht einfach nur ausreichend
   guten Service. Das setzt voraus, dass Unternehmen kontinuierlich die Bedürfnisse des
   Kunden hinsichtlich der eigenen Produkte verstehen und mögliche personalisierte Services antizipieren. Ohne eine fundierte Datenbasis ist dies nicht möglich. Hier wird eine
   Kooperation von Marketing und IT die Grundlage für eine kundenzentrierte Personalisierung von Produkten und Services darstellen.
2. Analytik
   Die Kompetenz für die Analyse von umfassenden Daten wird eine kritische Erfolgs-
   größe im zukünftigen Wettbewerb von Unternehmen. Es geht nicht um die Sammlung
   möglichst vieler Daten, sondern um deren Verständnis, Nutzung und Einsatz für die
   Erzielung eines besseren Kundenerlebnisses. Die kundenzentrierte Analyse von Daten
   und daraus abgeleitete Handlungsempfehlungen für die Ansprache des Kunden sind ein
   entscheidender Wettbewerbsvorteil. Hier bieten sich viele Synergien und neue Erkenntnisse aus der Zusammenarbeit von IT- und Marketingexperten.
3. Digitalisierung
   Digital wird zur DNA des Unternehmens und nicht nur zu einer Disziplin von vielen.
   Die Interaktion mit den Kunden wird zunehmend digitaler werden – und zwar, weil der

Kunde dies erwartet. Die Unternehmen müssen das antizipieren und ihr Kerngeschäft durch die digitale Komponente erweitern, wenn nicht sogar sie zum Kern transformieren. Es wird der gemeinsamen Anstrengung beider Teams – IT und Marketing – bedürfen, diese ambitionierte Aufgabe für das eigene Unternehmen zu meistern.

▶ **Liquide Teamaufstellung**
Der Impulsgeber nutzt die Herausforderung, um ein nachhaltiges Bündnis zwischen „Man Men" (den Kreativen) und „Man Math" (den Technikern) zu schmieden. Er identifiziert in beiden Teams diejenigen, die sich für die jeweils andere Disziplin interessieren und bildet aus ihnen liquide Teams für spezifische Aufgaben (siehe auch Abschn. 4.1). Er bündelt in diesem Team die Anforderungen verschiedener Einheiten im Marketing, beispielsweise zum Thema Customer Relationship Management, und verleiht dadurch dem liquiden Team die entsprechende Bedeutung und Aufmerksamkeit. Die Steuerung erfolgt dann gleichberechtigt aus beiden Disziplinen – IT und Marketing.

10.3.2 Marketing und Sales

Bisher leider zu selten erreicht: eine nachhaltig konstruktive Zusammenarbeit von Marketing und Sales – gleichberechtigt, wirkungsorientiert und stark integriert. Leider sieht die Realität zumeist anders aus. Der Vertrieb gibt dem Marketing die Themen vor oder betrachtet Marketing als Erstellungsinstanz für notwendige Vertriebsunterlagen. Für die „bunte Welt der Kommunikationsblasen" haben die wenigsten Vertriebler Verständnis. Das Marketing hingegen lebt in seiner eigenen Welt, betrachtet den Vertriebszweig als notwendigen „Boxenschieber", vermeidet die lästige Transparenz der qualifizierten Lead-Generierung und hält die Vertriebsmitarbeiter für ignorant gegenüber den werthaltigen und emotionalen Markenbotschaften. Zwei Teams, die leider nur zu oft bekannte Vorurteile pflegen. Wer es gern noch einmal in Zahlen hat: In einer internationalen Studie von CallidusCloud gaben über 200 Befragten aus Sales und Marketing (je 50 %, 67 % aus Nordamerika, 18 % aus Europa, 10 % aus Asien, 5 % andere) an, dass lediglich eine Minderheit (17 % der Marketer und 14 % der Vertriebler) der Aussage zustimmt, dass ihre Teams „fully aligned" sind. Sehr zufrieden mit der Leistung des jeweiligen anderen Teams zeigen sich nur 7 % der befragten Marketing-Mitarbeiter und 10 % der Salesmitarbeiter (CallidusCloud-Studie 2015, S. 7 und 9). Hier ist also dringender Handlungsbedarf für den Impulsgeber gegeben.

Der Impulsgeber weigert sich, eingefahrene Strukturen sowie Vorurteile zu akzeptieren und setzt stattdessen auf Erneuerung. Da es immer einfacher ist, bei sich selbst zu beginnen sollte das Marketing zunächst die Initiative ergreifen, statt von dem anderen Team den ersten Schritt zu erwarten. Dabei bieten sich beispielsweise die gemeinsame Zielsetzung für Maßnahmen, das Teilen von Daten und Analysen sowie Ergebnisreports, der Erfahrungsaustausch zu Kundenfeedbacks (beispielsweise aus den Social Media) oder das gemeinsame Verständnis für die Sales Forecasts, deren Annahmen und Treiber, an.

▶   **Gemeinsam die Qualität der Leads verbessern**
    Am erfolgreichsten ist die Kooperation von Sales und Marketing dort, wo bei
    Sales der Schuh drückt. Laut der Erhebung von CallidusCloud sind die wesent-
    lichen Hindernisse für die Fähigkeit des Unternehmens besser zu verkaufen
    zu 20 % die schlechte Qualität der Leads, zu 21 % die zu geringe Quantität von
    Leads und zu 31 %! die umständlich zu verstehende Value Proposition und
    Botschaft an den Käufer (CallidusCloud-Studie 2015, S. 15). Ein Impulsgeber
    sollte also mit seinen knappen Ressourcen genau hier ansetzen. Besser noch:
    einmal direkt bei Sales nachfragen, wie das Marketing in Zukunft besser unter-
    stützen kann.

Die „Smarter Sales Story" ist für den Impulsgeber ein probates Mittel, einem wesentlichen
Kritikpunkt von Sales zu begegnen. Ein einfaches Instrument, auf nicht mehr als einer
Seite die wesentliche Verkaufsgeschichte aus Kundensicht für ein Produkt oder Services
niederzuschreiben. Und zwar ohne eine langatmige Powerpoint-Präsentation oder um-
ständliche, da erklärungsbedürftige Grafiken. In Textform, einfach, verständlich, ausgehend von einem zentralen Verkaufsargument. Pyramidenartig unterstützt von drei bis fünf
wesentlichen Folgeargumenten. Es ist erstaunlich, wie selten diese wirklich einfache und
kostengünstige Übung durchgeführt wird. Dem stehen eine Vielzahl von Dokumentationen
bzw. Präsentationen gegenüber, die den Blick auf das Wesentliche verstellen. Das Fehlen
einer identitätsstiftenden „Smarter Sales Story", kooperativ abgestimmt zwischen Sales
und Marketing, wird den wesentlichen Baustein für ein einheitliches Verständnis von Value
Proposition und Botschaft an den Käufer liefern.

10.4   Erneuerung durch externe Kooperation

Wer als Impulsgeber die Wertschöpfung des Marketings erweitern möchte, kommt um die
Kooperation mit externen Partnern nicht umhin. Sie bieten dort Verstärkung an, wo das
eigene Marketing, die limitierten Mittel oder die mangelnden Zugangskanäle zum Kunden
den eigenen Erfolg schmälern. Darüber hinaus bietet das digitale Zeitalter eine direkte Kooperation mit dem End-User weitaus einfacher an, als das früher der Fall war. Unter dem
Begriff Crowdsourcing wird der Kunde zum Entwicklungspartner für eine optimierte oder
erneuerte Wertschöpfung des Marketings und der gesamten Unternehmung.

10.4.1 Externe Kooperationen

Marketingkooperationen können als die freiwillige Zusammenarbeit selbstständiger Markt-
partner bezeichnet werden, die ein oder mehrere Marketingziele anstreben. Die Selbststän-
digkeit der Kooperationspartner sollte von den Rezipienten auch als solche wahrgenommen
werden. Dabei ergänzen sich die jeweiligen Kompetenzen und Ressourcen der Marketing-

kooperationspartner. Im Kern steht die Schaffung einer Einheit aus den jeweiligen Teilen, die in der Summe mehr erreichen können (vgl. Bartels 2009, S. 6). Bei Kooperationen ist auf eine Gleichgewichtung der Darstellung mehr als ratsam. Auch wenn große Marken attraktiv sind, die Gefahr, dass die eigene Marke bestenfalls als „Lieferant" wahrgenommen wird, ist einfach zu groß. Der Impulsgeber achtet auf ein ausgewogenes Einflussverhältnis der einzelnen Kooperationspartner.

Insbesondere für Unternehmen mit stark limitierten Ressourcen sind Kooperationen an der Tagesordnung. Kaum ein Tag vergeht, an dem nicht ein neuer potenzieller Kooperationspartner anfragt, oder umgekehrt angefragt wird. Je attraktiver die Marke, desto mehr Kooperationsanfragen ergeben sich. Dabei ist allerdings eine klassische Beauftragungserwartung, die gern als Kooperation attraktiv verpackt wird, von einer wirklichen Kooperation zu unterscheiden. Bei der letzteren versuchen zwei nahezu gleichberechtigte Partner sich in ihren jeweiligen Stärkedisziplinen zu einem größeren Ganzen zu ergänzen. Etwas, das der jeweils einzelne Partner nicht ohne den anderen erreicht hätte, jedenfalls nicht ohne den Einsatz von substanziellen finanziellen oder personellen Ressourcen. Dabei können die Kooperationen temporär oder dauerhaft sein, wobei insbesondere bei dauerhaften Kooperationen eine turnusmäßige Überprüfung der Zielerreichung empfehlenswert ist.

Der Impulsgeber wird eine Kooperation mit einem externen Partner immer dann in Betracht ziehen, wenn sie ihn bei der Erweiterung der eigenen Wertschöpfung durch die Sicherstellung der folgenden Faktoren weiterbringt:

1. Geben und Nehmen

   Vor einer Kooperation unter Partnern sind die gegenseitigen Erwartungen hinsichtlich der Bereitstellung von Ressourcen, Zeit, Personal und Geld eindeutig zu besprechen. Es ist zu klären, ob der jeweils andere Kooperationspartner für die Erbringung seiner Leistungen eine Ausgleichsleistung erwartet. Ein Vertrag ist keine Bedingung für eine Kooperation, verzögert den Start erfahrungsgemäß, ermöglicht aber beiden Partnern eine bessere Transparenz der jeweiligen Leistungen sowie Erwartungen.

2. Zielorientierung und Abschluss

   Eine Kooperation ist immer zielgerichtet und hat einen Abschluss, zumindest wenn es sich um spezifische Projekte handelt. Eine allgemeine Kooperation wird den Impulsgeber nicht weiterbringen, da kaum belastbare Ergebnisse zu erwarten sind. Wer sich in der Zielsetzung einig ist, kann gemeinsam viel erreichen.

3. Durchführung und deren Optimierung

   Jedes Unternehmen verfügt über andere Kultur und die Prozesse zur Erarbeitung von Ergebnissen sind häufig abweichend. Beides kann eine Kooperation nicht kurzfristig verändern, daher sind die Kooperationspartner gut beraten, bei der Durchführung diese Diversität zu antizipieren. Gemeinsame Interaktionspunkte wie die Planung, Meilensteine bei der Entwicklung und Punkte der Ergebnisüberprüfung im Rahmen der Durchführung bieten gute Ansatzpunkte, auch trotz der Diversität eine stetige Optimierung anzustreben.

10.4.2 Crowdsourcing

Der Begriff des Crowdsourcings stammt ursprünglich von Jeff Howe. Er beschreibt Crowdsourcing folgendermaßen: „Technological advances in everything from product design software to digital video cameras are breaking down the cost barriers that once separated amateurs from professionals. Hobbyists, part-timers, and dabblers suddenly have a market for their efforts, as smart companies in industries as disparate as pharmaceuticals and television discover ways to tap the latent talent of the crowd. The labor isn't always free, but it costs a lot less than paying traditional employees. It's not outsourcing; it's crowdsourcing." (Reichwald und Piller 2009, S. 75).

Crowdsourcing ist unabhängig von der Dimension Innovation. Der Begriff umschreibt im Allgemeinen eine Auslagerung von unternehmensinternen Aufgaben an unternehmensexterne Personen. Der Unterschied zu „normalen" Dienstleisterverhältnissen liegt in der Anzahl von beteiligten Personen und der Art und Weise der Partizipation. Die definierten Aufgaben werden mitunter von Hunderten oder sogar Tausenden von Personen übernommen, beispielsweise durch das Herunterbrechen in sehr kleine Aufgabenpakete. Dabei erwarten die Partizipierenden – im Gegensatz zu herkömmlichen Dienstleistern – keine monetäre Kompensation für ihre Mitarbeit, auch wenn dies in Einzelfällen gegeben sein kann.

► Für ein Unternehmen, das kulturell und prozessual offen ist für die Zusammenarbeit mit externen Partnern, bietet das Crowdsourcing neue Möglichkeiten, die eigene Wertschöpfungskette zu erweitern bzw. mit frischen Impulsen zu erneuern. Erleichtert durch die Nutzung von digitalen Plattformen, eröffnet sich für Unternehmen ein neuer Zugang zu unterstützenden Kooperationspartnern.

Die Einsatzgebiete des Crowdsourcings sind vielfältig. Ein Mehrwert durch das Crowdsourcing kann sich dort ergeben, wo die eigene Organisation an ihre Grenzen stößt, sei es in ihrer Kreativität, ihrer Umsetzungsgeschwindigkeit oder Effizienz, in der Neuerfindung von Geschäftsprozessen oder -modellen sowie allgemein in der Aktivierung von potenziellen Markenbotschaftern. Wer zum Teil des Ganzen wird, engagiert sich für die Lösung auf einem weitaus höheren Niveau.

Das Finden neuer Lösungen

Jedes Unternehmen benötigt für seine erfolgreiche Entwicklungen Innovationen, die die eigenen Produkte und Services weiterentwickeln oder sogar neue Lösungen schaffen. Die Innovationen können innerhalb des Unternehmens oder durch externe Unterstützung entwickelt werden. Das Crowdsourcing bietet die Möglichkeit, Innovationen durch die Beteiligung der End-User zu entwickeln. Der grundlegende Unterschied ist die offensive Einbeziehung der Community, statt im Stillen gegebenenfalls unter Hinzuziehen von spezialisierten Dienstleistern oder einer Marktforschungsstudie an neuen Lösungen zu arbeiten.

Spezialisierte Plattformen bieten Unternehmen einen Zugang zu Mitgliedern ihrer Community. Auf Plattformen wie atizo.com oder openinnovators.de ist eine Art Tauschhandel entstanden – eindeutig benannte Kreativ-, Innovations- oder Optimierungsaufgaben mit einem vorgegebenen Budget oder einer ideellen Anerkennung zur Lösung von heutigen Herausforderungen wie bei openideo.com, stehen der Community zur Lösung zur Verfügung.

So fragte beispielsweise der Schweizer Bergsportausrüster Mammut, der über eine Alternative zum Reißverschluss nachdachte, die Crowd. Die Lösung wurde von zwei Usern über die Ideenplattform atizo.com vorgeschlagen: ein Verschlusssystem, das dem von Gefrierbeuteln gleicht und laut Mammut auch kostengünstiger und effizienter als der normale Reißverschluss sei (vgl. Gassmann und Friesike 2012, S. 65). Einige Unternehmen setzten dabei auch auf unternehmenseigene Plattformen, mit der sie sich für die Crowd öffnen, Beispiele dafür sind Bosch, Siemens oder auch BMW, die aktiv dazu aufrufen, an Innovationen mitzuarbeiten und die Problemlöser auch finanziell dafür vergüten. Darüber hinaus haben sich einige Plattformen auch auf die Finanzierung von Innovationen durch die Crowd spezialisiert. Das prominenteste Beispiel ist sicherlich kickstarter.de, weitere Plattformen sind innovationplace.eu oder seedmatch.de.

Das Teilen von Ideen und Co-Creation

Wie oft teilen Sie neue Ideen und eröffnen sich damit die Möglichkeit, diese weiterzuentwickeln? Das Konzept von Crowdsourcing involviert die Community zu einem weitaus früheren Zeitpunkt als vor dem eigentlichen Markteintritt in die Entwicklung von Produkten und Services. Statt am Ende eines Entwicklungsprozesses sich mühsam zu überlegen, wie der Kunde für das Produkt oder den Service gewonnen werden kann, sorgt die offensive Einbindung in die Entwicklung von der ersten Idee an für eine weitaus bessere Kundenperspektive – und das ist ja schließlich das Kernanliegen jedes Marketings.

Der Kunde wird vom reinen Verwender zum Mitentwickler – zum Co-Creator. Eines der überzeugendsten Beispiele ist meines Erachtens das Unternehmen Lego. Auf der digitalen Plattform ideas.lego.com, ganz im Stile der Lego-Welt, kann jeder seine Produktidee einreichen. Die Community stimmt dann über die favorisierten Bausätze ab und die Top-Favoriten werden dann schließlich im Lego-Online-Store angeboten. Auch eines der weltweit bekanntesten Onlineangebote „Wikipedia" entstand aus einem ursprünglich als Crowdsourcing gedachten Projekt. Sicherlich eignet sich nicht jedes Geschäftsmodell sich so gut dafür wie Lego-Ideas oder Wikipedia, aber die Unternehmen, die Betroffene und damit reine Verwender zu Betroffenen und damit Co-Creators wandeln, werden die überzeugenderen Lösungen offerieren. Denn bereits lange vor der Markteinführung haben die späteren Verwender die Idee auf ihre Einsatzfähigkeit überprüft und dahingehend gemeinsam mit dem Unternehmen optimiert.

Das Reduzieren von Kosten und Steigern der Effizienz

Neben der Entwicklung von neuen Innovationen oder der Co-Creation bietet sich das Crowdsourcing auch zur Reduzierung von Kosten und für die Steigerung der Effizienz von Prozessen an. Aus den zuvor genannten Punkten lässt sich ableiten, dass sich bei einer Zusammenarbeit mit den späteren Kunden bereits Kosten bei der Findung neuer Lösungen und einer Co-Creation einsparen lassen. Im ersten Fall können zu vorab kalkulierbaren Kosten in Form von Ideenwettbewerben möglicherweise kostengünstigere Ideen für Lösungen ermittelt werden und im zweiten Fall lassen sich teure Fehlentwicklung durch die frühzeitige Partizipation mit dem späteren Anwender vermeiden.

Schon heute verfügt jedes Unternehmen über eine Schwarmintelligenz in Form der eigenen Website-Nutzung. Über Deeplinks von Suchmaschinen entscheiden sie schon heute, welche Informationen auf der Unternehmens-Website von Interesse sind. Die Nutzung durch die Crowd ist ein Indikator für die Effizienzsteigerung – was erweitert, was optimiert und was einfach weggelassen werden kann. Schon frühzeitig setzte Microsoft auf Betatests seiner Software durch die Crowd. So kann eine Vielzahl von Testern gewonnen werden, die die Software auf Fehler untersuchen – und zwar direkt in realitätsnahen Einsatzgebieten. Eingesparte interne Ressourcen für den Test können dann für neue Entwicklungsaufgaben verwendet werden.

Die Nachteile ergeben sich durch lockere und weniger kontrollierbare Strukturen im Crowdsourcing. So stellt der Umgang mit der Intellectual Property für viele Unternehmen eine rechtliche Herausforderung dar. Durch den „Einkauf" der Innovation kann hier eine eindeutige Grundlage geschaffen werden, bei integrierten kollaborativen Ansätzen ist die Trennlinie, wem die Idee „gehört", schon schwerer zu finden. Eine Crowd wird eine andere Moderation verlangen als interne Arbeitsteams, die nach etablierten Prozessen arbeiten. Für die Betreuung ist dementsprechend ein angemessener Zeiteinsatz einzurechnen. Darüber hinaus kann ein Crowdsourcing auch bestehende Geschäftsmodelle gefährden oder die bestehenden Preismodelle kannibalisieren. Ein Beispiel ist das preisgünstige Angebot von lizenzfreien Fotografien auf Portalen wie pixelio oder iStockphone durch Amateurfotografen.

10.5   Der Crowdsourced-Innovation-Case

Das Unternehmen innosabi GmbH wurde 2010 von den vier Gründern Catharina van Delden, Moritz Sebastian Wurfbaum, Jan Fischer und Hans-Peter Heid ins Leben gerufen. Innosabi bietet Crowdsourcing- und Open Innovation-Software und begleitende Dienstleistungen zur Initiierung von Innovationen im Zeitalter der Digitalisierung. Zu den Kunden zählen unter anderem HARIBO, Kärcher, Continental, dm-drogerie markt, OSRAM, Messe München und die Postbank. Das Unternehmen zählt rund 25 Mitarbeiter.

Der vorliegende Case sowie die zugrunde liegenden Informationen resultieren aus einem Interview, das ich mit der Gründerin Catharina van Delden sowie Oliver Merx führte. Catharina van Delden ist als Chief Executive Officer für die Geschäftsführung verantwortlich. Oliver Merx betreut als Business Development Manager die Entwicklung von Neukunden sowie die Weiterentwicklung von Bestandskunden.

10.5.1   Was ist das Leistungsversprechen von Crowdsourced Innovation?

Wer hat die Innovationshoheit? Wer bestimmt die Märkte von morgen? Wer (er)kennt die Bedürfnisse der Kunden am besten und setzt das adäquat und zeitnah in wettbewerbsfähige Produkte bzw. Dienstleistungen um? Die Gatekeeper und Stakeholder zur Beantwortung dieser Fragen waren in der Vergangenheit die Branchenführer und Experten mit jahrelanger Erfahrung und einem ausgezeichneten Trackrecord an exzellenten Produkten bzw. Dienstleistungen.

Wie schnell angestammte Leader zu Followern im Markt werden, zeigt sich heute in einer Vielzahl von Branchen – ob Taxidienstleistungen, Hotelbuchungen, Versandhandel und seit Neuestem die Automobilbranche. Alle eint, dass der Veränderungsdruck zunimmt – sowohl im Business-to-Business- als auch im Business-to-Consumer-Bereich. Die Beschleuniger dieser Entwicklung sind Digitalisierung und Vernetzung. Sie verändern die Erwartungen und das Verhalten von Kunden ebenso wie Produkte, Prozesse und gesamte Geschäftsmodelle von Unternehmen. Dabei macht die Digitalisierung und Vernetzung nicht vor den Innovationsprozessen eines Unternehmens halt. Auch hier sind innovative Methoden adäquat, um den Anschluss an die neue Offenheit, Kollaboration und den Zeitgeist des digitalen, vernetzten Konsumenten nicht zu verlieren.

Kombiniert man Crowdsourcing mit den Methoden der Open Innovation entsteht „Crowdsourced Innovation". Der Ansatz dient dazu, die internen Prozesse gezielt zu öffnen und den Zugang zu externem Wissen, Ideenreichtum, Wünschen und Bedürfnissen sowie Problemlösungsansätzen für die Entwicklung neuer Produkte, Services und Geschäftsmodelle von Unternehmen zu erschließen. Crowdsourced Innovation nutzt die Möglichkeiten der digitalen Vernetzung zur Einbindung des (potenziellen) Kunden als Partner für die eigene Entwicklung. Dadurch kann das Unternehmen effizient und effektiv auf den hohen Veränderungsdruck des Marktes reagieren. Crowdsourced Innovation stärkt zudem die eigenen Kundenbeziehungen sowie das Verständnis vom Kunden und seinen Bedürfnissen. Durch diese Öffnung in Form einer Haltungsänderung schafft Crowdsourced Innovation die Grundlage für Unternehmen, wirtschaftlich erfolgreicher zu sein, indem das Unternehmen die knappen Ressourcen auf die – aus Kundensicht – vielversprechendsten Vorhaben allokieren kann. So werden beispielsweise neue Produkte bzw. Dienstleistungen nicht erst beim Markteintritt als wirtschaftliche Flops vom Kunden verworfen. Eine Beurteilung erfolgt schon wesentlich früher, da der Kunde ja bereits Bestandteil der Entwicklung der für ihn „richtigen" Problemlösung war.

▶   **Crowdsourced schafft Vernetzung und damit die Voraussetzung
     für mehr Innovation**
     Eines der überzeugendsten Nutzenversprechen von Crowdsourced Innovation ergibt sich aus der Vernetzung innerhalb des Unternehmens. Durch die Heterogenität der Fragestellungen werden bei Crowdsourced Innovation zumeist mehrere Abteilungen involviert – Marketing, Innovation, Entwicklung, Forschung etc. Vormalige „Silos" müssen sich zusammenschließen, um die zu

untersuchenden Fragestellungen zu formulieren und den Prozess zu begleiten. Der gemeinsame Ankerpunkt wird das neue Korrektiv: die Stimme und
Beurteilung des Kunden. Dem Kunden wird die Autorität bei der Suche nach
Lösungen zugebilligt. Damit entfällt die interne Nabelschau einer unproduk-
tiven Rechthaberei, welche gern zwischen den verschiedenen Abteilungen
offen oder verdeckt ausgetragen wird. Wo der Kunde entscheidet, was für ihn
Wert schafft, wird das heterogene Team vom Bedenkenträger zum Erfüllungs-
gehilfen einer größeren Mission transformiert: die Bedürfniserfüllung des
Kunden.

Der Kunde hat eine höhere Glaubwürdigkeit, da er allein für das Unternehmen Wert schaffen kann: als Abnehmer und Botschafter der Produkte bzw. Dienstleistungen eines Unternehmens. Diese methodische Öffnung des Unternehmens durch den Prozess des Crowdsourced Innovation-Ansatzes führt bereits zu neuen Sichtweisen und Impulsen. Im Idealfall
resultiert daraus ein kundenorientierteres Denken, das den Zugang zum Kunden nicht abstrakt über Marktforschung, sondern unmittelbar über die betreute Kundengruppe eröffnet.
Mitarbeiter können nun direkt auf den Kunden zugehen und ihre Ideen vorstellen, mit ihm
diskutieren, optimieren und weiterentwickeln. Das ist im besten Sinne die Erlangung einer
Outside-in-Perspektive (siehe auch Abschn. 3.1).

10.5.2 Innovationstreiber – Crowd oder Individuum?

In ihrem Buch identifiziert Catharina van Delden das Individuum als einen der Treiber
von Innovationen: „In countless cases, the source of innovative new products are not
companies with their organized development and profit orientation but instead indepen-
dent users looking for a solution for their individual needs" (van Delden 2014, S. 38 f).
Wie passt das zur „Crowd"-Idee als Innovationstreiber? Laut Catharina van Delden und
Oliver Merx ergänzen sich das individuelle Streben und Crowdsourced Innovation sehr
gut. Es sind zwei Ansätze, die aber im Kern das Gleiche verfolgen: die Lösung eines
Problems oder die Befriedigung eines Bedürfnisses. Crowdsourced Innovation eröffnet
für das Individuum über die Interaktion mit anderen Individuen der Crowd die Möglich-
keit, Konzepte schneller und intensiver zu validieren. Wobei nicht nur „geht" oder „geht
nicht" das Ergebnis sind, sondern vielmehr Anregungen, Ergänzungen, Marktrecher-
che, Verbesserungen oder gezielte Unterstützung bis hin zur Simulation einer möglichen
Wertschöpfung. Durch die Einbeziehung der Crowd – des späteren Kunden – kann eine
Validierung der Idee oder des Konzeptes in erheblich kürzerer Zeit erfolgen und das
Risiko, etwas übersehen zu haben, wird minimiert. Durch den Zugang zu einer Vielzahl
von möglichen Unterstützern, können auch diejenigen schneller identifiziert werden,
die für die jeweilige Entwicklung (getrieben durch das Individuum) genau die richtigen
Sparringspartner sind.

10.5.3 Die Nutzendimensionen von Crowdsourced Innovation

Crowdsourced Innovation bietet vier Kooperationsmöglichkeiten mit dem Kunden bzw. Anwender für ein Unternehmen:

1. Aufbau und Nutzung von Innovations-Communitys
   Temporär oder längerfristig werden Kunden und Anwender vom Unternehmen eingeladen, einer zumeist digitalen Plattform beizutreten. Auf dieser Plattform werden die jeweiligen Problemstellungen, neuen Ideen, Innovationsansätze im direkten Austausch mit dem Kunden besprochen mit dem Ziel, die für den Kunden relevanten Bedürfnisse bzw. die maßgebliche Wertschöpfung zu identifizieren. In einem offenen Austausch mit den Mitgliedern einer Gruppe werden Ideen diskutiert und im Dialog weiterentwickelt. Idealerweise stecken in der späteren Idee das Wissen und die Erfahrung von sehr vielen Menschen. In einer Welt, die von hoher Veränderungsgeschwindigkeit geprägt ist, kann Crowdsourced Innovation ein Korrektiv in Bezug auf die Sinnhaftigkeit von neuen Lösungen darstellen. Die „Crowd" kann den Nutzen von Produkten bzw. Dienstleistungen möglicherweise schneller beurteilen, als eine umfangreiche Marktforschung oder der Disput zwischen verschiedenen internen Fachabteilungen das leisten könnte. Nicht alles, was gut klingt und im Trend liegt, sollte auch umgesetzt werden – entscheidend ist der Kundennutzen.
2. Technology Scouting
   Diese Dimension der Crowdsourced Innovation hilft Unternehmen, in spezifischen Fragestellungen gezielt nach Lösungen oder kreativen Problemlösungen zu suchen. Dazu können komplexe Fragestellungen zählen oder die Suche nach Lösungen, die in anderen Branchen bereits gefunden wurden. Im Gegensatz zur eher allgemeinen Suche nach Nutzen stiftenden Innovationen können hier auch ausgereifte Technologien Inhalt der Recherche sein. Die Crowd kann sich im Auftrag des Unternehmens auf die Suche nach und die Bewertung von Trends mit und ohne Technologiekomponenten begeben.
3. Weiterentwicklung des internen Ideenmanagements
   Crowdsourced Innovation bietet ein gutes Potenzial, das „Stiefmütterchen" des internen Ideenmanagements mit neuen Impulsen zu versehen. Heute leiden viele dieser Systeme zur Hebung der Ideen der Mitarbeiter an fehlender Wertschätzung. Dies liegt einerseits an der großen Streubreite der Ideen, vom Vorschlag für besseres Kantinenessen bis zur Neuerfindung des eigenen Geschäftsmodells. Anderseits fehlt den innovativen Ideen der Mitarbeiter häufig schlicht der Rückhalt zur Verwirklichung und deren Vorsondierung, welches wirtschaftliche Potenzial in einer Idee steckt. Die Methode der Crowdsourced Innovation identifiziert schneller chancenreiche Ideen und schafft über den Ansatz der Kollaboration bzw. Co-Creation die Basis für eine inspirierende Weiterentwicklung im liquiden Team.
4. Erweiterung des eigenen Geschäftsmodells
   Crowdsourced Innovation kann darüber hinaus das eigene Geschäftsmodell erweitern. Innosabi unterstützte die Messe München dabei, ihr bestehendes Messegeschäft zu erweitern. Anstatt Hersteller und Händler an einigen wenigen Tagen im Jahr zusammen-

zubringen, vernetzt die Open Innovation-Plattform das ganze Jahr über Aussteller und Messebesucher mit interessierten Endnutzern. Die bestehenden Messeformate werden so auf längere Sicht um eine digitale Servicekomponente ergänzt. Dabei kann die Messe auf zahlreiche Kontakte zu Experten aus verschiedensten Branchen zurückgreifen und wertvolles Wissen und relevante Expertise in die Innovationsprojekte einbringen. Eine Erweiterung, die für alle Unternehmen interessant sein dürfte, die über eine umfangreiche Menge von Kundenprofilen verfügen, die dann über Crowdsourced Innovation für spezifische Projekte aktiviert werden könnten.

Alle Nutzendimensionen von Crowdsourced Innovation eint die Bedeutung der Moderation. Über die Moderation kann sehr stark gelenkt werden, ob das Unternehmen aus einer Crowd nur allgemeine Ideen, konkrete Anregungen, Lösungsvorschläge für komplexe Aufgabenstellungen oder komplett neue Geschäftsmodelle erhält. Die Moderation ist der entscheidende Faktor, ob es bei unspezifischen „Tipps" bleibt oder relevante Insights generiert werden. Bewährt hat sich die Aufteilung in zwei Moderationsrollen. Eine Person übernimmt die Basismoderation. Sprich, sie kümmert sich um den Ablauf, administrative Dinge, die Hinführung des Dialogs zur Zielfragestellung sowie die Motivation der Teilnehmer. Die zweite Person übernimmt die fachliche Moderation. Dazu zählen Nachfragen, Konkretisieren, der Wissenstransfer von und in die Fachabteilung sowie die Sondierung der fachlichen Lösungsvorschläge. Gerade wenn Vorschläge sehr kurz und hastig vorgebracht werden, ist es Aufgabe der Moderation, durch gezieltes Nachfragen den Vorschlag besser herauszuarbeiten. Dieses Vorgehen bietet darüber hinaus auch eine weitere Partizipationsmöglichkeit für andere, sich an der Konkretisierung zu beteiligten. Eine Moderation kann dabei sowohl intern als auch durch externe Personen erfolgen, wobei die direkte Interaktion unternehmenseigener Mitarbeiter mit der Crowd einen unmittelbaren Wissenstransfer darstellt, bei dem der Moderator Beziehungen zu den Kunden aufbauen kann und ein Gefühl für die Community erhält.

10.5.4 Wie setzen Unternehmen Crowdsourced Innovation erfolgreich ein?

Die Unternehmen, die besonders erfolgreich sind, zeichnen folgende Kriterien aus:

a. Es gibt eine treibende Kraft im Unternehmen für das Vorhaben durch eine maßgebliche Person,
b. eine Kultur, die Chancen erkennen und Lernen möchte sowie
c. die Bereitstellung von notwendigen Ressourcen inklusive Budget für das Vorhaben.

Wie bei so vielen erfolgreich abgeschlossenen Vorhaben geht es nicht ohne eine „beseelte" Persönlichkeit, die die Crowdsourced Innovation auch vorantreibt. Idealerweise ist das Vorhaben getragen durch die unbedingte Zustimmung der Geschäftsführung, die ihre

Mitarbeiter ermuntert, beim Kunden auch wirklich nachzufragen. Dies wiederum bedingt zumindest in Teilen eine offene Unternehmenskultur. Für Crowdsourced Innovation spricht dabei auch, dass ein Unternehmen durch diesen Prozess ganz zwangsläufig offener wird. Das offensive Nachfragen beim Kunden setzt allerdings Authentizität voraus. Wer keine Lust auf den offenen Dialog hat und dies nicht als Chance begreift, wird keine wesentlichen Erkenntnisse aus diesem Prozess mitnehmen. Denn die teilnehmenden Menschen werden immer die authentische Partizipation an einem wirklichen Problem von dem bloßen Feigenblatt eines vermeintlichen kundenoffenen Unternehmens unterscheiden können. Hier sind Ehrlichkeit und offene Bereitschaft gefordert. Dies wird durch die Bereitstellung der notwendigen Mittel abgerundet. Als Richtwert kann mit ungefähr sechs Wochen Einrichtungszeit sowie weiteren sechs Monaten Reifezeit für die Community kalkuliert werden. Hierbei sei angemerkt, dass die ersten sechs Wochen durchaus einen größeren Zeiteinsatz erfordern. Wer innerhalb von zwei bis drei Wochen bahnbrechende Ergebnisse erwartet und das Projekt neben vielen anderen Vorhaben aufsetzt, wird also tendenziell enttäuscht aus dem Prozess gehen.

▶   **Die richtigen Fragen stellen – oder eben auch darauf verzichten**
    Ein Unternehmen, welches mit Crowdsourced Innovation erfolgreich ist,
    formuliert vorab die KPIs der Zielerreichung inklusive ihrer Werte bzw. Inhalte.
    Das initiierende Unternehmen ist strukturiert genug, um die Aufgabenstellung
    in eine verständliche Frage für die Community zu übertragen. Gleichfalls lässt
    das Unternehmen aber auch Raum, um den Lösungskorridor nicht zu schnell
    einzuengen. Wenn komplett neue Ideen entwickelt werden sollen, kann auf
    eine konkrete Fragestellung verzichtet werden. Die Ansprache und das Mit-
    nehmen der Crowd sind erfolgskritisch, ebenso wie ein verständlicher Ablauf
    und ein nachvollziehbarer Entscheidungsprozess.

Ein guter Problemlösungsprozess lebt im Wesentlichen von der engagierten Partizipation der Teilnehmer in der Crowd. Aber wie kann das gelingen, wenn ihre Arbeit in den allermeisten Fällen nicht einmal finanziell vergütet wird? Die Teilnehmer sind in der Regel intrinsisch motiviert. Ein Unternehmen, das Crowdsourced Innovation erfolgreich einsetzt, schafft es, diejenigen Teilnehmer in der Crowd zusammenzubringen, die die Fragestellung als ihr ureigenes Problem empfinden und damit die Möglichkeit haben, ebendieses (eigentlich für sich selbst) zu lösen. Der Zugang zur Crowd sollte denen vorbehalten sein, die an der Mitarbeit wirklich Spaß haben. Eine Limitierung im Zugang befördert darüber hinaus die Begehrlichkeit. Eine starke Triebfeder für die Teilnahme ist die Möglichkeit, das Produkt oder die Dienstleistung zeitlich vor den anderen zu bekommen. Menschen „kaufen" gern Geschichten und sind so Teil von etwas Großem: ein Erfolgsmomentum von Crowdfunding-Plattformen wie kickstarter.de, bei denen Kunden nicht nur ein Produkt kaufen, sondern dieses vor anderen exklusiv erwerben können. So können sie Teil einer größeren Geschichte werden und auf diese Weise die Produktgeschichte mitschreiben.

10.5.5 Die Grenzen von Crowdsourced Innovation

Ein öffentliches Projekt oder eine frei zugängliche Plattform, die Crowdsourced Innovation fördert, kann drei Dinge nicht uneingeschränkt leisten: die Sicherung der Intellectual Property, eine Repräsentativität der Ergebnisse und eine Erfolgsgarantie.

Wer konkrete Fragen stellt, verrät dem Auditorium, was er nicht weiß, wo sich für ihn Probleme ergeben und an welchen Stellen das Unternehmen nicht weiterkommt. Bei einem öffentlichen Crowdsourced Innovation-Projekt kann nicht ausgeschlossen werden, dass sich unter den Teilnehmer ein Wettbewerber in der Crowd befindet und durch die Art und Weise der Fragestellung sowie die Moderation genauere Kenntnisse erhält, was dem initiierenden Unternehmen heute an Know-how fehlt. Ebenfalls gibt es keinen 100%igen Schutz, dass die in der Crowd diskutierten neuen Ideen und Ansätze ausschließlich innerhalb der Crowd verbleiben. Zwar können die Teilnahmebedingungen Klauseln beinhalten, wie mit den Daten umzugehen ist – dies ermöglicht allerdings in erster Linie einen rechtlichen und keinen tatsächlichen Schutz. Daher kann es durchaus Fälle geben, in denen die von der Crowd entwickelten Ideen fast zeitgleich durch Wettbewerber umgesetzt werden. Das muss jedem initiierenden Unternehmen vorab klar sein. Wer bereits unter langsamen Entwicklungsprozessen leidet und damit offene Flanken für Fast Follower zeigt, die sehr schnell darin sind, eine gute Idee zu kopieren, tut sich mit der neuen Offenheit (auch gegenüber dem Wettbewerb) durch einen Crowdsourced Innovation-Prozess möglicherweise kein Gefallen.

Im Gegensatz zu einer quantitativen Marktforschung werden die Ideen zwar weiterentwickelt und bewertet, aber eine repräsentative Meinungsäußerung aller möglichen Kundengruppen kann nicht in jedem Fall garantiert werden. Es kann sogar sein, dass die Teilnehmer nicht einmal die späteren Kunden für das Produkt bzw. die Dienstleistung einschließen, selbst wenn das am Anfang des Prozesses noch gegeben war. Neue Geschäftsideen können aber möglicherweise zu neuen Kundengruppen führen, die eben nicht oder nur unterproportional in der Crowd vertreten sind.

Weiterhin ist es möglich, dass durch die Wandlung von Betroffenen zu Beteiligten die kritische Urteilsfähigkeit der Gruppe abnimmt und sie sich gegenseitig in einer positiven Erfolgsaussicht für das neue Produkt oder die neue Dienstleistung bestärkt. Das ist so lange kein Problem, wie keine unbedingte Ableitung der Prosperität einer Geschäftsidee aus der Crowd vorgenommen wird. Im Zweifelsfall sollte durch ergänzende qualitative oder quantitative Marktforschung eine Überprüfung stattfinden. Eine überaus positive „Meinung" der Crowd ist ein guter Indikator, aber keine Erfolgsgarantie für den geschäftlichen Erfolg oder Misserfolg einer Idee.

10.5.6 Die „Lessons Learned"

Unternehmen, die ihre Wertschöpfung durch Crowdsourced Innovation erweitern möchten, sollten dabei auf drei wesentliche Aspekte achten.

1. Kein Sprint, sondern eine Mittelstrecke
   Der methodische Ansatz von Crowdsourced Innovation ist weder hochkomplex, noch
   erfordert er ein jahrelanges Studium zum Verständnis. Es bedarf aber ein Umdenken im
   Unternehmen und damit einen Wandel in der Innovationskultur. Der Kunde wird vom
   schlichten Abnehmer zum Co-Creator. Er wird Ideen kritisch auf ihren Nutzen und auf
   ihre Sinnhaftigkeit hinterfragen. Er wird sich aber auch stark machen für eine bessere
   Problemlösung, um den Status quo zu verbessern. Diese Öffnung und der kritische
   Diskurs werden erfahrungsgemäß noch nicht von jedem Unternehmen gelebt. Daher
   handelt es sich eher um eine Mittelstreckendistanz statt eines kurzen Sprints.
2. Interesse für den Kunden und seine Bedürfnisse
   Wer kein wirkliches Interesse für den Kunden und seine Bedürfnisse aufbringen kann
   oder möchte, sollte vom Einsatz des methodischen Instrumentes Crowdsourced Innovation Abstand nehmen. Die dann vermutlich sehr enttäuschenden Ergebnisse werden in
   keiner Weise den internen Zeitaufwand und die notwendigen Investments rechtfertigen.
   Widerstehen Sie der Verlockung, einfach eine Trendmethode zur Imageverbesserung
   einzusetzen, der Kunde wird immer ehrliches Interesse von einem vorgeschobenen
   Imageprojekt unterscheiden können.
3. Trial & Error
   Den meisten Unternehmen mangelt es nicht an Ideen. Diese sind vielfach vorhanden und
   stammen aus diversen Quellen. Aus dem internen Ideenmanagement, den Anregungen
   von Kunden, neuen Möglichkeiten der Technologie, vom Wettbewerb oder übergreifenden Trends. Die Herausforderung liegt in der Umsetzung. Dabei ist diese eben nicht
   linear, sondern verläuft in Iterationsschleifen. Je komplexer das Vorhaben, desto höher
   die Amplituden zwischen Verzweiflung und Euphorie. Wer das eigene Unternehmen
   auf mehr Innovation trimmen möchte, sollte lernen, in Iterationen zu denken – Trial
   and Success (siehe auch Abschn. 12.5). Für den Mutigen schafft das Trial and Success-
   Vorgehen neue Optionen und Chancen für mehr Wachstum.

10.6   Fazit für die Erneuerung Ihres Marketings

Das unterscheidet den erfolgreichen Impulsgeber

Dem erfolgreichen Impulsgeber ist bewusst, dass er es nicht allein schaffen kann, oder er für
die Erreichung seiner Ziele wesentlich länger benötigen wird. Daher sucht sich der Impulsgeber zweckgebundene interne wie auch externe Kooperationspartner, die ihn in seinem
zielorientierten Streben, ein bestimmtes Ergebnis zu erreichen, unterstützen. Erfolgreiche
Kooperationen sind solche, an denen alle Kooperationspartner gleichermaßen partizipieren.
Nur wer seine eigenen Ziele erfolgreich durch die Zusammenarbeit umgesetzt sieht, wird
sich auch mit ganzem Engagement für die Sache einsetzten.

Darauf kommt es an

Oftmals werden Kooperationen als günstiges Marketinginstrument behandelt, weil es
vermeintlich beim gegenseitigen „Bartern" ja nichts oder nur die eigenen Materialaus-

gaben kostet. Das ist keine gute Voraussetzung für ernsthafte Partnerschaften. In jedem Fall investieren Sie in jede Kooperation eines Ihrer wertvollsten Güter: Zeit. Damit sich dieser Zeiteinsatz auch für Sie lohnt, sollten Sie vorab Ihre Ziele und Rahmenbedingungen schriftlich fixieren. Ein Letter-of-Intent ist eine gute Möglichkeit, die Eckpfeiler für eine tragfähige Kooperation aufzubauen. Bleiben Sie in jedem Fall verbindlich. Die reine Absichtserklärung einer kooperativen Zusammenarbeit ist kaum etwas wert. Überprüfen Sie an wichtigen Meilensteinen, ob die Kooperation auch das hält, was Sie sich davon versprochen haben. Gerade dafür ist eine schriftliche Fixierung zu Beginn von Bedeutung. Erneuern Sie Ihre Kooperationsvereinbarungen bzw. -partner, wenn Sie das Gefühl haben, sie passen nicht (mehr) zu Ihren Zielen.

Fragen

1. Haben Sie für sich die Optionen von internen und externen Kooperationen evaluiert und identifiziert?

2. Nutzen Sie heute in ausreichendem Maße die Kooperationsmöglichkeiten mit Ihrer IT-Abteilung oder dem Vertriebsteam?

3. Sind die Ziele bei Ihren heutigen Kooperationen eindeutig benannt? Überprüfen Sie die Zielerreichung turnusmäßig?

4. In welchem Maße beziehen Sie den Kunden heute kooperativ in ihre Initiativen mit ein?

5. Nutzen Sie die Möglichkeiten des Crowdsourcings zu Innovation, Co-Creation oder Effizienzsteigerung?

Literatur

Accenture. 2015. The marketing world is changing fast and digital is leading the charge. https://www.accenture.com/us-en/insight-cmo-digital-transformation-summary.aspx (Erstellt: 15. Februar 2016). Zugegriffen: 15. Apr. 2016.

Bartels, M. 2009. *Marketingkooperationen und Sponsoring im Vergleich*. Lohmar: Josef Eul Verlag.

BCG_CMO. 2015. The aigle Marketing Organization. https://www.bcgperspectives.com/content/articles/marketing-brand-strategy-agile-marketing-organization/ (Erstellt: 5. Oktober 2015). Zugegriffen: 15. Apr. 2016.

CallidusCloud Studie Sales and Marketing Sentiment Study. 2015. Callidus Software Inc.

cmo_Key. 2015. Customer-Centricity, Analytics, Optimisation Key In 2016: Forrester CMO. http://www.cmo.com/articles/2015/12/14/customercentricity-analytics-speed-and-optimisation-key-to-success-in-2016-says-forrester-cmo.html (Erstellt: 15. Dezember 2015). Zugegriffen: 15. Apr. 2016.

Van Delden, C. 2014. *Crowdsourced Innovation*. München: Innosabi GmbH.

Gassmann, G., und S. Friesike. 2012. *33 Erfolgsprinzipien der Innovation*. München: Carl Hanser Verlag GmbH & Co. KG.

GfK Verein. (September 2015). www.gfk-compact.com. 1513_sharing_download_final.pdf

Millward Brown Vermeer. (2015) Insights 2020. Driving Customer-Centric Growth. PDF.

Reichwald, R., und F. Piller. 2009. *Interaktive Wertschöpfung. Wiesbaden*. GWV Fachverlage GmbH: Gabler.

Schritt 6: Seien Sie exzellent!

Zusammenfassung

Achten Sie beim Handeln auf eine Exzellenz in der Ausführung. Die Reduktion auf das Wesentliche ist dabei ein wichtiger Teil der Exzellenz. Ein Impulsgeber hinterfragt zu Beginn die Notwendigkeit des Handlungsbedarfes kritisch. Denn jedes neue Vorhaben, jedes neue Projekt bindet Ressourcen und erzeugt Opportunitätskosten. Die Haltung einer Exzellenz in der Ausführung bedeutet auch, einmal begonnene Vorhaben kritisch zu hinterfragen. Würden die Ressourcen bei anderen Projekten mehr Impulse setzen? Stoppen Sie Projekte, die keine Impulse setzen. Möglicherweise wird man sie nicht einmal vermissen.

11.1 So schaffen Sie über eine veränderte Haltung mehr Exzellenz

Der sechste methodische Schritt behandelt die Effizienz im Erstellungsprozess. Als Impulsgeber sollten Sie sich stets fragen: „Wo muss optimiert, was sollte eher weggelassen werden?", ohne das Ziel aus den Augen zu verlieren. Mit anderen Worten: Welche Leistungskomponenten sind für den Erfolg des Vorhabens unverzichtbar und wie können diese zur Steigerung der Ergebnisqualität optimiert werden? Auf alles andere sollten Sie verzichten. Es verstellt den Blick auf die wesentlichen Aspekte, wird Ressourcen binden und zu keinem signifikant besseren Ergebnis führen. Jede zusätzliche Komponente erzeugt zusätzliche Komplexität, die wiederrum Risiken und Aufwände birgt.

Aus meiner Agenturzeit kann ich mich noch gut an umfangreiche Präsentationen des Kreativteams erinnern, in denen eine Kernidee in einer Vielzahl von Ausprägungen, beispielsweise in der Anwendung auf verschiedenen Medienkanälen, aufgezeigt wurde. Das machte aber selten die Kernidee besser und lieferte darüber hinaus wenig neue Erkenntnisse. Eine starke Kernidee wird umfangreiche Erläuterungen gar nicht benötigen. Basierend auf einer komprimierten Darstellung – zuzüglich der notwendigen Erläuterung –, wird der Rezipientenkreis selbst Adaptionsmöglichkeiten entwickeln. Eine zu große Anzahl von ausgearbeiteten Optionen behindert sogar diesen kreativen Prozess und verhindert so eine wichtige Partizipation und Teilhaberschaft der Gruppe an der Umsetzung eben dieser Kernidee. Ebenfalls überdeckt eine opulente kreative Ausarbeitung die Konzentration auf die wesentliche Zielsetzung des Marketings: die Erzielung von Wirkung. Dabei hilft eine gute Kreation, sie darf sich aber nicht verselbstständigen.

Führen wir uns eine typische Kette der Leistungserbringung im Marketing vor Augen: Zu Beginn steht die Identifikation eines Handlungsbedarfes, eine Lösung wird in Form einer strategischen Richtung skizziert, diesem schließt sich die Entwicklung eines Konzeptes an, auf dessen Basis die Auswahl eines geeigneten Projektteams (intern und extern) erfolgt, was in der Realisierung und Überprüfung der ursprünglichen Hypothese mündet. Wo entsteht der geringste Ressourceneinsatz? Selbstverständlich zu Beginn. In der Planung werden die geringsten Aufwände verursacht. Die Fehler aber, die hier gemacht werden, potenzieren sich im weiteren Prozess.

▸   Die Forderung nach Exzellenz muss also insbesondere am Beginn des Prozes-
     ses einsetzen. Ressourcen sind endlich und damit auch die eigenen Hand-
     lungsoptionen. Ein Impulsgeber hinterfragt zu Beginn die Notwendigkeit des
     Handlungsbedarfes kritisch. Jedes neue Vorhaben, jedes neue Projekt bindet
     Ressourcen und erzeugt Opportunitätskosten für möglicherweise dringendere
     Handlungsbedarfe.

Ist ein Projekt erst einmal unterwegs, wird es selten gestoppt – es sind ja schon Ressourcen hineingeflossen. Die Beteiligten haben schließlich schon einiges investiert und die Stakeholder von der Notwendigkeit überzeugt. Aber gelten eigentlich die Annahmen noch immer, ist das Vorhaben überhaupt durchführbar, können die gesteckten Ziele auch erreicht werden? Hinterfragen Sie einmal begonnene Vorhaben durchaus kritisch. Würden die Ressourcen bei anderen Projekten mehr Impulse setzen? Stoppen Sie Projekte, die keine Impulse setzen und deren Erfolgsaussichten gering sind. Möglicherweise wird man sie nicht einmal vermissen.

11.2   Die zwei Exzellenz-Erneuerer: Prozesse und Ressourcen

Im Wesentlichen wird die Exzellenz von zwei Elementen bestimmt: erstens Prozesse und zweitens Ressourcen (siehe Tab. 11.1).

Prozesse
Es benötigt die richtigen Prozesse, um die gegebenen Ressourcen so einzusetzen, dass sie die höchste Wertschöpfung erzeugen. Das Gesamte muss von einer Strategie getragen werden, die den Handlungsrahmen vorgibt. Innerhalb dieser übergeordneten Strategie können dann die jeweiligen taktischen Maßnahmen auf das größere Ziel einzahlen.

Tab. 11.1 Die Elemente der Exzellenz im Impuls gebenden Marketing

Marketing-Prozess		Marketing-Ressourcen	
Personal	Sachmittel	Standard/Basis	Projekte
Haltung Bereitschaft für eine exzellente Auftragsbearbeitung **Kenntnisse** Aktives Aufarbeiten von Erfahrungen sowie deren Austausch (intern/extern) **Fähigkeiten** Zugang zu Know-how (intern/extern) sowie die Ausbildung der am Prozess Beteiligten	**Produktionsmittel** Bereitstellung der adäquaten Mittel zur Erarbeitung der Aufgaben **Finanzielle Mittel** Hinlängliche Ausstattung zur Durchführung der Aufgaben	**Routinen** Identifikation der Kernroutinen und deren Optimierung im Verhältnis von Ergebnis zum Zeiteinsatz **Methoden** Isolation und Dokumentation der erfolgskritischen Methoden aus den Projekten	**Anforderungen** Aufgabenstellung, Zielsetzung, Rahmen, Umfang, Zeit, Mitteleinsatz und -bindung **Verantwortlichkeiten** Eindeutige Benennung der Zuständigkeiten **Ergebnis/Messbarkeit** Festlegung der Erfolgsfaktoren; Überprüfung der Ergebnisse anhand des Ressourcen-/ Zeiteinsatzes

Die Strategie gibt die Leitlinie, die Zielsetzung vor. Daraus wird die Auftragsbeschreibung für die taktischen Maßnahmen – die Exekutive – abgeleitet.

In jeder Marketingabteilung finden sich Standardprozesse – seien es die Reisekostenabrechnung, die Raumbuchung oder der Informationsaustausch in Besprechungen. Jede Gruppe von Menschen benötigt Routinen, um das gemeinsame Arbeiten zu ermöglichen. Sie sind wichtig, daran besteht kaum Zweifel. Diese Routinen werden aber selten einer Überprüfung unterzogen. Der erste Schritt zur Optimierung ist die Identifikation der wichtigsten Routinen. Der zweite Schritt ist die Überprüfung, ob das Ergebnis in einem gesunden Verhältnis zum Zeiteinsatz steht. Wird die turnusmäßige Besprechung überhaupt benötigt oder ist es nur eine alte Gewohnheit? Im Zweifel einfach weglassen. Wenn Sie keinen Unterschied merken, haben Sie es schon viel zu lange laufen lassen. Eine Hamburger Agentur tauschte einst die Tische und Stühle gegen Stehtische. Danach verkürzte sich die Dauer von Besprechungen erstaunlich stark.

Die Methoden sind der Kern einer exzellenten Leistungserstellung. An jedem neuen Vorhaben lassen sich die vorliegenden Methoden zur Bearbeitung überprüfen oder durch neue Methoden ergänzen, mitunter auch substituieren. Die Leitlinie ist stets die Erzielung eines besseren Arbeitsergebnisses in gleicher oder kürzerer Zeit. Der Impulsgeber nutzt dazu auch externe Quellen und dokumentiert die verwendeten Methoden. Gerade die Dokumentation ermöglicht eine einfache Skalierung, um eine bessere Ergebnisleistung bei gleichbleibendem Mitteleinsatz zu erreichen.

Ressourcen

Bei den personellen Ressourcen ist die Haltung, die Einstellung zur Exzellenz das Entscheidende. Ohne die richtige Einstellung wird niemals eine Exzellenz erreicht, auch wenn die Ausbildung, die die einzelnen Beteiligten mitbringen, noch so gut ist. Erst im Zusammenspiel entscheidet sich, ob eine überdurchschnittliche Leistung gelingt. Ein Impulsgeber im Marketing achtet auf die Haltung der Menschen. Unterstützen und fördern Sie die Menschen, die eine Exzellenz von sich heraus anstreben, die die Verbesserung in den Ablaufprozessen suchen und offen sind für Veränderungen. Menschen, denen die Exekutive nicht liegt, sollten Sie besser auf andere Positionen bzw. Aufgaben setzen. Es klingt trivial, aber versuchen Sie, Menschen dort einzusetzen, wo ihnen die Aufgaben leichtfallen und sich daher eine natürliche Motivation ergibt. Menschen dort zu motivieren oder zu fordern, wo ihre Schwächen liegen, wird bei den Beteiligten und bei Ihnen nur zur Frustration führen.

Es kann sich häufig die Situation ergeben, dass für die Erfüllung all der ambitionierten Aufgaben die Sachmittel nicht in ausreichendem Umfang zur Verfügung stehen. Um eine exzellente Aufgabenbearbeitung zu ermöglichen, sind der Aufgabenumfang und die Anzahl der Vorhaben kritisch zu prüfen. Nehmen Sie sich besser weniger vor. Statten Sie aber die selektierten Vorhaben mit adäquaten Sachmitteln und genügend finanziellen Mitteln aus – inklusive Puffer.

Jedes Vorhaben, was in der vorliegenden Form nur einmalig vorkommt und einen definierten Anfang sowie ein Ende mit einem klar umrissenen Endergebnis hat, stellt ein Projekt dar. Zur operativen Exzellenz muss für jedes Projekt eine Anforderungsbeschreibung vorliegen. Ohne diese sollte weder ein Projekt gestartet noch sollten Ressourcen allokiert werden. Der Impulsgeber muss abgleichen, ob für die umrissene Zielsetzung die Ressourcen überhaupt ausreichen. Eine Überstrapazierung der eigenen Ressourcen führt zwangsläufig zu Misserfolgen.

Die Eigenheit von Projekten bringt es mit sich, dass nicht für alle Aufgabenstellungen bzw. Ausprägungen der Anforderung die eigenen personellen Ressourcen vorhanden sind. Die erste Möglichkeit besteht in der Ausbildung der Betreffenden vor dem Projekt oder on the Job. Vorteil: Die Fähigkeiten des eigenen Teams werden erweitert. Bei kritischen Aufgabenteilen, für die kein eigenes Know-how kurzfristig zur Verfügung steht, sind externe Spezialisten die Lösung. Bei einer guten Anbindung an die eigenen Mitarbeiter findet ein entsprechender Know-how- bzw. Methodentransfer ins eigene Team statt. Die Prozesszeit verringert sich beim Einsatz erfahrener Spezialisten – bei hoher Ergebnisqualität. Somit haben Sie bzw. der Projektleiter den Rücken frei, um für die verbleibenden Aufgabenbestandteile eine höhere Exzellenz in der Leistungserstellung anzustreben. Ich habe häufig beobachtet, wie aus falsch verstandenem Ehrgeiz die eigenen Kräfte überschätzt und ein Vorhaben nur mit den eigenen Ressourcen realisiert wurde. Für Routineprozesse und die Kernbestandteile von Projekten sollte das gewährleistet sein. Für spezialisierte Aufgabenstellungen sind aber externe Experten die bessere Lösung, denn Prozessqualität und -geschwindigkeit nehmen signifikant zu.

▶   **Zuständigkeiten zu Beginn festlegen**
    Unklare Verantwortlichkeiten sind einer der häufigen Ineffizienztreiber. Des-
    halb sind gleich zu Beginn eines Vorhabens die Zuständigkeiten festzulegen
    und mit den Beteiligten zu besprechen. Jedem im Team müssen seine Rolle
    und die daraus abgeleiteten wesentlichen Verantwortungsbereiche klar sein.
    Dabei sind die Anforderungen der jeweiligen Rolle gegenüber der Einstellung
    sowie den vorhandenen Erfahrungen und Fähigkeiten kritisch zu überprüfen.
    Ein Team verliert zu viel Zeit, wenn diese Aspekte nicht geklärt sind.

Eine hohe Effizienz und damit Exzellenz in der Leistungserstellung ergibt sich aus dem
Ergebnis in Relation zum Zeit- und Ressourceneinsatz. Mit welchen Parametern lässt
sich die Exzellenz überprüfen? Nutzen Sie wenige Parameter, die Sie mit überschaubaren
Aufwand erfassen können: beispielsweise den Stundeneinsatz, die Übereinstimmung von
Anforderungsbeschreibung zum Endergebnis, das Ergebnis selbst (Über-/Untererfüllung),
die Einhaltung des Budgets, die Anzahl der gefundenen und behobenen Fehler (beispielsweise bei Webprojekten), die Anzahl der Eskalationen im Projekt oder die Skalierbarkeit
der „Lessons Learned" auf andere Vorhaben. Die Einschätzung der Exzellenz kann erst
sinnvoll in Relation der Parameter zu anderen Vorhaben erfolgen.

11.3   Die Prozessoptimierung im Marketing

Wenn Sie kurz- bis mittelfristig die operative Exzellenz steigern möchten, können Sie dies
in einer oder beiden Dimensionen (Ressourcen oder Prozesse) vornehmen. Erfahrungsgemäß sind die Sachmittel häufig begrenzt und können nur über die Zeit skaliert werden. Zur
Steigerung der Sachmittel sind dann entsprechende Ergebnisse aus vorhergehenden Maßnahmen nachzuweisen oder andere Notwendigkeiten liegen zwingend vor – und in Zeiten
stagnierender oder sinkender Umsätze werden schnell die Marketingbudgets eingefroren
oder gekürzt. Die Ausbildung von Kenntnissen und Fähigkeiten des Teams für die exzellente Leistungserstellung liegt eher im mittelfristigen Bereich. Eine Weiterentwicklung
ist selbstverständlich Bestandteil jedes guten Personalmanagements, aber es braucht Zeit.
Verbleibt noch die Haltung. Der schnellste und effektivste Weg, die Haltung des Teams
für operative Exzellenz positiv zu verändern, ist das eigene Vorleben. Nur wenn Sie für
eine operative Exzellenz einstehen, diese von sich selbst fordern und anderen vorleben,
kann eine Veränderung der Einstellung gelingen. Verhaltensänderungen sind nicht einfach,
aber in diesem Punkt haben Sie es selbst in der Hand und können sofort damit beginnen.

Bei den Prozessen hingegen fällt es kurzfristig leichter, eine Optimierung anzustreben.
Neben dem Ansatz einer steten Optimierung, die im letzten Kapitel behandelt wurde, ist
eine grundlegende Überarbeitung bzw. Neuerstellung eine weitere Option. Diese steht
idealerweise zu Beginn einer Neuorientierung unter der Zielsetzung der Erreichung einer
operativen Exzellenz. An eine grundlegende Überarbeitung bzw. Neuerstellung der Pro-

zesse sollte sich dann eine Optimierung anschließen. Eine komplette Neuorganisation von Prozessen ohne Situationsanalyse ist theoretisch möglich. Aber das Vorgehen gestaltet sich mühsamer. Denn die am Prozess Beteiligten werden sich immer auf den Status quo berufen. Mit einer ausreichenden Analyse geben Sie diesem Status quo bereits Raum. Konzentrieren Sie sich bei der Situationsanalyse nur auf die wesentlichen Aspekte. Der größte Effizienzhebel liegt im Substitut oder in der Eliminierung von Prozessen oder Prozessteilen mit den zugeordneten Aufgaben. Stellen Sie sich die Frage, ob die Prozesse oder Prozessteile ausreichend wertschöpfend sind. Beurteilen Sie die Wertschöpfung aus der Sicht eines Impulsgebers und weniger aus der eines Verwalters.

Der Weg zu höherem Output bei gleichem Input ist die Fokussierung auf weniges, welches aber mit einer höheren Professionalität erbracht wird. Dies führt zu einer Exzellenz in der Realisation, da der Flaschenhals der bestehenden Ressourcen nicht durch Unwesentliches verstopft wird. Ein weiterer Treiber von Ineffizienzen liegt in den Schnittstellen innerhalb und außerhalb der Organisation. Jeder möchte gern gefragt und auf dem letzten Stand sein. Schon in einem kleineren mittelständischen Unternehmen ist das bei der Vielzahl von Projekten und Vorhaben ein nicht zu realisierendes Ideal. Der Impulsgeber ist mit einem Erwartungsmanagement gegenüber den Stakeholdern an den Schnittstellen zum eigenen Team gut beraten. Die wesentlichen Eckpunkte sollten allen Beteiligten selbstverständlich klar sein. Wenn aber zu viele Beteiligte an nahezu allen Entscheidungsprozessen teilhaben möchten, zeugt das von falsch verstandener Partizipation. Unter dem Dach einer gemeinsam abgestimmten Zielsetzung sollten die Endscheidungen im Prozess immer auf der niedrigsten Ebene selbstständig und verantwortlich getroffen werden. Nur hier liegen die notwendige Detailtiefe und das Verständnis der Konsequenzen in ausreichender Form vor. Solange das in die verabschiedete Zielsetzung „einzahlt", sollte mit diesem Vorgehen ja auch niemand ein Problem haben. Die Involvierung des Managements in die Reorganisation von Prozessen ist elementar. Die Prozesse bestimmen die Effizienz im Einsatz der Mittel. Keine Organisation sollte ihre Kernprozesse nur in lapidarer Kürze behandeln. Die Überarbeitung von Prozessen sollte turnusmäßig erfolgen – auf jeden Fall, wenn Anpassungen der Organisation, signifikante Veränderungen des Marktumfeldes, die Expansion in neue Geschäftsfelder oder die Substitution von Geschäftsbereichen zur Disposition stehen. Ein impulsorientiertes Marketing analysiert, ob die bestehenden Prozesse noch wettbewerbsfähig sind, um die neuen bzw. erweiterten Anforderungen der Organisation abzudecken (siehe Abb. 11.1).

Bei der Reorganisation von Kernprozessen stellt sich die Frage des Outsourcings. Wenn die grundlegende strategische Entscheidung durch das Management getroffen wurde, das Marketing als integralen Bestandteil des eigenen Geschäftsmodells zu verstehen, sollten demzufolge die Kernprozesse auch nicht outgesourct werden. Der Impulsgeber muss den Anspruch haben, in ebendiesen Kernprozessen überproportionale Wertschöpfung zu erbringen. Damit stellen sie einen Wettbewerbsvorteil dar und können nicht nach außen verlagert werden. Die Option eines Outsourcings ist hingegen bei unterstützenden Prozessen durchaus angebracht. Nicht alles muss in der eigenen Abteilung erbracht werden. Andere Abteilungen des Unternehmens oder externe Dienstleister sind möglicherweise wesentlich besser für die exzellente Durchführung aufgestellt als das eigene Team. Aus eigener Er-

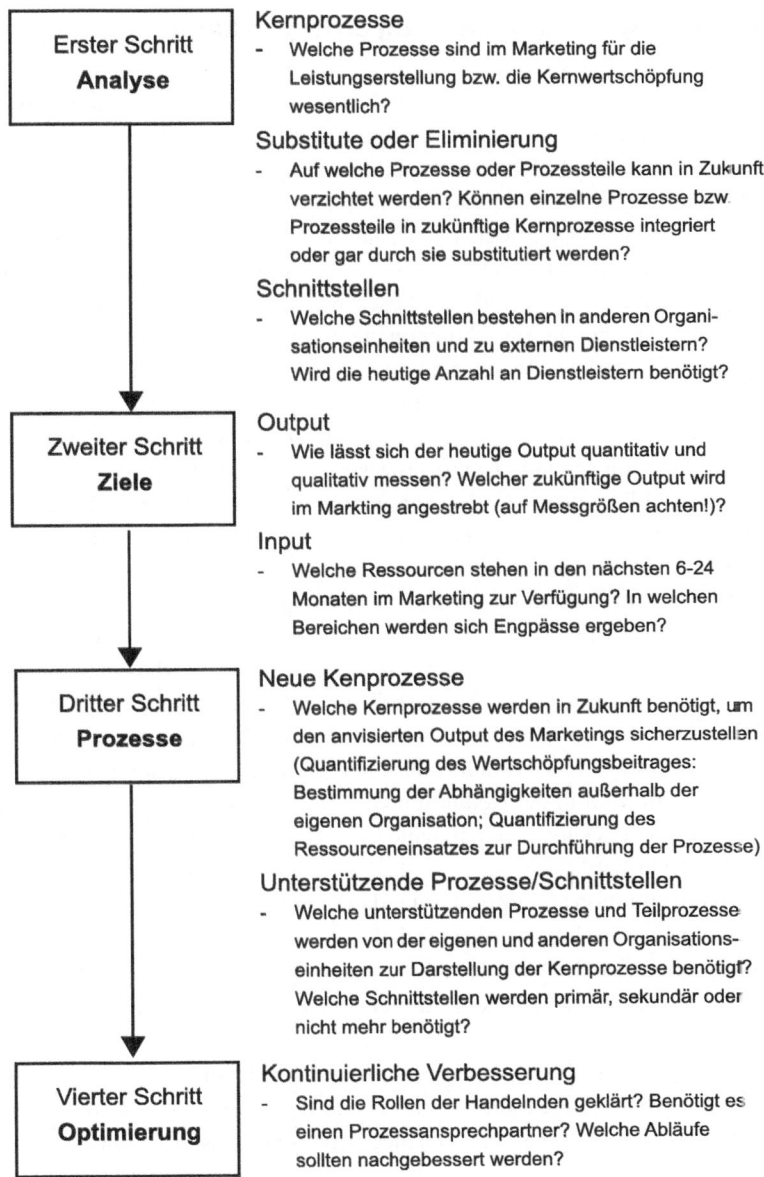

Erster Schritt
Analyse

Kernprozesse
- Welche Prozesse sind im Marketing für die Leistungserstellung bzw. die Kernwertschöpfung wesentlich?

Substitute oder Eliminierung
- Auf welche Prozesse oder Prozessteile kann in Zukunft verzichtet werden? Können einzelne Prozesse bzw. Prozessteile in zukünftige Kernprozesse integriert oder gar durch sie substituiert werden?

Schnittstellen
- Welche Schnittstellen bestehen in anderen Organisationseinheiten und zu externen Dienstleistern? Wird die heutige Anzahl an Dienstleistern benötigt?

Zweiter Schritt
Ziele

Output
- Wie lässt sich der heutige Output quantitativ und qualitativ messen? Welcher zukünftige Output wird im Markting angestrebt (auf Messgrößen achten!)?

Input
- Welche Ressourcen stehen in den nächsten 6-24 Monaten im Marketing zur Verfügung? In welchen Bereichen werden sich Engpässe ergeben?

Dritter Schritt
Prozesse

Neue Kenprozesse
- Welche Kernprozesse werden in Zukunft benötigt, um den anvisierten Output des Marketings sicherzustellen (Quantifizierung des Wertschöpfungsbeitrages: Bestimmung der Abhängigkeiten außerhalb der eigenen Organisation; Quantifizierung des Ressourceneinsatzes zur Durchführung der Prozesse)

Unterstützende Prozesse/Schnittstellen
- Welche unterstützenden Prozesse und Teilprozesse werden von der eigenen und anderen Organisationseinheiten zur Darstellung der Kernprozesse benötigt? Welche Schnittstellen werden primär, sekundär oder nicht mehr benötigt?

Vierter Schritt
Optimierung

Kontinuierliche Verbesserung
- Sind die Rollen der Handelnden geklärt? Benötigt es einen Prozessansprechpartner? Welche Abläufe sollten nachgebessert werden?

Abb. 11.1 Die drei Schritte der Prozessoptimierung im Marketing

fahrung kann ich sagen, dass standardisierbare Leistungen durchaus in anderen Regionen der Welt erbracht werden können, ohne bedeutsame Qualitätsverluste zu erleiden. Dabei können neben Kosteneffekten auch versetzte Arbeitszeiten wertschöpfend genutzt werden. Daraus resultiert eine Entlastung der eigenen Ressourcen, der Koordinationsaufwand für diese Schnittstelle ist aber zu berücksichtigen.

11.4   Wie Six Sigma das Marketing erneuern kann

Six Sigma ist im Kern ein statisches Konzept, welches einen Prozess hinsichtlich seiner Mängel untersucht und optimiert. Das Six-Sigma-Level sind 3,4 Mängel pro einer Million Vorgänge! Six Sigma ist eine Managementphilosophie zur praxisnahen Mängelbeseitigung durch das Verständnis, die Messung und Optimierung von Prozessen (vgl. Brue 2006, S. 5). Insbesondere in diesem zweiten genannten Haltungsansatz – Managementphilosophie – liegt das Potenzial für das Marketing. Six Sigma hat seinen Ursprung in der Produktion, daher auch die hohen Benchmark-Zahlen. Diese sind kaum auf die Wertschöpfungsprozesse im Marketing übertragbar. Die Basiskomponenten von Six Sigma basieren auf der Identifikation von Mängeln und der Reduktion von Variationen. In beiden Dimensionen hat das Marketing erfahrungsgemäß Optimierungsbedarf. Dabei geht es nicht um das Prinzip des Trial & Error, welches ja bewusst den Fehler bis hin zum Scheitern zulässt, sondern um Mängel, die im Wesentlichen in Leistungsprozessen bei der Marketing-Wertschöpfung entstehen. Bei diesen Abläufen sind Fehler zu reduzieren und insbesondere die immer wieder auftretenden Variationen kritisch zu bewerten. So brachte es Jack Welch bereits auf den Punkt: „So next time you hear Six Sigma mentioned, don't run for cover. Once you understand the simple maxim ‚variation is evil‘, you're 60 percent of the way to becoming a Six Sigma expert yourself. The other 40 percent is getting the evil out" (Welch 2005, S. 251).

Die Vielfalt der Projekte und Vorhaben, Aufgabenstellungen, Märkte und Zielgruppen legt mitunter den falschen Schluss nahe, dass die prozessuale Entwicklung von Marketing-Endprodukten auch über eine solche Varianz verfügen müsse. Nur so kann das Ergebnis passgenauer dem Markt, dem Produkt oder aber auch der Zielgruppe entsprechen. Das Gegenteil ist der Fall. Erst in der Reduktion auf den – möglichst standardisierten – wertschöpfenden Kernprozess kann eine effiziente Erarbeitung erfolgen, da man eben nicht von der Varianz abgelenkt wird.

Durch die Konzentration auf erprobte, standardisierte Prozesse, die für jede Marketing-Aufgabenstellung gleich gelten, werden (Teil-)Ergebnisse schneller und effizienter erreicht. Mängel lassen sich ausschließen oder zumindest stark reduzieren, da nicht immer neue (Teil-)Prozesse die handwerklich doch immer gleich zu erbringenden Kernbestandteile verdecken.

Der Erstellungsprozess für Kampagnen umfasst typischerweise vier Schritte (siehe Abb. 11.2). Optimieren Sie einen solchen Prozess für Ihr Unternehmen so, dass er genügend Flexibilität aufweist, um beispielsweise Business-to-Business- oder Business-to-Consumer-Aktivitäten abzudecken. Er sollte aber soweit standardisiert sein, dass er eine effizientere Bearbeitung ermöglicht und Variationen möglichst einschränkt.

Ein wesentlicher Aspekt in der Six-Sigma-Methodik ist die Messbarkeit. Eine Verbesserung kann idealerweise durch die Messung vor und nach der Optimierung dokumentiert werden. In industriellen Fertigungsprozessen können durch die hohe Technisierung adäquate Daten entnommen werden. Bei vorwiegend manuell basierten Prozessen – wie im Marketing – ist eine Messung wiederum nur manuell möglich. Das erfordert die Festlegung von Messpunkten, die reproduzierbare Ergebnisse liefern, und die disziplinierte Erfassung

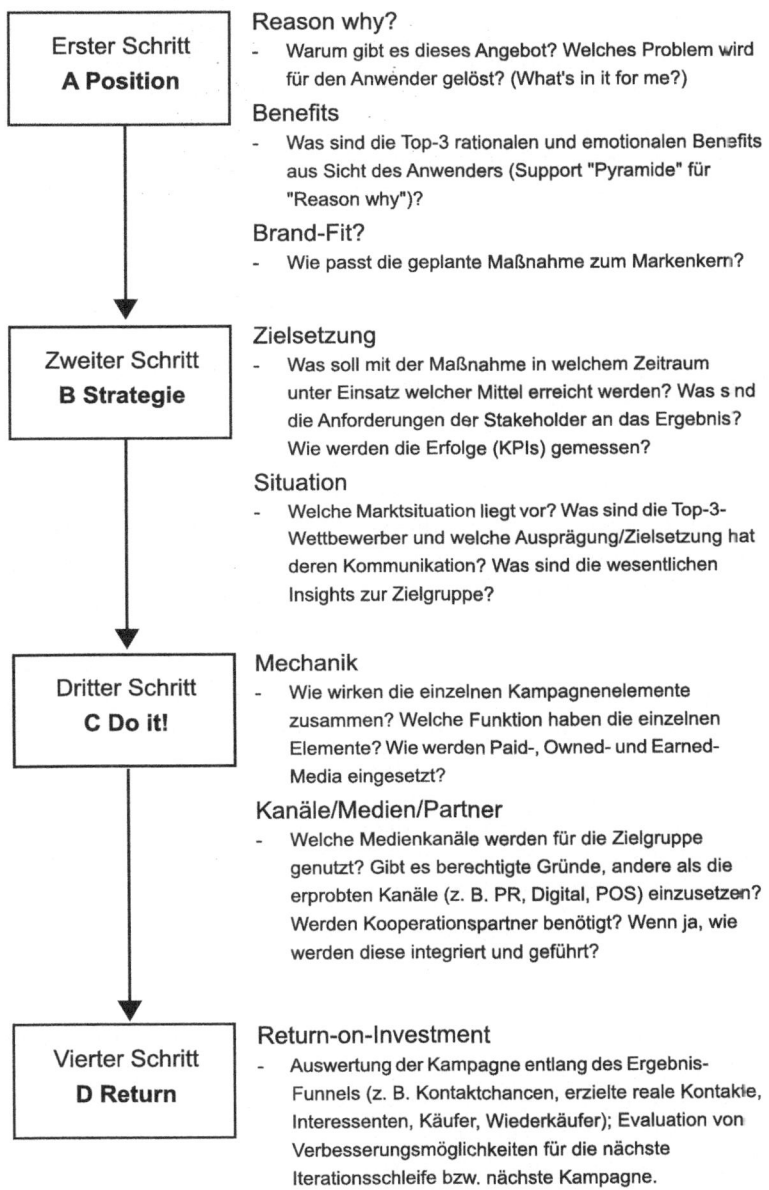

Abb. 11.2 Die vier Schritte bei der Entwicklung von Kampagnen

der Messwerte. Mögliche Messparameter wären: Prozessdurchlaufzeiten bei vergleichba-
rer Komplexität der Marketingmaßnahmen, Ressourcenverbräuche auf Dienstleisterseite
(Stundenanzahl in der Kreation), Anzahl der Iterationsschleifen, bis eine verabschiedete
Lösung erreicht werden kann (Hinweis auf ungenaue Briefings bzw. Positionierung/USP

des Produktes), Aufwendungen der eigenen Ressourcen (beispielsweise Überstunden!) sowie Return-on-Invest der durchgeführten Maßnahme im Vergleich zu bisherigen Maßnahmen. Konzentrieren Sie sich auf Werte, die gegebenenfalls bereits erfasst sind oder mit relativ wenig Aufwand ermittelt werden können. Weniger ist mehr. Konzentrieren Sie sich auf Wesentliches, was mit Prozessoptimierung auch wirklich verbessert werden kann.

Der Mehrwert für eine mittelständische Marketingabteilung liegt aber auch ohne Messung in der aktiven Haltung zur Mängelbeseitigung und der Reduktion von Variationen. Selbst ohne Messung wird diese Haltung dazu führen, die Exzellenz im Leistungserstellungsprozess zu erhöhen.

11.5   Die Automatisierung von Prozessen

Neben dem Outsourcing ist die Automatisierung von Prozessen eine Option, um eine effizientere Leistungserstellung zu erreichen. Viele Industrien nutzen (teil-)automatisierte Fertigungsprozesse mit erstaunlicher Fertigungstiefe. Dagegen mutet die „Kommunikationsindustrie" fast archaisch an. Ein im Wesentlichen manueller Prozess, der mit geringer Standardisierung und einer hohen Varianzbreite ausgeführt wird, dient der Erstellung von schwer messbaren Kommunikationsendprodukten. Diese überspitzte Darstellung würde Prozessverantwortlichen in anderen Industrien den Angstschweiß auf die Stirn treiben. Hoher Wettbewerbsdruck und steigende Lohnkosten in westlichen Ländern haben ganze Industriezweige in die Automatisierung von Prozessen gedrängt. In der „Kommunikationsindustrie" hingegen haben sich die Prozesse in den letzten Jahrzehnten kaum geändert – sie sind weitestgehend manuell geblieben.

Sieht man einmal von dem Boom des digitalen Kanals seit Ende der 90er-Jahre ab, unterscheidet sich die Erstellung eines kommunikativen Endproduktes heutzutage kaum von einer Erstellung vor 20 oder 30 Jahren.

Aber können Prozesse in der „Kommunikationsindustrie" überhaupt (teil-)automatisiert werden? Eine Google-Suche zum Thema „Prozessautomatisierung Marketing" liefert über eine Million Treffer. Demzufolge sollte doch eine ausreichende Know-how-Basis für eine kosteneffiziente Prozessoptimierung durch moderne Methoden und Technologie gegeben sein. Eine Vielzahl von Anbietern offeriert (Teil-)Automatisierungen für Kampagnen, Lieferantenmanagement und vieles mehr. Aber die Auswahl fällt angesichts der Unübersichtlichkeit des Angebotes und der erforderlichen technischen Expertise alles andere als leicht.

Grundsätzlich sollte sich jeder Impulsgeber die Frage stellen, in welchen Prozessen (teil-)automatisierte Softwarelösungen die gleichen Ergebnisse zeit- und kostenoptimiert erbringen können. Bei der Identifikation von adäquaten Lösungen hilft eine Beurteilungsmatrix (siehe Tab. 11.2). Sie unterteilt die Ergebnisdimensionen in Effizienz und Effektivität und beschreibt den Auswahlprozess von der Konkretisierung der Aufgabenstellung bis zur Beurteilung des Ergebnisses.

Auf der Ergebnisebene muss die Beurteilung relativ simpel ausfallen (siehe Tab. 11.2). Jede substanzielle Investition muss dazu führen, dass eine höhere Effizienz oder/und eine bessere Effektivität erzielt werden. Mit anderen Worten: Entweder spart die Investition Geld oder sie verdient welches – am besten bedient sie gleich beide Dimensionen. Insbesondere bei Softwarelösungen sind die Folgekosten, wie Schulungen, Softwareupdates, individuelle Anpassungen etc., bei der Gesamtkalkulation zu berücksichtigen. Die Effizienz bzw. Effekte müssen einen deutlichen Return-on-Invest liefern, ansonsten sollte die Anschaffung überdacht werden.

Der Einsatz von Software-gestützten Prozessen hat des Weiteren den Vorteil, dass eine Reproduktion des Prozesses und damit eine Skalierung einfacher erfolgen können. So sind Teile der Wertschöpfung wiederverwendbar. Denn nicht jede Kommunikationsaufgabe muss in ihren Lösungsbestandteilen und in ihrem Lösungsweg neu erfunden werden. Funktionierende Bausteine sollten weiter optimiert und dann in zukünftigen Erstellungsprozessen wiederverwendet werden. So steigt die Prozesseffizienz, die Anzahl der Prozessfehler

Tab. 11.2 Beurteilungsmatrix Softwarelösungen für (teil-)automatisierte Prozesse

Analyse-Schritt/ Ergebnis	Effizienz	Effektivität
A Konkretisieren	In welchem Bereich bzw. Prozessschritt besteht Handlungsbedarf für eine höhere Effizienz bzw. verringerte Fehlerquote? Am besten konzentrieren Sie sich nur auf die Top 3 der zu optimierenden Prozesse.	Wo sehen Sie Möglichkeiten, durch den Einsatz von prozessoptimierenden Instrumenten eine höhere Effektivität zu erreichen? Konzentrieren Sie sich auf die Top-3-Bereiche, die signifikante Ergebnisbeiträge bieten können.
B Verstehen	Anhand der identifizierten Top-3-Handlungsbereiche überprüfen Sie den Anbietermarkt nach passgenauen Lösungen. Idealerweise finden Sie ein Instrument für alle Top-3-Probleme.	Untersuchen Sie die Anbieterlösungen sehr genau im Hinblick auf die Validität der in Aussicht gestellten Effekte. Dabei können Referenzen helfen, wenn diese in einem vergleichbaren Aufgabenumfeld erbracht wurden. Nehmen Sie Kontakt mit den genannten Referenzen auf und verschaffen Sie sich ein eigenes Bild.
C Anwenden	Jeder Anbieter ist erfahrungsgemäß begeistert von seinem Instrument. Führen Sie eindeutige Testläufe durch. Anhand der Ergebnisse können Sie bewerten, ob sich die Investition lohnt.	Auch hier gilt: Die Lösung muss die anvisierten Ergebnisse in der Praxis erbringen. Versuchen Sie, einen Performance-Deal zu erreichen. Wenn die Lösung das hält, was sie verspricht, können/sollten Sie den Anbieter auch an den zusätzlichen (Sales-)Effekten teilhaben lassen.

Setzen Sie sich für jeden Analyseschritt ein nachvollziehbares Ergebnisziel in Effizienz und Effektivität.

Tab. 11.2 (*Fortsetzung*)

Analyse-Schritt/ Ergebnis	Effizienz	Effektivität
D Ernten	Der Return-on-Invest sollte sich deutlich unter drei Jahren einstellen. Sprich: Die eingesparte Arbeitszeit oder erhöhte Prozessgeschwindigkeit muss idealerweise schon nach ein bis zwei Jahren die Kosten der Investition aufwiegen.	Das können verringerte zeitliche Aufwendungen oder direkte finanzielle Effekte sein. Beispielsweise eine Lead-Verwertung, die zu höheren Abschlussquoten führt. Auch hier sollte der Return-on-Invest innerhalb von ein bis zwei Jahren erfolgen.

Setzen Sie sich für jeden Analyseschritt ein nachvollziehbares Ergebnisziel in Effizienz und Effektivität.

sinkt und die Variationsbreite nimmt ab – ganz im Sinne von Six Sigma. Die kreative Idee leidet keineswegs darunter. Die Erarbeitung der kreativen Idee kann schlanker erfolgen und das Roll-out wird signifikant an Effizienz gewinnen.

11.6   Die Einführung von Software-gestützten Prozessen

Die hier dargestellten Zusammenhänge basieren auf einem Interview, das ich mit Dr. René Steiner von der Unternehmensberatung DR. STEINER & CARRETERO führte. René Steiner war nach seinem Studium der Physik zunächst als Unternehmensberater in der IT-Branche tätig. Im Anschluss folgten verschiedene Stationen als Chief Technology Officer bei internationalen Agenturnetzwerken, unter anderem als Key Account für die Volkswagen-Gruppe im Bereich Prozessautomatisierung.

Vor der Einführung von Software-gestützten Prozessen steht die Frage nach der Sinnhaftigkeit. Für die Automatisierung von Prozessen im Bereich des Marketings in mittelständischen Unternehmen sprechen im Wesentlichen Effektivität und Effizienz.

Effektivität

Bei der Effektivität steht die Begleitung des Kunden im Sales-Funnel bei der „Marketing-Automatisierung" im Vordergrund. Dabei unterstützt der Einsatz von Software-gestützten Prozessen hauptsächlich die Individualisierung des Angebotes. Aus dieser Individualisierung ergibt sich ein relevanteres, ein qualitativeres Angebot für den potenziellen Kunden in den neuralgischen Punkten des Verkaufsprozesses gegenüber einem pauschalen, standardisierten Angebot im nicht automatisierten Prozess. Der potenzielle Kunde bekommt idealerweise eine passgenaue, sehr individuell zugeschnittene Begleitung im Entscheidungsprozess. Durch die Automatisierung kann dies dann für eine beliebig hohe Anzahl von Kunden erbracht werden.

Um diesen Anspruch zu erfüllen, wird ein regelbasierter Beratungsprozess auf der Basis der bereits gewonnenen Daten eingesetzt. So kann gegenüber dem potenziellen Kunden im jeweiligen Prozessschritt ein adäquates Angebot erbracht werden. Dazu sind datenanalytische Instrumente, ein Verwaltungssystem der Kundendaten (CRM) sowie ein Aggregationstool zum Ausspielen des Inhaltes im richtigen Prozessschritt notwendig. Eine häufige Anwendung dieses Software-gestützten Prozesses findet sich im digitalen Direktmarketing mit den Ausspielkanälen E-Mail, SMS, Fax oder auch Outbound-Calls. Bei einer digitalen Direktmarketinganwendung könnten die Effekte insbesondere im Zusammenspiel mit E-Commerce sehr schnell auf ihren Ergebnisbeitrag hin überprüft werden. In sich anschließenden Iterationsschleifen sind dann mit relativ wenig Aufwand Optimierungen möglich.

Effizienz

Bei der Effizienz sind drei maßgebliche Bereiche zu nennen: die Inhaltserstellung, die eigentliche Produktion sowie die Distribution von Marketing-Materialien. Bei der Inhaltserstellung steht die Effizienzoptimierung des Workflows im Mittelpunkt. Dies zeigt sich an der Schnittstelle zwischen den Dienstleistern und anderen unternehmensinternen Abteilungen. Der Einsatz von Software-gestützten Prozessen erlaubt die medienneutrale Erstellung von Inhalten, sodass diese nicht für jeden Medienkanal neu produziert werden müssen. Dabei ergibt sich ein fließender Übergang in den zweiten Nutzenbereich der eigentlichen Produktion. Hier steht die Effizienzsteigerung im Erstellungsprozess, beispielsweise eines Printkataloges oder einer Internetseite, durch eine Automatisierung im Vordergrund. Das Beispiel des Printkataloges zeigt diese Effizienzsteigerung eindrucksvoll. Bei einem typisch manuellen Prozess werden die Stammdaten aus dem ERP-System gezogen und von den Fachabteilungen die eigentlichen Inhalte (in der Regel per E-Mail) angefordert, zudem wird die Agentur für das kreative Katalogkonzept gebrieft und die Erstellung dann manuell in einem DTP-Programm vorgenommen. Ein Software-gestützter Prozess geht von einem zentralisierten, medienneutralen Produktinformationssystem (PIM) aus, in dem neben den Stammdaten bereits die Produktinformationen der Fachabteilung gespeichert sind. Über eine Schnittstelle zum DTP-Programm können dann in Template-Strukturen die Inhalte aus dem Produktinformationssystem Software-gestützt importiert werden. Die Agentur übernimmt die Gestaltung der Templates, die Befüllung wird aber automatisch per System ausgeführt. Im Anschluss erfolgt die finale Anpassung, und dann gehen die Daten per Schnittstelle an die Druckerei. Damit können insbesondere für wieder-kehrende Publikationen in einem internationalen Kontext (mit einer Vielzahl von Sprachen) hohe Effizienzeffekte erreicht werden.

Der dritte Nutzenbereich ist die Distribution von Werbemitteln selbst. Eine Software-gestützte Lösung geht von einem „Self-Service"-Ansatz aus, der – wie das heutige Internetbanking – einen Teil der Verantwortung für den Prozess und dessen Ausführung auf den Anfragenden selbst verlagert. So ist die Marketingabteilung nicht mehr Verteiler von kommunikativen Endprodukten, sondern Betreiber einer Plattform, die die Endprodukte für die Anfragenden zur Verfügung stellt. In einer Ausbaustufe kann diese zentrale Plattform nicht nur die Distribution abdecken, sondern auch die Editierung sowie Adaption von Werbemitteln mithilfe von Templates ermöglichen. So können Textfelder editiert oder Bilder im vorgegebenen Rahmen variiert werden. Dies kann bis zur Schaltung von Werbemitteln in den entsprechenden Mediakanälen erweitert werden.

11.6.1 Vorteile für das Marketing

Aus den genannten zwei wesentlichen Nutzenkomponenten ergibt sich eine Reihe von Vorteilen für das Marketing. Hinsichtlich der Effektivität sind dies positive Konvertierungsimpulse, insbesondere beim digitalen Direktmarketing. Im Rahmen der Effizienz sind das eine höhere CICD-Konformität, eine Reduktion von Compliance-Risiken (insbesondere in stark regulierten Bereichen wie beispielsweise Pharmaka), die Eindämmung von Varianten, die Verkürzung von Prozessdurchlaufzeiten sowie eine bessere Skalierbarkeit vor allem durch Medienneutralität.

> **Erfolgsfaktor: hohe Datenqualität**
> Die Grundlage für jegliche Automatisierung durch Software-gestützte Prozesse ist die Qualität der eigenen Daten inklusive deren Strukturierung, Aktualität und Verschlagwortung. Sollte dies nicht in ausreichender Form gegeben sind, muss eine Aufbereitung ebendieser Marketingdaten sorgfältig erfolgen. Das ist der elementare erste Schritt.

Neben der Qualität der Daten ist die Offenheit der Beteiligten gegenüber einer Prozessveränderung eine entscheidende Voraussetzung. Hier haben mittelständische Unternehmen Vorteile, da ein „Silodenken" in Abteilungen weniger stark ausgeprägt ist. Bei einem ausgeprägten „Silodenken" muss häufig eine externe Projektsteuerung eingesetzt werden, damit die einzelnen betroffenen Abteilungen, wie Direktmarketing, Online, klassische Werbung und IT, ergebnisorientiert zusammenarbeiten. Idealerweise ist das Marketing-Team selbst generalistisch aufgestellt, sodass dem Team IT-Aspekte wie Datenorganisation und Datenanalyse nicht fremd sind. Empfehlenswert ist eine enge Abstimmung mit der internen IT-Abteilung. Dabei sind die jeweiligen Sichtweisen zu berücksichtigen, in denen die IT erfahrungsgemäß auf Prozesssicherheit und die Marketingabteilung auf Time-to-Market fokussiert. Hier gilt es, durch ein gegenseitiges Verständnis und Miteinander tragfähige Kompromisse zwischen beiden Parteien zu finden. Wenn sich beide als Motor für die Unternehmensentwicklung verstehen – im besten Sinne eines Impulsgebers –, ist das die beste Voraussetzung.

11.6.2 Von der Idee zur Implementierung

Ist grundlegend eine positive Entscheidung für die Einführung von Software-gestützten Prozessen getroffen, steht an erster Stelle die Konzeption inklusive der Auswahl des entsprechenden Softwaretools. Der Ansatz „das Tool ist die Lösung" führt oftmals zu schnell in eine Sackgasse.

Ein Softwaretool ist nicht die Lösung, sondern nur ein Lösungsbestandteil. Jedes Softwaretool ist einzubetten in die richtige Lösungsumgebung. Bevor also die Toolauswahl beginnt, sind geeignete Voraussetzungen zu schaffen:

- Ermittlung des Status quo (worauf kann aufgebaut werden?),
- Datenaufbereitung/-organisation,
- Offenheit für die Veränderung und
- das Buy-in der beteiligten Abteilungen sowie die Identifikation, Analyse und Standardisierung der relevanten Prozesse.

Ohne diese erfolgskritischen Voraussetzungen wird möglicherweise ein teures Softwaretool im Marketing angeschafft, was dann nach einigen Versuchen nicht die erwarteten Ergebnisse bringt und fortan nicht mehr eingesetzt wird.

Der Dreiklang einer erfolgreichen Einführung von Software-gestützten Prozessen besteht aus Konsolidieren, Standardisieren und dann erst Automatisieren. Erst im Schritt der Automatisierung fällt die Softwaretool-Auswahl. Diese sollte allerdings nicht auf der Basis von Excel-Listen mit Feature-Vergleichen basieren, sondern auf sogenannten Use Cases. Ein Use Case ist ein spezifizierter Anwendungsfall aus Sicht eines Nutzers, der mithilfe eben dieses Softwaretools einen bestimmten Prozessschritt fachlich mit einem definierten Endergebnis absolvieren möchte. Nach einer ersten Sichtung des Softwaretool-Angebotes am Markt sollte die finale Auswahl durch den Vergleich der Use-Case-Abbildung im jeweiligen Softwaretool vorgenommen werden. Das hat den großen Vorteil, dass nicht die Features eines Softwaretools im Vordergrund stehen, sondern der konkrete Anwendungsfall anhand eines unternehmenseigenen Prozessschrittes. Wie passgenau und effizient in der Bearbeitung dieser Use Case im jeweiligen Softwaretool abgebildet wird, bildet dann die Entscheidungsgrundlage. In die Beurteilung sollten spätere Endanwender involviert werden. So werden eine hohe Praxisnähe sowie ein erstes Buy-in der späteren Endanwender erreicht.

Nach der Softwaretool-Auswahl erfolgt dann die Abbildung der zuvor standardisierten Prozesse auf Basis der aufbereiteten Daten. Im Rahmen eines Pflichtenheftes sind vor der Entwicklung alle Use Cases sowie die Rahmenbedingungen zwischen beauftragendem Unternehmen und dem ausführenden Dienstleister abzustimmen. Erst dann erfolgt die Entwicklung und Anpassung des ausgewählten Softwaretools an die Erfordernisse des Unternehmens. Es ist empfehlenswert, sowohl bei der Entwicklung als auch beim späteren Deployment, dem Ausrollen des Softwaretools, zunächst eine begrenzte Implementierung zu wählen. Das kann eine regionale oder auch funktionale Begrenzung sein. Dieses oftmals als Pilotierung bezeichnete Vorgehen reduziert die Komplexität und setzt zunächst auf Quick-Wins. So können kurzfristig positive Return-on-Invest-Ergebnisse erzielt werden. Hinsichtlich der Regionen ist es immer empfehlenswert, mit jenen zu starten, die einem Veränderungsprozess offen gegenüberstehen. Eine funktionale und/oder regionale Ausweitung sollte sich dann sukzessive anschließen, wenn die Akzeptanz sowie eine positive Return-on-Invest-Bilanz vorliegen.

▶   **Regelmäßige Revision ist unerlässlich**
     Beim späteren Betrieb des Softwaretools ist zu bedenken, dass die standar-
     disierten Prozesse einer turnusmäßigen Revision und Pflege auf Basis des
     Endanwender-Feedbacks zu unterziehen sind. Eine umfangreiche Überprü-
     fung der Relevanz (tatsächliche Nutzung) und Akzeptanz aller abgebildeten
     Use Cases sollte alle drei Jahre erfolgen, eine generelle Überprüfung des
     verwendeten Softwaretools alle fünf Jahre. Ein Softwaretool ist nur so effizient,
     wie gut die einzelnen Prozesse abgebildet sind, die Qualität und Struktu-
     rierung der Daten ausfallen sowie die Akzeptanz bei den Endanwendern
     gegeben ist. Überprüfen und optimieren Sie zunächst die zuletzt genannten
     Bereiche, bevor Sie über einen sehr aufwendigen Systemwechsel nachdenken.

Für das Marketing empfiehlt sich nach der Einführung die Evaluation der Wirkung in
Bezug zum eingesetzten Investment. Dazu zählt zunächst der messbare Teil der Return-
on-Invest-Betrachtung. Dies umfasst die Betrachtung der veränderten Prozesse – vor und
nach der Einführung des Softwaretools. Somit ist vor der Einführung eine Nullmessung
der Prozessdurchlaufzeiten vorzunehmen. Für die Effektivitätsseite sind die positiven
Sales-Effekte vor und nach der Einführung zu evaluieren – beispielsweise für ein digitales
Direktmarketing. Dabei können die Effekte kaum normiert, also neutral miteinander verglichen werden. Über einen längeren Zeitraum sollten sich aber aussagekräftige Wirkungen
ergeben. Die Zeiteinsparung und die positiven Absatzeffekte stehen den Investitionskosten
gegenüber. Für den Impulsgeber sollte aber neben der reinen Return-on-Invest-Betrachtung
auch die explorative Komponente von Bedeutung sein. Es zählt zum Selbstverständnis
des Impulsgebers, den Status quo der Marketing-Wertschöpfung kritisch zu hinterfragen
und nach (Software-gestützten) Prozessoptimierungen zu streben. Dabei geht es nicht nur
um „nice to have". Die betrachteten Prozesse können für das Unternehmen erfolgskritisch
sein, sodass über eine Konsolidierung, Standardisierung und Automatisierung die eigene
Wettbewerbsfähigkeit unter Beibehaltung des Mitteleinsatzes erheblich verbessert wird.
    Der Impulsgeber trägt dazu bei, ein gemeinsames Verständnis für die übergeordnete
Zielsetzung bei allen beteiligten Führungskräften zu erzeugen. Ohne dieses gemeinsame
Verständnis kann eine erfolgreiche Veränderung nicht gelingen. Bedenken Sie dabei, dass
das eigene Unternehmen durch die Veränderung zunächst in eine Phase der „Inkompe-
tenz" eintritt, hier braucht es eine souveräne Führung durch den Impulsgeber, um eine
Neuorientierung durch Auszuprobieren zuzulassen. Mit diesen Erfahrungen kann dann der
Eintritt in eine Phase der neuen „Kompetenz" erfolgen – auf Basis der dann überprüften
und standardisierten neuen Prozesse.

11.7   Der Exzellenz-Case

Der vorliegende Case und die hier dargestellten Zusammenhänge basieren auf einem Interview, welches ich mit Jerome Böttcher, dem Head of Digital Marketing sowie Customer
Relationship Management bei BMW Motorrad, führte. Jerome Böttcher arbeitete zuvor als

Business Manager bei der Publicis in München sowie als Unitleiter Beratung und Strategie der Agentur Feuer Kommunikation und Design AG.

Marketing ist eine adaptive Disziplin. Ausgehend von der Unternehmensstrategie, der Markt- und Produktstrategie, folgt die Marketingstrategie adaptiv dem Gesamtkontext des Unternehmens. Marketing muss dabei auf seine Stärke setzen: die Schnittstelle zum Kunden zu sein. Dieses spezifische Wissen über den Kunden und seine Probleme sowie Fragestellungen ist die Wertschöpfung durch das Marketing. Es sollte auf Daten und Fakten basieren und einfach im Unternehmen – vom Seniormanagement bis zur Produktentwicklung – vermittelbar sein. Smarte Unternehmen werden diese Schnittstelle zum Kunden intensiv nutzen, um Produkte kundenzentrierter zu entwickeln. Jerome Böttcher ist überzeugt, dass das Marketing sich so zu einem der stärksten Instrumente eines Unternehmens entwickelt. Denn was veranlasst einen Kunden sonst, für baugleiche oder zumindest vergleichbare Produkte erheblich mehr für die Marke A als für die Marke B zu bezahlen? Wenn das Marketing ein derart starkes Instrument ist, was sind dann die Barrieren in der Umsetzung, um die Stärke dieses Instrumentes auch zu nutzen?

11.7.1 Die Voraussetzungen für eine exzellente Umsetzung

Für Unternehmen ist es erforderlich, eine hohe Zielgenauigkeit zwischen Sender und Empfänger zu erreichen. Es gilt, einen „Laserpointer" statt eines „Streulichtes" einzusetzen. Das kann nur derjenige erreichen, der nicht aktionistisch, sondern zielorientiert die besten Maßnahmen auswählt. Nicht jede Chance und jedes Vorhaben muss auch ergriffen und umgesetzt werden. Bei aller Euphorie für neue Trends, Mediakanäle, Methoden oder Dienstleister ist das Verhältnis aus Mitteleinsatz und Ergebnis stets kritisch zu prüfen. Erfahrungsgemäß sind mehrere Kontakte bei der Zielgruppe notwendig, um ihr Verhalten zu beeinflussen. Umso mehr liegt die Aufgabe einer exzellenten Umsetzung darin, die Orchestrierung einer Botschaft über alle Kontaktpunkte, die zielgruppengenaue Ansprache sowie eine kritische Überprüfung der Ergebnisse zu gewährleisten.

Ein Weg zu mehr Exzellenz liegt im Weglassen statt in der Optimierung von vielem. Die Konzentration auf nur wenige Projekte in einem Zeitabschnitt, statt sich in einer beliebigen Quantität zu verlieren. Wie sollte dann das richtige Vorhaben ausgewählt werden? Dies setzt zunächst eine Kompetenz in der Beurteilung der Kontaktpunkte zur Zielgruppe voraus. Denn ein „360-Grad-Marketing", sprich: über alle Kanäle die Zielgruppe zu erreichen, ist für Mittelständler aufgrund der limitierten Ressourcen schlicht nicht realisierbar. Demzufolge müssen die genutzten Kanäle und die entsprechenden Maßnahmen kritisch auf ihre Zielerreichung hin ausgewählt werden. Es gilt, die Kernkompetenzen der Kanäle mit der Aufgabenstellung und Zielsetzung der Marketingmaßnahmen abzugleichen.

Als Verantwortlicher für die Durchführung eines Vorhabens sollte ich mir immer darüber im Klaren sein, dass ein Mehr an Komplexität das Risiko steigert, die gesetzten Ziele nicht zu erreichen, dass sogar das komplette Vorhaben scheitern kann. Eine exzellente Umsetzung erfordert daher eine Überprüfung der Komplexität, die zur Zielerreichung notwendig ist. Wer ein Mehr an Komplexität akzeptiert, muss auf Unwägbarkeiten und

Mehraufwendungen vorbereitet sein. Exzellente Umsetzer tun gut daran, vor dem Start eines Vorhabens bereits bestehendes industrielles Erfahrungswissen, existierende Start-ups oder Baukastenlösungen hinsichtlich einer Adaption in das eigene Projekt zu konsultieren. Möglicherweise hat ja schon zuvor jemand die Grundlagenarbeit erledigt. Sie müssen ja die Fehler Ihrer Vorgänger nicht noch einmal wiederholen.

▶   **Die richtige Reihenfolge beachten**
    Insbesondere beim Einsatz von digitalen Marketinginstrumenten sollte die
    Reihenfolge aus „Welches Problem möchte ich aus Sicht der Zielgruppe
    lösen?", „Wie passt das zur generellen Kommunikationsstrategie?" und „Welche
    Technologie kann mir dabei helfen?" beachtet werden. Ansonsten steht die
    Technologie an erster Stelle, die dann nur bedingt zur Strategie passt und
    an der Problemstellung der Zielgruppe vorbeigeht. In diesem Fall wäre die
    Technologie nicht Mittel zum Zweck, sondern nur Selbstzweck. Technologie
    sollte nur so komplex wie nötig ausgelegt werden. Selten werden alle Funktio-
    nen benötigt. Konzentrieren Sie sich auf das Notwendige.. Auch das reduziert
    Komplexität.

Für eine Überprüfung der Exzellenz in der Umsetzung ist es sinnvoll, sich am Sales-Funnel zu orientieren. Wesentlich ist dabei das Ausmaß der Steigerung von Konvertierungsraten von einer Stufe auf eine nachgelagerte Stufe. Die typischen Stufen eines Sales-Funnels sind Kontakte, Salesleads und natürlich Sales. Ein weiterer Parameter der Erfolgsmessung wäre beispielsweise der Ressourceneinsatz im Vergleich zum gesamten Zielerreichungsgrad. Dies kann ebenfalls auf einzelne Sales-Funnel-Stufen mit entsprechenden Teilergebnissen heruntergebrochen werden. Mittelständische Unternehmen zeichnen sich durch kurze Wege zu den Entscheidern aus. So werden schneller Ressourcen für ein entsprechendes Marketing-Vorhaben allokiert. Demgegenüber steigen aber auch die Anforderungen, aus den investieren Ressourcen zeitnah Effekte nachzuweisen. Am Ende steht der Return-on-Invest in harten und weicheren Ergebnisfaktoren.

11.7.2 Ressourcenmanagement für eine exzellente Umsetzung

Das Marketing steht im Wettbewerb um Ressourcen. Da diese knapp sind, wird um die zur Verfügung stehenden Mittel konkurriert. Insofern ist das Marketing gut beraten, seine Position, Ziele und Aktivitäten rational und emotional sowie einfach verständlich mit den entsprechenden Stakeholdern zu teilen. Marketing ist, wie andere Unternehmensbereiche auch, ein professioneller Wertschöpfer. Ein professionelles Marketing leistet zielorientiert seinen Beitrag dazu, den angemessenen Wert eines Produktes am Markt auch durchzuset-zen. Dabei ist das Marketing keine exakte Wissenschaft und sicherlich nie perfekt, aber immer ausgerichtet an strategischen Unternehmenszielen und handwerklich professionell. Exzellenz in der Umsetzung ist daher auch ein internes Kommunikationsthema. Exzellenz ist ein Ausweis für die Wirksamkeit des Marketings und somit eine Voraussetzung für zukünftige Investitionen. Die Kausalkette der Wirkung aus den investierten Marketing-Mitteln ist im regelmäßigen Turnus an die internen Stakeholder zu kommunizieren.

▶   **Exzellente Umsetzung = Hohe Zielerreichung bei effizientem Mitteleinsatz**
    Die Herausforderung einer exzellenten Umsetzung im Marketing besteht darin, nur die Ressourcen zu investieren, die gerade noch notwendig sind, um eine Zielsetzung sicher zu erfüllen. Nur so viel wie nötig, aber nicht darüber hinaus – nur so erreicht das Marketing eine hohe Effizienz. Eine signifikante Zielerreichungsquote bei effizientem Mitteleinsatz ergibt eine exzellente Umsetzung. Diese Sichtweise zeichnet das Marketingbild eines effizienten Instrumentes als Mittel der Zielerreichung, das sich nicht im „L'art pour l'art" verliert.

Jedes Unternehmen, das mit knappen Ressourcen und in einem kompetitiven Markt agiert, ist zur Exzellenz in der Umsetzung angehalten. Von hoher Bedeutung ist dabei die Auswahl der „richtigen" Akteure. Dazu zählen eine ausreichende Menschenkenntnis und Vertrauen in die Fähigkeiten des anderen, auch wenn eine fachliche Beurteilung aufgrund der Spezialisierung mitunter nicht vorgenommen werden kann. Letztendlich kann nur ein gesamtes Team eine exzellente Leistungserstellung erbringen und schwerlich ein einzelnes Teammitglied. Es gilt, Menschen zu finden, die mit den vorhandenen „Baumaterialien" effizient umgehen können, um nachhaltige Effekte zu erzielen. Die Fähigkeit, dieses Team zusammenzustellen, zeichnet einen exzellenten Impulsgeber aus.

11.7.3 Prozessmanagement für eine exzellente Umsetzung

Prozesse sind ein Akt der Handlungsökonomie. Aus funktionierenden Abläufen bilden sich, bildhaft gesprochen, Pfade, die zu Wegen und in der Folge zu Straßen werden. Diese gewachsenen Verbindungen stellen, unter der Maxime eines möglichst geringen Mitteleinsatzes zur Zielerreichung, die Prozesse der Wertschöpfung dar. Eine einfache und klar verständliche Definition der wesentlichen Prozesse ermöglicht es, dass eine erprobte Verbindung der Wertschöpfungspunkte bereits festgelegt wurde und nicht jedes Mal neu erfunden werden muss. Das schafft die Voraussetzung für eine hohe Effizienz in der Umsetzung.

Die Prozesse stellen den Bauplan für ein Vorhaben dar, die zur Verfügung stehenden Ressourcen auch zielorientiert einzusetzen. Dieser Bauplan symbolisiert das Erfahrungswissen eines Unternehmens, das Know-how zur Konvertierung von Ressourcen in ein erfolgreiches Endprodukt. Das kann im Sinne einer exzellenten Umsetzung aber nur gelingen, wenn einmal gebildete prozessuale „Pfade, Wege, Straßen" turnusmäßig auf Grundlage der gewonnenen Erfahrungen in der Umsetzung überprüft werden, und zwar in den Dimensionen Kosten, Ergebnisqualität, Service und Geschwindigkeit. Eine auffällige Diskrepanz vom prozessualen Aufwand für den Bauplan und Nutzen im Ergebnis muss stets zu einer Optimierung führen. Prozesse helfen, Spielregeln zu verstehen und die gegebenen Mittel effizient einzusetzen. Aber auch hier gilt: nur so viel Prozess wie nötig, sodass das Ergebnis zuverlässig erreicht werden kann – aber eben auch nicht mehr.

▶ **Einfachheit in agilen Strukturen**
  Bei der Organisation des Bauplanes gibt das Ideal der Einfachheit die Richtung vor. Jede größere Organisation neigt zur Komplexität. Oftmals in Matrixstrukturen organisiert, ergeben sich für ambitionierte Impulsvorhaben hohe Reibungsverluste an den Schnittstellen der Organisation. Es wird Ihnen dabei nicht gelingen, jeden Fall, der auftreten kann, mithilfe vorab definierter Prozesse zu behandeln. Dagegen spricht schon der Anspruch eines Impulsgebers, Neues auszuprobieren, was möglicherweise so noch nie in der Organisation versucht wurde. Je einfacher die eigene Marketing-Organisation durch wenige, aber effiziente Prozesse strukturiert ist, desto eher kann sie sich auf neue Impulse, Herausforderungen oder Änderungen der externen Rahmenbedingungen einstellen. Somit ergibt sich dann auch kein Widerspruch zum Anspruch nach Ergebnisqualität und einer hohen Geschwindigkeit. Wer einfach in seinem Bauplan bleibt, auf wenige, aber erprobte Prozesse mit einer expliziten Ergebnisorientierung setzt, kann beides miteinander vereinen. Dafür benötigt es Menschen, die nicht nur souverän den Marketing-Baukasten an Methoden und Instrumenten einsetzen, sondern ebenfalls auf der Grundlage weniger festgelegter Komponenten autark und eigenverantwortlich agieren können.

Jerome Böttcher setzt mit seinem Team auf eine flexiblere Allokation der Ressourcen. In einem aktiven Sparringsprozess mit den Stakeholdern, wie zum Beispiel dem Produktmanagement, dem Seniormanagement und auch den verschiedenen Marketingdisziplinen, werden die Erfolgsaussichten für die Maßnahmen in den jeweiligen Kanälen gemeinsam beurteilt. Das ist aber kein immer gleicher, detaillierter Prozess mit vorab verteilten Ressourcen. Es ist vielmehr die fallweise Beurteilung der verschiedenen Optionen, die zur Erreichung einer Zielsetzung bestehen. Durch dieses Vorgehen sind die vorschlagenden Marketingexperten schon zu Beginn angehalten, die Argumentation für das Vorhaben einfach und verständlich aufzubereiten, eine Abwägung gegenüber bereits geplanten Maßnahmen und anderen Alternativen vorzunehmen und wichtige Stakeholder bereits im Vorfeld zu involvieren. So wird ein Erwartungsmanagement vorgenommen, was mit den zur Verfügung stehenden Ressourcen überhaupt erreicht werden kann. Die zum Teil sehr unterschiedlichen Zielsetzungen für eine Marketingmaßnahme aus Imageaufbau, Produktinformation oder auch Verkaufsförderung können durch dieses Vorgehen abgeglichen und auf die wesentliche Zielsetzung fokussiert werden.

11.8   Fazit für die Erneuerung Ihres Marketings

Das unterscheidet den erfolgreichen Impulsgeber

Dem erfolgreichen Impulsgeber ist stets präsent, dass jede größere Organisation zur Komplexität neigt. Insbesondere Schnittstellen innerhalb und außerhalb der Organisation erzeugen hohen Reibungsaufwand. Daher wird der Erfolgreiche immer versuchen, die eigene Marketing-Organisation durch wenige, aber effiziente Prozesse zu strukturieren, umso eher kann sie sich auf neue Impulse, Herausforderungen oder Änderungen der externen Rahmenbedingungen einstellen. Daher müssen diese Prozesse von Zeit zu Zeit überprüft werden und von unnötigem Ballast befreit werden. Der Erfolgreiche nutzt die Six Sigma-Idee der strikten Fehlerreduktion in Abläufen. Er bewertet insbesondere die immer wieder auftretenden Variationen kritisch.

Darauf kommt es an

Es liegt nahe – insbesondere in einer stark manuellen Wertschöpfung wie dem Marketing – gezielt über den Einsatz von technologischen Instrumenten nachzudenken. Es kommt aber darauf an, ob sie in Summe Zeit und Kosten minimieren oder im Gegenteil sogar ein Mehr an Aufwand und Kosten (für die Anschaffung sowie Wartung) verursachen. Dazu hört eine rationale Beurteilung anhand der Schrittfolge Konkretisieren, Verstehen, Anwenden und insbesondere Ernten. Die eingesparte Arbeitszeit oder erhöhte Prozessgeschwindigkeit muss idealerweise schon nach ein bis zwei Jahren die Kosten der Investition aufwiegen.

Fragen

1. Kein Projektstart ohne quantitative und qualitative Zielsetzung. Ist die jeweilige Zielsetzung dem Team bekannt?

2. Folgt die Zielsetzung eines Projektes dem übergeordneten strategischen Ziel?

3. Sondieren Sie in regelmäßigen Abständen, welches technische Instrument Ihnen bei der Umsetzung mehr Effizienz bringen könnte?

4. Überprüfen Sie Ihren Wertschöpfungsprozess regelmäßig? Ist er Ihnen bzw. dem Team präsent?

5. Wie reduzieren Sie die Komplexität in Ihren Projekten?

Literatur

Brue, G. 2006. *Six Sigma for Small Busines*. Madison: Entrepreneur Press by CWL Publishing Enterprises.

Welch, J. 2005. *Winning*. New York: Harper Collins Publishers.

12

Zusammenfassung

Über eines müssen Sie sich im Klaren sein: Innovationen voranzutreiben bedeutet auch, Misserfolg zu akzeptieren. Die Frage ist nicht, ob Sie scheitern werden, sondern wie schnell es Ihnen gelingt, aus dem Scheitern die richtigen Rückschlüsse zu ziehen, um in einem erneuten Anlauf dem Ziel wieder ein Stück näher zu kommen. Deshalb wird dieser methodische Schritt Ihnen helfen, die Innovation (im Marketing) als iterativen Prozess zu begreifen, der aus Versuchen, Adaptionen und letztendlich einem gangbaren Weg zum Ziel besteht. Nicht nur der Frustrierte, auch der möglicherweise vom Erfolg verwöhnte Marketingmanager tut gut daran, Bestehendes stetig zu hinterfragen. Im Vergleich mit anderen und der kritischen Jahresendbetrachtung werden Innovationsfelder für jedes Marketing erkennbar. Die „Lust am Scheitern" benötigt Ihren Mut – und Ausdauer, denn der Prozess der Erneuerung besteht aus vielen Veränderungsschritten, selten nur aus einem großen, revolutionären Neuanfang. „Do it, Error, learn and do it again" bietet sich für die Erneuerung des Marketings generell, wie auch für Kampagnen an. Wer einen größeren Schwerpunkt auf die Iteration als auf den ersten Konzeptschritt legt, hat schon eine endscheidende Basis für mehr Erfolg gelegt.

12.1 Warum Sie sich jetzt ab jetzt über das Scheitern freuen können

„Do it, error, learn and do it again" basiert auf der Erkenntnis, dass es kein perfektes Konzept gibt. Genau genommen gibt es nicht mal ein gutes Konzept. Der Impulsgeber kann nur mit der Realisation eines Konzeptes Nutzen und somit Resultate schaffen. Der Fokus muss daher zwangsläufig auf der Implementierung liegen, sei das Konzept auch noch so gut. Und der beste Weg, ein Konzept mit der zugrunde liegenden Idee zu überprüfen, ist, es auszuprobieren.

Für ein innovatives Marketing ist daher das Handeln ein Primat der Leistungserstellung. Wie schon im ersten Abschnitt gilt: „It's all about execution. Es gibt nichts Richtiges, außer man tut es." Dieser Grundsatz ist nicht neu und viele erfolgreiche Unternehmen verfolgen ihn. Dieter Brandes, ehemaliges Mitglied des Verwaltungsrates von Aldi, beschreibt es so „Bei Aldi … handelt [man] einfach, indem unmittelbar etwas ausprobiert wird" (Brandes 2001, S. 26). Schon Seneca beschreibt diesen Grundsatz: „Lang ist der Weg durch Belehrungen, kurz und wirksam durch Beispiele."

Der Effizienzhebel für ein innovatives Marketing ist das Denken in Iterationsschleifen – von Anfang an.

> ▸   Eine Iteration ist dabei ein kompletter Zyklus aus Planung, Implementierung und Auswertung. Auf Basis der Erkenntnisse des ersten Zyklus können die folgenden Zyklen optimiert erfolgen. Somit ist die Anpassung des ursprünglichen Konzeptes integraler Bestandteil der gesamten Realisierung.

Denn bei der Umsetzung treten Änderungen der internen und externen Rahmenbedingungen auf. Typische Änderungen der internen Rahmenbedingungen sind die Veränderung der Organisation, Ressourcen, Prozesse oder Zustimmung der Stakeholder. Die möglichen Veränderungen der externen Rahmenbedingungen finden sich im Fünf-Kräfte-Modell von Porter anschaulich wieder. Die externen Einflussfaktoren sind der bestehende Wettbewerb, neue Marktteilnehmer, Substitute sowie Kunden bzw. Zulieferer (vgl. Anthony 2008, S. 69). Aus der Vielzahl der internen und externen Einflussfaktoren lässt sich ableiten, dass die Wahrscheinlichkeit für Veränderung schon während der Konzeptionsphase hoch ist. Je flexibler ein Vorhaben auf einem iterativen Ansatz basiert, desto einfacher fällt eine Adaption des Lösungsweges bei auftretenden Änderungen der Rahmenbedingungen.

Neue Wege zu finden bedeutet, bereits Vorhandenes zu hinterfragen
Die Implementierung anhand aktueller interner und externer Rahmenbedingungen kontinuierlich anpassen – eine Vorgehensweise, die zu selten im Marketing eingesetzt wird, wenn man einmal von modernen Softwareprojektansätzen absieht (hierzu zählt beispielsweise die Scrum-Methode, die bereits geschildert wurde). Warum ist das so? Klaus Balzer führt dies auf zwei Ursachen zurück: zum einen die Selbstüberschätzung und zum anderen die Unfähigkeit bzw. mangelnde Bereitschaft, Fakten richtig zu interpretieren (vgl. Balzer 2002, S. 133). Sich von bestehenden Lösungswegen zu abzuwenden, neue Wege zu finden bedeutet, bereits Verabschiedetes zu hinterfragen, neu zu bewerten und noch einmal zu überarbeiten. Das erfordert den Mut, sich selbst unbequemen Wahrheiten zu stellen. Es kann bedeuten, dass einmal getroffene Annahmen nicht mehr zutreffen oder zu Beginn des Vorhabens elementar anders eingeschätzt wurden.

Wer das Ausprobieren und Anpassen als Maxime verinnerlicht und somit die eigene Arbeit als iterativen Prozess begreift, kommt dem Implementierungserfolg ein großes Stück näher. Damit wird das Überschreiten der (eigenen) Grenzen als Grundsatzhaltung in der Leistungserstellung manifestiert. Und das gilt in erster Linie für ein mittel- bis langfristig ausgerichtetes Marketing, welches sich aufgrund einer hohen Veränderungsgeschwindigkeit der externen Rahmenbedingungen zwangsläufig einem laufenden Iterationsprozess stellen muss.

12.2   Das strategische Konzept als Ausgangspunkt

Im heutigen Marketing wird der (strategischen) Konzeption eine große Bedeutung beigemessen. Die Aufgabenstellung wird in ein Briefing gegossen, welches durch externe oder interne Dienstleister mit solch einer (strategischen) Konzeption einer Lösung zugeführt werden sollen. Im Kern steht dabei die „Big Idea" – der kreative Output – im Vordergrund. Mit welchen überraschenden Elementen kann der bestehende oder neue Markt mit den eigenen Produkten und Services erobert werden?

▶   **Strategisches Vorgehen antizipiert Unsicherheiten**
Clausewitz beschreibt das grundlegende Element jeder Strategie im Zusammenprall der antagonistischen, zielgerichteten und intelligenten Willenskräfte. Was passiert nun, wenn ein Marktteilnehmer mit einem implementierten strategischen Konzept in den Wettbewerbsmarkt eingreift? Es werden sich Reaktionen der Marktteilnehmer einstellen. Sollten sich diese nicht einstellen, haben das strategische Konzept und dessen Implementierung vermutlich ihre Wirkung verfehlt. Welche Wirkungen aber werden sich einstellen? Das kann wohl kaum vorausgesagt werden. Jedes ambitionierte Vorhaben wird von einem hohen Maß an Unsicherheit begleitet. Und für den wirklichen Strategen stellt diese einen Quell der Inspiration dar (vgl. Oetinger 2003, S. 28 f.).

Eine fundierte strategische Konzeption ist eine richtige Investition, denn ein guter Plan ist besser als ein schwacher oder gar keiner. In die Erarbeitung von strategischen Marketingkonzepten wird viel Zeit investiert. Viele Unternehmen veranstalten Wettbewerbspräsentationen auf der Suche nach der besten „Big Idea". Die Reaktionen der Marktteilnehmer, Kunden und Wettbewerber nach dem Ausrollen des Konzeptes antizipiert hingegen kaum jemand. Einen Großteil der Ressourcen lediglich in den Eröffnungszug zu investieren würde keinem Schachspieler einfallen. Für ihn besteht ein Spiel immer aus der Eröffnung, dem Mittelteil und dem Finale. Die Unsicherheit im Verhalten des Gegenübers und das Abwägen des nächsten eigenen Zuges unter Berücksichtigung der daraus folgenden Zugoptionen des Gegners machen erst das eigentliche Spiel aus.

Auch eine Marketingkampagne hat diese Dramaturgie: eine Eröffnung, den Mittelteil und das Finale. In den seltensten Fällen verhält sich aber der Ablauf gemäß dem ursprünglichen strategischen Konzept, welches sich allzu oft auch lediglich auf die Eröffnung konzentriert und einige wenige geplante Meilensteine während der Laufzeit.

**Eine gute Kampagne entfaltet ihre Wirkung erst bei der Reaktion
der Marktteilnehmer**
Der wirklich spannende Aspekt liegt in der Reaktion der Marktteilnehmer auf die eigene Initiative. Welche Angebote werden von den Rezipienten angenommen, welche sogar eigenständig weiterentwickelt? Die Abweichung vom ursprünglichen Ansatz als Iterationsschleife zu begreifen, schafft die Flexibilität, sich auf die jeweilige Situation einzustellen. Heutige Business-to-Consumer-Kunden bringen eine höhere Partizipationsbereitschaft mit.

Das wird insbesondere durch die sozialen Medien eminent erleichtert. Die Old-Spice-Kampagne von Wieden+Kennedy's erzeugte eine hohe Anzahl von Nachahmern in den sozialen Medien: Menschen, die die Idee aufnahmen und in ihrer eigenen Interpretation weitertrugen. Old Spice nahm dieses Phänomen auf und produzierte innerhalb von nur kurzer Zeit über 100 Videos, die sich direkt auf die Reaktionen der User in den sozialen Medien bezogen. So etwas lässt sich kaum planen. Die flexible Reaktion gab aber der Durchsetzung der Kampagne einen immensen Vorschub (vgl. Grant 2010).

Das strategische Konzept ist ein guter Ausgangspunkt, eine Basis, von der aus operiert werden kann. Aber die Wirkung des Konzeptes ergibt sich erst nach dem Zusammenprall der Kräfte im Markt. Erst aus dieser Wirkung lassen sich die nächsten Schritte der Implementierung planen und durchführen. Wer zu stark auf das Erstkonzept setzt, verliert die Flexibilität, die eigentliche Stärke des konzeptionellen Ansatzes unter Nutzung der Reaktionen des Marktes weiterzuentwickeln.

12.3   Das Prinzip der steten Optimierung zur Erneuerung

Ein anschauliches Bild der Stetigkeit gibt der Straßenkehrer Beppo aus Michael Endes Momo. Um nicht am Umfang seiner Aufgabe zu verzweifeln, konzentriert sich Beppo „… immer nur [auf] den nächsten Streich mit dem Besen … [und] nicht [auf] die ganze Straße, die es noch zu kehren gilt …" (vgl. Ende 1973, S. 37). Er tastet sich Schritt für Schritt und Streich für Streich mit seinem Arbeitsgerät vor. Durch die Konzentration auf das unmittelbar vor ihm Liegende gelingt ihm die große Aufgabe, eine ganze Straße zu kehren. Dabei ist neben dieser Konzentration auf den unmittelbaren Arbeitsabschnitt die gesamte Aufgabe nicht aus den Augen zu verlieren. Er folgt der Straße und damit einer größeren Leitlinie. Er verlässt nicht die Route und kehrt morgen eine Ecke des Lagerhauses und übermorgen den Rathausplatz. Dann wäre die Tagesarbeit – das Kehren – zwar immer noch gleich, zahlt aber nicht in eine höhere, größere Aufgabe ein. Beppo wird damit zum Vorbild für die Kombination aus Konzentration auf die unmittelbar vor ihm liegende Aufgabe und dem Festhalten an einer größeren Idee, einer umfänglicheren Herausforderung.

Statt einer großen – Hunderte von kleinen, aber durchführbaren Maßnahmen
Für die stetige Optimierung bedarf es neben der Konzentration und des Blickes für die größere Aufgabe der eigentlichen Verbesserung im Hier und Heute. Dies kann revolutionär oder evolutionär erfolgen. Das unter dem Namen „Kaizen" bekannte Vorgehen postuliert eine evolutionäre Verbesserung in kleinen Verbesserungsschritten, die aber, wie im Fall vom Beppo, einer größeren Linie folgen. Die Ursprünge liegen im Zweiten Weltkrieg, als sich die Amerikaner durch die Kriegsgeschehnisse gezwungen sahen, die Qualität und Quantität ihrer Produktion von Kriegsausrüstung zu erhöhen. Um das Ziel schnell zu erreichen, wurde zur kontinuierlichen Verbesserung aufgefordert – und zwar jeder Beteiligte. Es stand nicht die Suche nach der revolutionären Innovation im Vordergrund, sondern die Adressierung von Hunderten von kleinen Maßnahmen, die insbesondere mit der vorhande-

nen Ausstattung an Ressourcen erledigt werden konnten. Auf den Gängen in den Fabriken wurden Vorschlagskästen aufgestellt und die Manager waren zum respektvollen Umgang mit den Vorschlägen verpflichtet. Dieses Prinzip der stetigen kleinen Verbesserungen wurde auch beim Wiederaufbau von Japan durch die dortigen Besatzungstruppen angewendet. Die Japaner integrierten dieses Prinzip in die sich neu entwickelnde Unternehmenskultur und es entfaltete, ähnlich wie zu Kriegszeiten in den US-Betrieben, ein signifikant höheres Produktionsniveau in Qualität und Quantität. Die Japaner gaben diesem Prinzip einen eigenen Namen: Kaizen (vgl. Maurer 2004, S. 14 ff.). Ein Prinzip, das ich auch bei diversen Marketing-Projekten beobachten konnte. Es braucht ein strategisches Konzept, einen Ansatz, wie eine bestimmte Aufgabenstellung gelöst werden soll. Dieses Konzept gibt die Zielrichtung vor, das Koordinatensystem, in das die einzelnen Aktivitäten hineinfließen.

Es ist die Straße, die für den Straßenkehrer Beppo als Richtschnur für seine tägliche Arbeit dient. Nach der Ausarbeitung des Konzeptes erfolgt das Ausrollen im Markt. Es kommt zum Aufeinanderprallen des Ansatzes im Markt, aus dem sich die unterschiedlichen Wechselwirkungen ergeben. Manches erzielt bessere, aber vieles auch schlechtere Teilergebnisse, als ursprünglich erwartet. Nach den ersten Erfahrungen im Markt ergeben sich dann zwei Alternativen: A ein komplett neuer Ansatz, wenn der bestehende die erwarteten Ergebnisse nicht erzielt, oder B den bestehenden Ansatz kontinuierlich zu verändern und damit zu verbessern, bis er die entsprechenden Ergebnisse erzielt.

Das Risiko ist bei A weitaus höher, denn erstens werden Sie wertvolle Zeit verlieren – und Ihre Mitspieler am Markt wissen nun, dass Sie eine Aktivierung im Markt anstreben, und zweitens haben Sie keine Garantie, dass der neue Ansatz nicht die gleichen (mehr oder weniger) enttäuschenden Ergebnisse liefert wie der vorliegende Ansatz.

▶   Eric Ries spricht von einem „Build-Measure-Learn"-Feedback-Loop. Ein effizienter Weg zum Erfolg ist, schneller als irgendjemand sonst aus dem Status quo zu lernen. Je schneller der Optimierungszyklus aus Handeln, Beurteilen und Lernen erfolgen kann, desto höher der Wettbewerbsvorteil (vgl. Ries 2011, S. 111).

Die Alternative B

Die Verfolgung der Alternative B – der kontinuierlichen Verbesserung – macht es erforderlich, sich kontinuierlich dem Status quo zu stellen. Das Team, die Organisationseinheit und das Unternehmen sind aufgerufen, Hinweise zur Verbesserung der Leistung zu geben, diese gilt es dann zeitnah umzusetzen und aus den erzielten Ergebnissen zu lernen. Man sollte dabei keine Quantensprünge erwarten, aber Monate später werden Sie signifikante Ergebnisse feststellen können. Da sich die Ergebnisse aber langsam und stetig ergeben, fallen sie weniger auf als der oftmals anvisierte „große Durchbruch". Dieser stetige Prozess bekommt weniger Applaus und Anerkennung, weil er eben auf einer Vielzahl von kleinen Schritten basiert und das Werk von vielen darstellt. Aber er führt nachhaltiger zum Erfolg.

Vergessen Sie bei der Optimierung von Prozessen und den darauf aufbauenden Produkten bzw. Services nicht die größte Gruppe Ihrer potenziellen Mitstreiter, die Ihnen zur Verfügung steht: die Kunden. „Der einfachste Weg, die Leistungen des eigenen Unternehmens zu beurteilen, ist, die eigenen Produkte zu kaufen. Erst wenn man selbst als Kunde vor dem Regal steht, bemerkt man die wichtigen Details" (vgl. Brandes 2001, S. 67).

12.3.1 Große Veränderungen erzeugen Irritationen

Ein Vorteil der evolutionären, stetigen Optimierung gegenüber einem revolutionären Ansatz: Die natürliche Resistenz gegenüber Neuem wird vermieden. Der Mensch ist in seinem Verhalten von vielen Routinen bestimmt. Eine Tatsache, die unglaublich nützlich ist, denn sonst müssten wir täglich viele Handlungen neu aktiv lernen und steuern. Wenn Menschen mit Unerwartetem oder Erschreckendem konfrontiert werden, führt das aber in den häufigsten Fällen zu Abwehr oder sogar (innerlicher) Flucht.

▶   **Große Vorhaben in kleinere, machbare Einheiten teilen**
     Ein schrittweiser Prozess, eingeteilt in machbare Einheiten, die mitunter
     lächerlich anmuten, ist für die meisten Menschen ohne Aversionen gangbar.
     Die Bereitschaft, diesen Weg zumindest einmal auszuprobieren, ist wesentlich
     größer als die Bereitschaft, den großen revolutionären Schritt zu unterneh-
     men. Denn die individuelle Risikobereitschaft ist ganz unterschiedlich ausge-
     prägt. Das Verbleiben in der Routine gibt den Beteiligten Sicherheit, denn was
     gestern funktioniert hat, wird mit hoher Wahrscheinlichkeit auch heute und
     morgen noch funktionieren. Diese zugunsten eines unsicheren, da noch nicht
     erprobten Ansatzes aufzugeben, wird tendenziell weniger Unterstützer finden.

Daraus ergeben sich vier Elemente für die stetige Optimierung:

1. Konzentration
   Die Konzentration versetzt den Beteiligten in die Lage, möglicherweise trotz des Umfanges der Aufgabe ein gutes Arbeitsergebnis in Qualität und Quantität zu erbringen.
2. Dimension
   Die Dimension akkumuliert die auf Basis der Konzentration erbrachten Einzelleistungen in einem größeren Kontext. Es benötigt die Einordnung von Einzelmaßnahmen in eine größere Dimension. Denn ohne diese übergreifende Dimension gelingt keine nachhaltige Wirkung, da die Effekte der Einzelaktivitäten keine gemeinsame Aufladung erfahren.
3. Reflexion
   Die Reflexion schafft die Bereitschaft, etwas Bestehendes zu hinterfragen und für (wenn auch noch so kleine) Optimierungen wachsam zu sein. Nach der Phase der Reflexion erfolgen die Realisation der Optimierungsaspekte und die erneute Reflexion des erreichten Ergebnisses.
4. Kultur
   Die Kultur bietet den Rahmen, in dem die zuvor genannten Elemente produktiv werden können. Durch die Beachtung und eine entsprechende Prioritätensetzung ergibt sich

die Chance der Weiterentwicklung. Dabei sollte die Anerkennung des Erreichten eine hervorgehobene Bedeutung haben.

12.4   Was sind die Herausforderungen bei einem Primat des Handelns?

Zunächst einmal die Erkenntnis, dass die Mehrzahl der Konzepte in der Realisierung scheitert bzw. eine unterdurchschnittliche Zielerfüllung abliefert. Die Geschichte des Erfolges ist eine lange Reihe von Misserfolgen. Diese finden aber kaum Beachtung in der Berichterstattung. Die Welt mag Gewinner und keine Verlierer. Das ist erfreulich, wenn man einen Erfolg vorzuweisen hat. In einer Reihe von Misserfolgen die Chancen für den Erfolg noch im Auge zu behalten, ist schon sehr herausfordernd. Schon Albert Einstein beschrieb seine Arbeitsweise als „Herantasten". Für die Rolle des Impulsgebers heißt dies: Lernen Sie, Misserfolge auszuhalten. Impulse sind nicht nur Erfolgsgeschichten. Manche werden sich bereits in der Konzeption als überdenkenswert erweisen, andere werden erst im Markt beweisen, was sie wirklich leisten.

Viele Gründer scheitern bereits in der Anfangszeit

Das verdeutlichen auch die Unternehmensneugründungen. Unbeachtet von den herausragenden Unternehmern, die ihr Geschäftsmodell erfolgreich entwickeln und profitabel am Markt platzieren konnten, scheitern viele Gründer bereits in der Anfangszeit. Gemäß der Statistik des U.S. Bureau of Labor Statistics bzw. der Entrepreneurship-Stiftung Ewing Marion Kauffman Foundation überleben zwei Drittel der Start-ups die ersten drei Jahre, und nur ein Drittel aller Start-ups erleben ihr zehnjähriges Firmenbestehen. Selbst große Marken sind von Misserfolgen nicht ausgenommen: Apples Musikempfehlungsdienst Ping war nie ein richtiger Erfolg, Google Plus ist unterdurchschnittlich frequentiert, und das Einchecken über Facebook wird kaum genutzt (vgl. idee.vc 2012).

Dann am besten nichts unternehmen? Als Impulsgeber werden Sie handeln, ausprobieren, scheitern, es neu versuchen und von vorn beginnen. Dabei werden Sie bisherige Grenzen überwinden. Wichtig ist in gestandenen Unternehmen ein adäquates Erwartungsmanagement. Wird das nicht oder nur unzureichend beachtet, werden aus Erwartungen schnell vorweggenommene Enttäuschungen. Formulieren Sie quantitative und qualitative Ziele. Denken Sie in Szenarien, denen nachvollziehbare Bedingungen zugrunde liegen. Treffen diese nicht oder nur unzureichend ein, justieren Sie die Zielwerte aufgrund der geänderten Rahmenbedingungen neu.

Primat des Handeln

Peters und Waterman beschreiben das Primat des Handelns bei erfolgreichen Unternehmen in der Bereitschaft zum Ausprobieren, zum Experiment. Das Experiment ist dabei ein zu Ende geführter Handlungsschritt. Viele Unternehmen haben es verlernt, solche Experimente durchzuführen. Sie verlieren sich in Analysen und Diskussionen, anstatt einfach eine Hypothese in einem Versuch wie beispielsweise einem Prototyp zu validieren. Kurioserweise hat der Mut zur Probe diese Unternehmen erst erfolgreich gemacht. Erfolgreiche Unternehmen testen, testen und testen. „Weitermachen" ist ihre Erfolgsdevise (vgl. Peters und Waterman 2003, S. 166 f.). Jascha Kaykas-Wolff sieht das Marketing in der Verantwortung, Experimente zu fördern: „Today, successful marketing is about iteration. Experimentation. As marketers, it's our responsibility to build a process-driven foundation for constantly adapting and improving our ideas in order for them to consistently produce the results our organizations require" (Kaykas-Wolff 2014).

▶   **Machen Sie Fehler und lernen Sie daraus**
    Handeln wird immer zu Fehlern, in Sackgassen, ja manchmal sogar zum
    Scheitern führen. Deshalb heißen Sie Fehler und sogar ein Scheitern willkommen. Wer keine Fehler macht, lernt seine Grenzen nicht kennen. Der Umgang
    mit Fehlern ist daher erfolgskritisch für jede Organisation – insbesondere die
    Aufarbeitung von Fehlern. Fehler zu machen, ist nie einfach. Diese zuzugeben
    und die Erfahrungen daraus zu ziehen, ist noch viel schwieriger. Die eigene
    Überwindung ist dabei der maßgebliche Faktor, um Neuem zu begegnen.

12.5   Lernen aus der Iteration

Wenn das Ausprobieren einen Erfolgsfaktor für den Impulsgeber darstellt, wie können wir sicherstellen, dass wir aus den Iterationen auch Wesentliches lernen?

▶   Niemand wird das gesamte Wissen in sich vereinen, sondern es wird bei
    verschiedenen Personen, die in unterschiedlichen Organisationseinheiten
    verstreut sind, vorliegen.

Das meiste Wissen aus den Versuchen liegt nach Abschluss der Iteration implizit bei den am Versuch Beteiligten vor. Es ist als implizites oder auch „ruhendes" Wissen zunächst nicht für andere einfach erfass- und adaptierbar. Ein Außenstehender erkennt vorhandenes Wissen, kann es aber nicht explizit erfassen (siehe Tab. 12.1).

Die wesentliche Aufgabe eines strukturierten Lernens in der Organisation ist die Wandlung des impliziten Wissens in explizites Wissen. Nur dieses explizite Wissen ist für andere reproduzierbar und spezifisch erfassbar. Damit kann dieses Wissen durch die Verwendung einen erhöhten Nutzen schaffen.

Ein Wissenstransfer benötigt Zeit und Ressourcen
Diesem Transfer Raum zu geben ist eine Managementaufgabe. Der Impulsgeber weiß, wie wichtig dieser Transfer ist, um im Marketing des „Experimentierens" gewonnene implizite Erkenntnisse zu strukturieren und diese spezifisch reproduzierbar für die nächste Iterationsschleife zu nutzen. Der Eintritt in die nächste Iterationsschleife ohne die Reflexion des Gelernten ist fahrlässig.

Tab. 12.1 Transformationsprozess von Wissen in Anlehnung an Nonaka

TRANSFOR-MATION	AUSPRÄGUNG	IM TRIAL & ERROR-MARKETING GEEIGNET FÜR
SOZIALISATION (IMPLIZIT – IMPLIZIT)	Übernahme von Wissen im Kontext durch Nacherleben oder Zeigen. Ein PR-Manager erklärt einem anderen, wie ein Presseverteiler am besten anzulegen ist.	Der 1:1-Austausch insbesondere zwischen gleichen Jobprofilen, wie eine bestimmte Maßnahme gewirkt hat, welche Fehler entstanden sind und wie dies in der Iterationsschleife variiert wurde. Übergreifende Werte und Haltungen drücken sich in der Kultur der Gruppe bzw. Organisation aus. Eine Kultur des Trial & Error, die Fehler als Teil des Erfolgsprozesses willkommen heißt, überträgt implizit das Grundprinzip an die (neuen) Mitglieder der Gruppe.
EXTERNALISIE-RUNG (IMPLIZIT – EXPLIZIT)	Implizit vorhandenes Wissen wird durch in der Regel strukturierte Form in explizites, anderen Personen vermittelbares Wissen transferiert.	Die strukturierte Aufarbeitung von Erfahrungen aus den Iterationsschleifen. Das kann in Form einer Präsentation vor einer Gruppe oder eines Eintrages auf einer elektronischen (Wissens-)Plattform, aber auch verbal erfolgen. Bringt erfahrungsgemäß gute Einblicke in die „Lessons Learned", wird durch Zeitdruck viel zu selten angewandt. Beste Methode, neue Mitglieder eines Teams oder andere Organisationsbereiche an den Erfahrungen der bestehenden Gruppe teilhaben zu lassen.
VERNETZUNG (KOMBINATION) (EXPLIZIT – EXPLIZIT)	Bereits explizit vorliegendes Wissen wird mit anderem explizit vorliegenden Wissen zu ganzheitlichen Wisseneinheiten kombiniert.	Aus einzelnen Erkenntnissen der Iterationsschleifen wird bei dieser Wissenstransferart eine neue Metaebene erschaffen. In einer Kombination verschiedener Wisseneelemente wird eine höhere Aggregation angestrebt. Das kann z. B. ein Manual für Marketingkampagnen sein, basierend auf dem expliziten Erfahrungswissen von durchgeführter Kampagnen. Eine hervorragende Methode für einen Know-how-Transfer, wie iterative Methoden/Vorgehensweisen grundsätzlich im Marketing eingesetzt werden können. Bei dezidierten Fragestellungen allerdings nur eingeschränkt nutzbar.

Ikujiro Nonaka beschreibt in „The Knowledge-Creating Company" vier Arten der Wissenstransformation unter Berücksichtigung der impliziten und expliziten Dimension (vgl. Nonaka 1991).

Tab. 12.1 (*Fortsetzung*)

TRANSFOR-MATION	AUSPRÄGUNG	IM TRIAL & ERROR-MARKETING GEEIGNET FÜR
INTERNALISIE-RUNG (PRAXIS) (EXPLIZIT – IMPLIZIT)	Aus vorhandenem (externem oder auch internem) Wissen wird durch praktische Übung Wissen auf den jeweiligen Kontext übertragen (durch die Beteiligten).	Die Übertragung durch Anwendung (Praxis) auf den spezifischen Einzelfall. Eine grundlegende Art, an explizit vorliegendem Wissen zu partizipieren. Hier wird beispielsweise aus dem Manual „Marketingkampagnen" Erfahrungswissen auf eine neue Marketingkampagne transferiert. Jede Aufgabenstellung ist individuell, so stellt dieses explizite Methodenwissen einen wichtigen Erfahrungshintergrund dar, kann aber die erneute Iteration bei dem aktuellen Vorhaben nicht ersetzen.

Ikujiro Nonaka beschreibt in „The Knowledge-Creating Company" vier Arten der Wissenstransformation unter Berücksichtigung der impliziten und expliziten Dimension (vgl. Nonaka 1991).

Wissen hat im modernen Marketing keine lange Halbwertszeit. Erfolgsmodelle von gestern funktionieren wenig bis gar nicht in der Zukunft. Da nicht alle Fehler im eigenen Team „neu" erfunden werden sollten, ist die Einbeziehung von externem – und damit explizitem – Wissen erfolgskritisch. Gerade in mittelständischen Unternehmen kann ein pragmatisches dreiteiliges Vorgehen Sinn ergeben: erstens das Teilen von externen Erkenntnissen über einen simplen E-Mail-Verteiler. Dies kann auch eine für Research verantwortliche Person turnusmäßig übernehmen. Zweitens die turnusmäßige Evaluation von Impuls gebender Literatur/digitalen Beiträgen. Hier kann eine Standardliste über Marketingmethodik-Wissen erstellt werden, die dann laufend aktualisiert wird. Drittens die in größeren Zeitabständen (sechs/zwölf Monate) strukturierte Aufarbeitung eines externen Falles. Das könnte eine größere Initiative wie eine Kampagne oder auch eine Kooperation sein. Wichtig ist es, mit der gleichen Methodik und Strukturierung zu arbeiten, damit diese Aufarbeitung dokumentiert und als Kompendium für die eigene Arbeit verwendet werden kann.

12.6   Der „Trial and Success"-Case

Das Interview zum Case führte ich mit Lars Hinrichs. Lars Hinrichs ist Unternehmer und Investor. Seine wohl bekannteste Gründung ist das digitale Business-Netzwerk XING. Beim Börsengang 2006 war XING Marktführer im deutschsprachigen Raum mit über 1,7 Millionen Mitgliedern. Es war das weltweit erste Web 2.0-Unternehmen an der Börse, ist heute im TecDax und wies 2014 die beste Performance seit Börsengang im entsprechenden Marktsegment aus. Nach seinem Ausstieg aus der CEO-Rolle gründete Lars Hinrichs 2009 das Investitionsnetzwerk HackFwd mit einem Fokus auf Pre-Seeding für Geschäftsideen von digitalen Entwicklern. Des Weiteren treibt Lars Hinrichs den Bau eines mit Smart Home-Technologie ausgestatteten Zukunftshauses voran. Lars Hinrichs gilt als Vordenker für internetbasierte Geschäftsmodelle. Er ist in verschiedenen Aufsichtsräten tätig, unter anderem bei der Deutschen Telekom AG.

12.6.1 Das Arbeiten in Iterationsschleifen

Für Lars Hinrichs ist das Arbeiten in Iterationsschleifen die natürliche Art der Unternehmensentwicklung, wobei er nicht von Fehlern spricht, sondern von Chancen. Sind noch signifikante „Fehler" im Geschäftsmodell oder -prozess vorhanden, ist das Ziel schlicht noch nicht erreicht. Nach einem Plan A kommt der nächste Plan A. Solange die Initiatoren vom richtigen Ansatz überzeugt sind, sind „Fehler" vielmehr Chancen. Als Erkenntnisse sind sie wichtige Stationen auf dem Weg zum Ziel.

Ein Arbeiten in Iterationsschleifen bedeutet für Unternehmen im Kern: einfach machen. Versuchen. Sich trauen. Grundsätzlich besteht dabei kein Unterschied, ob es sich um ein Start-up oder ein etabliertes Unternehmen handelt. In Chancen und erneuten Versuchen zum Erreichen des Ziels zu denken, sollte in jeder Unternehmens-DNA verankert sein. Und das unabhängig von der Größe. Etablietere bzw. größere Unternehmen erfordern aber die Einbindung von mehr Personen, als dies bei Start-ups der Fall ist.

Jedes Experimentieren, jeder neue Versuch erfordert Freiraum. Freiraum für die, die ein Unternehmen tragen: die Mitarbeiter. Eine verordnete Innovationskultur vom (Top-) Management ist zum Scheitern verurteilt. Der entscheidende Beitrag des (Top-)Managements ist Vorleben. Vorleben, dass „Fehler" Erkenntnisse auf dem Weg zur besseren Lösung und gute Ideen keine Domäne des (Top-)Managements sind. Hierarchie schafft Barrieren, und die einfachste Form, diese abzubauen, ist, sich sprichwörtlich einfach mitten ins Team zu setzen. Viele nennen es „Politik der offenen (oder gläsernen) Tür". Dahinter stecken flexible Arbeitsstrukturen unter einem Hierarchien minimierenden, besser noch eliminierenden Dach. Das Auflösen des Etablierten, Festgefahrenen in eine offene, kollaborative Form der Zusammenarbeit. Niemand sollte eine Barriere verspüren, eine Idee vorzubringen.

Wer die Zukunft des Unternehmens sichern will, muss stets das bessere Angebot als der Wettbewerber haben. Denn irgendwann wird jeder Bestseller überholt. Die Voraussetzung: den Referenzrahmen verändern. Wer zur (besseren) Lösung des eigentlichen Kundenproblems den bekannten Rahmen nicht akzeptiert, hat einen wichtigen Schritt getan, um etwas wirklich Neues zu erschaffen. Disruption. Dinge auf den Kopf stellen, sie komplett anders machen. Vom Anwender her denken. Radikal und einfach. Beispiel Google: Als der Suchdienst 1998 auf den Markt kam, offerierte er nur einen einfachen Suchschlitz auf einer ansonsten nahezu leeren Seite, und das in Zeiten, als Alta Vista den Suchenden mit viel Werbung und Yahoo ihn mit Zusatzinformationen überschütteten. Beispiel Tesla: Die Verwender des neuen Mobilitätskonzeptes werden zu Evangelisten und transferieren die neue, bahnbrechende Lösung zum nächsten potenziellen Käufer.

Sie werden Teil des Neuen und Botschafter für die Marke, und zwar aus tiefster Überzeugung.

12.6.2 Und was heißt das für das Marketing?

▶ **Der infizierte Kunde übernimmt die Kampagne**
Lars Hinrichs plädiert für ein Marketing, das nichts kostet. Und das ist eines, welches durch die Kunden selbst erbracht wird. Ganz im Sinne des Tesla-Beispiels. Das kann aber nur funktionieren, wenn das Produkt genügend Strahlkraft hat. Nur eine überzeugende – und in der Regel disruptive – Problemlösung erschafft Evangelisten. Dem Marketing kommt dabei die Fleißaufgabe zu, die Meinungen der Kunden über die Produkte und deren Verwendung zu spiegeln. In der digitalen Welt ist das so einfach wie noch nie zuvor.

Dabei können Kommunikationsaktivitäten in Echtzeit verfolgt werden und bieten so die beste Option, diese on the Fly zu optimieren. Denn Marketing muss Output liefern – die Wirkung der Aktivitäten und der eigenen Produkte nachweisen. Berechnen, was die Werbung des nächsten (digitalen) Kunden kostet. Das Marketing sollte dem Elfenbeinturm entsteigen und sich in den Maschinenraum (der Produkt- und Marktentwicklung) begeben. Ein gutes Produkt kreiert sich seinen Markt selbst – der beste Garant für überproportionales Wachstum des Unternehmens.

Folglich entsteht das Marketing immer aus dem Produkt heraus. Es folgt der Kernidee, der disruptiven Problemlösung. Das Verständnis der Early Adopter ist dabei die vielleicht wichtigste Aufgabe. Wer die Anwenderprobleme von heute versteht und mit den ersten Verwendern gemeinsam eine Lösung erfindet, gewinnt die wichtigen Multiplikatoren und erschafft das bessere Produkt für morgen. Das bedeutet nicht, dass der Anwender bzw. Kunde die Lösung vorgibt.

Steve Jobs: „It's not the consumers' job to figure out what they want" (Jobs 2015). Es geht um den Customer-Insight. Welches Problem lösen wir eigentlich, warum gibt es überhaupt dieses Produkt? Der Impulsgeber stellt immer die Frage, wie ein vorhandenes Problem besser gelöst werden kann. Denn der Wettbewerb tut das jeden Tag. In jeder Branche und Nische finden sich „schwarze Schwäne", die bereits an einer besseren Lösung arbeiten – Jobs beschreibt es so: „If you don't cannibalize yourself, someone else will" (Yarow 2015). Insbesondere bei digital basierten Geschäftsmodellen sind die Innovationszyklen sehr kurz und radikal. Zumeist werden mit der neuen Innovation die bisherigen Regeln neu definiert.

12.6.3 Woher kommen die Impulse für Neues?

Zwei gute Methoden sind Foren, die querdenken, und Menschen, die inspirieren. Wer dabei seine Branche bewusst verlässt, eröffnet sich zusätzliche Chancen.

▶   Wie kaum ein anderes Forum steht TEDxTalks für Querdenken. Vieles wird auf
den ersten Blick nichts mit der eigenen Branche, geschweige denn mit den
eigenen Produkten zu tun haben, aber es erweitert den Horizont.

Neue Sichtweisen, andere Aufgabenstellungen, Erfahrungsberichte oder Modelle, die Komplexität reduzieren, es sind Modelle wie der Golden Cycle von Simon Sinek, die helfen
neue Sichtweisen auf bekannte Probleme zu erlangen. Der Impulsgeber ist offen für Neues
– wo immer es ihm begegnet. Die zweite Methode ist der Austausch mit Menschen. Das ist
die beste interaktive Basis, um die eigenen Gedanken zu reflektieren und neue Inspirationen
zu erhalten. Digitale Plattformen und Business-Networks machen es so einfach wie nie
zuvor, mit neuen Menschen in Kontakt zu treten.

Die besten „Lessons Learned" generiert Lars Hinrichs aus „Fehler"-Listen, die er nach
einem abgeschlossenen Projekt oder einer Unternehmensbeteiligung für sich anfertigt.
Im Zentrum steht die Auseinandersetzung mit den gewonnenen Erfahrungen. Denn ein
„Fehler" wäre nur dann ein „Fehler", wenn er zweimal gemacht wird. Ansonsten ist es eine
Chance, das Ergebnis zu verbessern.

Wer nicht mehr weiß, wie das noch alles zu schaffen ist, dem empfiehlt Lars Hinrichs:
„Stop doing!" Die einfache Frage an alle im Team lautet, was das eigene Unternehmen
zukünftig nicht mehr machen sollte – die schnellste Iterationsschleife, um Überflüssiges
von Bord zu werfen. Ergebnis: mehr Freiraum für bessere und/oder neue (Produkt-)Ent-
wicklungen. Was keinen Nutzen erzeugt, hat keine Berechtigung, Ressourcen zu allokieren.
Kompromisslos.

Im Zeitalter des „Second Machine Age", in der Soft- und Hardware zusammenwachsen,
wird die Bedeutung von Technologie weiter zunehmen. Lars Hinrichs sieht die Produktentwicklung in globalen Märkten als weitaus wichtiger als das Marketing selbst.

▶   Daher seine Empfehlung für alle Marketer: „Lernt programmieren!" Habt
Mut, etwas Neues zu erlernen! Wer dabei hilft? Zumindest für die Program-
mierung kann die US-Initiative „Learn to code" auf der Website code.org
helfen. Über 260 Millionen „Hour of Code" wurden bereits von Millionen von
Menschen absolviert (code 2016).

12.7   Fazit für die Erneuerung Ihres Marketings

Das unterscheidet den erfolgreichen Impulsgeber
Die Welt mag Gewinner und keine Verlierer. Der Impulsgeber lässt sich dadurch nicht
entmutigen und begreift Rückschläge als Lerneinheiten auf dem Weg zum Erfolg. Dabei
kann Flexibilität helfen. Wenn eine Maßnahme nicht realisierbar ist, gibt es möglicherweise
andere Wege zum Ziel oder die bestehenden Komponenten können neu arrangiert werden.
Der Impulsgeber: Inspiriert, probiert, hinterfragt, verändert und startet wieder neu. Doch
was ist die Alternative zu einem interaktiven Ansatz? Ähnlich wie beim Lotto gilt auch im

Business: „Nur wer mitspielt, kann gewinnen!" Allerdings ist die Wirtschaft kein Glücksspiel, sie lebt von ambitionierten Taten. Für das Marketing gilt daher die umgekehrte Lottoregel: Wer nichts macht und nichts riskiert, kann nicht gewinnen und überlässt anderen die Nutzung neuer Chancen.

Darauf kommt es an

Das Arbeiten in Iterationsschleifen wird im Zeitalter von Digitalisierung und Vernetzung die natürliche Art der Unternehmensentwicklung. Deshalb sollte man nicht von Fehlern sprechen, sondern von Chancen, etwas zu lernen und anschließend besser auszuführen. Sind noch signifikante „Fehler" im Geschäftsmodell oder -prozess vorhanden, ist das Ziel schlicht noch nicht erreicht. Sparen Sie sich die Suche nach einem „Schuldigen" – suchen Sie Optimierungen. Handeln wird immer zu „Fehlern", in Sackgassen, ja manchmal sogar zum Scheitern führen. Deshalb: Heißen Sie „Fehler" und sogar ein Scheitern willkommen. Wer keine „Fehler" macht, lernt seine Grenzen nicht kennen.

Fragen

1. Veränderung benötigt Mut. Mut benötigt einen starken Willen. Warum möchten Sie Veränderung?

2. In welchen Teil investieren Sie heute mehr Ressourcen – Start & Roll-out oder Review & Iteration?

3. Welche Bedeutung räumen Sie heute dem „Primat des Handelns" ein?

4. Was könnten Sie morgen aus Ihrem Erstellungsprozess im Marketing eliminieren? Tun Sie es einfach – möglicherweise wird es nicht einmal jemand vermissen.

5. Welche „Lessons Learned" können Sie bereits heute aus Ihren abgeschlossenen Projekten ableiten? Feiern Sie Misserfolge als großartige Möglichkeit zu lernen?

Literatur

Anthony, H. 2008. *Understanding Strategic Management*. Oxford: Oxford University Press.

Balzer, K. 2002. *Die McKinsey Methode*. Wien/Frankfurt: Wirtschaftsverlag Carl Ueberreuter.

Brandes, D. 2001. *Konsequent einfach*. München: Heyne.

code. 2016. code.org. http://www.code.org (Erstellt: 24. August 2016). Zugegriffen: 24. August 2016.

Ende, M. 1973. *Momo*. Stuttgart/Wien: Thienemann.

Grant, R. 2010. wearesocial.net. http://wearesocial.net/blog/2010/08/wieden-kennedys-spice-case-study/ (Erstellt: 10. August 2010). Zugegriffen: 15. Apr. 2016.

idee.vc. 2012. idee.vc. http://idee.vc/2012/09/ (Erstellt: 30. September 2012). Zugegriffen: 15. Apr. 2016.

Jobs, S. 2015. businessinsider.com. http://www.businessinsider.com/not-the-customers-job-to-know-what-they-want-2011-4?IR=T (Erstellt: 11. April 2015). Zugegriffen: 15. Apr. 2016.

Kaykas-Wolff, J. 2014. marketingiteration.com. http://www.marketingiteration.com/about-jascha-kaykas-wolff/ (Erstellt: 15. Dezember 2014). Zugegriffen: 15. Apr. 2016.

Maurer, R. 2004. *Kleine Schritte, die Ihr Leben verändern*. Kirchzarten bei Freiburg: VAK.

Nonaka, I. (November–December 1991). The Knowledge-Creating Company, Managing for the long term. Best of Harward Business Review, S. 162ff.

Oetinger, B.G. 2003. *Clausewitz Strategie denken*. München: Deutscher Taschenbuch Verlag.

Peters, T.J. und R.H. Waterman. 2003. *Auf der Suche nach Spitzenleistungen*. Landsberg: Redline Wirtschaft bei Verlag Moderne Industrie.

Ries, E. 2011. *The Lean Startup*. London: Penguin Group.

Yarow, J. 2015. businessinsider.com. http://www.businessinsider.com/best-steve-jobs-quotes-from-biography-2011-10?op=1&IR=T (Erstellt: 26. Oktober 2015). Zugegriffen: 15. Apr. 2016.

Schritt 8: Rechnen Sie nach!

13

Zusammenfassung

Die Arbeit von Ihnen und Ihrem Team sollte sich rechnen. Je besser, desto höher ist die Wertschätzung Ihrer Arbeit. Allein schon die Anstrengung, Ihre wesentlichen Aktivitäten nach einer gleichen Evaluations-Nomenklatur zu bewerten, wird sich für Sie auszahlen. Der Vergleich entlang einheitlicher Parameter öffnet erst den Weg für eine nachhaltige Analyse und anschließende Optimierung. Auch wenn die Aufgabe zunächst komplex erscheint, zeigt Ihnen dieses Kapitel einen pragmatischen Weg zu mehr Transparenz und Return-of-Investment der durchgeführten Marketing-Aktivitäten. Und das benötigt ein Impulsgeber, wenn er seinen Einfluss im Unternehmen geltend machen möchte.

13.1 So erhöht Ergebnistransparenz Ihre Wertschätzung

Das Marketing hat sich – zumindest im mittelständischen Umfeld – lange Jahre selbst keinen Gefallen getan: Die Messung der Effekte von potenziellen Kontakten bis zum Kauf stand zu selten im Zentrum des Wirkens. Allzu leicht wurde auf die Komplexität bei der Beurteilung von Input zu Output verwiesen.

Die Beurteilung von Marketingmaßnahmen hinsichtlich ihrer Effektivität ist ohne Zweifel komplex. Für ihre Beurteilung stehen selten ausreichende Mittel zur Verfügung, um die notwendigen Daten zu erheben. Noch dazu sind viele Unternehmen in spezialisierten Märkten aktiv, in denen auch Marktforschungsinstitute kaum eine ausreichend breite Datenbasis zu bezahlbaren Kosten bieten.

Aber ohne den Nachweis einer positiven Beeinflussung des Geschäftserfolges verliert das Marketing an Einfluss im Unternehmen. Das Marketing muss damit zwangsläufig hinter den effektorientierten Treibern, wie beispielsweise dem Vertrieb, zurückstehen, und das schwächt die Rolle des Impulsgebers erheblich. Ein mangelnder Nachweis der Effekte schmälert nicht nur den Einfluss auf die Verteilung der Ressourcen in Budgetrunden, sondern auch den Gestaltungseinfluss für die Richtung und damit die Ausprägung von Produkten und Services.

Daher muss die Erfassung der Effekte unter allen Umständen ein zentrales Anliegen eines Impuls gebenden Marketings sein. Nur auf der Basis nachweislich erbrachter Ergebnisse wird dem Marketing eine Impulsgeberrolle im Unternehmen überhaupt erst zugebilligt.

> ▶ Auf den Punkt gebracht: „if it's not measurable, is not manageable". So bildet
> auch das Marketing als Managementdimension keine Ausnahme zu den sons-
> tigen Managementdisziplinen, von denen schon Fredmund Marlik sagte, dass
> die wesentliche Funktion des Managers darin bestehe, Ergebnisse zu liefern
> (vgl. Malik 2007).

Wenn die Messung der Effekte eine wesentliche Aufgabe ist, wie kann dann eine Durch-führung im Rahmen der limitierten Mittel eines mittelständischen Unternehmens geleistet werden? Dabei sind zwei Aspekte von entscheidender Bedeutung: die Einstellung und das Pareto-Prinzip.

Die Einstellung zur Effektivitätsmessung

Am Anfang steht nicht nur das Wort, sondern insbesondere die Tat. Sie, das Team, das Un-ternehmen müssen die Messung der Effekte „wollen". Aufoktroyierte Messungen werden im schlechtesten Falle boykottiert. Schaffen Sie Vertrauen bei den Betroffenen, zeigen Sie auf, warum Kommunikationsergebnisse gemessen und beurteilt werden sollten. Gerade zu Beginn werden Sie nur Bruchstücke wirklich messen können und die Messergebnisse selbst werden nicht immer schmeichelhaft mit Ihren Marketingideen umgehen, die oftmals mit viel Engagement erarbeitet wurden. Aber jede gefundene Schwachstelle führt dazu, dass mit der nächsten Überarbeitungsrunde die Qualität und damit die Effektivität verbessert werden.

Das Ziel ist es, in einem transparenten, nachhaltigen und iterativen Prozess besser zu werden: KVP – die kontinuierliche Methode zur Verbesserung. Effektivitätsmessung ist eine Philosophie, eine nie endende Tätigkeit. Einmal begonnen, wird es Sie, das Team, das Unternehmen über Jahre, wenn nicht das gesamte Arbeitsleben hindurch begleiten. Wer das akzeptiert und sich mit Leidenschaft den Ergebnissen sowie deren Optimierung stellt, hat schon die wesentliche Lektion der Effektivität verinnerlicht.

Das 80/20- oder Pareto-Prinzip Wenn Sie erfolgreich eine positive, offene Einstellung zur Effektivitätsmessung beherzigt haben, folgt der zweite wesentliche Aspekt: die Fokussierung. Gerade mittelständische Unternehmen können nicht alle Wirkungen der Kette von poten-ziellen Kontakten bis hin zu den Sales-Effekten sowie zur Loyalität resultierend aus der Pro-dukt- bzw. Serviceverwendung messen. Dazu werden Ihnen in aller Regel die Mittel fehlen.

> ▶ **Trendmessung und Stichproben verringern Aufwendungen**
> Machen Sie aus der Schwäche, fehlende Mittel zur Messung einer kompletten
> Wirkungskette, eine Stärke und begegnen Sie ihr mit zwei Ansätzen: Setzen

Sie auf Trendmessungen und erproben Sie alternative Evaluationsmethoden.
Wenn keine statistische Signifikanz aufgrund der Kosten möglich ist, versu-
chen Sie, Stichproben zu nehmen, verringern Sie die Anzahl der Länder, der
Produktgruppen, vergleichen Sie sich mit anderen Industrien.

Setzen Sie eher auf einen zu 80 % bestätigten Trend anstatt auf kaum bezahlbare 100 %
Gewissheit. Und seien Sie offen für alternative Evaluationsmethoden. Wer kann Ihnen
noch Daten und Erkenntnisse zur aktuellen Kampagne liefern? Sprechen Sie mit Ihrem
Mediadienstleister oder mit Kooperationspartnern. Hier liegen gegebenenfalls bereits Erkenntnisse aus Kampagnen vor, die diese für andere Kunden in vergleichbaren Industrien
durchgeführt haben. Recherchieren Sie nach Studien und halten Sie die Augen offen für
neue Erkenntnisse. Studieren Sie die Ansätze erfolgreicher Unternehmen und ihrer Kampagnen. Aufschlussreich sind beispielsweise die Gewinner von Effizienz-Awards.

Im Folgenden werden wesentliche Effekte sowie deren Messung aufgezeigt. Es wurde
bewusst eine Kombination von externen und internen Parametern gewählt. Alle Effekte
sind für ein mittelständisches Unternehmen und die Rolle eines Impulsgeber-Marketings
von elementarer Bedeutung.

13.2 Die Wirkungskette des Marketings

Der erste Schritt bei einer nachhaltigen Messung von Ergebnissen ist, die Einstellung zur
Messung selbst und die Stimmigkeit der zu messenden Parameter zu beurteilen. Schon die
Beurteilung, was eigentlich einen Kontakt darstellt, führt häufig zu den unterschiedlichsten
Interpretationen im eigenen Unternehmen. Die Messung von Effekten in einem Wirkungs-
prozess sollte sich immer am übergeordneten Unternehmensziel und dem daraus abgelei-
teten Marketing-Ziel orientieren. Das können je nach Unternehmen ganz unterschiedliche
Zielsetzungen sein. Für eine markengetriebene Überprüfung der Effekte ist eine Erfassung
der Markenbekanntheit – gestützt oder ungestützt – und der Markenattraktivität sowie der
vom Verbraucher wahrgenommenen Positionierung sinnvoll. Hierauf wird auch das nächste
Kapitel noch einmal näher eingehen.

► Der Marketingaktivität kann ein Pull- oder aber auch ein Push-Konzept
  zugrunde liegen. Das ist eine methodische Vorgehensweise, die dann jeweils
  andere Charakteristika aufweist.

Ein Push-Konzept setzt auf einen hohen Mitteleinsatz in einem kurzen Zeitraum. Die auf
direkten Abverkauf zielende Maßnahme soll Effekte mit geringem Zeitversatz erbringen.
Diese Kurzfristigkeit erlaubt es, schneller die entsprechenden Effekte auszuwerten und
bei einem nicht zufriedenstellenden Verlauf eine Anpassung vorzunehmen. Nach dem
Auslaufen des Push-Effektes kann in der Regel aber auch das Nachlassen der Effekte beobachtet werden. Für die Erzielung neuer Effekte werden neue Impulse – sprich: weitere
Investments – notwendig. Typische Trigger einer kurzfristigen Aktivierungskampagne mit

einem hohen Aktivierungsstimulus sind Testaktionen, Rabatte oder kurzfristige Discounts, Einführungsvorteile oder Vorteils-Bundles (beispielsweise 3 für 2 oder Gratisbeigaben). Im Vordergrund stehen dabei die Kaufinteressenten-Gewinnung und die Generierung von Verkäufen. Eine Nachhaltigkeit ist bei einem Push-Konzept weniger gegeben. Demgegenüber setzt ein Pull-Konzept auf eine Stimulierung der zugrunde liegenden Haltung respektive der Handlungsmotive bei der Zielgruppe. Die Marke sowie die darauf basierenden Produkte und Services sind die Protagonisten.

Typische Trigger für ein Pull-Konzept sind Testimonials, virale Ansätze, Referenzen, Testberichte/Auszeichnungen oder auch Product-Placements. Der Vorteil ist eine bessere Nachhaltigkeit. Allerdings ist die Aktivierung über einen längeren Zeitraum beizubehalten, um eine Wirkung zu erzielen. Dadurch ist eine Justierung der Aktivitäten schwieriger, da die Effekte eben nicht unmittelbar eintreten. Mit zunehmender Laufzeit dieser Aktivitäten wird der Druck auf die Zielerreichung zunehmen, es werden aber kaum noch Steuerungsmöglichkeiten bestehen. Insofern ist dieser Weg ambitionierter und mit dem höheren Risiko behaftet, auch nach einem Großteil des Investments die Wirkung noch nicht einschätzen zu können. Bei einem Pull-Konzept liegt der Schwerpunkt zunächst auf der Generierung von Aufmerksamkeit sowie Attraktivität, erst im Verlauf auf der Konvertierung in Richtung der Kaufinteressenten sowie Käufer.

Die Tabelle (siehe Tab. 13.1) zeigt den allgemeinen Wirkungsprozess für die Überprüfung von aktivierenden (auf Verkauf) ausgelegten Marketingaktivitäten, der sicherlich nicht für jedes Vorhaben oder Projekt in seiner Vollständigkeit gelten muss.

Investitionsgüter sowie hochwertige, langlebige Konsumgüter eignen sich tendenziell eher für einen Pull-Ansatz. Kurzlebige Güter und Low-Interest-Produkte bzw. -Services sind eher für Push-Konzepte geeignet. Beide Ansätze haben ihre Berechtigung in der jeweiligen Situation (siehe Abb. 13.1). Bei der Messung sind aber die grundsätzlichen Eigenschaften bei der Generierung von Ergebnissen zu beachten, da sich ansonsten – je nach gewähltem Ansatz – eine nicht zielführende Erwartungshaltung bei den Stakeholdern aufbaut.

Aus der tabellarischen Übersicht der Wirkungskette (siehe Tab. 13.1) lässt sich ableiten, dass sich schnell ein umfangreiches Auswertungsbild ergibt. Beginnen Sie zunächst mit der Bestandsaufnahme. Welche Wirkungsschritte sind bei der Beurteilung Ihrer kurzfristigen Kommunikationsaktivitäten von Bedeutung? Versuchen Sie sich auf die Schritte zu konzentrieren, die Ihnen wichtige Erkenntnisse bei der schrittweisen Optimierung der Aktivitäten und eine hinreichende Dokumentation der Effekte gegenüber den Stakeholdern ermöglichen. Sind diese wesentlichen Wirkungsschritte identifiziert, ist die erste Maßnahme die Vereinheitlichung der Nomenklatur. Definieren Sie genau, was Sie in Ihrem Geschäfts- und Unternehmenskontext unter einem Kontakt verstehen. Nur die einheitliche Festlegung ermöglicht Ihnen die belastbare und reproduzierbare Bestimmung der Effekte. Nach der Einheitlichkeit der festgelegten Nomenklatur beginnt die Identifikation der möglichen Messpunkte.

Erinnern wir uns noch einmal an das Prinzip der positiven Einstellung und Pareto. Sie werden zu Beginn nicht eine komplette Wirkungskette durchmessen können. Dazu werden Ihnen, wie schon beschrieben, die Erfahrung und die Mittel fehlen.

Tab. 13.1 Die grundsätzliche Wirkungskette

	Charakteristik des jeweiligen Wirkungsschrittes	Beispiele für den Wirkungsschritt	Mögliche Messparameter
Chance	Eine Chance ist nur die Möglichkeit und darf nicht verwechselt werden mit dem realen Kontakt. Typischerweise ergeben sich sehr hohe Kontaktchancen insbesondere im Bereich Public Relations.	Artikel in Online- oder Printmagazinen. Durch die Auflagen ergeben sich hohe Kontaktchancen, aber nur selten werden signifikant viele Chancen in reale Kontakte umgewandelt.	Presse-Clipping unter Angabe der Auflagenstärke der jeweiligen Publikationen
Kontakte	Stellen tatsächliche Kontakte mit der Zielgruppe dar. Also der Nachweis, dass eine Person tatsächlich eine Anzeige, eine Postsendung, einen Artikel o. Ä. gelesen hat. In den digitalen Medien ist der Kontaktnachweis häufig einfacher.	Besuche auf der eigenen Website (Unique Visitors) sind eine Größe für einen dezidierten Kontakt. Tatsächliche Kontakte mit der Marke beispielsweise in einem Flagship-Store oder auf der Messe.	Internetstatistiken mit Anzahl der realen Besucher (Unique Visitors) Gezählte Besucher an einem Messestand Reads des eigenen Artikels in einem Onlinemagazin
Teil-nehmer	Die nächste Stufe im Wirkungsprozess ist die „Teilnahme" bzw. das „Engagement" für die jeweilige Aktion. Ein „Teilnehmer" zeigt ein höheres Interesse an der Marke bzw. am Produkt als der „einfache" Kontakt.	Teilnahme an einer Aktion wie einem Gewinnspiel, einem Wettbewerb oder auch einer Liveveranstaltung. Ebenso zählen dazu Kommentare, Posts und je nach Zielgenauigkeit des Umfeldes auch YouTube-Likes.	Anzahl der Teilnehmer bei einem Wettbewerb Anzahl der Likes/Shares eines spezifischen Contents Einträge/Posts in produkt- oder unternehmensbezogenen Foren
Kaufin-teressent	Kaufinteressenten stellen einen wichtigen Status eines physischen oder virtuellen Besuchers dar. Die Vorstufe zum eigentlichen Kauf.	Wenn sich aus einem Messekontakt direkt ein nächster Schritt ableitet, beispielsweise ein Folgemeeting, wäre dies als ein Kaufinteressent zu werten. Ebenfalls der Besuch einer dezidierten Produkt-Landingpage.	Anzahl Messeleads (Besucher mit vereinbartem Folgetermin Produkt-/Serviceinteresse) Tracking des Verhaltens des Kunden am POS (bspw. Kamera oder via Smartphone-Ortung)

Die Messung von Effekten in einem Wirkungsprozess sollte sich immer am übergeordneten Unternehmensziel und dem daraus abgeleiteten Marketing-Ziel orientieren.

Tab. 13.1 (*Fortsetzung*)

	Charakteristik des jeweiligen Wirkungsschrittes	Beispiele für den Wirkungsschritt	Mögliche Messparameter
Käufer	Nicht immer, aber zweifellos die zentrale Messgröße – auch für das Marketing. Welche Verkaufseffekte hat die jeweilige Marketingaktivität initiiert? Eine Frage, die komplex ist, aber nicht davon abhalten sollte, Indizien, Trends und auch direkte Verkäufe in den Evaluierungsteil einer Kommunikationsmaßnahme zu integrieren.	Am einfachsten ist das Tracking im Bereich der Verkäufe über den eigenen E-Shop. Hier können via Tracking direkte Erkenntnisse gewonnen werden, welche Stationen der Käufer vorher besucht hat. Im Bereich des stationären Handels können Befragungen weiterhelfen, welche Kontaktpunkte vor dem Einkauf im Geschäft lagen.	Verkäufe im E-Shop Stichproben als qualitative oder auch quantitative Befragung am POS Nutzung von Aktivierungscodes (z. B. bei Echtheitszertifikaten) Beilegzettel in der Verpackung mit Abfrage der Kontaktpunkte vor dem Kauf
Botschafter	Häufig unterschätzt wird die Transformation eines Käufers zu einem Botschafter. Ein überzeugter Kunde, der zu einem Botschafter der Marke wird, ist nachweislich der beste Verkäufer. Er handelt nicht aus geschäftlichem Interesse und wurde offensichtlich durch die Nutzung des Produktes bzw. Services so überzeugt, dass er als authentischer Botschafter aus Sicht des Beobachters agiert.	Ein Botschafter wird sich in den ihm zur Verfügung stehenden Medien für seine Favoritenmarke einsetzen. In der Bekleidungsbranche wird das durch die Prägnanz der Markenlogos vorgelebt, aber auch in anderen Bereichen nimmt das Eintreten für „seine" Marken zu.	Anzahl der Posts/Kommentare nach einem Kauf (positive/negative) Engagement nach dem Kauf bei unternehmenseigenen Aktionen Customer Lifetime Value (Wiederkäufer einer Marke)

Die Messung von Effekten in einem Wirkungsprozess sollte sich immer am übergeordneten Unternehmensziel und dem daraus abgeleiteten Marketing-Ziel orientieren.

Aber das sollte Sie nicht davon abhalten, die für Sie wichtige Wirkungskette in ihren zentralen Messpunkten zu definieren und dort zu beginnen, wo Ihnen vermutlich relativ einfach Messdaten zur Verfügung stehen. Das kann beispielsweise die schon vorhandene Website-Statistik oder die Besuchsauswertung eines Messeauftritts sein. Notieren Sie Schritt für Schritt die möglichen Messpunkte und woher Sie die Daten beziehen könnten.

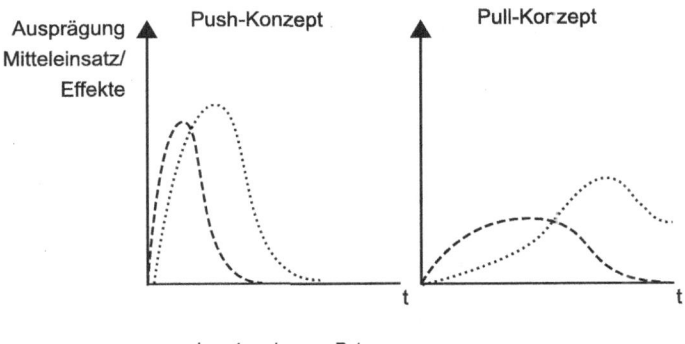

Abb. 13.1 Push- versus Pull-Fokus einer Kommunikationsmaßnahme

Beziehen Sie auf jeden Fall neben dem Team und wichtigen Stakeholdern im Unternehmen auch Ihre Dienstleister ein.

Bestimmen Sie aus den ersten Werten Konversionsraten, beispielsweise: Aus wie vielen Kontaktchancen hat sich prozentual welche Anzahl von Kontakten abgeleitet? Auch wenn keine 1:1-Beziehung gegeben sein muss, lässt sich so eine grundsätzliche Einordnung im Verhältnis von Kontaktchancen zu Kontakten und von dort zu Teilnehmern und Interessenten vornehmen. Es hilft Ihnen, die grundlegenden Relationen zu erkennen und die Schwerpunkte bei zukünftigen Kommunikationsmaßnahmen zu setzen.

▶   **Relative Vergleiche helfen, anstatt absoluter Werte**
    Ein anschaulicher Nutzen ergibt sich aus dem Vergleich von verschiedenen
    Kommunikationsmaßnahmen untereinander. Die Ergebnisse liefern Auf-
    schlüsse über die Wirkungsweise und die Stärken der jeweiligen Maßnahmen.
    So lassen sich daraus Erkenntnisse für zukünftige Aktivitäten generieren. Eine
    Auswertung, die der gleichen Nomenklatur folgt, lässt sich dabei einfacher auf
    eine andere Maßnahme übertragen.

Sind die Aktivitäten auf sehr unterschiedliche Gebiete ausgerichtet, beispielweise Business-to-Business oder Business-to-Consumer, lassen sich über Normierungswerte trotzdem Vergleiche anstellen. So kann ein Kontakt in einer Business-to-Business-Maßnahme mit einem anderen Bewertungsfaktor angesetzt werden als für eine Business-to-Consumer-Maßnahme. Wie hoch dieser Faktor ist, kann am besten in Bezug auf den jeweiligen Umsatz bemessen werden. Ein Kaufinteressent für ein Investitionsgut im fünfstelligen Bereich ist anders zu werten als ein Kaufinteressent für ein Konsumgut von wenigen Hundert Euro. Eine Normierung kann sich dabei ebenfalls recht komplex gestalten. Es geht um tendenzielle Differenzierung, nicht um wissenschaftliche Genauigkeit. Die erreichten Ergebnisse können so mithilfe eines Normierungsfaktors auch über unterschiedliche Einsatzarten hinweg miteinander in Beziehung gesetzt werden. Auch hier ist die Empfehlung, mit Annahmen für einen solchen Normierungsfaktor je nach Einsatzart zu beginnen und diesen über die Zeit anzupassen.

13.2.1 Die langfristige Wirkung des Marketings

Neben der im vorhergehenden Abschnitt beschriebenen Wirkungskette, die sich auf kurzfristige Aktivitäten im Bereich von Push- und Pull-Konzepten anwenden lässt, ist die langfristige Ermittlung von Kennzahlen für die Performance des Marketings von Bedeutung. Der Kern dieser langfristigen Wirkung besteht aus dem Produkt sowie dem Service und der daraus resultierende Markenreputation selbst. Wie bereits im Kapitel „Stärken stärken" (Kap. 8) angesprochen, ist das Zusammenspiel aus Markenversprechen und Produktbeweis für die Bestimmung der langfristigen Wirkung wichtig. Eine Markenreputation kann nur so gut sein, wie das Produkt und der Servicebeweis gegenüber dem Endanwender ausfallen.

Daher setzt die Bestimmung der Effekte für die langfristige Wirkung bei den Produkten bzw. Services selbst an. Was nicht im Produkt sowie im Service verankert ist, kann später bei der Anwendung nicht auf die Marke einzahlen. Es empfiehlt sich daher, im Rahmen der Produkt- sowie Serviceentwicklung die intendierten Effekte (auch auf die Marke selbst) bereits bei der Zielgruppe abzuprüfen. Generell bieten sich dafür qualitative oder quantitative Methoden an. Der Vorteil der qualitativen Methoden liegt in einer höheren Intensität der Auseinandersetzung mit der Zielgruppe. Im Rahmen beispielsweise einer Fokusgruppe können die Endanwender die vorgestellten Produkt- und Serviceideen testen und bewerten. Da Produkt bzw. Service und Marke immer zusammengehören, ist ebenfalls eine Überprüfung der Rückkopplung auf die Markenwerte bzw. das intendierte Markenbild vorzunehmen. Je früher der Endanwender miteinbezogen wird, desto höher sind die Adaptionsmöglichkeiten im Entwicklungsprozess für Produkte und Services.

Für die Reputation der eigenen Marke ist eine turnusmäßige Überprüfung der Markenbekanntheit (ungestützt/gestützt) sowie der Markenattribute sinnvoll. Im nächsten Kapitel werden die Messparameter eingehender betrachtet. Die singuläre Messung hat dabei nur eine begrenzte Aussagefähigkeit, wichtig ist die Entwicklung über die Zeit und damit die relative Entwicklung. Daher ist eine regelmäßige Beurteilung, beispielsweise halbjährlich, empfehlenswert. Die Konzentration auf die eigenen Kernmärkte ist dabei ausreichend. Jährlich sollte eine Bestimmung der eigenen Markenattribute vorgenommen werden: Wofür steht die Marke bei den Kunden und welche Abweichungen ergeben sich zum intendierten Markenbild? Beide Parameter – die Markenbekanntheit und die Markenattribute – sind wichtige Indikatoren, um die generelle Arbeit des Marketings zu beurteilen. Auch wenn nur Ausschnitte des Marktes und der eigenen Produkte beurteilt werden können, ist das als Indikator ein guter Anfang. Die Kosten sind bei einer längerfristigen Vereinbarung mit ausführenden Marktforschungsinstituten für nahezu jedes Unternehmen tragbar.

Als sinnvolle Ergänzung zu den produkt-, service- und markenbezogenen Positionsbestimmungen bietet sich die Erhebung der eigenen Marktanteile an. Je weiter das eigene Geschäftsmodell aber in einer Nische liegt, desto aufwendiger wird deren Bestimmung.

Für gängige Produkt- und Servicekategorien bietet beispielsweise die Gesellschaft für Konsumforschung als größtes deutsches Marktforschungsinstitut Marktdaten für die Bereiche Automotive, Fashion & Lifestyle, Health, Public Service, Technology, Consumer Goods, Financial Services, Media & Entertainment, Retail sowie Travel & Tourism an (vgl. GfK 2015). Auch wenn Sie die eigenen Marktanteile bestimmen, sind die Angaben aussagefähiger, die sich auf die langfristige Entwicklung beziehen. Diese zeigt ebenfalls die Veränderungen bei den Wettbewerbern und welche Ihrer Mitbewerber Sie dabei verstärkt im Blick haben sollten.

Bei der zuvor skizzierten Wirkungskette besteht das Problem der kausalen Zuordnung von Wirkung und Ursache. Ob beispielsweise die positiven Vertriebseffekte auf das Marketing oder engagierter agierende Außendienstler zurückzuführen sind, lässt sich kaum herausfinden. Daher kann eine Gesamtbetrachtung über einen längeren Zeitraum bei der Effektivitätsbestimmung sinnvoll sein. Die grundsätzliche Überlegung ist dabei einfach: Alle Ausgaben (einmalig, variabel oder fix) stehen den erreichten Einnahmen gegenüber. Diese Betrachtung umfasst dann alle Ausgaben für die Entwicklung des Produktes oder des Services, die Vertriebs- und Marketingkosten sowie die Rückflüsse der verkauften Einheiten. Nach der Kapitalwertmethode lassen sich die erhaltenen oder zu erwartenden Rückflüsse zum betrachteten Ausgangszeitpunkt mithilfe eines Zinssatzes diskontieren (siehe Beispiel Abb. 13.2).

Die Kapitalwertmethode folgt dem Prinzip, dass die zukünftigen Rückflüsse auf den Entscheidungszeitpunkt einer Investition nur mit einem relativen Betrag gegen die heute getätigten Ausgaben gegengerechnet werden können. Die Formel für die Kapitalwertmethode sieht des Weiteren die Einbeziehung eines Restwertes am Ende der Investitionsnutzungsdauer vor. Bei der hier betrachteten Beziehung zwischen der Investition in ein Produkt bzw. in einen Service und den anschließenden Kosten für deren Vertrieb bzw. Vermarktung kann aber ein Restwert vernachlässigt werden.

Der Vorteil der Methode liegt in der Ganzheitlichkeit der Betrachtung. Ob die positiven Return-Effekte auf einem perfekt auf die Zielgruppe abgestimmten Produkt, einer hervorragenden Umsetzung der Vertriebsstrategie oder einem überzeugenden Marketingkonzept basieren, ist letztendlich zweitrangig. Was zählt, ist der generelle Erfolg der Investition. Insofern stärkt eine solche Betrachtung den Teamgedanken und ermöglicht ebenfalls eine unternehmensorientiertere Ausrichtung aller Aktivitäten. Wenn sich einzelne Beteiligte nur auf sich selbst beziehen und optimieren, hilft das einem unternehmerischen Gesamtergebnis kaum. Was nützt dem Unternehmen ein ideenreiches Marketing, wenn das Produkt bzw. der Service große Schwächen aufweist, der Vertrieb nicht über die richtigen Informationen oder die passende Ausbildung verfügt oder das Angebot schlicht die Bedürfnisse der Zielgruppe verfehlt? Genau hier setzt eine nachhaltige und langfristig angelegte Kapitalwertbetrachtung an, um die Investitionen sowie die Rückflüsse in Balance und in eine gesamtheitliche positive Entwicklung zu bringen.

Kapitalwertmethode

$$\text{Kapitalwert (KWO)} = -\text{Io} + \sum_{t=1}^{n} \text{Ct} * (1+i)^{-t} + \text{Rn} * (1+i)^{-n}$$

Der Kapitalwert (KWO) wird ermittelt, indem die prognostizierten Einzahlungs-
überschüsse (Ct) während der geplanten Nutzungsdauer (n) mit dem Kalkulationszinssatz (i) auf den Bewertungsstichtag (Bezugszeitpunkt) abgezinst und um die
Anschaffungsausgabe (Io) vermindert werden. Die periodischen Einzahlungs-
überschüsse errechnen sich als Differenz aus den mit dem Investitionsprojekt
verbundenen Ein- und Auszahlungen. Im letzten Jahr der geplanten Nutzungsdauer
kann ein eventuell vorhandener Restwert (Rn) addiert werden.

Beispielhafte Berechnung für eine (Marketing-/Vertriebs-)Investition und die daraus resultierenden Rückflüsse (ohne Restwert)

Jahr (t)	0	1	2	3
Ausgaben (einmalig)				
Konzept	- 35 k€			
Videoproduktion	- 150 k€			
Content, Trainings	- 75 K€			
Website	- 75 K€			
Summe	**- 335 K€**			
Ausgaben (lfd.)				
Vertriebskosten (variabel)		- 100 k€	- 200 k€	- 100 k€
Kampagne (Aktivierung)		- 125 k€	- 150 k€	- 50 k€
Summe		**- 225 k€**	**- 350 k€**	**- 150 k€**
Einnahmen				
Umsätze, netto		**250 k€**	**500 k€**	**650 k€**
Investment	- 335 k€			
Lfd. Ausgaben		- 225 k€	- 350 k€	- 150 k€
Überschüsse (netto)		25 k€	150 k€	500 k€
Diskontierte Returns (KW)		23,6 k€	133,5 k€	419,8 k€
Summe diskontierte Rückflüsse		576,9 k€		
Kapitalwert		**241,9 k€**		

Kalkulationszinssatz (i) = 6%

Abb. 13.2 Die langfristige Effekte-Auswertung auf Basis der Kapitalwertmethode. (wirtschafts-lexikon.gabler.de 2016)

13.2.2 Die Administration und Auswertung von Effektmessungen

Die Administration der Effektmessung sollten Sie in eine Hand legen. Das kann durch Mitarbeiter mit einem Marktforschungshintergrund oder durch Marketingexperten erfolgen, die eine entsprechende Qualifikation erworben haben. So können die Anfragen und Steuerung der Analyse von einer Person gehandhabt werden. Durch die Zusammenführung in einer Person nutzen Sie hohe Synergien, statt Produktmanager oder Produktleiter für Marketingmaßnahmen mit der Durchführung der Messung von Effekten alleinzulassen. In der Regel bietet es sich für einen Mittelständler an, auf ein zentrales Marktforschungsunternehmen zurückzugreifen. Damit bekommen Sie eine zusätzliche Kompetenz in Ihr (erweitertes) Team. Mit diesem Dienstleister können Sie die langfristige Zielsetzung besprechen und ein entsprechendes Paket, bestehend aus den jeweiligen kurzfristig und langfristig orientierten Analysen, verhandeln.

▶ Die wesentliche Erkenntnisarbeit kann Ihnen jedoch kein Marktforschungsinstitut abnehmen: Was lernen Sie aus den Effektmessungen?

Zunächst sollten Sie sich auf signifikante Abweichungen vom Mittel konzentrieren. Wo ergeben sich Ausschläge in den Messwerten, mitunter sogar Extreme? Sind diese identifiziert, folgt die Detektivarbeit: Warum kam es zu diesen Ausschlägen? Neben den eigenen Aktivitäten sind insbesondere die Aktivitäten der Wettbewerber sowie generelle Markttrends von signifikantem Einfluss. Wenn Sie die Erkenntnisse aus den kurzfristigen sowie langfristigen Messungen einem größeren Entscheiderkreis zukommen lassen möchten, sollten Sie ein paar einfache, aber wesentliche Regeln beachten. Daten-gestützte Erkenntnisse aus dem Marketing werden sicherlich mit Interesse aufgenommen, aber ersticken Sie Ihre Zuhörer nicht in Daten. Zu Beginn einer jeden Präsentation steht ein Management-Summary. Denn nicht alle Entscheider haben die Zeit, sich durch die Folien zu klicken und begrüßen eine kurze Aufbereitung mit den wesentlichen Erkenntnissen. Wohlgemerkt steht die Erkenntnis im Vordergrund und nicht das Reporting von Datenerhebungen. Jede Folie, die Daten zeigt, benötigt eine aussagekräftige Zusammenfassung zu Beginn der Folie. Diese Zusammenfassung akzentuiert die wichtigste Botschaft und was wir aus den Daten ableiten können. Für die turnusmäßige Erhebung der Markenbekanntheit könnte das beispielsweise lauten: „Nach einem ersten Anstieg der ungestützten Bekanntheit im Frühjahr konnte der Trend mit einer erneuten Steigerung im Herbst bestätigt werden. Wesentlicher Treiber war die Markenkampagne in Verbindung mit dem Zielgruppen-Mailing." Konzentrieren Sie sich auf die wichtigsten zehn bis 15 Folien. Gerne können Sie weitere Datenerhebungen in ein Back-up einstellen, aber strapazieren Sie die Aufmerksamkeit eines Entscheiderkreises nicht über Gebühr.

Am Ende des Foliensatzes sollte ein Ausblick mit den wichtigsten nächsten Schritten stehen. Sind durch den Rezipientenkreis Entscheidungen zu treffen, ist das ebenfalls die richtige Stelle dafür. Eine Daten-gestützte Präsentation ist nur so gut wie die zusammenfassende Einleitung, aussagekräftige Erläuterungen pro Folie und ein aktivitätsbezogener Ausblick am Ende.

Es ist erstaunlich, wie viele Präsentationen diese elementaren Grundsätze vermissen lassen. Erleichtern Sie Ihren Zuhörern die Aufnahme von Informationen durch eine entsprechend professionelle und entscheiderkompatible Aufbereitung. Die Rezipienten werden es Ihnen danken.

13.3   Der Marktforschungs-Case

Auf dem Weg zur weiteren Professionalisierung des eignen Unternehmens und des zugrunde liegenden Geschäftsmodells stellt sich die Frage, wie die Marktforschung wertschöpfend zur Erreichung der eigenen Unternehmensziele eingesetzt werden kann. Hierzu führte ich ein Interview mit Dr. Detlef Struck, dem Geschäftsführer von alegas. Dieser Case betrachtet, wie ein mittelständisches Unternehmen von der Marktforschung profitieren kann. Das seit 2008 bestehende Unternehmen für Marktforschung alegas setzt auf eine hohe inhaltliche Relevanz der Studien von Projektbeginn an, um effektiv und ergebnisorientiert die Fragestellungen der jeweiligen Auftraggeber zu bearbeiten. Zu den betreuten Kunden gehören unter anderem Vodafone, Kabel Deutschland, BMW sowie Siemens.

Grundsätzlich ist eine Marktforschung per se nicht für jedes Unternehmen gleichermaßen sinnvoll. Die Unternehmen, in denen die Marktforschung einen geringeren Nutzen stiftet oder auf eine geringere Akzeptanz stößt, sind solche, die in einem sehr schnell wachsenden Markt agieren und/oder sich in ihrer Entwicklung in der Aufbauphase befinden. Ihnen fehlt schlicht die Zeit, sich der Marktforschung eingehend zu widmen – dies gilt sowohl für das Aufsetzen von Marktforschungsstudien als auch für die analytische Ableitung von Handlungskonsequenzen. Des Weiteren zählen dazu alle Unternehmen, die über eine starke Unternehmerpersönlichkeit mit einer ausgeprägten Intuition für den Markt, die Bedürfnisse der Kunden und für das eigene Geschäftsmodell relevante Trends verfügen. Möglicherweise prägen die Unternehmer diese Trends sogar mit. Man könnte sie charakterisieren als Menschen, die „beseelt von einer (persönlichen) Mission" sind. Eine Marktforschung würde hier zu einem Konflikt zwischen einem abgefragten Marktbild und einer überaus starken persönlichen Unternehmersicht auf den Markt führen, was vermutlich für die Sache nicht förderlich wäre.

13.3.1 In welchen Bereichen die Marktforschung Nutzen stiftet

Für diejenigen Unternehmen, die nicht zu dem zuvor genannten Kreis zählen, kann der Nutzen der Marktforschung anhand der folgenden drei Punkte charakterisiert werden:

Ressourcenallokation
Insbesondere in Unternehmen mit starken Limitierungen ein Thema: die Forderung zur Fokussierung. Mit begrenzten Ressourcen können einfach nicht alle Geschäftsideen und

Innovationen umgesetzt werden. Die Marktforschung kann hier gezielt dabei unterstützen, teure Fehlinvestitionen – ob in der Produkt- bzw. Serviceentwicklung oder bei der Umsetzung von Marketingkonzepten – zu vermeiden und frühzeitig ungenügende oder vielversprechende Marktpotenziale aufzuzeigen. So können zu einem frühen Zeitpunkt Konzepte, Prototypen sowie Vorentwicklungen auf ihre Marktreife und Erfolgschancen hin überprüft und dadurch eine Selektion der chancenreichsten Vorhaben durchgeführt werden. Dazu zählen auch die Abschätzung von Marktentwicklungen sowie eine generelle Einschätzung des Wettbewerbes auf Basis des vorliegenden Konzeptes.

Positionsbestimmung und Weiterentwicklung

Der zweite Nutzenaspekt der Marktforschung ist die eigene Positionsbestimmung. Wie werden das Unternehmen, die Marke, die eigenen Produkte oder Services aus Sicht des Endkunden oder auch der Mitarbeiter wahrgenommen? Wo liegen spezifische Stärken? Auf welche wertschöpfenden Treiber kann aufgebaut, was sollte besser vernachlässigt werden? All dies sind wichtige Erkenntnisse für die Bestimmung der eigenen Position – auch in der Differenzierung zum Wettbewerb. Aus der Positionsbestimmung ergibt sich die Ableitung des Entwicklungspfades. Hier kann die Marktforschung neben der Bestimmung der Position die nachhaltige Weiterentwicklung als Monitor der erreichten Ergebnisse begleiten. Dies sollte auf der Basis von spezifischen festgelegten KPIs erfolgen.

Objektivierung von Sichtweisen

Das Marketing bietet eine willkommene Einladung, die entwickelten kommunikativen Endprodukte (oder auch Teilprodukte) mit einer guten Portion Bauchgefühl zu diskutieren. Aufgrund der Visualität sowie der eigenen Betroffenheit als vermeintliche oder sogar reale Zielgruppe gestattet dieses Feld mannigfache Möglichkeiten der internen Diskussion. Die Marktforschung hilft an diesem neuralgischen Punkt, durch quantitative oder qualitative Befragungen der anvisierten Zielgruppe eine potenziell emotionale Diskussion zu versachlichen. Die Marktforschung erreicht mehr und tiefere Einsichten zum Untersuchungsgegenstand durch die Evaluation, als dies eine noch so umfangreiche interne Diskussion erreichen kann. Sie stellt schlicht den Endanwender über das eigene Unternehmen. Da der Endanwender der Kunde ist, stellt dies den weitaus besseren Weg dar. Es verschafft den Marketing-Verantwortlichen die notwendige Neutralität, da eine Bewertung ja aus Sicht der Zielgruppe vorgenommen wurde, die den gesamten Diskussionsprozess verkürzt und weniger emotionalisiert. So kann dann eine anschließende Justage auf der Basis von fundierten Fakten vorgenommen werden.

Die Marktforschung kann sowohl eine nachhaltige Rolle bei der Unternehmenssteuerung als auch bei der Überprüfung der Effektivität des Marketings übernehmen. Die Marktforschung bietet ein großes Potenzial – bei einer entsprechenden Auseinandersetzung mit den Ergebnissen –, ein Werttreiber für das Unternehmen und die zukünftige Kommunikation zu sein.

13.3.2 Die wesentlichen Untersuchungsbereiche für die Marktforschung

Eine Messung von Effekten im marketingbezogenen Kontext ergibt überall dort Sinn, wo die eigentlichen Assets, die wertschöpfenden Elemente, des Unternehmens liegen. Die Marktforschung soll dazu beitragen, diese Assets besser zu verstehen, sodass eine Fokussierung und Steuerung vorgenommen werden kann.

Daraus ergeben sich die folgenden Messparameter, die bei einer systematisch betriebenen Marktforschung in mittelständischen Unternehmen berücksichtigt werden sollten (siehe Tab. 13.2).

Für ein Business-to-Business- und dienstleistungsorientiertes Unternehmen steht als Asset sicherlich die Kundenzufriedenheit im Vordergrund. Es wird das Unternehmen interessieren, wie kritisch die eigenen Kunden besonders die Service-Performance bewerten, da diese ein zentrales Asset für jedes Business-to-Business-orientierte Unternehmen darstellt. Wobei „die Kunden" in diesem Umfeld häufig aus organisatorischen Gruppen

Tab. 13.2 Empfohlene Messparameter für eine systematische Marktforschung

Marke, Produkt	Markenstärke	Bestimmung der eigenen Markenstärke, beispielsweise der Markenbekanntheit (gestützt und ungestützt) sowie der Markenpräferenz. Die Aussagekraft einer Markenstärkenanalyse ist höher, wenn diese in Relation – beispielsweise der eigenen Marke zum Wettbewerb – bestimmt wird. Es ist empfehlenswert, die Markenstärke in regelmäßigen Abständen zu überprüfen.
	Markenposition	Die Kenntnis der eigenen Markenposition inklusive Eigenschaften ermöglicht ein Verständnis, wie die eigene Marke aus Sicht des Kunden erlebt wird. Durch eine kontinuierliche Untersuchung der Markenposition können über die Zeit die Auswirkungen der Marketingmaßnahmen in ihrer Gesamtheit überprüft werden. Deshalb ist es wichtig, dass die Marketingmaßnahmen auf ein strategisch gesetztes Markenbild einzahlen. Wie gut dies gelingt, kann mithilfe des Messparameters „Markenposition" überprüft werden.
Werbewirkung	Effektivität von Marketingmaßnahmen	Darunter fällt die dezidierte Auswertung von wesentlichen Marketingmaßnahmen hinsichtlich ihrer Effektivität bzw. Wirkung auf die Zielgruppe. Ein gleichbleibendes Bewertungsraster stellt dabei die interne Vergleichbarkeit der einzelnen Maßnahmen sicher. Im Vordergrund steht die Gewinnung von Erfahrungswerten und Benchmarks zur Beurteilung der durchgeführten und zukünftigen Marketingmaßnahmen.

Die Messung von Effekten im marketingbezogenen Kontext ergibt überall dort Sinn, wo die eigentlichen Assets, die wertschöpfenden Elemente, des Unternehmens liegen.

Tab. 13.2 (*Fortsetzung*)

Werbewirkung	Kanaleffektivität (Customer Journey)	Heute nutzt der Kunde verschiedene Kanäle für die Information, den eigentlichen Kauf bzw. die Nachkaufbetreuung. Der Messparameter Kanaleffektivität bewertet diese einzelnen Kanäle. Dabei ist es wichtig zu wissen, welche Kanäle welche Funktion im Prozess übernehmen und wie diese vom Kunden beurteilt werden. Eine gesonderte Leistungsbetrachtung des digitalen Kanals Website sollte dabei in jedem Fall erfolgen.
	Social Media	Des Weiteren sind die nicht unternehmenseigenen sozialen Kommunikationskanäle regelmäßig zu bewerten. Sie spiegeln das Bild des Unternehmens in der sozialen Öffentlichkeit detailliert wider. Diese Beurteilung sollte im Rahmen der Effektivitätsüberprüfung von Marketingmaßnahmen erfolgen, die in aller Regel als aktive Kommunikation in den sozialen Medien durchgeführt wird. Darüber hinaus lohnt es sich, ein regelmäßig aggregiertes Unternehmensbild der von Externen geführten Kommunikation in den sozialen Medien zu erstellen.
Kunden, Service	Bindung der Kunden, Kundenzufriedenheit	Wie bereits erwähnt, ist dies ein wichtiger Bereich hauptsächlich für Business-to-Business- und/oder auf Dienstleistungen fokussierte Unternehmen. Die Zufriedenheit mit der Produktanwendung und Servicenutzung des Unternehmens steht hier im Zentrum der Untersuchung. Gerade dieser Bereich bietet sich für die genauere Betrachtung von Teilbereichen, von aktuellen Fragestellungen und Trends an, um die turnusmäßige Indexerfassung der Kundenzufriedenheit mit neuen Erkenntnissen zu bereichern.
Team, Mitarbeiter	Bindung der Mitarbeiter, Mitarbeiterzufriedenheit	Als vierter Bereich ist die turnusmäßige Erfassung der Mitarbeiterzufriedenheit im Messparameterset empfehlenswert. Die Mitarbeiterzufriedenheit stellt einen Erfolgstreiber für das Unternehmen dar, wenn mit den Ergebnissen aktiv auf allen Managementebenen gearbeitet wird. Weniger ist dabei mehr, denn die reine Erfassung, ohne dass daraus für die Mitarbeiter erlebbare Handlungen erfolgen, ist nicht zielführend.

Die Messung von Effekten im marketingbezogenen Kontext ergibt überall dort Sinn, wo die eigentlichen Assets, die wertschöpfenden Elemente, des Unternehmens liegen.

bestehen – beispielsweise dem Buying Center. Je ausgeprägter die Nische ist, in der das Unternehmen tätig ist, desto atomisierter stellt sich die Zielgruppe dar. Das führt dazu, dass realistischerweise nur noch qualitative Analysen möglich sind. Für ein stark Business-to-Consumer- und produktorientiertes Unternehmen steht das Asset des Markenimages im Vordergrund. Bei entsprechendem Umfang der Zielgruppe sind dann auch quantitative Analysen möglich. Für ein Unternehmen, dessen Asset eine digitale Verkaufsplattform ist, werden die Bewertung der Nutzerfreundlichkeit, der Bestellprozesse und die Attraktivität des Angebotes sowie der Plattform selbst von Bedeutung sein.

Bei der turnusmäßigen Bestimmung der Assets ist darauf zu achten, dass nach einer ersten Phase der Leistungsbestimmung der Assets – und hoffentlich deren Optimierung – die Marktforschung selbst im Laufe der Zeit nicht zur bloßen Routine verkümmert. So könnte nach einer ersten Phase eine weitere signifikante Optimierung der Assets aufgrund von natürlichen oder strukturellen Barrieren für das Unternehmen nicht mehr möglich sein. Um dann die turnusmäßige Durchführung der Marktforschung weiterhin attraktiv aus Sicht der Stakeholder zu gestalten, sollten beispielsweise Teilgebiete intensiver behandelt werden. Ebenfalls bietet sich die Untersuchung zu aktuellen Fragestellungen, neuen Produkten oder auch Trends an. So bleibt eine Studie auch dann interessant, wenn sich die Indexzahlen der Assets nicht mehr entscheidend ändern.

An die Betrachtung der Messparameter schließt sich die Frage an, welches Budget die Durchführung einer systematischen Marktforschung erfordert. Für die Einschätzung des notwendigen Budgets ergibt sich eine Abhängigkeit von der grundsätzlichen Ausrichtung des Unternehmens – Business-to-Business oder Business-to-Consumer –, der Anzahl der betrachteten Märkte, der Anzahl der Business Units, die in die Marktforschung einbezogen werden sollen, sowie der Art und Weise, wie die Erhebung durchgeführt wird.

▶ **Richtwerte der Aufwendungen für Marktforschung**
   Als Richtwert kann das Marktforschungsbudget mit einer Spanne von 0,1 bis 1 % des Unternehmensumsatzes oder bis zu 5 % des Marketingbudgets bemessen werden. Bei nur einem Markt, wenigen Business-Segmenten, einer Business-to-Business-Ausrichtung und einer Erhebung von Daten durch das Unternehmen wird das notwendige Budget eher am unteren Ende der Spanne liegen. Werden die Daten von einem externen Dienstleister wie einem Marktforschungsunternehmen erhoben, wird sich das benötigte Budget eher im oberen Bereich der angegebenen Spanne bewegen.

Für einen Untersuchungsgegenstand, wie beispielsweise die Auswertung des Social-Media-Kanals, kann das Unternehmen „Do it yourself"-Analysetools aus dem Internet für wenige Tausend Euro pro Jahr anschaffen und durch einen Mitarbeiter turnusmäßig auswerten lassen. Den gleichen Untersuchungsgegenstand kann aber auch ein externer Dienstleister bewerten, der nicht nur die Daten erfasst, sondern tiefer gehend analysiert und ergänzend Handlungsempfehlungen erstellt. Bei dieser Art der Dienstleistung können sich dann die Aufwendungen über das Jahr schnell zu einigen Zehntausend Euro addieren.

13.3.3 Die Integration der Marktforschung in die Entwicklung

Jedes Unternehmen existiert im Wesentlichen auf der Basis seiner im Markt erfolgreich etablierten Produkte bzw. Services. Deshalb ist es sinnvoll, auch die Marktforschung im neuralgischen Bereich der Produkt- bzw. Serviceentwicklung einzusetzen. Dies gewährleistet durch fundierte Analysen und Marktbewertungen eine adäquate Ressourcenallokation für das Unternehmen. Das gilt speziell für die Anfangsphase der Entwicklung, in der wichtige Richtungsentscheidungen und damit zukünftige Ertragsweichen für das Unternehmen gestellt werden. Als Anwendungsbereiche für die Marktforschung bieten sich beispielsweise Konzepttest, Entwicklungspartnerschaften oder die Unterstützung bei der Preisfindung an.

Konzeptcheck und Marktpotenzialabschätzung
Das erste Instrument umfasst die Überprüfung des Konzeptes und darauf aufbauend eine Marktpotenzialabschätzung. Dabei muss auf eine hinreichend nachvollziehbare Darstellung des Konzeptes geachtet werden, da ansonsten eine Bewertung des Konzeptes aus Sicht der Zielgruppe nicht valide ist. Je disruptiver und herausfordernder das Konzept ist, desto anspruchsvoller wird die Evaluation, da es zunehmend für die Probanden abstrakter wird, was das neue disruptive Konzept für den einzelnen Anwender bedeuten könnte. Somit ist in der Untersuchung eher ein offener und explorativer Untersuchungsansatz sinnvoll. Über das vorliegende Konzept hinaus kann durch die Probanden bewertet werden, was ihnen am vorliegenden Konzept noch fehlt, um die Anwendung intensiv(er) zu nutzen, oder ab welchem Reifegrad des Produkt- bzw. Servicekonzeptes es überhaupt für eine Nutzung relevant wird. Die Marktforschung bringt mehr Erkenntnis darüber, für welche Anwender das vorliegende Produktkonzept am besten passt und welche Nische das Unternehmen mit welcher Marktentwicklungsstrategie besetzen kann. Hieraus kann dann auch ein Marktpotenzial abgeleitet werden.

Entwicklungspartnerschaften: Betroffene zu Beteiligten
Das zweite Instrument der Entwicklungspartnerschaften stammt ursprünglich aus dem Business-to-Business-Bereich. Hier wird die Produkt- und Serviceentwicklung von einem engen Austausch mit relevanten Kunden begleitet. So werden Betroffene frühzeitig zu Beteiligten gemacht. Die Kunden sind teilweise vom Moment der Ideenfindung an integriert und fungieren über die Zeit als Sparringspartner mit der entsprechenden Marktperspektive. In die Bewertung können je nach Ausrichtung Normalverbraucher, Intensivnutzer oder kreative sowie professionelle Anwender einbezogen werden. Die Begleitung des Entwicklungsprozesses kann physisch vor Ort oder aber auch kostengünstiger über den digitalen Kanal vorgenommen werden. Um keine Betriebsblindheit aufkommen zu lassen, sollten dabei die Beteiligten nach Abschluss eines Prozesses rotieren. Eine Marktforschung kann diesen Prozess systematisch vorbereiten und begleiten, damit eine adäquate Integration und operative Betreuung der Zielgruppe sowie eine hinreichende Neutralität bei der Bewertung der Services oder Produkte gewährleistet werden. Von einem solchen systematischen Entwicklungsprozess ist eine Abwandlung der Nutzerintegration zu unterscheiden, welche dem Unternehmen nahestehende Anwender, beispielsweise Fans auf seiner Facebook-Plattform, eng einbezieht. Diese Vermi-

schung aus Produktentwicklung und Marketing hat eher einen viralen Hintergrund, da bereits auf die Einbindung reichweitenstarker Anwender gesetzt wird. Durch diese Konstellation werden häufig bestehende Produkt- oder Service-USPs noch weiter verstärkt. So entwickeln beispielsweise die Fans einer Fast-Food-Kette Burger mit besonders viel Fleisch. In diesem Kontext wäre die Marktforschung für die Auswertung der Marketingmaßnahme geeignet, aber weniger für die systematische Begleitung der Produktentwicklung.

Im Rahmen der Produkt- bzw. Serviceentwicklung kann die Marktforschung auch bei der wichtigen Frage der Preisstellung Nutzen stiften. Eine Preisstellung ist niemals etwas Festgefügtes, sondern im Gesamtkontext zu betrachten. Ein Kleidungsstück, welches zu sehr geringen Stückkosten hergestellt wird, kann am Markt durchaus mit einem Faktor 100 in der Preisstellung variieren. Daher evaluiert die Marktforschung das sensible Thema Preis ganzheitlich und kann auf Basis entsprechender Analysen eine gute Hilfestellung für eine marktgerechte Preisstellung liefern. Das bedeutet aber nicht, dass am Ende dieses Prozesses der „richtige Preis" einfach ausgeworfen wird. Die Marktforschung liefert vielmehr aufschlussreiche Daten darüber, wie der Markt funktioniert, welche Preismodelle für den Anwender attraktiv sind, ob und wo es Preisschwellen gibt, wie sich der Kunde seine Meinung zu einem Preis bildet und ob die Kunden sensibel auf bestimmte Preisparameter reagieren. All diese Erkenntnisse versetzen das Unternehmen in die Lage, eine ausgewogene und marktgerechte Preisstellung für das jeweilige Produkt bzw. den Service vorzunehmen. Ergibt sich eine hohe Diskrepanz zwischen einem am Markt realisierbaren Preis und dem eigenen Bottom-up-Preis – errechnet aus den Herstellungskosten plus eigener Marge und Händlermarge –, ist zumindest eine besondere Aufmerksamkeit bei der Einführung und Vermarktung empfehlenswert. So müsste dann beispielsweise mit höherem Werbedruck agiert werden, um das Produkt bzw. den Service erfolgreich am Markt zu platzieren.

► **Nur ein gutes Gesamtkonzept überzeugt**
Anzumerken ist aber, dass die Analyse zu Beginn eines Vorhabens nur einen Teil des Erfolges darstellt. Selbst ein Produkt oder Service mit einem noch so ausgereiften Konzept hat in den Dimensionen Time-to-Market, Markteintritts- und Vermarktungsstrategie, Vertriebskanäle sowie Differenzierung zum Wettbewerb ebenfalls zu überzeugen. Nur die konsistente Gesamtkomposition aus Produkt bzw. Service, Preis und Bedürfnisabdeckung für die Zielgruppe wird aus einem Konzept ein im Markt akzeptiertes Angebot generieren. Genau diese konsistente Gesamtkomposition kritisch und mit einem ausgewogenen Marktblick zu begleiten, ist die Aufgabe der Marktforschung.

13.3.4 Die organisatorische Einbindung der Marktforschung

Die Marktforschung kann im Marketing organisatorisch verankert werden, muss es aber nicht. Eine Anbindung an das Marketing hat Vorteile, da viele Untersuchungsbereiche wie Marke, Kommunikation oder auch die Marktbetrachtung beim Marketing liegen. Allerdings kann mitunter die Neutralität gegenüber der Bewertung der eigenen Marketingkonzepte und den daraus abgeleiteten Maßnahmen leiden. Wer eine höhere Neutralität gewahrt haben möchte, verankert die Marktforschung demnach besser in der Unternehmensentwicklung. Hier wird sie dann eine stärkere Gewichtung in Richtung einer Unternehmenssteuerungs-Funktion bekommen.

Aus Sicht eines Marktforschungsinstitutes ist eine eigene Fachkraft für Marktforschung im Unternehmen selbstverständlich sinnvoll, da einerseits ein kontinuierlicher Ansprech-partner zur Verfügung steht und andererseits insbesondere bei komplexen Untersuchungs-ansätzen die interne Koordinationsfunktion durch diese interne Ressource übernommen werden kann. Für das Unternehmen selbst hat ein eigener Mitarbeiter die wichtige Rolle eines Beraters. Den Fachbereichen fehlen oftmals die Erfahrung und schlicht die Zeit, eigenständig zu reflektieren, was das eigentliche Untersuchungsproblem darstellt und wie daraus der Marktforschungsansatz abgeleitet werden sollte. Eine eigene Ressource hat des Weiteren den Vorteil, mit einer höheren Flexibilität bei den Erhebungsmethoden operieren zu können. So können die Daten intern oder extern generiert werden. Des Weiteren kann der eigene Mitarbeiter die internen Fachabteilungen im Prozess bereits so einbinden, dass die Ergebnisse der Marktforschung zielgerichteter in die Umsetzung einfließen und ein ausreichend großes Vertrauen in die Aussagefähigkeit sowie deren Relevanz für die eigene Arbeit geschaffen wird.

13.4   Fazit für die Erneuerung Ihres Marketings

Das unterscheidet den erfolgreichen Impulsgeber

Nur wer seine Erfolge nachweisen kann, verdient sich den Respekt seiner Umgebung. Der erfolgreiche Impulsgeber hat dies nicht nur verinnerlicht, er nutzt auch aktiv Möglichkeiten, das Unternehmen darüber zu informieren. Das soll keinesfalls nach Eigenlob klingen, aber erreichte Ergebnisse, die sich sehen lassen können, wird ein smarter Impulsgeber auch aktiv „vermarkten". Die Erfolge vergangener Aktivitäten stellen den „Kredit" für neue Vorhaben dar – und diesen wird der Impulsgeber benötigen, um das nächste ambitionierte Vorhaben bei seinen „Gläubigern" zu „finanzieren". Daher rechnet der erfolgreiche Impulsgeber seine Ergebnisse kritisch durch und leitet aus der Analyse einen hohen Anteil von Inspiration, Optimierungspotenzial und Wertschätzung für das nächste Vorhaben ab.

Darauf kommt es an

Denken Sie im größeren Zusammenhang, aber erlauben Sie sich die Freiheit, mit über-schaubaren und machbaren Schritten anzufangen. Das große Bild im Blick zu haben, hilft ungemein, aber es erfordert Geduld, das zurzeit Machbare zu akzeptieren. Es dauert mög-licherweise länger als gedacht, Messungen in umfassenden Wirkungszusammenhängen durchzuführen, aber es kommt darauf an, dass Sie sich auf den Weg begeben. Besser Sie starten mit einfachen Messungen, in wenigen Teilbereichen, aber innerhalb einer übergrei-fenden Evaluationslogik. Begreifen Sie die Erfassung von Wirkungen als ein umfassendes

Puzzle, bei dem Sie erst nach und nach die verschiedenen Teile zusammenfügen können. Versäumen Sie nicht, das Team und die Stakeholder gemeinsam auf diesen Weg nachhaltig mitzunehmen. Nur wenn die Vorteile ersichtlich sind, werden die Mühen akzeptiert.

Fragen

1. Messen Sie heute Ihre wesentlichen Aktivitäten nach einer einheitlichen Metrik?
2. Überprüfen Sie Ihre Metrik im Turnus und überarbeiten Sie sie gegebenenfalls?
3. Bereiten Sie die Auswertungsergebnisse professionell und entscheiderkompatibel auf?
4. Verwenden Sie genügend Zeit auf die Analyse durchgeführter Marktforschungen?
5. Beziehen Sie neben dem Team und wichtigen Stakeholdern im Unternehmen auch Ihre Dienstleister in die Ergebnisorientierung mit ein?

Literatur

GfK. 2015. www.Gfk.com. www.Gfk.com (Erstellt: 10. September 2015). Zugegriffen: 15. Apr. 2016.

Malik, F. 2007. *Führen, Leisten, Leben.* Frankfurt: Campus.

Wirtschaftslexikon_gabler. 2016. Wirtschaftslexikon.gabler.de. http://wirtschaftslexikon.gabler.de/Definition/kapitalwert.html (Erstellt: 14. Februar 2016). Zugegriffen: 15. Apr. 2016.

Schritt 9: Digitalisieren Sie!

14

Zusammenfassung

Der digitale Bereich entwickelt sich zunehmend zu einem signifikanten Marketing-Kanal. Seinen Siegeszug hat er seiner Omnipräsenz auf einer Vielzahl von Endgeräten, von denen moderne Geräte wie Smartphones im „always-on"-Modus genutzt werden, der Bidirektionalität sowie dem demokratisierten Zugang zu Informationen zu verdanken. Für ein Impuls gebendes Marketing ist dieser Kommunikationskanal eminent wichtig. Er bietet ein umfassendes Potenzial, den Kunden zu verstehen, sein Verhalten zu analysieren, ihn kontextsensitiv und verhaltenssemantisch zu erreichen und die Aktivierung im Rahmen eines Performance Marketings effektiv sowie effizient durchzuführen.

14.1 Nutzen Sie den ungebrochenen Trend zur Digitalisierung zu Ihren Gunsten

Mitte der 90er-Jahre startete der Kommunikationskanal Internet als eine revolutionäre Nische. Ende der 90er-Jahre nahmen die ersten ernst zu nehmenden Anwendungen ihre Tätigkeit in Deutschland auf. So konnte ich beispielsweise an der ersten Internetversion der Bank24, einem damaligen Internetableger der Deutschen Bank, mitarbeiten und den ersten Infoflyway der Lufthansa, ein internetbasiertes Informations- und Buchungssystem, als Projektleiter auf Dienstleisterseite entwickeln.

Heute stellt niemand mehr den Kanal Internet infrage, er ist ein selbstverständlicher Bestandteil des Marketingmixes geworden. Unternehmen, die nicht über umfangreiche Mediabudgets im Bereich TV oder Sponsoring verfügen, ist der digitale Kanal von zentraler Bedeutung. Neben Public Relation und dem Point-of-Sales die tragende Säule für die Kommunikation zum Kunden – und das zu einem attraktiven Preis pro realem, überprüfbaren Kontakt. Darüber hinaus gibt es wohl keinen Kanal, der transparenter auf seine Effektivität hin überprüft werden kann – und das in Echtzeit und zu Kosten, die nahezu für jedes Unternehmen tragbar sind.

© Springer Fachmedien Wiesbaden 2017
U. Greunke, *ReNew Marketing*, DOI 10.1007/978-3-658-13981-0_14

In der Befragung von Heidrick & Struggles und Forrester-aus dem Jahre 2014 priorisierten die über 200 befragten CMOs die Dimension „Optimize our customer insights, digital media execution, and measurement with cross-channel digital technologies" auf Platz zwei. 45 % erachten Technologie als essenziell und 62 % sehen dabei den CIO als strategischen Partner des Marketings, um die Herausforderungen zu meistern (vgl. Heidrick_Struggles_Forrester_Research 2014, S. 12). Auch bei deutschen Unternehmen stehen digitale Kanäle auf den vorderen Plätzen der Mediennutzung in der Unternehmenskommunikation. Laut einer Studie von Absolit Dr. Schwarz Consulting mit über 1000 Unternehmen stehen auf den Plätzen eins bis vier die Mediakanäle: eigene Webpräsenz (> 90 %), E-Mail-Marketing (> 80 %), Suchmaschinen (> 70 %) und soziale Medien (> 65 %). Erst danach folgt die Pressearbeit mit 55 % (vgl. Schwarz 2013, S. 9).

Die Eigenheit des digitalen Kanals liegt in der Möglichkeit der Bidirektionalität und damit eine Partizipation des Endanwenders. Diese Besonderheit des digitalen Kommunikationskanals beschreibt die Corporate-Marketing-Direktorin bei P&G, Roisin Donnelly, folgendermaßen: „… it's not just what you [the own company] say about your brand … people can hear from ‚someone like them' at the click of a button – and they trust those views above all else" (Davidi 2013). Der Zugang zu Informationen – und damit der Prozess der Entscheidungsanbahnung – hat sich grundsätzlich für den Endanwender verändert. Ein Unternehmen hat auf den Meinungsbildungsprozess über seine Produkte und Services weniger Einfluss als je zuvor, da der Endanwender und Kunde der eigenen Peergroup in ihrem Urteil mehr vertraut als einer abstrakten Marke und damit einer initiierten Unternehmenskommunikation. Das gesteigerte Vertrauensverhältnis zur eigenen Peergroup ist kein neues Phänomen, nur dass heute die Endanwender bzw. Kunden – und zwar im Business-to-Consumer- und Business-to-Business-Bereich – via Internet in Sekundenschnelle auf das Meinungsbild ebendieser Peergroup Zugriff haben, ist der entscheidende Unterschied. Es gibt nicht mehr nur die eine Botschaft, die ein Unternehmen über seine Kanäle, aktivierte fremde Kanäle (wie beispielsweise die [Fach-]Presse) oder über bezahlte fremde Kanäle verbreitet. Nun kommen unzählige Kommunikatoren hinzu, die eine Vielzahl von Botschaften in den unterschiedlichsten digitalen Kanälen und in mannigfacher Aufbereitungsqualität senden. Und Ihr Kunde hat die Wahl.

14.2   Die digitalen Kunden

Bei der Betrachtung des digitalen Marketings sollte ein Faktor ganz am Anfang stehen: der Nutzer. In der Studie der Digitalen Gesellschaft der Initiative D21 werden sechs Profile von Onlinenutzern unterschieden: 1. smarter Mobilist, 2. passionierter Onliner, 3. reflektierender Profi, 4. vorsichtiger Pragmatiker, 5. häuslicher Gelegenheitsnutzer und 6. außenstehender Skeptiker. Die ersten drei Profile (2015 in Deutschland 36 % aller Anwender) dominieren hinsichtlich ihres Zugangs und ihrer Kompetenz sowie Nutzung und Offenheit eindeutig gegenüber der zweiten Gruppe (2015: 64 %). Laut der Studie sind smarte Mobilisten im Durchschnitt 37 Jahre alt, 70 % davon männlich und zu 74 % berufstätig mit hohem Einkommen. Die tägliche Internetnutzung ist im Vergleich zu den anderen Gruppen am höchsten und liegt bei knapp 13 Stunden! Die zweite Gruppe der passionierten Onliner ist im Mittel 35 Jahre alt, verfügt über eine hohe formale Bildung und ist an Internet- sowie Technologiethemen interessiert. Diese Gruppe nutzt überproportional stark mobile Endgeräte (Tablet, Laptop und Smartphone). Das Internet nutzt diese Gruppe zirka 6 ½ Stunden pro Tag. Der reflektierende Profi ist im Mittel 40 Jahre alt, gut ausgebildet und verfügt über ein hohes monatliches Einkommen. Diese Gruppe setzt sich kritisch mit dem Internet auseinander und ist an neuen Trends im digitalen Umfeld interessiert. Sie nutzt das Internet ungefähr 2 ½ Stunden pro Tag (vgl. D21 2015, S. 47 ff.).

Im einleitenden Teil fand bereits die besondere Rolle des Endanwenders bzw. Kunden als Multiplikator und Botschafter für die eigenen Produkte und Services Erwähnung. Wer als Impulsgeber neue positive Akzente in der digitalen Kommunikation setzen will – und das mit dem Ziel höchster Effektivität bei bester Nachhaltigkeit –, muss beim Endanwender selbst ansetzen. Seine Kommentare und Bewertungen sind ausschlaggebende Kriterien für andere potenzielle Kunden. Es obliegt Ihnen als Impulsgeber, das Bewusstsein in Ihrem Unternehmen für diese Rolle des Endanwenders bzw. Kunden zu fördern.

Daher sind insbesondere die drei erstgenannten Profile für eine aktive Einbindung und Gewinnung als Multiplikatoren in der Kommunikation für ein Unternehmen von Bedeutung. Auch wenn die eine oder andere Gruppe gegebenenfalls noch nicht zu Ihrer umsatzstarken Kundengruppe zählt, sollte diese als zukünftige Verwender Ihrer Produkte bzw. Services Berücksichtigung finden. Verschaffen Sie sich so früh wie möglich ein ausreichendes Verständnis über diese Gruppe und prüfen Sie intensiv die Möglichkeiten, bereits bestehende Kontakte in dieser Anwendergruppe weiter auszubauen. Seit der Generation Y sind die digitalen Kunden selbstverständliche Nutzer der digitalen Kanäle, weil sie bereits mit ihnen aufgewachsen sind. Eine Welt ohne Internet ist für diese Gruppe überhaupt nicht vorstellbar, weil es sie für sie nie gab.

Brian Chiger mahnt, diese Konsumenten nicht nur auf ihre digitale Nutzung von Endgeräten zu reduzieren: „digital consumers aren't just regular consumers with keyboards." Die Klasse von 2000 war mehr als nur die Klasse im neuen Millennium, sie war die erste Generation der voll digitalen Konsumenten. Stellen Sie für Ihre digitalen Kanäle die „User Experience" in den Mittelpunkt. Fragen Sie sich, wie aus einem erwarteten Interaktionserlebnis aufseiten des Kunden ein herausragendes Erlebnis entwickelt werden kann. Die nachfolgende Tabelle soll einen Ausblick auf die Optimierungsmöglichkeiten der eigenen digitalen Kanäle geben. Im Vordergrund steht die Schaffung einer einzigartigen Kombination aus Service und Produkt, die eine nachhaltige Kundenbeziehung etabliert.

Wie anhand der Beispiele ersichtlich wird (siehe Tab. 14.1), geht es um eine serviceorientierte Führung und Betreuung des Kunden von der ersten Kontaktaufnahme bis zur Erneuerung des Produktes. Dieser kleine Ausschnitt zeigt bereits, wie viele Möglichkeiten sich durch die digitalen Kanäle bieten. Besonders die bereits mit den elektronischen Medien aufgewachsenen Kundengruppen sind durch die hoch professionellen Angebote von weltweiten Konzernen verwöhnt. Wer täglich die Google-Suche nutzt, stellt ganz natürlich eine ähnliche Anforderung an die Suche auf Ihrer Website. Fällt diese dann erheblich gegenüber dem Benchmark ab, leidet nicht nur die Nutzungserfahrung, sondern Ihr gesamtes Angebot verliert an Professionalität und Vertrauen. Ein heutiges Produkt ist nicht mehr von seiner digitalen Informationsaufbereitung zu trennen. Sie ist wichtiger Bestandteil für die Kaufanbahnung, aber auch für die spätere Nutzung geworden. Der (digitale) Kunde erwartet ein umfangreiches Informationsangebot im Rahmen seines Entscheidungsprozesses und eine konsistente (digitale) Betreuung bei der späteren Anwendung. Da insbesondere Geschäftskunden eine ausgeprägte Nutzung von mobilen Endgeräten aufweisen, müssen die wichtigen Informationen und Funktionen auch hierfür kompatibel sein. Eingeschränkte oder sogar Fehlfunktionen beeinträchtigen das Bild eines modernen und zeitgemäß agierenden Unternehmens.

Tab. 14.1 Steigerung der „User Experience" in digitalen Kanälen

Information	[M]	Aufbereitung der eigenen Seiten, sodass sie für gängige mobile Endgeräte kompatibel sind (Smartphones sowie Tablets)
	[S]	Attraktives Verhältnis aus Produktinformationen, Storytelling, markenrelevanten Informationen und unterhaltsamen Komponenten Kontinuierliche Aktualisierung bei einer adäquaten Menge an Informationen Auf Konsistenz beim Einsatz von mehreren Kanälen und einer organisatorischen regionalen Verteilung in der Betreuung eines Kanals besonders achten
	[W]	Orientierung an gängigen Navigationsmustern, damit die Anwender gelernte Nutzungsgewohnheiten einsetzen können Moderne Informationsaufbereitung, die mindestens dem Branchendurchschnitt genügen sollte, idealerweise neue Benchmarks setzt; eine Website sollte mindestens alle drei bis vier Jahre einer grundlegenden Revision und zeitgemäßen Anpassung unterzogen werden Alternative Zugänge zur Information (z. B. umfangreiche Indexsuche, Expertensuche, thematische Finder) anbieten
Leads	[W]	Klare Darstellung, wie das Produkt, ausgehend von der entsprechenden Produkt-Website, gekauft werden kann; hier sollten bekannte Darstellungsformen gewählt werden (beispielsweise „Buy now"-Button) Im Bereich von Business-to-Business Bereitstellung von Produktinformationen, die einfach in Ausschreibungen integriert werden können Integration von Entscheidungshilfen: Reviews durch User, aggregierte Testergebnisse
	[M]	Wenn die Produkte nicht über ein mobiles Endgerät gekauft werden können, müssen die entsprechenden Funktionen auf der Website bei der Nutzung mit mobilen Endgeräten entfernt werden

[W] Website, [S] Social Media, [E] E-Store, [M] Mobile

Tab. 14.1 (*Fortsetzung*)

Erwerb	[E]	Schaffung von Vertrauen durch Nutzung gelernter Check-out-Prozesse Einsatz von vertrauensfördernden Siegeln, die über durchgeführte Zertifizierungen Auskunft geben Angebot von kartenbasierten und onlinebasierten Zahlungssystemen Integration von Entscheidungshilfen: Verfügbarkeit, Lieferzeiten
	[W]	Übergangslose Einbettung in die eigene Website, insbesondere Übernahme der Warenkorb-Funktion in die normale Website, damit kein Bruch zwischen Einkauf und weiterer Nutzung der Website entsteht
Aftersales	[E]	Informationen über Bestelleingang und voraussichtliche Auslieferung sowie die Ankündigung der eigentlichen Auslieferung Persönliche Kontaktmöglichkeit für Rückfragen inklusive Erreichbarkeitszeiten
	[W]	Reviews bzw. Bewertungen auf der eigenen Website
Verwendung	[S] [W]	How-to-Videos, Tutorials, die die Produktanwendung erläutern und Hilfe bei der Fehlerbehebung bieten Bereitstellung der Produktbedienungsanleitung als PDF
	[S]	Direkte Kontaktaufnahme bei kritischen Posts hinsichtlich der Produktverwendung; versuchen zu verstehen, wo das Problem liegt, und Hilfe bei Anwendungsfehlern anbieten
Service	[M]	Information bzw. Reminder für einen fälligen Servicetermin
	[W]	Einfach zugängliche Kontaktmöglichkeit, nicht versteckt im Menü oder im Impressum
Ersatz	[W]	Verständlich aufgebaute Informationsseite, wann das Produkt ersetzt bzw. erneuert werden sollte
	[E]	Information nach Ablauf der typischen Nutzungsdauer inklusive Angebot für Erneuerung, Upgrade auf neuere Version

[W] Website, [S] Social Media, [E] E-Store, [M] Mobile

14.3   So erneuern Sie Ihr digitales Marketing

Der folgende Abschnitt betrachtet die Handlungsbereiche im digitalen Marketing. Auf welche Bereiche soll unter Berücksichtigung der begrenzten Mittel und Ressourcen ein Schwerpunkt gelegt werden? Das gilt sowohl für die finanzielle Ausstattung als auch für die Qualifizierung des Teams. Aus der unten stehenden Darstellung ergeben sich vier mögliche Schwerpunktbereiche: Inhalte, Absatz, Aktivierung und Analytik (siehe Abb. 14.1).

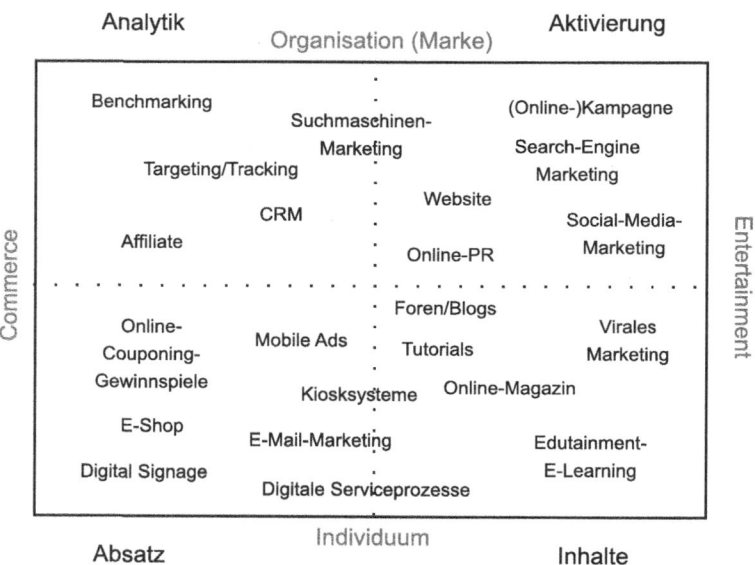

Abb. 14.1 Die Handlungsbereiche des digitalen Marketings

14.3.1 Schwerpunkt Inhalte

„Content is king" – keine wirklich neue Erkenntnis, aber aufgrund des Suchmaschinen-Rankings elementar wichtig für eine organisch gute Positionierung in der Suche. Dabei sollte als Maßstab immer der gesunde Menschenverstand dienen. Je interessanter und kurzweiliger die Inhalte der eigenen Website auf den entsprechenden Keywords erstellt wurden, je eher wird der Leser sie (über die Suchmaschine) suchen, finden und lesen.

Je nach Geschäftsbereich und Produkten bzw. Services sind die Inhalte in sinnvollen Abständen zu aktualisieren. Die Aufbereitung der Website ist professionell vorzunehmen und darf keinesfalls austauschbaren Allgemeinplätzen folgen. Die Beiträge auf der Website sollten den Sachverhalt von einem für den digitalen Leser inspirierenden Standpunkt aus schildern. Die Relevanz für den Leser steht im Vordergrund, nicht die technisch oder prozessual richtige Ablaufschilderung.

Nicht zu vernachlässigen sind Foren und Blogs, in denen sich die digitalen Leser im Detail informieren. Häufig werden Meinungsführer in unternehmenseigene Marketingaktivitäten eingebunden. In jedem Fall sind Foren und Blogs eine herausragende Quelle für Inspirationen zu neuen Inhalten, die die Zielgruppe wirklich interessieren. In Foren gilt es, kritische Sichtweisen sensibel zu behandeln und über fundierte Beiträge notfalls gegenzusteuern. Nehmen Sie die kritischen Beiträge ernst und bleiben Sie in Ihrer Darstellung authentisch und glaubwürdig. Nur so bauen Sie auch bei kritischen Sachverhalten Vertrauen zu Ihrer Zielgruppe auf. Je mehr das Individuum einbezogen wird, wie im Gebiet des E-Mail-Marketings, desto höher ist die Erwartungshaltung an ein gutes Prozessmanagement.

Ein E-Mail-Newsletter ist schnell aufgesetzt, aber die langfristige attraktive Ausgestaltung und Konvertierung der Leser in Richtung der wirtschaftlichen Ziele des Unternehmens ist eine ambitionierte Aufgabe.

Der Bereich der Public Relations ist eines der wichtigsten aktiv zu bespielenden Medieninstrumente. Deshalb sind hier im Bereich Content die Online-Public-Relations noch einmal explizit hervorgehoben. Die Anforderungen an die Inhalte entsprechen auch denen der klassischen Public Relations. Als zentrale Frage steht der Neuigkeitswert im Vordergrund. Kaum ein Verlag wird Ihre Werbebotschaften in einer Publikation abbilden wollen. Die Inhalte müssen von einer hohen Attraktivität für die Leserschaft des jeweiligen Mediums sein. Ein guter Weg ist hier, bei wichtigen Marketingmaßnahmen von Anfang an einen Medienpartner einzubinden. Dieser wird darauf achten, dass die Inhalte eine entsprechende Attraktivität bekommen. Das erfordert allerdings die Bereitschaft, im Zweifel eher über die Anwendung und die Anwender zu berichten als über das Produkt bzw. den Service selbst. Die Leser interessieren sich mehr dafür, was die Menschen unter Einsatz des Produktes erreicht haben. Das kann dazu führen, dass die Berichterstellung über das Produkt bzw. den Service selbst zur Randnotiz wird. Meiner Erfahrung nach ist das aber der erfolgreichste Weg, um eine hohe Anzahl von Medienpartnern zu gewinnen und entsprechende Kontaktzahlen zu erreichen.

14.3.2 Schwerpunkt Aktivierung

Ausgehend von der zuvor besprochenen Thematik der Online-Public-Relations, schießt sich der Bereich Media an. Für jede Marketingabteilung hat dieser Bereich eine besondere Bedeutung. Dabei stehen Input und Output in einem direkten Verhältnis. Das heißt, dass ein guter Mediaplan (der Output) bereits Bestandteil der Konzeption (des Inputs) ist. Effektvolle Kommunikation ist vom Ende her gedacht (vom Output), sonst passen beide Bestandteile nicht zueinander, und die Effekte fallen zu gering aus. Denn in diesem Bereich liegen die höchsten Investments – und werden meistens die häufigsten Fehler gemacht. Bei der Frage, wie Sie die beste Nutzung der limitierten Mittel bekommen, helfen Szenarien. Vergleichen Sie im Rahmen der Konzeption die verschiedenen Onlinemediakonzepte aufgrund ihrer Effekte – immer aus der Sicht, was Sie letztendlich damit erreichen wollen. Seien Sie sich sehr klar darüber, ob der erzeugte Traffic auf den Onlineplattformen in Ihrem Shop abgeschlossene Warenkörbe produzieren soll, oder ob eine Informationsseite besonders zu frequentieren ist. Gehen Sie immer mit einem Benchmark-Wert, beispielsweise für Kontakte, Leads, Konvertierungen im Bereich des Onlineverkaufs in die Beurteilung der Mediapläne. Die Aktivierung von potenziellen Interessenten bzw. Kunden über die digitalen Kanäle bietet, wie kaum ein anderer Kanal, eine hervorragende Überprüfungsmöglichkeit. Daher ist die Auswertung vergangener Maßnahmen elementar wichtig für die Beurteilung zukünftiger Vorhaben.

Social-Media-Marketing und allen voran das virale Marketing setzen im Gegensatz zu der zuvor behandelten bezahlten Distribution der Unternehmensinformationen auf eine User-gestützte Verteilung. Das virale Marketing setzt auf den „Word of Mouth"-Effekt, der im besten Fall hohe Kontaktzahlen ohne (zusätzlichen) Mediaeinsatz erbringt. Nahezu jede kommerziell initiierte virale Kampagne nutzt aber für die Startphase eine bezahlte Anschubbewerbung. Wer auf einen natürlichen „Word of Mouth"-Effekt abzielt, muss in den sozialen Medien entweder Entertainment oder eine besondere Mission bieten. Diese zwei Ausrichtungen liegen den meisten erfolgreichen viralen Konzepten zugrunde. Dabei kann Entertainment in einer humorvollen oder überraschenden bzw. explorativen Art ausgeführt sein. Zur ersten Ausrichtung zählen beispielsweise die Budweiser-Virals, die das Thema Bier in einem unterhaltsamen Zusammenhang präsentieren. Zur zweiten Ausrichtung gehören Virals wie „Will it blend?", welches die Zeit bemisst, die ein beliebiges Gerät in einem Mixer „überlebt". Eine lediglich rationale Information über Produkte oder Services hat zunächst kein virales Potenzial. Warum sollte jemand dies auch weiterverteilen? Wenn Sie sich mit dem Gedanken der Produktion eines Virals tragen, sollten Sie sich immer in die Lage des potenziellen Verteilers versetzen: „What's in it for me?" Er wird ein Viral nur weiterverteilen, wenn er seinen virtuellen Freunden eine Freude machen kann, es sich um eine unterstützenswerte Mission handelt oder es eine besondere Sache darstellt, die er für „seine Community" als Erster entdeckt hat.

14.3.3 Schwerpunkt Absatz

In einer Studie des CMO Council und Nielsen gaben die befragten Marketer an, dass die beiden Bereiche Sales Lift (78 %) und Brand Lift (55 %) bei der Beurteilung der Effektivität von digitalem Advertising eindeutig im Vordergrund stehen. Für die befragen CMOs ergibt sich die folgende Kette: erstens Erzeugung der Aufmerksamkeit, zweitens Aufnahme des eigenen Angebotes in die Favoritenliste der Zielgruppe, drittens Stärkung der Kaufintention, um schließlich viertens eine eindeutige Präferenz für den Kauf der Produkte der eigenen Marke zu erzeugen (vgl. CMO_Council 2013, S. 9). Für beide Bereiche – Sales und Brand Lift – gilt, dass das digitale Marketing eine weitaus höhere Transparenz in der Beurteilung und eine bessere Adaption bietet als klassische Medien, da diese kaum nach der Auslieferung der Kreation angepasst werden können.

Noch vor einigen Jahren wurde ein eigener digitaler Vertrieb mit einer hohen Skepsis aufgrund des sogenannten Channel-Konfliktes behandelt. Traditionelle Vertriebskanäle betrachteten die digitalen Vertriebskanäle eines Herstellers mit großen Vorbehalten. Mittlerweile sind diese Vorbehalte aber einem gesunden Realitätssinn gewichen, da viele Hersteller direkt ihre Services und Produkte anbieten. Solange dies auf einer einheitlichen Preisbasis erfolgt, ist es als fairer Wettbewerb zu betrachten. Der Vorteil eines eigenen digitalen Shops ist, dass die Aktivitäten des digitalen Marketings in ihrer gesamten Wirkungskette transparent überprüft werden können. Selbst wenn das nur für bestimmte Produkte oder Regionen gilt, kann anhand der Kette von der Aufmerksamkeit bis zum Abschluss des Warenkorbes die Effektivität überprüft werden. Das bietet für jede umfangreichere Marketingaktivität die Möglichkeit, eine Deklination bis in den eigenen Vertriebskanal vorzunehmen und auf der anderen Seite realistische Absatzwirkungen zu prognostizieren. Die vertrieblichen Effekte sind erfahrungsgemäß weitaus geringer, als dies die hohen potenziellen Kontakte, die Kontakte oder gar die Sales-Leads suggerieren. Soll das digitale Marketing den eigenen Shop aktivieren, muss das konzeptionell für die wichtigen Marketingmaßnahmen von Beginn an geplant werden. Nur so kann eine für die Zielgruppe attraktive „Reise" von der ersten Aufmerksamkeit bis zum Warenkorbabschluss erzielt werden. Für den Impulsgeber im Unternehmen bietet sich hier aber die besondere Chance, die eigenen Marketingaktivitäten mit einer fundierten Sales-Expertise zu versehen.

Da der eigene E-Commerce-Shop in der Regel Produkte zum empfohlenen Verkaufs-preis anbietet, hat er einen systembedingten Nachteil: Er kann die Discountangebote der Onlinewettbewerber nicht mitgehen. Der typische Internetnutzer vergleicht aber online und kauft ein gegebenenfalls zuvor im Handel getestetes Produkt dort, wo es am günstigsten ist. Demnach stellt sich für den eigenen Shop die Frage der Attraktivität und Wettbewerbsfä-higkeit. Neben dem Vertrauensvorschuss durch den direkten Kauf beim Hersteller können umfangreichere Serviceleistungen, beispielsweise Garantieverlängerungen oder zusätzliche Produktergänzungen, die Attraktivität erhöhen. Zudem können über Produktvariationen, wie limitierte Auflagen, Gewinnspiele oder auch Coupons Kaufanreize gesetzt werden, ohne den Preis zu diskontieren.

14.3.4 Schwerpunkt Analytik

In kaum einem anderen Bereich ist die Analytik so preiswert wie im digitalen Marketing. Am Markt wird eine Vielzahl von Instrumente für die Analyse der eigenen Website, des Shops, der Social-Media-Aktivtäten oder digitaler Kampagnen angeboten. Die Frage stellt sich daher auch nicht nach dem „Ob", sondern danach, was Sie messen wollen. Wer Im-pulse im Unternehmen setzen möchte, sollte diese auch datenbasiert untermauern können. Eine Analytik des digitalen Marketings sollte also im Wesentlichen dort erfolgen, wo Sie Impulse setzen wollen – in Abhängigkeit von der Zielsetzung: Steht die Gewinnung einer spezifischen Zielgruppe, die Effektivität des gesamten digitalen Marketings, die Absatz-steigerung im eigenen Shop oder die Effizienz einer digitalen Kampagne im Vordergrund?

Generell sollten Sie sich aus den zuvor genannten drei digitalen Handlungsbereichen (Inhalte, Aktivierung und Absatz) wesentliche Steuerungsparameter heraussuchen, die dann mit den entsprechenden Tools überprüft werden. Eine fortlaufende Analyse sollte durch interne Ressourcen erfolgen. So haben Sie einerseits die Kosten im Griff und andererseits die Gewissheit, dass das Know-how im Team verbleibt und die Erkenntnisse auch in die zukünftigen digitalen Kommunikationsmaßnahmen einfließen. Fokussieren Sie sich auf jene Steuerungsparameter, die mit den zur Verfügung stehenden Mitteln ausreichend und nachhaltig bestimmt werden können. Auch hier ist weniger mehr.

14.3.5 Die Konsequenzen für das eigene Handeln

Für das digitale Marketing gilt, dass zentrale Botschaften zwar entwickelt und auf den eigenen und eingekauften digitalen Medien transportiert werden können, ein nachhaltiger Zugang zur digitalen Zielgruppe aber immer auf Authentizität und Leidenschaft aufbauen wird. Aufgrund der Gleichberechtigung der Absender, einerseits die externen Meinungsführer wie Blogger etc. und andererseits die eigene „offizielle" Kommunikation, kommt der Authentizität und Leidenschaft eine hohe Bedeutung zu.

Im gesamten Marketingmix ist die Rolle des digitalen Marketings für den Ausbau der Markenbekanntheit sowie die produkt- bzw. servicebezogenen Pull- oder Push-Kampagnen strategisch festzulegen. Jeder Impulsgeber sollte sich darüber im Klaren sein, welche Aufgabe das digitale Marketing erfüllen soll. Denn der Trend der Marketing-Investments vom klassischen in den digitalen Bereich ist ungebrochen, wobei die mobilen Endgeräte weiter an Bedeutung gewinnen. Das digitale Marketing ist ein zunehmend wichtiger, aber eben nicht der einzige Baustein. Daher sollten die jeweiligen Aufgaben – zumindest für die drei zentralen Marketingbereiche: digital, PR und POS – mittel- und langfristig definiert sein.

Für die Mehrzahl der Unternehmen, besonders mit einem Schwerpunkt im Business-to-Business-Bereich, stellt die virale Verbreitung von Inhalten keine Option dar, da die Kommunikation bzw. die Produkte sich weder für Entertainment noch für eine soziale Mission eigenen. Eine attraktive Differenzierung ergibt sich über die Art der Aufbereitung von Inhalten in den eigenen digitalen Medien. Auch wenn, wie eingangs dargestellt, die digitalen Nutzer, insbesondere die jüngeren unter ihnen, eine hohe Nutzungsfrequenz aufweisen, spiegelt die Mehrzahl der Unternehmens-Websites einen Inside-out-geprägten Aufbau wider. Häufig können Inhalte oder Antworten auf Fragen einfacher über externe Suchmaschinen als über die Suche bzw. Struktur auf der jeweiligen Unternehmens-Website gefunden werden. Eine gute inhaltliche Führung des Nutzers sowie auf dem Know-how des Unternehmens basierende Empfehlungen für die Verwendung der entsprechenden Produkte bzw. Services finden sich leider zu selten. Dabei bietet die Auswertung eine einfache Möglichkeit, diese Angebote auf Basis des Nutzungsverhaltens kontinuierlich zu optimieren. Wie kaum ein anderer Kanal stehen die Mitwirkung und Einbindung bei den digitalen Medien im Vordergrund. Auch bei der inhaltlichen Aufbereitung kann diese Eigenschaft genutzt werden. Zum einen bietet sich die Chance, die Auseinandersetzung mit den Unternehmensprodukten bzw. -services auch auf externe Plattformen wie Foren oder Blogs auszudehnen. Des Weiteren sind viele „Fans" des Unternehmens durchaus offen für die Mitwirkung an der optimierten Darstellung von Inhalten und Anwendungshilfen in den digitalen Kanälen. Ein Impulsgeber nutzt die Partizipationsbereitschaft der digitalen Nutzer und schafft über ihre Einbindung eine attraktive Differenzierung des digitalen Informationsangebotes.

Die dritte Konsequenz ergibt sich aus den prozessualen Möglichkeiten des digitalen Kanals. Neben der strategischen Einordnung des digitalen Kanals, der Differenzierungsmöglichkeit über eine attraktive Informationsaufbereitung unter Partizipation der digitalen Nutzer, stellt die Abbildung von Prozessen – von der Information über den Service bis hin zum Verkauf oder der Nach-Kauf-Betreuung – eine wesentliche Verwendungsart des Internets dar. Das Unternehmen erhält nicht nur direkten Zugriff auf wichtige Kundendaten und Erkenntnisse zu den Verwendungen der eigenen Produkte bzw. Services, sondern diese Verwendungsart reduziert zudem die Prozesskosten und schafft im Bereich E-Shop direkte Vertriebsmöglichkeiten bei höheren Margen.

14.4   Die digitale Mediennutzung

Der Trend zur Digitalisierung wird weiter zunehmen und ebenfalls die crossmediale Nutzung der Inhalte. Die Ausgangsfrage lautet demzufolge nicht mehr: „In welchem Kanal sende ich meine Botschaft?", sondern: „Was ist für meine Zielgruppe relevant, was interessiert sie wirklich?" Je stärker sich das Interesse der Zielgruppe und die angebotenen Inhalte des werbetreibenden Unternehmens überdecken, desto höher ist die Wahrscheinlichkeit, die Zielgruppe mit der Werbebotschaft zu erreichen. Konsequenterweise ist eine intensive Analyse notwendig – zum besseren Verständnis der Fragestellungen des Endanwenders.

Durch diese Entwicklung werden sich aber laut Thorsten Peters, anlässlich eines Interviews was ich mit ihm in seiner Funktion als Geschäftsführer für den Bereich Kreation bei der Mediaagentur pilot führte, die Kosten pro Kontakt tendenziell erhöhen. In der Vergangenheit dominierten die reichweitenstarken Kanäle, die mit niedrigen Tausenderkontaktpreisen schnell hohe Bekanntheit versprachen. Mit einer Auflösung der Grenzen von Medienkanälen und einer damit einhergehenden Erweiterung der Mediennutzung von Zielgruppen verteuern sich zwangsläufig die erzielten qualitativen Kontakte. Denn wo die anvisierte Zielgruppe erreicht wird, lässt sich nicht mehr so einfach beantworten, wie das in früheren Zeiten der Fall war. Konnte noch vor zehn bis 15 Jahren eine gutbürgerliche Zielgruppe um die vierzig mit einem Spot vor der Tagesschau mit hoher Wahrscheinlichkeit erreicht werden, hat sich der Nachrichtenkonsum dieser Zielgruppe durch Smart-TV und -phone sowie Tablet-Nutzung und zeitversetztes Fernsehen ganz entscheidend verändert. Die einfache Buchungsmöglichkeit „Tagesschau-Werbeslot" weicht einer intensiven Analyse, wo die Zielgruppe im Kontext Nachrichten mit einer für sie relevanten Botschaft am effizientesten erreicht werden kann. Auch für eine Gewichtung der drei digitalen Mediaarten Paid, Earned und Owned lautet die sinnvolle Ausgangsfrage: „Wo werden aus Sicht der Zielgruppe die für sie relevanten Inhalte am ehesten erwartet?" Die Botschaften und relevanten Inhalte sind dort anzubieten, wo sich die Zielgruppe mit hoher Wahrscheinlichkeit aufhält. Selbstverständlich kann eine Zielgruppe auch zu einem für ihr spezifisches Medienverhalten unerwarteten Platz gelenkt werden. Aber damit werden zwangsläufig die Kosten pro erreichtem Kontakt erhöht.

Der Paid-Media-Bereich zeichnet sich durch eine gute Planbarkeit der Resultate aus. Er garantiert eine ausreichende Reichweite zu einem für das werbetreibende Unternehmen relevanten Zeitpunkt. Darüber hinaus kann die eigene Markenpositionierung bei den anvisierten Zielgruppen gezielt beworben werden, auch wenn authentische Erfahrungsberichte von Kunden in Anwenderforen, Blogs oder Reviews einen Vertrauensvorschuss gegenüber einer abstrakten und professionell initiierten Markenkommunikation aufweisen. Der gezielte Kommunikationsimpuls bei potenziellen Kunden mit einer relevanten Marken- oder Produktbotschaft ist weiterhin von großer Bedeutung und die „klassische" Domäne von Paid-Media. Der Aufbau von Markenbekanntheit schafft aus Sicht des Kunden Vertrauen und stützt den Kaufentscheidungsprozess.

Im Earned-Media-Bereich schaffen Interaktion und Zusatzangebote die Voraussetzung für ein Weiterverteilungsverhalten („Shares"). Die Erlangung hoher Reichweiten ist mit

Earned-Media aber nicht zuverlässig planbar. Nahezu jede eindrucksvolle virale Kampagne umfasst eben auch Paid-Media, deren Verknüpfung mit Earned-Media sorgsam geplant wurde. Besonders bei Marketingaktivitäten, die in einem festgelegten Zeitraum ihre Wirkung entfalten sollen, ist der ausschließliche Einsatz von Earned-Media nicht zielführend, da die Effekte nicht garantiert werden können.

Die eigenen Medien – Owned-Media – bieten im Dreiklang mit den beiden anderen Bereichen eine gute Unterstützungsmöglichkeit. Im crossmedialen Verständnis von digitalisierten Inhalten sind vertiefende und serviceorientierte Aspekte auf den eigenen digitalen Medien die ideale Ergänzung zu den Bereichen Paid- und Earned-Media. Aber auch hier gilt: Die Relevanz der Inhalte muss aus Sicht der Zielgruppe gegeben sein.

Die Wandlung in der Aufbereitung von Inhalten zeigt sich eindrucksvoll anhand des Videokanals YouTube. Er ist neben Google eine der am häufigsten genutzten Suchmaschinen. Eine Produkterklärung oder Gebrauchsanleitung im Videoformat ist eine aus Endanwendersicht relevante und effiziente Form der Information. Welcher Lösungsanbieter hinter dem Inhalt steht, ist zunächst zweitrangig. Was zählt, ist der relevante Inhalt, der über eine hohe Glaubwürdigkeit und einen hohen Nutzwert verfügt. Die Endanwender kommen mit ihren Fragenstellungen über die für sie bekannten Zugänge wie Suchmaschinen oder Videodienste. Und genau hier bietet sich für innovative Mittelständler ein hohes Potenzial. Denn in einer „demokratisierten" und digitalisierten Medialandschaft zählen mehr denn je gut strukturierte, relevante und glaubhafte Inhalte. Die Vielzahl von How-to-Videos auf Diensten wie YouTube zeigt eine beeindruckend starke Nutzung, die verständlicherweise bei jüngeren Zielgruppen noch ausgeprägter ist.

Laut der Studie „Generation Hashtag ascendant: Think native digital first" spricht sich bereits die Hälfte der 7000 befragten Verbrauchern aus zehn Ländern bei ihrem Medienkonsum für Inhalte aus, die ausschließlich digital konzipiert und angeboten werden – und zwar bevorzugt über mobile Geräte. Dafür sind die eigenen Inhalte digital teilweise neu zu konzipieren. Das bedeutet für Medienanbieter, sich primär auf digitale Inhalte zu konzentrieren, statt die Printinhalte lediglich für digitale Medien zu adaptieren. Für werbetreibende Unternehmen ergibt sich dadurch eine höhere Priorität ihrer digitalen Kommunikationskanäle. Erfolgreiche Inhalte werden von den Endnutzern beeinflusst, wenn nicht sogar bestimmt (vgl. BVDW 2015).

Allerdings hat die digitale Wertschöpfung nur aus den eigenen Themen auch Grenzen. Je geringer sich die Komplexität und die Differenzierung für ein Produkt oder einen Service darstellen, desto höher ist die Notwendigkeit, über zusätzliche Inhalte, die nicht mit dem eigentlichen Produkt oder Service in Verbindung stehen, eine Attraktivität bei der Zielgruppe aufzubauen. Typische Beispiele sind die Telekommunikationsbranche oder Fast Moving Consumer Goods (FMCG). Die Inhalte zu deren Produkten bzw. Services sind häufig für die anvisierte Zielgruppe nicht per se attraktiv. Daher werden interessante Inhalte, wie beispielsweise Musik, zur Attraktivitätssteigerung der eigenen Produkte bzw. Services hinzugefügt. Diese Erweiterung muss aber authentisch erfolgen. Es findet sich eine Vielzahl von Beispielen, die zwar spannende Inhalte anbieten, bei denen aber die Verbindung von Produkt und Zusatzinhalt gezwungen wirkt und somit ihre Wirkung bei der Zielgruppe verfehlt.

► **Kontaktqualität beachten**

Hinsichtlich des eigentlichen Kontaktes im digitalen Marketing ist auf eine ausreichende Kontaktqualität zu achten. Hinterfragen Sie kritisch, was Ihnen der Vermarkter wirklich als Kontakt anbietet. Wurde das digitale Werbemittel auf der entsprechenden Seite auch komplett sichtbar eingeblendet oder waren nur einige Pixel am unteren Seitenrand zu sehen? Stellen Sie sicher, dass nur vollständig angezeigte Werbemittel seitens des Vermarkters gezählt und Ihnen dann entsprechend in Rechnung gestellt werden. Sonst erliegen Sie schnell der Illusion hoher Reichweiten bei enttäuschend geringen Konvertierungsraten der Werbemittel.

14.5 Das Performance Marketing

Das Performance Marketing ist im Marketingmix ein Instrument der Kundengewinnung und Kundenbindung. Auf Basis einer messbaren Reaktion bzw. Transaktion stehen die gezielte Ansprache und anschließende Beeinflussung der Handlungsweisen des Kunden im Vordergrund(BVDW 2016). Die positiven Effekte bei der Anwendung des Performance Marketings liegen für jedes Unternehmen auf der Hand: die erheblich verbesserte Transparenz, Messbarkeit und die Möglichkeit einer erfolgsbasierten Honorierung. Was bisher ein Versprechen war – Aufmerksamkeit durch Werbung führt zu Aktionen des Kunden, kann durch das Performance Marketing nun sehr schnell auf seine Wirkung überprüft werden. Im Fokus eines jeden Performance Marketings steht die Erzielung einer Aktion. Das kann der Klick auf ein bestimmtes Werbemittel, die Auslösung einer Interaktion, die Verkaufsanbahnung (Lead), der Abschluss, die Rückgewinnung oder die Loyalitätssteigerung eines Kunden sein. Ein Performance Marketing ist immer zielgerichtet. Darüber hinaus ermöglicht es, die Messbarkeit nach dem Start einer Aktivierung „on the Fly" zu optimieren. Das setzt allerdings voraus, dass zu Beginn die Zielrichtung der Aktivierung hinsichtlich der zu messenden Parameter präzise spezifiziert wurde. Auf der Basis definierter Zielwerte kann eine effektive Optimierung schon während der Aktivierung erfolgen. Bei der Vielzahl von Auswertungsmöglichkeiten im digitalen Marketing ist zu prüfen, welche Kennzahlen wirklich für eine Steuerung der digitalen Marketingaktivitäten Sinn ergeben.

Sind der Leistungsbereich, die jeweiligen Leistungsparameter und die Leistungsmetrik für die eigene Durchführung des Performance Marketings festgelegt (siehe Tab. 14.2), steht die Leistungserfassung während der Aktivierung im Zentrum. Das Performance Marketing dokumentiert zeitnah und transparent, was das Unternehmen ein Klick, eine Aktion, ein Lead oder eine abgeschlossene Transaktion kostet. Ob das angemessen ist, hängt vom jeweiligen Ergebnis ab. Aussagefähig werden die Ergebnisse durch Benchmarks – idealerweise innerhalb der eigenen Industrie und durch den Vergleich der verschiedenen Performance-Marketing-Maßnahmen untereinander. Daher ist eine vergleichbare Metrik von Bedeutung.

Tab. 14.2 Die Leistungsbereiche des Performance Marketings sowie KPIs

Leistungsbereich	Leistungsbeschreibung	Leistungsparameter*	Leistungsmetrik*
Maximierung Aufmerksamkeit	Die Maximierung der Aufmerksamkeit stellt häufig die Voraussetzung für die anschließende Konvertierung dar. Aus der Vielzahl der Möglichkeiten sind die wesentlichen Leistungsparameter für das eigene Unternehmen zu identifizieren.	Website-Nutzung Sichtbarkeit des eigenen Angebotes in der Suchmaschine Attraktivität von Bewegbild Social Media Awareness	Cost-per-Click (CPC) Cost-per-Action (CPA) Website unique visitors Page Impressions SEO-Ranking Suchvolumen YouTube viewers
Intensivierung Engagement	Zwischen dem Kontakt und dem Lead steht das Engagement. Es muss nicht zwingend zum Kauf(-interesse) führen, ist aber ein Indikator für die Attraktivität des eigenen Angebotes.	Nutzungsart und Nutzungsintensität Social-Media-Reputation	Bounce Rate Verweildauer auf Zielseite View-Dauer
Generierung Leads	Ein „Lead" ist ein spezifischer Kontakt, der ein aktives Kaufinteresse signalisiert und damit eine größere Bedeutung gegenüber dem allgemeinen Kontakt hat. Erfahrungsgemäß liegen die Kosten um ein Vielfaches über den Kontaktpreisen.	Signalisiertes Produkt- bzw. Serviceinteresse (Kontaktformular) Whitepaper-Downloads Anzahl von Produkttests	Cost-per-Lead (CPL) Pay-per-Lead (PPL)
Konvertierung Sales	Der „Sales" ist ein abgeschlossener Verkaufsvorgang (exkl. Rücksendungen). Im Funnel die zentrale Komponente.	Erzielte Verkaufe an Endkunden bzw. Distributoren Abgeschlossene Warenkörbe des E-Shops	Cost-per-Order (CPO) Cost-per-Sale (CPS)
Maximierung Loyalität	Bei der Kundenakquisition entstehen Kosten, umso wichtiger ist die Sicherung der Loyalität und Gewinnung des Kunden als Markenbotschafter und/oder Empfehler, beispielsweise durch Reviews.	Produkt- bzw. Service-Reviews durch Kunden Bindung an das eigene Unternehmen	Rate wiederkehrender Besucher Anzahl von Subscribern (z. B. Feeds, Newsletter) Anzahl Reviews Empfehlungsrate

*Die Leistungsparameter sowie die Leistungsmetrik sind beispielhaft und je nach eigenem Unternehmen zu spezifizieren.

▶   Im Funnel sind die absatzorientierten Parameter vorzugsweise zu messen,
    denn die Kosten für ein erfolgreiches Performance Marketing – vom ersten
    Kontakt bis zum Verkaufsabschluss – sind erheblich. Deshalb sind das fortwäh-
    rende Überprüfen und Optimieren wesentliche Bestandteile der Aktivierung.

Ein guter Anhaltspunkt für die absatzorientierten Parameter sind die Margen der eigenen
Produkte und Services, die ansonsten an den Distributor weitergegeben werden. Liegt
die Marge beispielsweise bei 30 % und ein Cost-per-Sale (CPS) beläuft sich ebenfalls auf
ca. 30 % des Nettoumsatzes im eigenen Shop, ist dies ein realistisches Benchmark. In einer
erweiterten Kostenrechnung sind selbstverständlich die laufenden Aufwendungen eines
eigenen E-Shops sowie des Personals dazuzurechnen.

Die erhaltenen Leads sind sorgsam in eine Datenbank, beispielsweise ein CRM, ein-
zupflegen. Durch die hohen Kosten der Lead-Generierung ist ein nur Desktop-Tabellen-
gestütztes Nachhalten der Interessenten in keinem Fall ratsam. Ein abschlussorientiertes
Performance Marketing wird eng mit dem Vertrieb zusammenarbeiten. Gerade wenn die
Kontakte zur Nachbearbeitung per E-Mail oder Telefon an Kollegen außerhalb des Marke-
tings übergeben werden, ist eine integrierte Datenbank-gestützte Lösung unabdingbar. Ein
CRM-System bietet eine umfangreiche Dokumentation und Basis für eine professionelle
Nachbearbeitung der erhaltenen Kontakte bzw. Leads.

Zu den wichtigsten Instrumenten des Performance Marketings zählen Suchmaschinen-
Marketing sowie Suchmaschinen-Optimierung, die Präsenz in Produkt- und Preisportalen,
Affiliate-Marketing, Online-Kooperationen, Virales Marketing, E-Mail-Marketing sowie
Mobile Marketing (vgl. iwiki_performance_marketing 2016).

Suchmaschinen
Der Blick auf die eigene Website-Statistik genügt, um sich über die Bedeutung der
Suchmaschine(n) klar zu werden. Die Mehrzahl der eigenen Website-Besucher kommt
über die Suchmaschine(n). Und an erster Stelle steht: Google. Kaum ein Nutzer macht
sich der Mühe der Eingabe einer URL, sondern der bequeme Weg führt über die Stich-
worteingabe bei der Suchmaschine. Für die eigene Website ist dabei die Position innerhalb
der Treffer auf bestimmte Keywords entscheidend. Eine gute Platzierung ist der Garant
für ausreichend organischen Website-Traffic. Ein hilfreiches Tool ist die Verwendung von
SEO-Tools wie beispielsweise SEOmoz (moz.com), der das eigene Ranking hinsichtlich
bestimmter Keywords im zeitlichen Verlauf dokumentiert. Google bietet mit dem Keyword
Planner (adwords.google.de/keywordplanner) eine schnelle Möglichkeit, das Suchvolumen
von bestimmten Keywords abzuschätzen. Das Schalten von Online-Werbung zu wichtigen Suchbegriffen bietet die Möglichkeit, auch ohne eine gute Suchmaschinenplatzierung
interessierte Nutzer auf das eigene Angebot aufmerksam zu machen. Die Klickraten sind
allerdings sehr gering und damit die Cost-per-Click hoch.

Produkt- und Preisportale sowie Affiliate-Marketing
Wer über den Vorteil attraktiver Produkte und Preise verfügt, wird auf entsprechenden
Portalen eine gute Positionierung einnehmen. Das Internet hat eine nie zuvor erreichte Ver-

gleichbarkeit für den Käufer erreicht. Damit einher geht nicht nur die Preisvergleichbarkeit, sondern auch die Bewertung der Leistung durch vorherige Käufer oder Testberichte. Für den Kaufanbahnungsprozess haben diese Portale eine weitaus höhere Bedeutung als die eigene Aktivierung über das Performance Marketing.

> **Prüfung des Kosten-Nutzen-Verhältnis vor der Aktivierung**
> Preisdifferenzen, die im zweistelligen Bereich zwischen dem von Ihnen bewor-
> benen Absatzkanal und dem Markt liegen, hohe Preisabschläge bei Wettbe-
> werbern – bei vergleichbaren Leistungen – oder aber überwiegend neutrale bis
> negative Leistungsbewertungen werden jede Performance-Marketing-Aktivie-
> rung erschweren, wenn nicht gar vollständig unrentabel erscheinen lassen. Eine
> gute Planung setzt daher immer auf eine kritische Analyse der zu bewerbenden
> Produkte vor der Aktivierung innerhalb eines Performance Marketings. Über-
> prüfen Sie kritisch, ob sich überhaupt ein attraktives Kosten-Nutzen-Verhältnis
> aufgrund der aktuellen Bewertung durch Produkt- und Preisportale ergibt.

Für Unternehmen bieten sich Affiliates (Werbepartner) an, die dem Werbetreibenden (Unternehmen) verschiedene Möglichkeiten der Produkt- bzw. Serviceplatzierung anbieten. Dabei vergütet das werbetreibende Unternehmen in der Regel nur im Erfolgsfall – also nach einer vom Nutzer durchgeführten Aktion wie beispielsweise einem Produktkauf. Dafür erhält der Affiliate eine zuvor vertraglich festgelegte Erfolgsprovision. Das Unternehmen erhält damit eine planbare, erfolgsabhängige Kostenkomponente, wobei auf die Platzierung und damit den Kontext zu achten ist. Durch standardisierte Programme ist eine Nutzung relativ einfach. Die Qualität der erhaltenen Leads ist kritisch zu prüfen, um die Effizienz im Funnel aufrechtzuerhalten – Stichwort „Rücksendungen von Bestellungen".

Online-Kooperationen

Die Kooperation von zwei oder mehreren Unternehmen bietet die Option einer höheren Attraktivität aus Sicht des Nutzers. Erfolgreiche Beispiele sind thematische Cluster, Nutzung von Synergien oder die Schaffung von kombinierten Angeboten. Damit unterscheiden sich die Online-Kooperationen kaum von den klassischen Marketing-Kooperationen. Im Performance Marketing sind diese allerdings zielgerichteter auf das jeweilige Aktivierungsziel ausgerichtet. Eine limitierte Edition eines Kombiproduktes schafft eine größere Attraktivität, höhere Aufmerksamkeit und neue Umsatzmöglichkeiten, die durch ihre Eigenständigkeit auch Channel-Konflikten vorbeugen können.

E-Mail-Marketing sowie Mobile Marketing

Eine relativ alte Domäne des Performance Marketings ist das E-Mail-Marketing. Der Vorteil liegt im 1:1-Kontakt zum Nutzer bzw. Kunden. Rechtlich hat der Gesetzgeber den Double-opt-in-Prozess vor der aktiven Marketing-Nutzung der E-Mail-Adresse gesetzt. Sprich: Der Nutzer muss den Eintrag in eine Abonnentenliste aktiv nach der Selektion

eines Newsletters oder Ähnlichem bestätigen – zumeist durch die Anklicken eines Bestä-
tigungslinks in einer E-Mail.

▶ **Newsletter als Aktivierungselement**
   Attraktiv gestaltete Newsletter sind ein probates Mittel, um auf die eigenen
   Angebote hinzuweisen und aus Interessenten Kunden sowie aus Kunden
   Wiederkäufer zu machen. Die Grenze zum Spam ist allerdings aus Sicht des
   Nutzers unscharf. Daher müssen der Aufbau des Newsletters bzw. der E-Mail,
   die Inhalte, die Attraktivität des Angebotes sowie der Turnus der Aussendung
   sorgsam gewählt werden. Der Abonnent wird immer einen Zusatznutzen
   gegenüber dem Standardangebot erwarten.

Die Anzahl der mobilen Devices hat sich rapide gesteigert (siehe auch Kap. 10) und wird
weiter zunehmen. Der Blick auf die eigene Website-Statistik ist hinsichtlich der Nutzung
von Endgeräten ein fester Bestandteil der Planung von Performance-Marketing-Aktivie-
rungen. Dabei wird auffallen, dass bereits heute ein großer Anteil der Nutzer die eigenen
Angebote nur noch mobil nutzt. Die Aktivierung muss dies antizipieren und bei der Auswahl und Aufbereitung der Inhalte auf eine Endgerät-Kompatibilität achten. Dazu bieten
die mobilen Endgeräte spezielle Display-Formate und Werbemöglichkeiten, die je nach
Zielsetzung durchaus Sinn ergeben können. Die limitierte Fläche sollte Sie dazu motivieren, die Aussagen kurz und die Angebotsdarstellung prägnant zu verfassen.

14.6 Der uniquedigital-Case

Die uniquedigital wurde 2003 gegründet und ist als Agentur für Digitales Marketing in
Deutschland und Großbritannien mit insgesamt rund 150 Mitarbeitern tätig. Die Schwer-
punkte der Agentur liegen in den Bereichen Cross-Channel-Management, Display Adverti-
sing, Suchmaschinen- und Affiliate Marketing sowie Social-Media-Monitoring. uniquedi-
gital ist Teil der SYZYGY Gruppe und betreut einige der größten Online-Werbetreibenden
Europas, darunter comdirect, Commerzbank, OTTO, Techniker Krankenkasse sowie AVIS.
   Der vorliegende Case und die Informationen stammen aus einem Interview, das ich mit
Dr. André Vieregge führte. Er ist als Principal SEA Intelligence für den Bereich Search
Engine Advertising verantwortlich. Dazu zählen Paid-Kanäle im Internet, u. a. Google,
Bing, Google Display Network und YouTube.

14.6.1 Der Kern des Performance Marketings: Messen und Iterieren

André Vieregge teilt Unternehmen hinsichtlich ihrer Nutzung des digitalen Marketings und
im Besonderen des Performance Marketings in drei Gruppen ein, wobei die Zahl der Unternehmen, die gänzlich auf ein digitales Marketing verzichten, verschwindend gering ist.

1. Angeflanschtes Digitales Marketing

   Gerade in „alteingesessenen" Unternehmen wird das digitale Marketing häufig als ei-
   genständige Disziplin innerhalb der bestehenden Disziplinen wie klassisches Marketing,
   IT oder Vertrieb geführt. Die „neue" Disziplin des digitalen Marketings ist dann nicht
   sonderlich gut integriert. Sie bildet eher eine Art Fremdkörper, den man „notwendiger-
   weise" mit abbildet.

2. Integriertes Digitales Marketing

   Die zweite Gruppe von Unternehmen geht einen Schritt weiter und integriert die „neue"
   Disziplin des digitalen Marketings in ihre bisherigen Strukturen von Vertrieb, Marketing oder IT. Das sind Unternehmen, die typischerweise klassische Geschäftsmodelle
   betreiben, die in der überwiegenden Zahl bereits vor der digitalen Revolution entstanden
   sind. Für diese Unternehmen arbeitet uniquedigital als Agentur am häufigsten, da kaum
   Berührungsängste für den Einsatz von Performance Marketing bestehen.

3. Digitales Marketing als Kern des Geschäftsmodells

   Die dritte Gruppe bilden diejenigen Unternehmen, bei denen das digitale Marketing
   integraler Bestandteil des Geschäftsmodells ist. Das sind häufig Unternehmen, die aus
   dem digitalen Sektor kommen und erst während des digitalen Zeitalters entstanden sind.
   Dazu zählen beispielsweise E-Commerce-Shops oder reine Online-Anbieter.

▶ **Kern des Performance Marketings: Messbarkeit der Ergebnisse**
   Der kleinste aber wichtigste gemeinsame Nenner aller Arten von Performance
   Marketing ist für André Vieregge die Messbarkeit der Ergebnisse. Überall dort,
   wo die Leistung, der Aufwand, der erfolgt ist, in einer Form mittelbar oder
   unmittelbar bemessen und bewertet werden kann, ist ein Performance Marketing gegeben. Das bedeutet auch, dass Performance Marketing nicht strikt
   getrennt von Branding-Aktivitäten zu betrachten ist – denn eine Überprüfung
   der Ergebnisse ist sehr gut möglich, wenn auch mit anderen Methoden, KPIs
   und gegebenenfalls in einer anderen Zeitspanne. Wenn eine Aussteuerung
   der Maßnahmen auf Basis von Ergebnissen erfolgt, die zuvor definiert wurden,
   kann man von Performance Marketing sprechen.

Die Messbarkeit hat durchaus Auswirkungen auf die zuvor beschriebenen Unternehmens-
gruppen. Für die Gruppen zwei und drei stellt die Messbarkeit ein Mittel zum Zweck dar.
Diese Unternehmen setzen ja gerade deshalb ein performancegetriebenes Marketing ein,
um aus den eingesetzten Mitteln die maximale Wirkung zu erzielen. Bei der ersten Gruppe
von Unternehmen können die Messbarkeit und die damit verbundene hohe Transparenz
der Ergebnisse auch Furcht und daher Widerstand auslösen. Denn sowohl Verifikation als
auch Falsifikation einer zuvor aufgestellten Hypothese liegen im Kern des Performance
Marketings begründet. Im Funnel von Kontaktchance zu Sales schmelzen die anfangs
umfangreichen Kontakte auf nur wenige belastbare Sales oder sogar Sales Leads dahin.
Es wird schnell deutlich, wie teuer und aufwendig am Ende eine zum Sales konvertierte
Kontaktchance ist. Nicht bei allen Unternehmen ist dieses Verständnis bereits vorhanden

und führt dann eher zu Unsicherheit, Blockaden oder sogar Ablehnung der Methodik. Der Erfolg ist ebenso wie der Misserfolg im Performance Marketing messbar und dadurch für alle Stakeholder auch offensichtlich.

Die Frage des Einsatzes von Performance Marketing leitet sich aus der Zielsetzung des jeweiligen Vorhabens ab. Es gibt kaum etwas, das nicht als Ergebnis ansteuerbar ist. Entscheidend ist wiederum die Messbarkeit der Ergebnisse. Einige der Zielgrößen sind dabei einfacher erfassbar, beispielsweise direkte Sales-Konvertierungen, Downloads oder Views einer Seite. Komplexer erfassbar sind dagegen markenorientierte Parameter wie Interaktion, Engagement mit der Marke oder die Nutzungsintensität einer Anwendung.

Bei einer typischen „Customer Journey" stand lange Zeit der Einsatz des Performance Marketings am Ende des Funnels, sprich: wenn der potenzielle Kunde bereits bei der Entscheidungsfindung angelangt ist in der Konvertierung aus einem Sales Lead zu einem Sale. Dieses basiert auf dem Effizienzgedanken, der performancegetriebene Kampagnen so aussteuert, dass der User dort in seiner „Customer Journey" abgeholt wird, wo er bereit ist, tatsächlich auch eine Aktion auszuführen. Das kann die Anforderung einer Information, der Abruf von Unterlagen oder der Kauf eines Produktes sein. Bei der übergreifenden Messung hat das Team von uniquedigital aber immer wieder festgestellt, dass durch das Performance Marketing auch zu Anfang des Funnels Kontaktpunkte zum potenziellen Kunden gesetzt werden. Gute Anhaltspunkte zum Verständnis der „Customer Journey" gewährt beispielsweise die Analyse der eigenen Website-Nutzung. Hier geben Klickpfade, Verweildauer, Anmeldungen und Abschlüsse gute Rückschlüsse über das Kundenverhalten.

▶   **Wie Sie Performance Marketing richtig einsetzen**
    Der Einsatz des Performance Marketings sollte stets als Iterationsschleife aus
    dem initialen Einsatz der Werbemittel, zur Überprüfung der Ergebnisse und für
    die daraus abgeleitete Adaption für den Einsatz von Werbemitteln ausgelegt
    sein. Wenn dabei kein genaues Targeting angesetzt werden kann, ist die Ab-
    schlusswahrscheinlichkeit geringer als in einem spezifischen Umfeld, in dem
    ein potenzieller Kunde seinen Bedarf z. B. direkt in die Suchmaschine eingibt.
    Entscheidend beim Einsatz von Performance Marketing ist die Kombination
    aus der Erzielung von Erkenntnissen und der Flexibilität bei der Mittelverwen-
    dung. Daher verträgt sich ein Performance Marketing auch nicht mit einer
    starren Verteilung des Budgets bereits zu Beginn der Aktivitäten.

Bevor mit der jeweiligen Performance Marketing Maßnahme gestartet wird, ist eine Hypothese aufzustellen, die auf Erfahrungswerten zu Aktionswahrscheinlichkeiten in den selektierten Kanälen basiert. Dabei musste aber das Team von André Vieregge immer wieder feststellen, dass die im Anschluss erzielten Ergebnisse signifikant von der ursprünglichen Hypothese abweichen können. Das liegt unter anderem an der schnellen Änderung von Einkaufsbedingungen, der Effizienz von Targetings oder der Unsicherheit mit neuen Produkten im Markt. Daher ist eine rasche und flexible Allokation des Budgets anhand von dezidierten Messpunkten die anerkannteste Vorgehensweise. Selbst wenn nicht genügend

Messpunkte vorliegen, können Hilfs-KPIs die Lösung sein, bevor zu viele Mittel bereits am Anfang, ohne eine Ergebnisrückkopplung, ausgegeben werden. Bei den Iterationsschleifen sollte darauf geachtet werden, nicht zu viele Variablen gleichzeitig zu verändern. Das würde das Verständnis der Wirkung durchgeführter Aktionen nur erschweren. Empfehlenswert sind kürzere Iterationsschleifen, bei denen wenige Variablen – beispielsweise in A/B-Tests – angepasst werden. So kann fokussiert mit zwei bis drei Optionen eine Fragestellung in einem dezidierten Test untersucht werden.

14.6.2 Performance Marketing und Markenaufbau – ein Widerspruch?

Wie bereits angedeutet, kann auch die Durchführung von markenorientierten Kampagnen oder Aktivitäten unter die Definition eines Performance Marketings fallen, solange die eindeutige Messbarkeit der Ergebnisse und eine Aussteuerung aufgrund der Ergebnisse gegeben sind.

Werden markenorientierte und aktionsorientierte Kampagnen parallel gefahren, ist das laut André Vieregge so lange keine Beeinträchtigung, solange es das Unternehmen schafft, seinen Markenkern als Botschaft auch in der aktionsorientierten Performance-Marketing-Kampagne zu vermitteln. Das ist leichter, wenn sich beispielsweise ein Premiumanbieter bereits als solcher in der Wahrnehmung bei seiner Zielgruppe etabliert hat, gerade wenn die abzusetzenden Produkte hochpreisiger sind. Wenn also beide Aspekte zusammenspielen, eine als Premiumanbieter etablierte Marke und eine aktionsorientierte Performance-Marketing-Kampagne, werden sich beide Aktivitäten sehr gut ergänzen.

Wird die aktionsorientierte Performance-Marketing-Kampagne allerdings sehr losgelöst von den markenbezogenen Aktivitäten durchgeführt, ist die gegenseitige positive Wirkung eher überschaubar. Werden im Kern also nur Produkte abverkauft, ohne dass die Verbindung zu einer (starken und etablierten) Markenbotschaft besteht, wird das Image einer Marke leiden. Dahinter steht die Frage, inwieweit es ein Unternehmen heute noch schafft, sich mit einem differenzierbaren Kern vom Wettbewerb abzusetzen. Im Zeitalter von Preissuchmaschinen zählen für den Kunden oftmals (nur noch) die Eigenschaften, Bezahl- und Lieferkonditionen sowie der Preis. Gerade bei Unternehmen, die im Wesentlichen auf digitale Geschäftsmodelle setzen, bleibt dabei eine differenzierte Markenpositionierung auf der Strecke. So ergab beispielsweise eine Studie über Airline-Portale, dass die Markenwerte gegenüber den Fakten wie Usability, Preis und Konditionen aus Sicht des Nutzers klar zurückstehen.

Idealerweise wird also der Markenkern mit seiner zentralen Botschaft ebenfalls durch die aktionsorientierte Performance-Marketing-Kampagne getragen. Gerade bei starken Marken bietet dies einen Vorteil zur Erhöhung der Erfolgswahrscheinlichkeit des aktionsorientierten Performance Marketings. Generell sollten jeweils beide Aktivitäten zueinander passen. Zu einem konservativen Premiumanbieter passt keine laute und aggressive aktionsorientierten Performance-Marketing-Kampagne mit Dumping-Angeboten. Selbst kurzfristige Erfolge werden mittelfristig das Markenimage beschädigen und zu einem Überdenken der eigenen

Position führen müssen – ist das Unternehmen ein Qualitätsführer oder Preisführer (siehe auch Preis-Mengen-Strategie oder Präferenz-Strategie Abschn. 6.3.2 f.).

14.6.3 Der empfohlene Einsatz von Performance Marketing

Eine Marketingabteilung steht vor der Herausforderung, aus der Vielzahl der Möglichkeiten für das Performance Marketing die passenden Maßnahmen zur Erreichung der eigenen Zielsetzung auszuwählen. Die Erfahrung von uniquedigital zeigt, dass ein Unternehmen tatsächlich vieles schlicht ausprobieren muss, um den „richtigen" Weg zur Erreichung der eigenen Ziele einzuschlagen. Unter der Maßgabe begrenzter Budgets ist daher zunächst eine Hypothese zu bilden. Aus Erfahrungswerten anderer erfolgreicher Maßnahmen wird dann auf Basis dieser Hypothese mit den Aktivitäten gestartet, die die größte Aussicht auf Erfolg haben. Dabei sollten aber immer Testbudgets für alternative Maßnahmen reserviert werden. Es kommt immer wieder vor, dass zunächst als weniger interessant eingeordnete Kanäle bei der Auswertung überproportionale Ergebnisse liefern. Die Tests ermöglichen zusätzliche Optionen, das Ziel auch auf anderen Wegen als den zunächst für sinnvoll erachteten Pfaden zu erreichen. Generell werden desto weniger Iterationsschleifen und Tests benötigt, je etablierter und bekannter ein Produkt und seine Kundengruppe sind. Bei neuen Produkten werden dementsprechend mehr Iterationen und Tests nötig sein. Umso wichtiger ist es im letzteren Fall, sich im Vorhinein die Fragestellung und die erwarteten Ergebnisse genau zu überlegen.

► **Performance Marketing ist die Brücke zum Vertrieb**
Durch seinen fokussierten Charakter, bei der Zielgruppe bestimmte Aktionen zu veranlassen, bietet das Performance Marketing eine hervorragende Möglichkeit zu einer engen und kooperativen Zusammenarbeit mit dem Vertrieb. Insbesondere eignet sich die Generierung von Leads für die weitere Nachbearbeitung durch den Vertrieb als gemeinsame Maßnahme. Hierbei ist die berechtigte Anforderung des Vertriebes einer hohen Qualität der Leads zu berücksichtigen. Um dies zu erreichen, steht die Definition der Qualität zu Beginn der Aktivität. Darauf folgt die Anforderung, Qualitätskriterien eines Leads auch messbar zu machen. Ansonsten kann eine Iteration zur Qualitätsverbesserung der Leads schwerlich erfolgen. Achten Sie dabei auf Widerspruchsfreiheit. Quantität und Qualität schließen sich erfahrungsgemäß aus. Beides ist kaum in gleichem Maße umsetzbar. Eine gemeinsame Zielsetzung von Marketing und Vertrieb ist daher essenziell.

Der Interpretation der Ergebnisse und Zahlen kommt eine besondere Bedeutung zu. Hier können viele Fehler gemacht werden, wenn falsche Rückschlüsse aus den erhaltenen Ergebnissen gezogen werden. Die Faszination von Zahlen an sich, als faktische Komponente, erzeugt mitunter eine trügerische Wahrheit. Die Festlegung des Zieles für das Unternehmen, was mit dem Performance Marketing erreicht werden soll und welche Kennzahlen für die Überprüfung der Ziele eingesetzt werden, ist eine wesentliche Grundlage für die Interpretation der Ergebnisse. Die aus den durchgeführten Maßnahmen erhaltenen Kennzahlen sollten dann kritisch bezüglich der definierten Zielsetzung analysiert werden – unter Beibehaltung des Gesamtüberblickes. Das wird Unternehmen mit digitalen Geschäftsmodellen leichter fallen. Prinzipiell ist bei dieser Gruppe die Anzahl von Kanälen begrenzter und die eingesetzten Mittel können besser auf ihren Return-on-Investment untersucht werden. Diejenigen Unternehmen, die Schwierigkeiten haben, die Zielsetzung und Kennzahlen für ein Performance Marketing zu definieren, haben meistens generelle Schwierigkeiten, sich im digitalen Bereich zu positionieren. Das trifft insbesondere auf Unternehmen der Kategorie 1 zu. Sie haben zwar strategisch beschlossen, online aktiv zu sein, wissen aber nicht recht, wie und was sie dort erreichen wollen. Teilweise sind ihre Produkte und Dienstleistungen auch nicht kompatibel mit der digitalen Kommunikations- und Geschäftswelt. Mangelnde Ergebnisse im Performance Marketing können also ihre Ursache auch in der Positionierung und den Eigenschaften des Produktes bzw. der Dienstleistung selbst haben.

Heute hat das Nutzungs- und Bewertungsverhalten von Bestandskunden einen weitaus größeren Einfluss auf die Entscheidungsfindung eines potenziellen Kunden. Die Anzahl und Güte sowie der Index einer Kundenbewertung dokumentieren authentisch, ob das Produkt oder die Dienstleistung den versprochenen Nutzen auch wirklich einlöst. Angesichts dieses neuen Einflusses des bestehenden Nutzers stellt sich die Frage, ob Performance Marketing nicht an Bedeutung verlieren muss. Laut André Vieregge kann das Performance Marketing immer noch seinen Wertbeitrag leisten, wenn die Aktivierung in dem Moment erfolgt, in dem der potenzielle Kunde ein konkretes Bedürfnis hat. Für Produkte, die keines der akuten Bedürfnisse des potenziellen Kunden erfüllen, ist es demgemäß schwieriger, gute Ergebnisse durch ein Performance Marketing zu erzielen. Wenn sich der Bedarf eines Kunden eindeutig äußert, beispielsweise über die Suche, kann die Interaktion zwischen potenziellem Kunden und dem Produkt oder der Dienstleistung einfach erfolgen. Ist das Produkt sehr stark davon abhängig, wie der potenzielle Kunde die Marke und den Kontext überhaupt einschätzt, beispielsweise im Lifestyle-Bereich, kann das Performance Marketing eine hohe Diskrepanz zwischen der tatsächlichen Beurteilung durch den potenziellen Kunden und offeriertem Nutzen nicht ausgleichen. Sprich: Die Ergebnisse eines Performance Marketings fallen entsprechend schlecht aus.

14.6.4 Die „Lessons Learned"

Wir bewegen uns heute in einer Now-Economy. In dieser sind Unternehmen erfolgreich, die ein Produkt oder eine Dienstleistung bequem, sofort sowie preisattraktiv und möglichst passgenau zu dem akuten Bedürfnis des potenziellen Kunden anbieten können. Das setzt sich mittlerweile, getrieben durch die Digitalisierung, in vielen Bereichen beim potenziellen Kunden als Erwartungshaltung durch. Gerade Unternehmen, die wesentlich ein auf Nachhaltigkeit aufbauendes Nutzen- bzw. Markenversprechen haben, müssen sich überlegen, wie sie zukünftig die Vorstellung von Wert erfolgreich in der digitalen Welt vermitteln möchten.

Unternehmen, die auf ein Performance Marketing als aktive Marketing-Komponente setzen, empfiehlt André Vieregge die folgende drei Aspekte:

1. Klare Zielsetzung vereinbaren
   Alle am Performance Marketing beteiligten Stakeholder sollten das gleiche Zielverständnis haben. Das beginnt mit der Definition des übergeordneten Zieles. Es sollte den Beteiligten klar sein, warum ein Performance Marketing überhaupt eingesetzt wird. Die einzelne Maßnahme bzw. Kampagne folgt dann dem übergeordneten Ziel. Dabei gilt: keine Zielsetzung ohne einheitliche Messkriterien. Diese müssen während der Durchführung der Aktivitäten kontinuierlich erfasst werden und einheitlich auch über verschiedene Kanäle anwendbar sein. Auf zu viele Ziele gleichzeitig sowie widersprüchliche Überschneidungen, beispielsweise maximale Quantität bei höchster Qualität von Leads, sollte verzichtet werden.

2. Einheitlichkeit und Interpretation von Daten
   Aktivitäten, die auf Performance Marketing aufbauen, werden erfahrungsgemäß schnell eine hohe Anzahl von Daten generieren. Daher ist es wichtig, diese Datenmenge entsprechend zu verarbeiten, zu kategorisieren und die erhaltenen Ergebnisse kritisch auszuwerten. Dazu sollte das durchführende Unternehmen selbst die notwendigen Kompetenzen aufbauen. Eine vollständige Abhängigkeit bei der Interpretation der Ergebnisse bzw. Daten vom Dienstleister ist nicht zielführend. Das Unternehmen muss in der Lage sein, die Schnittstellen zu überschauen und schließen zu können. Das bedeutet, wenn aus einer kanalübergreifenden Aktivität Daten generiert werden, sind die Einzelmesspunkte in der Gesamtheit kritisch zu interpretieren. Gerade in dieser Konstellation ergeben sich häufig Doppelzählungen eines einzelnen Kontaktes, oder der Abschluss wird in einem „Last-Klick-Verständnis" nur von einem Kanal beansprucht, wobei der Einfluss der zuvor genutzten Kanäle für die Entscheidung unbeachtet bleibt. Grundsätzlich sollten die vom Dienstleister erhaltenen Zahlen nicht kritiklos als gegeben hingenommen werden, sondern sind stets zu hinterfragen. Ist der Messpunkt eigentlich richtig? Und was sagt er über den Erfolg der Maßnahme tatsächlich aus?

3. Bereitwilligkeit zum steten Lernen
   Der Grundsatz des stetigen Lernens im Performance Marketing setzt eine offene und aktive Organisation aufseiten des Unternehmens voraus. Es ist zu empfehlen, dass es im Unternehmen spezifische Ressourcen für das Performance Marketing gibt, die dieses Thema auch gezielt vorantreiben. Ähnlich wie bei der Marktforschung sollte das aufgebaute Wissen nicht nur bei den externen Dienstleistern vorhanden sein, sondern als explizites Wissen im Sinne von dezidierten Ansprechpartnern für die Skalierung der „Lessons Learned" im Unternehmen zur Verfügung stehen. Dabei ist die Veränderungsgeschwindigkeit, die generelle Zunahme von Messmöglichkeiten und der fachliche Umfang des Performance Marketings eine kritische Komponente, die eine Vollzeitstelle nahelegt – wenn nicht gar ein eigenes Team. Zur Erzielung maximaler Ergebnisse sollten

die (externen) Spezialisten auch die Freiheit bekommen, ihre jeweiligen Fähigkeiten einzusetzen. Das schließt eine frühzeitige und zu starre Eingrenzung der Aufgaben für den (externen) Spezialisten durch den Auftraggeber aus.

14.7 Fazit für die Erneuerung Ihres Marketings

Das unterscheidet den erfolgreichen Impulsgeber

Jedes Unternehmen, das sich ernsthaft im digitalen Marketing engagiert, benötigt erfahrene Generalisten. Sie übernehmen die Orchestrierung der eigenen und externen Ressourcen, sodass EIN überzeugendes Gesamtergebnis entsteht – wobei ein Mehr an spezialisierten Dienstleistern in der Regel immer zu einem Mehr an Komplexität in der Steuerung führt. Insbesondere bei der Behandlung der Bidirektionalität des digitalen Mediums gelangen viele Unternehmen an ihre Grenzen. Wenn sich durch das Engagement in den sozialen Medien ein ausgeprägtes Feedbackverhalten der Zielgruppe ergibt, ist eine Lösung ohne externe Dienstleister wohl kaum möglich. Der erfolgreiche Impulsgeber nutzt die für das eigene Geschäftsmodell sinnvollsten digitalen Kanäle und Möglichkeiten, bewertet diese aber nicht über. Unternehmen, die über kein rein digitales Geschäftsmodell verfügen, erreichen ihre potenziellen Kunden vorwiegend über Handel (Point of Sale), Public Relations, Events bzw. Messen oder Vertrieb.

Darauf kommt es an

Nicht jedes Unternehmen muss in jedem der digitalen Kanäle in jedem Land präsent sein. Die Nutzung digitaler Medien sollte aus der Strategie abgeleitet werden. Ausgangspunkt ist die Frage, wo die digitalen Kanäle der eigenen Kommunikation wirklich helfen können, die Rolle eines Impulsgebers besser einzunehmen, und welche Kanäle für das Unternehmen die beste Wirkung bei entsprechender Effizienz bieten. Daher führt auch hier kein Weg an der Messung der Ergebnisse vorbei. Bei einer kritischen Auswertung wird schnell ersichtlich, welche digitalen Kanäle vernachlässigt und welche mit mehr Engagement bespielt werden sollten.

Fragen

1. Welche Bereiche des Digitalen Marketings nutzen Sie heute?
2. Nutzen Sie die Möglichkeiten einer fortlaufenden Optimierung von wichtigen digitalen Marketingmaßnahmen?
3. Erfassen Sie die Effektivität Ihrer digitalen Marketingmaßnahmen ausreichend?
4. Kennen Sie die Kosten per Contact, per Lead, per Sales von wichtigen digitalen Marketingmaßnahmen?
5. Wie aktualisieren Sie Ihr Wissen im Team über die aktuellen Möglichkeiten im digitalen Marketing?

Literatur

BVDW. 2015. www.bvdw.org. http://www.bvdw.org/medien/bain--company-generation-hashtag-ascendant-think-native-digital-first?media=7275 (Erstellt: 1. Dezember 2015). Zugegriffen: 15. Apr. 2016.

BVDW. 2016. bvdw.org. http://www.bvdw-sem.de/glossar/performance-marketing.html (Erstellt: 10. Januar 2016). Zugegriffen: 15. Apr. 2016.

CMO_Council. 2013. *2013 Online Advertising Performance Outlook*. San Jose: CMO Council, Nielsen, Vizu.

D21, I. (2015). D21-Digital-Index 2015, Die Gesellschaft in der digitalen Transformation. D21_Digital-Index2015_WEB.pdf . Berlin: Initiative D21, gemeinnütziger Verein.

Davidi, A. 2013. Digital marketing and branding, Digital marketing hub. http://www.theguardian.com/media-network/media-network-blog/2013/mar/13/digital-marketing-branding-proctor-gamble (Erstellt: 13. März 2013). Zugegriffen: 15. Apr. 2016.

Heidrick_Struggles_Forrester_Research (2014). The evolved CMO in 2014. Research Project by Forrester Research and Heidrick & Struggles. The-Evolved-CMO-in-2014.pdf.

iwiki_performance_marketing (5. Januar 2016). iwiki.de. Von www.iwiki.de: http://www.iwiki.de/wiki/index.php/Performance_Marketing zuletzt abgerufen am 15.04.2016.

Schwarz, D. 2013. *Studie Online-Marketing-Trends*. Waghäusel: ABSOLIT Dr. Schwarz Consulting.

Statista_display_werbung, (20. Januar 2016). Statista.com. Von www.statista.com: http://de.statista.com/statistik/daten/studie/154066/umfrage/entwicklung-der-umsaetze-fuer-digitale-display-werbung-in-deutschland/ zuletzt abgerufen am 15.04.2016.

Zusammenfassung

Die Marke ist der Grand Prix des Marketings. In der Marke kristallisieren sich alle Aktivitäten. Sie ist der ultimative Fixpunkt, der analog einer Batterie durch ebendiese Aktivitäten aufgeladen wird. Dabei sind die Produkte bzw. Services der wichtigste „Proof-of-Concept" für das Markenversprechen. Eine negative Abweichung von der Erwartung gemäß dem Markenversprechen wird die „Batterie" entladen, eine positive Erfüllung der Erwartungen wird die „Batterie" aufladen. Eine große Diskrepanz zwischen Aussage – Markenversprechen – und dem, was der Anwender erlebt, führt zu schwachen Marken, die gegenüber No-Name-Produkten bzw. -Services kaum einen Preisaufschlag erzielen können. Die Erzielung eines solchen Preisaufschlages oder Präferenzvorteils ist das Ziel jedes Impuls gebenden Marketings. Daher ist die positive und nachhaltige Aufladung der Marke die Königsdisziplin des Marketings.

15.1 Wie Sie Ihr Markenversprechen nachhaltig aufladen

Die Marke zählt zu einem der wichtigsten Erfolgsfaktoren eines Unternehmens. Und damit ist sie ein zentrales Endprodukt eines Impuls gebenden Marketings. Eine Marke dient dem potenziellen Konsumenten in ihrer Grundfunktion als Erkennungszeichen. Eine Marke ist – einfach ausgedrückt – ein im Geschäftsverkehr benutztes Mittel zur Kennzeichnung von Waren oder Dienstleistungen eines bestimmten Unternehmens (vgl. Balzer 2002, S. 7). So kann sich der potenzielle Kunde im Überangebot besser orientieren. Produkte bzw. Services unbekannter Quelle bieten dem Konsumenten dagegen nur wenig Orientierung. Die Einzigartigkeit einer Marke gegenüber einem kopierbaren Produkt stellt Aaker heraus: „A product can be copied by a competitor; a brand is unique. A product can be quickly outdated; a successful brand is timeless" (Aaker 1991, S. 1). Die Marke charakterisiert das

© Springer Fachmedien Wiesbaden 2017
U. Greunke, *ReNew Marketing*, DOI 10.1007/978-3-658-13981-0_15

Produkt und verdeutlicht dessen Identität und die damit zusammenhängenden Merkmale. Aufgeladen mit dieser Identität, gibt die Marke den Kaufimpuls (vgl. Kapferer 1992, S. 10).

Die von Forrester Research befragten Marketing-Verantwortlichen setzten das Thema „Brand strategy and positioning" unter die Top-3-Themen für CMOs. Das Augenmerk liegt auf der Abstimmung der Berührungspunkte einer Marke: „Every customer touchpoint must be considered a brand encounter and thus be consistent across all touchpoints, based on a brand platform that the CMO establishes" (vgl. CMO_Council 2013 S. 7 f.). Auch die Studie von PricewaterhouseCoopers (PwC), H. Sattler und der Gesellschaft für Konsumforschung (GfK) dokumentiert, dass die Bedeutung der Markenbewertung weiterhin auf hohem Niveau verbleibt: „91 % der Unternehmen zählen Marken zu den wichtigsten Einflussgrößen des Unternehmenserfolgs. 42 % der Unternehmen stimmten einer sehr hohen Bedeutung von Marken uneingeschränkt zu, wenngleich weniger als 2005 (62 %)" (GfK_Marktforschung 2012, S. 7).

Als Impulsgeber sollten Sie den bestehenden Markenkern und die Spiegelung der Kommunikationsmaßnahmen gegenüber diesem Kern sorgfältig beachten: Was zahlt darauf ein? Was schwächt ihn? Der ehemalige Nestlé-CEO Helmut Maucher drückte es so aus: „Glaubwürdigkeit ist das Übereinstimmen von Reden und Handeln" (vgl. Brandes 2001, S. 69). Und wenn es ein Langzeitgedächtnis aus Sicht des Konsumenten gibt, ist es die Marke. Sie ist der Speicher für aufgebautes Kundenvertrauen.

Zusammenfassend hat die Marke zweifelsohne eine zentrale Bedeutung für jedes Unternehmen – unabhängig von der Größe, Industrie oder auch dessen Produkten und Services. Trotz dieser Einsicht ist in der „täglichen Arbeit" häufig eine Vernachlässigung ebendieses wichtigen Erfolgsfaktors zu beobachten. Niemand bezweifelt die Bedeutung der Marke, aber die nachhaltige und ernsthafte Integration in die „tägliche Arbeit" gelingt nur ungenügend. Die Ursache liegt in der Vorgehensweise selbst. Gerade die Marke junger Unternehmen entwickelt sich zunächst ohne eine strategische Führung – einfach aus der Produkt- und Servicequalität heraus. Dies ist im Kern ja auch richtig, denn worauf sollte sich ein verlässliches Nutzenversprechen für den Kunden sonst stützen? Mit dem Wachstum des Unternehmens wird diese Qualität aber zunehmend volatiler. Menschen haben eben eine sehr unterschiedliche Auffassung von Qualität. Die Trennschärfe und der Kern – wofür das Unternehmen eigentlich steht – werden indifferent. Die an der Wertschöpfung Beteiligten definieren die Qualität und deren markenrelevante Ausprägung unterschiedlich. Es ergeben sich Interpretationen eines an sich gleichen Kernes. Das ist üblicherweise der Zeitpunkt, den Wert der Marke strategisch zu entwickeln, um eine gemeinsame Identität und ein zentrales Nutzenversprechen zu erreichen. Und genau in diesem Moment kann ein Impuls gebendes Marketing helfen: nicht nur den Prozess zur Refokussierung zu begleiten, sondern das Endprodukt so einfach zu halten, dass es von jedem Mitarbeiter im Unternehmen auch verstanden werden kann. Denn insbesondere die Mitarbeiter sind die entscheidenden Botschafter für den Kunden.

Und das Endprodukt hat immer eine rationale Seite, die Inside-out-Perspektive, eine typische Haltung des Unternehmens zu seiner Umwelt – und eine emotionale Seite (Outside-in), der Treiber, warum der Kunde das Produkt „eigentlich kauft". Beide Komponenten sollten so einfach, klar und handhabbar wie möglich gehalten werden. Alles andere führt wiederum zur beschriebenen Defokussierung.

15.2 Die Marke als Orientierung

In einer Welt voller Komplexität und zunehmender Beschleunigung streben die Menschen nach Orientierung. Etwas, was den Menschen Halt in einer unendlichen Welt der Optionen gibt. Marken geben Menschen Halt, weil sie Bekanntheit und Vertrauen assoziieren. Sie sind „Landmarken" in der Konsumlandschaft. Einzelne Marken oder auch deren Zusammenstellung unterstreichen dabei die eigene Persönlichkeit, mitunter prägen diese Marken auch erst ein erwünschtes Bild der eigenen Persönlichkeit.

Gemäß Professor Manfred Spitzer, der den Lehrstuhl für Psychiatrie an der Universität Ulm leitet und das TransferZentrum für Neurowissenschaften und Lernen gründete, sind im menschlichen Gehirn unzählige Informationen gespeichert, die nur zu einem kleineren Teil im direkten Bewusstsein des Menschen sind. Die unbewussten Informationen lassen sich durch Aussagen, Bilder oder kontextuelle Einflüsse aktivieren – wodurch sie dann eine Wirkung auf das menschliche Verhalten ausüben. Die Marke triggert den assoziativen Speicher, der im Wesentlichen in der Großhirnrinde des Gehirns liegt – es handelt sich dabei um gelernte assoziative Verknüpfungen mit einem Namen, der Marke (vgl. Spitzer 2010).

Zwei grundsätzliche Treiber für menschliches Verhalten sind Gier und Angst. Die Gier oder auch die Begierde ist der seelische Trieb zur Kompensation von etwas nicht Vorhandenem. Die Begierde nach mehr Einfluss, Geld, Macht, Attraktivität und Ähnlichem. Die Angst als zweiter wesentlicher Treiber basiert auf einer als bedrohlich empfundenen Situation oder einem bedrohlichen Kontext. Eine Angstsituation wird der Mensch in der Regel zu vermeiden versuchen. Der Mensch kompensiert die Angst durch Sicherheit, Schutz, Geborgenheit, Liebe und Ähnliches. Beide Faktoren sind starke Treiber für Verhaltensänderungen.

15.2.1 Welche Orientierung geben Sie Ihren Kunden?

Wenn eine Marke Orientierung geben soll, sollte Ihnen klar sein, welchen grundlegenden Treiber Ihre Marke bedient. So wird beispielsweise ein Versicherungsprodukt viele Analogien und Bilder nutzen, die Sicherheit, Schutz oder Geborgenheit ausdrücken und damit indirekt den Treiber Angst(-vermeidung) bedienen. Sie sprechen das Unterbewusstsein an und verknüpfen die Angst mit der Marke der Versicherungsgesellschaft. Je eindrucksvoller das gelingt, sprich: je disruptiver, desto stärker wird die assoziative Verknüpfung im Gehirn des potenziellen Kunden ausfallen. In diesem Zusammenhang sei an die Kampagne „Ich möchte auch ein Spießer sein" eines namhaften Bausparfinanzierers erinnert.

Luxusorientierte Marken werden eher den Treiber Begierde ansprechen. Diese Marken werden Bilder und Assoziationen nutzen, die Status, Elite, Freiheit, Kraft und Potenz zum Ausdruck bringen. Auch wenn Ihnen diese beiden Treiber sehr einfach vorkommen, un-

Pol	Neutral	Pol
Angst/	(nicht	Begierde/
Angstvermeidung	empfehlenswert)	Neugier

Assoziationen Ihrer Marke	Assoziationen Ihrer Marke
hinsichtlich Angst/Angstvermeidung:	hinsichtlich Begierde/Neugier:
Sicherheit, Schutz, Garantie, Familie, Ruhe,	Status, Elite, Macht, Vorsprung,
Gelassenheit, Geborgenheit,	Führung, Erfüllung, Stolz, Anerkennung,
Zuverlässigkeit, Sorgfalt, Gewissen-	Ruhm, Reichtum, Einfluss,
haftigkeit, Bürgschaft, Integrität, Heimat,	finanzielle Potenz, Schönheit, Eleganz,
Entspannung, Fürsorge, Empathie	Kennertum, Expertentum

Abb. 15.1 Ableitung von Assoziationen zu den Polen der Markenorientierung

terschätzen Sie nicht deren Wirkung. Polarisierung fasziniert oder stößt ab, auf jeden Fall formt sie ein klares Profil. Bleiben Sie einfach in Ihrer Orientierung – auch wenn die kommunikative Ausgestaltung elegant und einfallsreich ausgeführt werden kann. Dabei ist keine Trennung zwischen Business-to-Consumer und Business-to-Business notwendig, da die beiden Treiber übergreifend gelten. Je schwächer die Polarisierung, desto inaktiver wird die unterbewusste Assoziationsverknüpfung bei Ihrer Zielgruppe. Bleiben Sie eindeutig in Ihrer emotionalen Aufladung der Markenorientierung, rein funktionale Sichtweisen verwässern und schwächen das Bild Ihrer Marke. Sie hat dann schlicht kein Profil (siehe Abb. 15.1).

Können Marken nicht auch beide Pole bedienen? Grundsätzlich ist das natürlich denkbar. Wie das Gleichnis von Yin und Yang schon lehrt, ist in jeder Extremposition schon der Beginn des Gegenpols enthalten. Ein Gleichgewicht beider Pole wird die Marke aber zwangsläufig zur Mitte, der neutralen Zone, führen und damit zur Profillosigkeit. Damit erhalten Sie eine Marke, die kaum eine assoziative Wirkung entfaltet. Wer versucht, alles zu sein, wird nichts mit Entschiedenheit darstellen. Nur ein starkes Profil kann Ihren Kunden in einer Welt voller Komplexität und zunehmender Beschleunigung Orientierung geben. Als Impulsgeber und damit Wertschöpfer für die Marke und Ihr Unternehmen ist hier Ihre Führung gefragt – seien Sie und das Team prägend in der Positionierung der Marke.

Neben dem eigenen Unternehmen, das dem Kunden durch eine Richtung die Orientierung gibt, haben die digitalen Medien die Orientierung durch die Kunden selbst stark ausgeprägt. So leistet die Gemeinschaft von (potenziellen) Kunden, die sich zu einem Thema oder auch zu einer Marke austauschen, ihrerseits eine starke Orientierungsleistung für andere (potenzielle) Kunden. Grundsätzlich wird der Suchende einer erfahrenen Nutzergruppe, beispielsweise in den sozialen Medien, mehr vertrauen als der werblich geprägten offiziellen Version der Markendarstellung. Umso mehr wird dies der Fall sein, je weiter die reale Nutzenerfahrung von der offiziellen, gewünschten Darstellung der Marke abweicht. Daher ist es wichtig, die Richtung gebende Orientierung der eigenen Marke durch die Gruppe der Nutzer zumindest zu kennen. Seien Sie authentisch bei der Positionierung Ihrer Marke. Je stärker eine Übereinstimmung mit der öffentlichen Meinung der Nutzer gelingt, desto stärker ist die assoziative Wirkung Ihrer Marke.

15.3 Erneuern und schärfen Sie Ihre Markenaussage

Wenn Sie sich über die grundlegende Orientierung Ihrer Marke verständigt haben, ist der nächste Schritt die Erarbeitung der eigentlichen Markenaussage. Simon Sinek spricht in seinem „goldenen Kreis" von drei Ringen: dem äußersten (das „What"), dem mittleren (das „How") und dem innersten (das „Why"). Das „What" bezeichnet die Rationale, das Produkt oder den Service eines Unternehmens. Das „How" berührt die Value Proposition, die Alleinstellung eines Unternehmens bzw. der Produkte und Services. Hierzu zählt auch die Orientierung, die eine Marke ihren Kunden geben kann. Die zentrale Aussage des Unternehmens und damit der Marke stellt das „Why" dar (vgl. Sinek 2009).

Es fällt vielen Unternehmen überhaupt nicht schwer, über ihre Produkte bzw. Services zu sprechen. Je nach Detailverliebtheit wird der Kunde mit Fakten, Anwendungsbeispielen, Leistungsdaten, technischen Finessen und Ähnlichem geradezu überschüttet. Hier fühlen sich fast alle Unternehmen auf sicherem Terrain, das ist ihre Sicht auf den Markt. Das ist ihre Heimat. Das Inside-out-Syndrom: Die Welt wird aus der eigenen Wahrnehmung und der ganz spezifischen Unternehmensperspektive verstanden und erläutert. Die perfekte Grundlage, um daraus Literatur wie Faktenblätter, Produktkataloge oder Websites über Produkte und Services zu erstellen. Auch die Alleinstellung ist auf der rationalen Ebene noch keine wirkliche Herausforderung für das Marketing. Das „How" ist die Besonderheit des Unternehmens als Ganzes oder aber auch spezifischer Produkte und Services. Eine fundierte Analyse der Topseller auf der Basis der Kundenrezensionen bringt gute Erkenntnisse zutage, was eine gute Grundlage für die Formulierung einer Value Proposition darstellt.

Die eigentliche Herausforderung für Sie als Impulsgeber ist die Entwicklung des Kerns, des „Why" – der eigentlichen Botschaft, der Markenaussage. Warum gibt es Ihr Unternehmen? Was ist Ihre Mission? Wo helfen Sie Ihren Kunden, was erreichen die Kunden durch die Nutzung Ihrer Produkte und Services? Eines meiner Lieblingsbeispiele ist die Getränkemarke Evian mit ihrer Markenaussage „Live Young". Ein sehr starkes Outside-in. Hier wird die Mission der Marke konsequent vom Nutzen für den Kunden her gedacht. Mit nur zwei Worten und einem assoziativen Key-Visual-Konzept entwickelt die Daseinsberechtigung der Marke auf jeder Wasserflasche Wirkung. Das kann problemlos im Fahrstuhl vom Erdgeschoss bis zum ersten Stock im „Elevator-Pitch" erzählt werden. Sie ist das starke Leitbild, auf dessen Basis hoch effektive virale Videos, die zweistellige Millionenzuschauerzahlen auf YouTube erreichen, entwickelt werden. Und das ist für eine Marke wie Evian wichtiger denn je, denn allein in Deutschland werben über 500 Wassermarken um die Gunst des Kunden in den Regalen. Es gilt: Weniger ist mehr. Die Fokussierung auf den einen, eigentlichen Nutzenkern einer Marke. Slavoj Žižek: „Avantgarde besteht häufig darin, back-to-the-roots zu gehen, mit dem Ziel, den Ursprungsgedanken [des Unternehmens] in noch radikalerer Weise zu verwirklichen" (Liebl 2013).

Versuchen Sie in Ihrer Rolle als Impulsgeber, die Mission Ihres Unternehmens so zu vereinfachen, dass diese möglichst den gleichen Kriterien wie dem Beispiel von Evian genügt: Sie hat auf der kleinsten Verpackung Platz und die Mission lässt sich ohne Probleme während einer Fahrstuhlfahrt erzählen. Es sind meistens die einfachen Dinge, die Wirkung erzielen. Aber es braucht das Selbstverständnis eines Impulsgebers, um den Kernnutzen der Marke auf das Wesentliche zu reduzieren.

Das soll nicht bedeuten, dass das Produkt oder die Dienstleistung keine Bedeutung für die Markenaussage haben. Gemäß den Grundsätzen der natürlichen Markenbildung von Hans Domizlaff basiert jede gute Marke auf ihren Produkten, denn die Voraussetzung der natürlichen Markenbildung ist an erster Stelle die Warenqualität. Warum? Weil die Produktleistung und -qualität Vertrauen beim Anwender erzeugen und dies ist die Grundlage jeder (Geschäfts-)Beziehung. Domizlaff unterstreicht dabei, dass in der Aufbauzeit die Investition in der Herausstellung der Qualität erfolgen sollte, weniger in deren offensiver Bewerbung. Das ist auf Nachhaltigkeit ausgelegt und damit die Grundlage einer werthaltigen Markenbildung. Kurzfristige absatzorientierte Aktivitäten helfen möglicherweise dem Vertrieb – aber eben nur kurzfristig. Nach Domizlaff ist das Ziel der Markentechnik die Sicherung einer Monopolstellung in der Psyche der Verbraucher. Und dazu benötigt es neben der Produktqualität eine einfache, aber bestechende Mission für die Marke, die sich in ihrer Markenaussage widerspiegelt (vgl. Domizlaff 1992, S. 37/72).

15.3.1   Wie erneuern Sie Ihre Markenaussage?

Eine Methode, die ich für geeignet halte, ist die Ableitung der eigenen Markenaussage aus grundsätzlichen Wertetreibern. Dabei hat mir die „Clusterung" von Jim Stengel, dem früheren Global Marketing Officer von Procter & Gamble, geholfen. Er untersuchte 50 weltweit erfolgreiche Marken und clusterte deren Markenideale in fünf Bereiche. Bezeichnenderweise kommt in keinem der Markenideale das eigene Produkt vor. In der Tabelle sind die fünf grundlegenden Wertetreiber aufgelistet inklusive eines Markenbeispiels (vgl. Tab. 15.1). Das Markenideal, in anderen Worten: die Existenzberechtigung aus Sicht des Anwenders, habe ich dabei im englischen Original belassen (vgl. Stengel 2012, S. 279 ff.).

Ordnen Sie zunächst Ihre Marke einem der Cluster zu. Nach der Zuordnung assoziieren Sie Eigenschaften, die zu Ihrer Marke und Ihrem Cluster passen. Vergleichen Sie dann die gefundenen Eigenschaften mit den Feedbacks Ihrer Kunden zu Ihren Produkten bzw. Services. Anschließend können Sie daraus eine Markenaussage formen, aber bleiben Sie in der Kundenperspektive. Was hat der Kunde davon – im Sinne der Wertecluster und der zugehörigen Eigenschaften –, Ihre Marke zu nutzen?

Die Erstellung der Markenaussage ist kein demokratischer Prozess und deren Durchsetzung keine Kompromissfindung. Im Gegenteil, je mehr die eigene Marke etwas von allem haben soll, desto schneller verlieren Sie Profil. Heute schauen viele andächtig auf Kultmarken wie Apple, Mont Blanc, Porsche, Harley oder Louis Vuitton. Wer sich aber beispielsweise die berühmte Wiedereinstiegsrede von Steve Jobs 1997 in Boston auf der MacWorld anschaut – da war die Apple-Aktie völlig im Keller –, wird verwundert feststellen, wie eindeutig Steve Jobs hier die neue Richtung vorgibt. Ihn stören selbst die Schmährufe der Community nicht, als er die Kooperation mit Microsoft verkündet.

Tab. 15.1 Die Verortung der eigenen Markenaussage anhand von Werteclustern

Wertecluster	Eigenschaften	Beispielmarken	Geeignet für
Evoking pride	Selbstvertrauen, Status, Elite, Stärke, Qualität, Führung	Mercedes-Benz ... exists to epitomize a life of achievement.	Dominanz-/ statuscrientierte Marken
Inspiring exploration	Neues entdecken, Grenzen überschreiten, neue Experimente	Red Bull ... exists to energize the world.	Erlebnis-/ innovations-orientierte Marken
Enabling connection	Netzwerk, Bedeutung, Menschlichkeit	Starbucks ... exists to create connections for self-discovery and inspiration.	Gemeinschaft-lich/ netzwerk-orientierte Marken
Eliciting joy	Freude, Wunder, Fantasie, Genuss	Coca Cola ... exists to inspire moments of happiness.	Genussorientierte Marken
Impacting society	Beeinflussung der Gesell-schaft, neue Ordnung	Dove ... exists to celebrate every woman's unique beauty.	Grundsatz-/ gesellschaftlich orientierte Marken

Wertecluster in Anlehnung an Jim Stengel

▶   Zusammengefasst lässt sich festhalten, dass neben der handwerklichen Erarbeitung schon viel Mut dazu gehört, eine definierte Markenaussage auch zu exekutieren. Und das nicht nur im Bereich der Kommunikation, sondern dort, wo der Nutzen beim Kunden entsteht – in der Anwendung des Produktes bzw. der Nutzung des Services.

15.3.2 Die eigene Markenaussage als Trigger für die eigene Produkt- bzw. Serviceentwicklung

Eine Markenorientierung und eine starke Markenaussage sind die Gene eines starken Produktes bzw. eines starken Services. Der Anwender bzw. Kunde wird das Markenversprechen immer anhand der realen Performance des Produktes bzw. des Services prüfen. Ein Paradebeispiel ist die Deutsche Bahn, die fast täglich im Licht der Öffentlichkeit steht. Jede bewusst erlebte Verspätung oder ein als unzureichend empfundener Service wird gegen die offizielle Version der Markenaussage und der Orientierung gespiegelt. Das Produkt ist der ultimative Proof-of-Concept. Daher ist es Ihre Pflicht, sich als Impulsgeber in die Produkt- bzw. Serviceentwicklung einzubringen. Sie und das Team müssen dafür kämpfen, dass Markenver-

sprechen und Leistung von Produkt bzw. Service zueinanderpassen. Im Sinne der Effizienz
konzentrieren Sie sich dabei zunächst auf die Flaggschiffe in Ihrem Portfolio. Versuchen Sie,
aus der Sicht der Kunden die Wertschöpfung der Produkte bzw. Services zu hinterfragen. Ist
diese ebenso eindeutig und überzeugend wie Ihre Markenbotschaft? Der Nutzenkern eines
Produktes bzw. Services sollte sich rasch erläutern lassen. Nur schwache Produkte bzw.
Services verstecken sich hinter aufwendigen und intransparenten Erläuterungen über deren
angeblichen Nutzen. J. F. Kennedy bringt es auf den Punkt. In seiner legendären Rede am
25. Mai 1961 im Kongress zum Start des bis dato komplexesten Raumfahrtprogrammes der
Geschichte der Menschheit formuliert er die Mission wie folgt: „I believe that this nation
should commit itself to achieving the goal, before this decade is out, of landing a man on
the moon and returning him safely to the earth. No single space project in this period will
be more impressive to mankind, or more important for the long-range exploration of space;
and none will be so difficult or expensive to accomplish" (Swetlan 2015). Wenn selbst das
Nutzenversprechen eines solch komplexen Projektes in gerade einmal zwei Sätze passt, wird
Ihnen das für Ihr Flaggschiffprodukt bzw. -service auch gelingen.

▶   **Eine Erneuerung der Marke benötigt Zeit**
     Abschließend sei angemerkt, dass eine Erneuerung der eigenen Marke Zeit
     benötigt. Je größer das Unternehmen, je länger die Marke bereits eingeführt
     ist und am Markt agiert, desto länger dauert es, eine Veränderung oder auch
     nur leichte Korrektur zu initiieren. Audi hat zwei Dekaden benötigt, um die
     Marke in Richtung Premium zu drehen. Nehmen Sie sich Zeit, die Dinge mit
     Nachhaltigkeit und Durchhaltevermögen anzugehen.

15.4   Die Wertbeurteilung Ihrer Marke

Der Marke kommt eine große Bedeutung für das Unternehmen zu. Daher sollte es der
Impulsgeber nicht unterlassen, den Asset dieser Marke auch regelmäßig zu bestimmen.
Dafür bietet sich zunächst die Bestimmung der Markenbekanntheit an. Eine sinnvolle
Ergänzung zur Ermittlung der Markenbekanntheit ist die Markenwahrnehmung, sprich:
wie der Rezipient die eigene Marke einschätzt. Damit haben Sie die Möglichkeit, die
zuvor erarbeitete Markenaussage zu überprüfen. Darüber hinaus kann die Marke mit den
unterschiedlichsten Verfahren nach monetären Ansätzen und verhaltenswissenschaftlichen
Ansätzen bewertet werden.

15.4.1 Ermittlung der Markenbekanntheit und Markenwahrnehmung

Die Ermittlung der Markenbekanntheit kann für das eigene Marketing nur von Bedeutung
sein, wenn sie relativ zu etwas bestimmt wird – z. B. zu den Wettbewerbern, zu den jeweiligen Absatzmärkten und natürlich zur Entwicklung über die Zeit. Eine Erhebung teilt sich

grundsätzlich in die Konzeptionsphase, die Datenerhebungsphase mit anschließender Analyse sowie die Dokumentation der Ergebnisse auf. Im Rahmen der Konzeptionsphase ist festzulegen, welche Informationen erhoben werden sollen. Da die Erhebung der Markenbekanntheit sinnvollerweise über einen längeren Zeitraum turnusmäßig erfolgt, ist besondere Sorgfalt anzuwenden. Denn eine Anpassung der Erhebung im Laufe der Zeit vermindert die Vergleichbarkeit der Messergebnisse.

Grundsätzlich können Daten entweder über eine sekundäre Marktforschung, sprich: über die Recherche in vorhandenen Daten(-banken), oder über eine primäre Marktforschung, die eigens für den Untersuchungszweck angefertigt wird, erhoben werden. Die Erhebung der Markenbekanntheit bzw. der Markenwahrnehmung wird in aller Regel durch eine primäre Marktforschung erfolgen, da vermutlich kaum einer Ihrer Wettbewerber seine Erhebung, bei der er möglicherweise die Markenbekanntheit Ihrer Marke erhoben hat, bereitstellen wird.

Marken verfügen grundsätzlich über eine aktive bzw. eine passive Bekanntheit. Sie können bildlich und/oder sprachlich erinnert werden. Die aktive Markenbekanntheit lässt sich durch Recall-Tests messen, bei denen der Konsument spontan Marken zu einer Kategorie nennt. Die passive Markenbekanntheit wird durch Recognition-Tests ermittelt, bei denen die Marke aus einem Set vorgegebener Marken wiedererkannt werden muss (vgl. Wolters/Kluwer 2015).

> **Worauf Sie bei der Auswertung der Markenbekanntheit Wert legen sollten**
> Eine Erhebung der Markenbekanntheit sollte berücksichtigen:
> - Ungestützte Bekanntheit der eigenen Marke und der Wettbewerbsmarken.
> - Gestützte Bekanntheit der eigenen Marke und der Wettbewerbsmarken.
>
> Eine Filterung und damit spätere Auswertung sollte berücksichtigen:
> - Geografische Daten, wie z. B. Wohnort und Land.
> - Soziodemografische Daten, wie z. B. Geschlecht, Alter, Familienstand, Bildung, berufliche Situation sowie Haushaltsnettoeinkommen (insbesondere bei Business-to-Consumer-Marken).
> - Geschäftsbezogene Daten, wie z. B. berufliche Funktion, Dauer der Unternehmenszugehörigkeit, Größe des Unternehmens, Branche des Unternehmens (insbesondere bei Business-to-Business-Marken).

In der Konzeption sind die abzufragenden Inhalte, die Zielgruppe für die Erhebung (nach den oben stehenden Filterkriterien) sowie die Auswahl der Stichprobe zu benennen. Grundsätzlich führen größere Fallzahlen zu einer höheren Genauigkeit, erhöhen natürlich aber auch die Kosten. Überlegen Sie für sich, mit welcher Ungenauigkeit Ihr Unternehmen noch leben kann. Erfahrungsgemäß ist das Ziel der Markenerhebung eher eine Trendbestimmung statt eine exakte Prozentzahl. Des Weiteren ist festzulegen, in welchem Bezug die Markenbekanntheit ermittelt wird. Ist diese nur in einer spezifischen Nische oder in einer gesamten Branche zu ermitteln? Grundlegend sollte die Erhebung den Schwerpunkten der Geschäftstätigkeit folgen. Eine wichtige Festlegung ist die Frequenz der Erhebung der Markenbekanntheit. Meines Erachtens ist eine halbjährliche Erhebung sinnvoll, damit können Sie schnell eine Messreihe aufbauen und die Wirkung der Marktentwicklung auf Basis der eigenen Kommunikation und der im Markt distribuierten Produkte überprüfen.

Die Daten selbst können in einer schriftlichen, telefonischen oder Onlinebefragung erhoben werden. Stellen Sie sicher, dass Sie die Daten nach der Erhebung in einem geeigneten Format für die Weiterbearbeitung bekommen. In der Regel wird das Marktforschungsinstitut XLS-Listen, ASCII- (American Standard Code for Information Interchange) oder SPSS-Daten (eine IBM-Marke, die für Statistik- und Analysesoftware steht) übergeben.

Neben der Markenbekanntheit ist es für das eigene Marketing von Interesse, mit welchem Image bzw. Bild die eigene Marke verbunden wird. Die Überprüfung der Assoziationen zur eigenen Marke wird darüber Aufschluss geben, inwieweit es Ihnen gelungen ist, Ihre Markenaussage über Ihre Kommunikation zu transportieren. Sie können dabei eine Unterteilung in die rationalen und emotionalen Assoziationsaspekte der eigenen Marke vornehmen. Diese können als Beschreibungen in Worten oder Bildern vorgenommen werden. Je spezifischer Sie das „Why", sprich: die Existenzberechtigung Ihrer Marke, in Ihrer Markenaussage berücksichtigt haben, desto einfacher wird eine positive und erwünschte Erinnerung des Rezipienten erfolgen. Eine reine Inside-out-Perspektive der Markenaussage wird eine leichte Erinnerung erschweren, da sie kaum etwas mit der Gedankenwelt des Rezipienten zu tun hat.

Wenn Sie eine eigene Erhebung durchführen möchten, unterteilt sich diese in Konzeption, Durchführung, Analyse und Dokumentation. Je nach Untersuchungsgegenstand und erforderlicher Verständnistiefe kann es aber sinnvoller sein, eine Fokusgruppe zu nutzen. Diese Untersuchung ist weniger strukturiert und basiert auf dem Austausch in der Gruppe. Die Gruppen bieten die Möglichkeit, Fragestellungen zu vertiefen und mehr Ideen, aber auch neue Einsichten zu gewinnen. So kann diese Untersuchungsmethode im Anschluss an die Entwicklung der Markenaussage sinnvoll sein, um die Wirkung und die damit verbundenen Assoziationen zu überprüfen.

Des Weiteren besteht die Möglichkeit, an eine turnusmäßige Befragung zur Markenbekanntheit auch offene Fragen anzuschließen. Mehr als zwei bis drei Fragen sollten es allerdings nicht sein. Dies bietet die Möglichkeit, kostengünstig assoziative Aspekte zur Markenwahrnehmung zu untersuchen. Hier könnte die Zuordnung der eigenen Marke zu den von Jim Stengel aufgezeigten Werteclustern überprüft werden.

15.4.2 Die Bewertungsmethoden für Marken

Wenn die Marke eines der zentralen Endprodukte eines Impuls gebenden Marketings ist und damit einer der wichtigsten Erfolgsfaktoren eines Unternehmens, stellt sich zwangsläufig auch die Frage der Bewertung. In der Literatur und am Markt findet sich eine ganze Anzahl von Modellen und Ansätzen zur Bewertung von Marken. Nahezu jede renommierte

Werbeagentur, Unternehmensberatung und jedes größere Marktforschungsinstitut hat eine Bewertungsmethode in ihrem Portfolio. Allein Schimansky listet in seiner Abhandlung über 30 verschiedene Verfahren auf (vgl. Schimansky 2005, S. 15).

▶   Grundlegend können die Methoden in die beiden Bereiche der monetären und nicht monetären Bewertungsverfahren, der sogenannten verhaltensorientierten Methoden, unterteilt werden. Darüber hinaus gibt es Verfahren, die die beiden grundlegenden Bewertungsansätze miteinander kombinieren.

Die Verfahren der monetären Messung bauen auf Finanzkennzahlen des Unternehmens und teilweise des Marktes auf. Dabei werden gemäß ihrer finanzorientierten Ausrichtung verhaltenswissenschaftliche Inputs nicht berücksichtigt. Diese ökonomische Bewertung lässt sich auf Basis von Markenkosten, Lizenzeinnahmen, Preisprämien und Einzahlungsüberschüssen, Börsenwerten, Ertragswerten sowie Unternehmenswertkonzepten ermitteln (vgl. Zimmermann 2003, S. 11).

Der zweite Weg zur Bewertung liegt in den verhaltenswissenschaftlichen Ansätzen. Sie verfolgen das Ziel, eine Markenstärke zu ermitteln, ohne Finanzkennzahlen zu beachten. Die Ansätze berücksichtigen das Nachfrageverhalten oder auch psychologische Aspekte einer Marke. Zu den wesentlichen Determinanten zur Bestimmung des Markenwertes (Brand Equity) dieser Verfahren zählen nach Aaker die Bekanntheit der Marke, die wahrgenommene Qualität, die Markenassoziationen, die Markentreue und sonstige Vorzüge der Marke (vgl. Aaker 1991, S. 270).

Die dritte Gruppe kombiniert qualitative verhaltensorientierte Aspekte und die finanzielle Bewertung. Gemäß Meister und Zimmermann ist die häufigste Vorgehensweise bei diesen Kombinationsmodellen – in der Praxis auch Scoring-Modelle genannt – im ersten Schritt die Evaluation der qualitativen Markenstärke, anschließend wird dieser Wert mithilfe spezieller Verfahren transformiert und in einen monetären Wert umgewandelt.

Die Frage nach dem passenden Markenwertverfahren für ein Unternehmen lässt sich nur über die Zielsetzung beantworten. Soll die Bewertung als Asset für eine zumindest virtuelle Aufstockung des Eigenkapitals in potenziellen Gesprächen mit der finanzierenden Bank dienen, oder sollen die Auswirkungen der getätigten Investments ins Marketing anhand der Wertentwicklung der Marke belegt werden?

Soll die Markenbewertung aus Sicht des Unternehmens die Verbesserung des Eigenkapitals bewirken, eröffnen die immateriellen Vermögenswerte Möglichkeiten – auch wenn eigens geschaffene Marken nicht bilanziert werden dürfen. Schneck sieht die Stärke von Unternehmen in ihrem Erfindergeist. Diese Schutzrechte werden bisher als sogenannte stille Reserven verstanden, aber mangels bilanzieller Ausweisbarkeit nicht im Rating (insbesondere im Zusammenhang mit Basel I/II) ausreichend gewürdigt. Schneck empfiehl daher Ratinganalysten wie Banken und Investoren, die immateriellen Vermögensgegenstände als künftige Werttreiber in ihre Bewertung miteinzubeziehen (vgl. Schneck 2004, S. 2).

15.5   Der Loewe-Case

Das Unternehmen Loewe wurde 1923 im Jahr der Einführung des Hörfunks in Deutschland gegründet. Loewe kann auf eine lange erfolgreiche Gründerhistorie zurückblicken und ist der Erfinder des Fernsehens, des Stereo-Fernsehens und des tragbaren Fernsehens, um nur einige der bedeutenden Meilensteine zu nennen. Mit über 500 Mitarbeitern produziert das Unternehmen noch wesentliche Produktbestandteile am Standort Kronach in Deutschland. Zum Portfolio zählten neben Fernsehgeräten auch Blu-Ray-Player, Harddisk-Recorder, Multiroom-Anlagen, Lautsprecher und Racks. Durch den verschärften Preiskampf der Branche geriet Loewe in wirtschaftliche Schwierigkeiten und stellte im Juli 2013 einen Insolvenzantrag. Der Neuanfang gelang mit der Investorengruppe Stargate Capital, die das Unternehmen neu strukturierte und die Produktion am Standort Kronach fortführte. Heute konzentriert sich das Unternehmen auf innovative Fernsehgeräte.

Der vorliegende Case und die Informationen stammten aus einem Interview, das ich mit Michael Vogt führte. Er ist in der Geschäftsleitung als Chief Marketing Officer (CMO) für die Neuausrichtung der Marke verantwortlich, die seit dem Wiederaufbau steigende Marktanteile ausweisen kann. Zuvor war Michael Vogt als selbstständiger Berater in den Schwerpunkten Markenpositionierung und -entwicklung tätig. Darüber hinaus führt er als Unternehmer die stilrad-Kette, ein Start-up, das seit seiner Gründung die Expansion und den Betrieb der Geschäfte nur aus dem Cashflow finanziert und bereits in mehreren Städten in Deutschland präsent ist.

15.5.1 Die Bedeutung der Marke bei Loewe

In einem Markt, der von inflationären Weiterentwicklungen geprägt ist, stellt sich die Frage nach der Bedeutung von Marken. Nach HD Ready, HD, 4K folgt aktuell 8k und man muss kein Hellseher sein, um zu vermuten, dass die nächste Ausbaustufe 12k o. ä. lauten wird. Ein Markt, der auf kurzfristigen Produktzyklen fußt, verunsichert den Konsumenten. Dieser verliert die Orientierung, ob das vermeintlich neue Modell im Angebot nicht schon morgen ein Auslaufmodell ist. Ein Modell, welches durch einen größeren Bildschirm, eine höhere Auflösung und (noch) mehr Funktionen abgelöst wird.

In diesem undurchsichtigen Sog des Weiterhastens möchte Loewe bewusst einen Kontrapunkt setzen. Die Marke hat für Loewe daher die allerhöchste Bedeutung. Ähnlich wie bei anderen hochpreisigen Marken – beispielsweise Leica – kauft der Kunde den Wert der Marke bewusst mit. Auf den ersten Blick erscheinen die typischen Leistungsparameter eines Fernsehers bei Bildschirmgröße oder Auflösung vergleichbar mit anderen Herstellern. Doch die Erlebnisqualität wird durch ergänzende Elemente entscheidend beeinflusst, die die Produkte der Marke Loewe auszeichnen. Hierzu zählen beispielweise die Software sowie Computerchips, die ein sichtbar besseres Ergebnis erzielen. Diese einzigartigen Komponenten zuzüglich besonderer Design- und Hardwaremerkmale untermauern den Leistungsanspruch der Marke.

Wer die Bedeutung der Marke für Loewe verstehen will, muss die emotionale Prädisposition der Zielgruppe kennen. Für sie ist oftmals Zeit der kritische Faktor und die Wertschätzung des Besonderen hat einen hohen Stellenwert. Dazu kommt der Trend zum Konsum-on-Demand, die Nutzung von Diensten wie Netflix, Telekom Entertain oder Amazon Prime, die die Inhalte dann anbieten, wenn die Zielgruppe Zeit hat. Die Zielgruppe konsumiert hinsichtlich der zeitlichen Dauer eher unterdurchschnittlich, aber wenn sie sich die Zeit nimmt, muss das (Seh-)Erlebnis dem eigenen Anspruch der Wertschätzung entsprechen. Der Anspruch, ein „Top of the Line"-Erlebnis zu genießen, bei dem das Beste gerade gut genug ist.

Die DNA der Marke wurde nach dem Wiederanfang neu definiert. Sie stellt die Weckung der Begehrlichkeit in den zentralen Fokus, die Leidenschaft für das Besondere, das sich klar vom Gewöhnlichen unterscheidet. Die DNA der Marke basiert auf Smartness, Human Design und Simplicity. Dabei schwingen die Werte der langen Historie wie unbedingtes Design, Qualität – made in Germany – sowie Authentizität mit.

Erschwerend kommt für Loewe der Faktor des „Ingredient Home Brand" hinzu. Das bedeutet, dass im Gegensatz zu Image- und Qualitätsmarken, die auch außerhalb der eigenen vier Wände einem staunenden Publikum vorgeführt werden können, das Prestigeobjekt Fernseher nur der eigenen Familie und einigen Freunden sowie Bekannten vorgeführt werden kann. Ein „Payback", der eben nur eine begrenzte Reichweite hat. Daher ist die Weckung und Erfüllung der eigenen Begehrlichkeit – auch ohne große Außenwirkung – von großer Bedeutung. Die Eigenart des „Ingredient Home Brand" ist damit ähnlich wie die Kunstobjekte an den eigenen Wänden, die auf Kennerschaft basieren, wobei die Zielgruppe still genießt – Understatement eben.

Die Einzigartigkeit der Marke basiert auf den folgenden Stärken von Loewe:

1. „Alles inhouse" außer Display
   Der Bildschirm, das eigentliche Display, ist heute Massenware und kann durch die kurzen Produktzyklen nicht die Alleinstellung der Marke transportieren. Der Rest aber basiert bei Loewe auf einem German Engineering-Ansatz mit dem unbedingten Erfinderwillen, das Produkt TV selbstständig auf eine neue Stufe zu heben.
2. Authentisches Qualitätsversprechen
   Der Ansatz, es selbst zu gestalten, geht einher mit einer Passion, „nichts Halbes" zu erschaffen. Nachhaltigkeit, die eine pedantische Prüfung der Qualität an neuralgischen Produktionspunkten erfordert, ist die zweite Stärke der Marke.
3. Zukunftsdenken
   Die dritte Stärke ist die Ausrichtung auf den Kunden. Loewe hat den Anspruch, die Bedürfnisse des Kunden, welche er möglicherweise noch gar nicht artikuliert hat, schon im Produkt zu antizipieren. Damit erfüllt, bei aller Schnelllebigkeit der heutigen Zeit, ein Fernseher von Loewe den Aspekt der Zukunftsfähigkeit. Ein Gerät, das sich eben nicht schon nach zwei Jahren selbst überlebt hat.

Durch die primäre Stärke der Marke in Europa und den jüngsten Reset des Unternehmens findet eine Konzentration zunächst auf die mitteleuropäischen Märkte statt – mit der

Ausnahme des chinesischen Marktes, begründet durch eine strategische Partnerschaft mit dem chinesischen Elektronikhersteller Hisense. Aufgrund einer anderen Übertragungstechnologie werden keine Loewe-Produkte in die USA ausgeliefert. Eine regionale Adaption der Marke Loewe in den jeweiligen europäischen Märkten findet nur kaufkraftorientiert statt. Sprich: Die wesentlichen Markenbotschaften sind länderunabhängig, aber der Kontext und die Tonalität der Ausspielung in der Kommunikation variiert in kleinem Rahmen.

15.5.2 Der Weg zur Neupositionierung der Marke

Einen spannenden Aspekt bei diesem Case stellt die Situation des Unternehmens (und der Marke) nach dem Neustart dar. In der Rückbetrachtung erfolgreicher Markencases wirkt oft alles logisch und in sich stimmig. Dabei geht aber die Sicht auf die durchlebten Iterationsschleifen in der Entwicklung der Marke verloren, die gerade zu Beginn bei der Neupositionierung eines Traditionsunternehmens durchwandert werden müssen.

Die Neupositionierung der Marke Loewe startete nicht am Reißbrett fernab der Produktion im Elfenbeinturm, sondern direkt im Kern des Unternehmens. In einem nahezu basisdemokratischen Prozess wurde eine Vielzahl von Unternehmensabteilungen und Mitarbeitern involviert: von den Abteilungen Finanzen, Entwicklung, Einkauf, Logistik, Produktion bis hin zur Unternehmensleitung. Die Marketingabteilung übernahm lediglich der Rolle der Moderation. Es war das unbedingte Ziel, dass die neue Positionierung der Marke vom gesamten Unternehmen authentisch getragen wird.

Bei der Entwicklung der Markenpositionierung wurde deduktiv vorgegangen. Vom Allgemeinen zum Besonderen – durch kontinuierliche Verdichtung näherte man sich dem Kern, der neuen DNA des Unternehmens Loewe. Ein intensiver Prozess, der seine Zeit benötigte. Laut Michael Vogt wird dieser Prozess vermutlich einen Zeitraum von 24 Monaten einnehmen. Je größer ein Unternehmen, desto mehr Zeit nimmt dieser Findungsprozess in Anspruch.

Dem Anspruch, eine von allen getragene Markenpositionierung zu entwickeln, folgt die Allokation der Marketing-Mittel. So wurde zunächst der Großteil des Budgets für das interne Marketing aufgewendet. Dazu kam die unbedingte Verpflichtung, das neue Markenbild auch und allem voran durch Topmanagement konsequent vorzuleben. Damit sollte neben der Konsistenz auch der Stolz, bei Loewe zu arbeiten, wieder erweckt werden. Loewe beließ es aber nicht nur bei der Kommunikation. So wurden ebenfalls Großräume zu mehreren Projektflächen umgestaltet und konsequent interdisziplinäre Teams gebildet. So soll altes „Silodenken" erst gar nicht wieder aufkommen. Das Projekt – als unbedingte Mission für die Bedürfniserfüllung des Endkunden – wird somit zum normalen Arbeitsplatz und nicht zur temporären Ausnahme.

15.5.3 Die Verbreitung der neuen Markenbotschaft

Bei der Vermittlung der neuen Markenpositionierung an die bestehenden und zukünftigen Kunden standen für Loewe drei Maßnahmen im Vordergrund:

1. Neuer Fokus auf den Endkunden
   Ein traditionsbewusster Hersteller wie Loewe hatte in der Vergangenheit hauptsächlich seine Distributionspartner als primäre Zielgruppe im Blick – in Deutschland sind das immerhin rund 1100 Händler. Dieser wiederum sprach dann direkt mit dem Endkunden. Dieser zweistufige Prozess wird nun zugunsten einer direkten Endkunden-Orientierung verändert. Es geht um den Aufbau einer „Community" von Botschaftern für die Marke Loewe. Daher steht beispielsweise das persönlich erlebbare Event vor der unpersönlichen Anzeige. Die Begehrlichkeit soll für die Marke Loewe geweckt werden. Dabei sind in Zukunft aller Voraussicht nach nicht mehr alle bestehenden Händlerbeziehungen so aufrecht zu erhalten. Denn die Händler müssen diesen endkundenbezogenen Weg selbstverständlich mittragen, um ein einheitliches Markenbild zu vermitteln.

2. Sorgsame Wahl des Umfeldes und Tonalität
   In der externen Kommunikation der Markenpositionierung sind die Wahl des „richtigen" Umfeldes und die passende Tonalität für die Marke entscheidend. Wurde bisher die Hardware – das Fernsehen – in den Mittelpunkt gestellt, ist der Drehpunkt nun die Weckung der Begehrlichkeit. Möglicherweise erfordert das nicht einmal mehr die Abbildung eines Fernsehers. Für dieses neue (Lebens-)Gefühl der Marke Loewe gilt es, das adäquate Umfeld zu finden, um eine authentische Botschaft an den Endkunden zu senden. Das bedeutet in der Konsequenz, beispielsweise Eventflächen für den Kunden zu schaffen, die ein „Mehr" an Erlebnis bieten. Als Gegenpol stellt sich der traditionelle Fernsehladen mit reiner Abverkaufsfunktion dar. Das erfordert neue vertikale Shopkonzepte, bei denen die Marke Loewe zum Host des neuen Erlebnisses wird. Diese Strategie verfolgen bereits erfolgreiche Uhrenmanufakturen wie Helgrey.

3. Das passende Produkt zur Markenpositionierung
   Die Marke und ihre taktische Aktivierung in Form des Marketings sind letztendlich nur ein Versprechen für eine Leistung, ein besonderes (Seh-)Erlebnis, an den Endkunden. Wert und Nutzen kann lediglich das Produkt selbst erschaffen. Daher muss der ultimative Beweis von Smartness, Human Design und Simplicity vom Produkt selbst ausgehen. Nur die positive, idealerweise überraschende Erfahrung schafft nachhaltige Begehrlichkeit. Ein simples wie überzeugendes Beispiel liefert das Unternehmen Panasonic mit einer Funktion, die das Fernsehen für Kinder erleichtert. Das Gerät erkennt, dass seine Nutzergruppe Kinder sind und passt automatisch die Höhe des Gerätes an die (kleinere) Größe der Kinder an. Sprich: Es fährt eine bestimmte Distanz in der Halterung nach unten. Ein Gerät also, das die Bedürfnisse seiner Kunden antizipiert und sich intelligent darauf einstellt. Zur Inszenierung der Markenbotschaft zählen neben den intelligenten Funktionen eines Gerätes ebenfalls die Bereiche Verpackung, Verkaufsprozess sowie Usability. Es zählt die Konsequenz, das eigene Leistungsversprechen auch an diesen Touchpoints durchzuhalten.

Ein Human Design müsste eigentlich so selbsterklärend sein, dass eine Gebrauchsanweisung nicht mehr notwendig ist. Ein technisches Unternehmen, das seine Kompetenz aus Hightech ableitet, denkt normalerweise aber in die entgegengesetzte Richtung. Eine dicke Gebrauchsanleitung ist der Ausweis von hoher technischer Leistungsfähigkeit.

▶   **Marketing als integraler Bestandteil der Unternehmensentwicklung**
   Aus dem Fokus auf den Endkunden, die Wahl des richtigen Umfeldes und „Leuchtturm"-Produkten ergibt sich ganz zwangsläufig die Anforderung, dass sich das Impuls gebende Marketing als Teil der Produktentwicklung und damit zentralen Wertschöpfung versteht. Für die Entwicklung einer nachhaltig erfolgreichen und Impuls gebenden Marke schließt sich so der Kreis zum Marketing-Verständnis von Meffert: Marketing als natürlicher Bestandteil der Unternehmensentwicklung. Ein Impuls gebendes Marketing unterstützt das Unternehmen entscheidend bei der Erneuerung, indem es das Wertesystem des Kunden sensibel wahrnimmt und damit die Grundlage für authentische Produkte schafft, die die Marke stärken und somit die Grundlage für die Durchsetzung höherer Preispunkte am Markt schaffen.

Ein sensibler Kunde, gerade für Premiumprodukte, weiß das Label von der Marke zu unterscheiden. Die Marke Loewe setzt daher auf ein authentisches, ehrlich gemachtes Manufakturprodukt made in Germany. Bei entsprechender Relevanz für den Kunden wird die Marke mit großem Kundeninteresse belohnt.

15.5.4 Die Herausforderungen für die Marke

Wie erfasst Loewe eigentlich die Bedürfnisse der Kunden und damit der Märkte von morgen? Michael Vogt setzt dabei an die oberste Stelle das Zuhören. Was bewegt den Kunden, wie handelt er, was ist ihm wichtig? Dazu gehören auch das Reden und der intensive Austausch mit Start-ups, Experten und anderen Marken, beispielsweise im Rahmen des Netzwerkes Meisterkreis, sowie das Verfolgen von Forumsdiskussionen. Die regelmäßige Lektüre von Trendmagazinen und Studien liefern zusätzliche Anregungen. Der vielleicht wichtigste Aspekt ist die Transferleistung aus angrenzenden Feldern. Wer nur in seinem angestammten „Tunnel" verharrt, bleibt hinter seinen Möglichkeiten (lesen Sie dazu noch einmal die Grundparameter der Innovation in Abschn. 1.2). Der Fernseher wird zum „Screen im Haushalt", der viele Bedürfnisse erfüllen kann – eben nicht nur den Konsum von Fernsehsendungen bzw. Filmen.

Aus den Trends, dem Verhalten des Endkunden und heutigen Anforderungen für einen modernen Haushalt entstehen im Transfer die Ideen für das neue Loewe-Produkt. Ein Kulturwandel, der es in sich hat. Solch ein Wandel gelingt nur unter der authentischen Schirmherrschaft des CEOs und der konsequenten Vermeidung eines tradierten „Silodenkens". Dafür benötigt es interdisziplinäre Teams, die mit der unbedingten Mission arbeiten,

Added Value für den Kunden schaffen. Dabei ist die Relevanz entscheidend – schafft das Produkt im Use Case des Kunden wirklich Mehrwerte? Das kann nur im Betatest mit ebendiesem Anwender bewiesen werden. Den Endkunden bereits in der Entwicklung in das Projektteam zu holen und in kurzen Iterationsschleifen das Leistungsvermögen des Produktes anzupassen, ist von zentraler Bedeutung für Loewe. Nur so ergibt sich eine konsistente Einheit aus Nutzenversprechen der Marke (und des Marketings) sowie der Leistung des Produktes selbst.

Auch eine Premiummarke wie Loewe kann sich einem gefühlten Referenzpreis für Fernsehgeräte von 1000 Euro nicht komplett verschließen. Sich erst entwickelnde Kennerschaft benötigt eine Brücke, einen Einstieg in die Welt des nachhaltigen, qualitätsbewussten (Seh-)Erlebnisses. Daher wird in Zukunft ein Einstiegsgerät in diesem neuralgischen Preissegment angeboten (Frankischer Tag 2016). Ein Loewe-Original, aber eben nicht billig – sondern seinen Preis wert. Die Marken-DNA bleibt erhalten – ohne Kompromisse bei Attraktivität, Smartness, Human Design und Simplicity oder den Grundwerten wie German Engineering oder Qualitätsanspruch, auch wenn nicht alle Komponenten mehr in Deutschland hergestellt werden. Aber eine Reihe von Ausprägungen ist gegenüber den höherpreisigen Geräten variiert. Trotz aller guten Anlagen immer eine Gratwanderung für die Außendarstellung, um die Glaubwürdigkeit der Marke zu erhalten und trotzdem neue sowie jüngere Zielgruppen an die Marke zu binden.

15.6   Fazit für die Erneuerung Ihres Marketings

Das unterscheidet den erfolgreichen Impulsgeber
Der erfolgreiche Impulsgeber zahlt seine Kernaktivitäten direkt auf die Weiterentwicklung der Marke ein. Keine abstrakte Zuordnung, „das ist schon irgendwie gut und Bekanntheits-fördernd für die Marke", sondern die strategisch geleitete Aufladung, um die Wertschöpfung der Marke auf die Produkte und Services des Unternehmens zu verbessern. Das Produkt bzw. der Service ist der ultimative Proof-of-Concept. Daher wird sich der erfolgreiche Impulsgeber immer in die Produkt- bzw. Serviceentwicklung einbringen. Sie und das Team müssen dafür kämpfen, dass Markenversprechen und Leistung von Produkt bzw. Service zueinanderpassen. Der erfolgreiche Impulsgeber lässt sich dabei nicht beirren. Er verfolgt seinen Weg, weil er vom Nutzen für den Kunden und damit von dem Unternehmen beseelt ist. Nur so können eine hohe Konsistenz und eine starke Marke erschaffen werden.

Darauf kommt es an
Die zentrale Herausforderung ist die Komprimierung. Einfach verständliche, einzigartige und inspirierende Antworten auf wenige Fragen. Warum gibt es das eigene Unternehmen? Welches Kunden-relevante Problem löst eigentlich das eigene Unternehmen? Welche Eigenschaften machen das Angebot so besonders? Bleiben Sie bei kurzen, aber einzigartigen Botschaften. Es kommt darauf an, keine austauschbaren Schlagworte wie Innovation,

Kundenorientierung oder Best Technology zu verwenden. Die Mission der Marke muss eine Mission für Ihren Kunden werden. Evian lebt dies mit dem kurzen wie auch einzigartigen Statement „Live Young" vor – in einem Markt, der bei Weitem keinen Mangel an Wettbewerbsprodukten aufweist.

Fragen

1. Warum soll der potenzielle Kunde gerade Ihre Marke präferieren?
2. Haben Sie eine einzigartige Markenpositionierung?
3. Passen Added Values von Produkten und Services zur Markenbotschaft?
4. Verwenden Sie genügend Zeit und Geduld in die interne Vermittlung der Markenbotschaft?
5. Überprüfen Sie die Bekanntheit, Wahrnehmung und den Wert Ihrer Marke turnusmäßig?

Literatur

Aaker, D. 1991. *Managing Brand Equity*. New York: The free press.

Balzer, K. 2002. *Die McKinsey Methode*. Wien/Frankfurt: Wirtschaftsverlag Carl Ueberreuter.

Brandes, D. 2001. *Konsequent einfach*. München: Heyne.

CMO_Council. 2013. *2013 Online Advertising Performance Outlook*. San Jose: CMO Council, Nielsen, Vizu.

Domizlaff, H. 1992. *Die Gewinnung des öffentlichen Vertrauens*. Hamburg: Marketing Journal.

Frankischer Tag. Genios.de. http://www.genios.de/presse-archiv/artikel/FRT/20160419/loewe-will-mit-fernseher-fuer-unter/3140150464-BAMBERG.html (Erstellt: 19. April 2016). Zugegriffen: 12. Juli 2016.

GfK_Marktforschung. 2012. *Markenstudie 2012*. Hamburg: PWC, Universität Hamburg, Markenverband e. V.

Kapferer, J.-N. 1992. *Die Marke, Kapital des Unternehmens*. Landsberg: Verlag Moderne Industrie.

Liebl, F. 2013. Orientierung ernst nehmen. *MARKENARTIKEL* (1-2):62–63.

Schimansky, A. 2005. *Der Wert der Marke*. München: Franz Vahlen.

Schneck, O. (2004). Patente und Marken zur Finanzierung von Unternehmen. www.ottmar.schneck. de: Prof. Dr. Ottmar Schneck. Von Vgl. O. Schneck, S. 2, . Online im Internet: URL:http://www. ottmar-schneck.de/13.0.html, 2004 zuletzt abgerufen am 15.04.2016.

Sinek, S. 2009. TEDxTalk. http://www.youtube.com/watch?v=u4ZoJKF_VuA. Zugegriffen: 15. Apr. 2016.

Spitzer, M. (15. September 2010). Marken schaffen Orientierung in einer komplexen Welt. (multisense.net, Interviewer) Von Vgl. Prof. M. Spitzer, "Marken schaffen Orientierung in einer komplexen Welt", Interview multisense.net, Nov. 2013 zuletzt abgerufen am 15.04.2016.

Stengel, J. 2012. *Grow*. New York: Virgin Books.

Swetlan. 2015. www.swetlan.ch. http://www.swetlan.ch/vorlagen/hp18z/apollo/Kenredy.pdf (Erstellt: 17. Juli 2015). Zugegriffen: 15. Apr. 2016.

Wolters_Kluwer. 2015. www.steuerlinks.de. http://www.steuerlinks.de/controlling/lexikon/markenbekanntheit-und-markenimage.html (Erstellt: 20. Februar 2015). Zugegriffen: 15. Apr. 2016.

Zimmermann, C. M. (2003). Sind die aktuellen Bewertungsmodelle brauchbar? Bern: Universität Bern: Ansätze zur Bildung eines Markenführungs- und -bewertungsmodells, Reader zum Forschungsprojekt Corporate Brand Management.

Teil III
Wie Sie jetzt am besten beginnen

Aller Anfang ist leicht

16

Zusammenfassung

Glückwunsch, Sie haben anhand der zehn methodischen Schritte eine hervorragende Grundlage für die Erneuerung Ihres Marketings gelegt. Ausgestattet mit diesem methodischen Handwerkszeug sind Sie nun in der Lage, den ganz entscheidenden nächsten Schritt zu gehen: die Exekutive. Denn ohne Taten wird sich nun einmal nichts verändern, geschweige denn erneuert. Auch wenn Sie das Scheitern als methodischen Iterationsschritt begrüßen sollten, stellt sich die Frage nach dem richtigen Einstieg. In diesem Kapitel finden Sie dazu Arbeitsblätter für den unkomplizierten Beginn.

Für den Start in eine neue Verhaltensweise – und damit der Abkehr von Gewohntem – bietet es sich an in kleinen, machbaren Schritten vorzugehen. Im Folgenden finden Sie fünf einfache Anleitungsblätter, die Ihnen helfen, den jeweils nächsten Schritt vorzubereiten.

1. Situationsbestimmung
   Verschaffen Sie sich zunächst eine Übersicht: die Situationsbestimmung. Diese erste Evaluation soll Ihnen helfen, sich über den Status quo klarer zu werden.
2. Auswahl der Handlungsoptionen
   Überlegen Sie, welche Optionen für die Erneuerung des Marketings auch wirklich verfolgt werden sollten. Wie immer sind die Ressourcen knapp und es werden Erfolge benötigt, um die nächsten Schritte zu machen. Die Dimensionen Ergebnispotenzial sowie Stärkenkompetenz helfen bei der Auswahl.
3. Wie ein Start-up denken und handeln
   Da es sich bei der Erneuerungsmaßnahme nicht um ein Standardprojekt handelt, lernen Sie, agil zu handeln, aber sehr ergebnisorientiert vorzugehen, wie ein Start-up. Dabei sind die zentralen Sinnfragen für die Maßnahme – Why, Who, What und How – zu berücksichtigen.

© Springer Fachmedien Wiesbaden 2017
U. Greunke, *ReNew Marketing*, DOI 10.1007/978-3-658-13981-0_16

4. Produktentwicklung

Wenn Sie die ersten Schritte zur Erneuerung Ihres Marketings unternommen haben, werden Sie nach internen Prozess- und Strukturoptimierungen, der Erneuerung Ihrer Kommunikationselemente sowie Überprüfung und Festigung Ihrer Markenpositionierung analysieren, wie Sie das Marketing und damit die Position des Unternehmens weiter verbessern können. Dabei führt kein Weg an Produkten und Services vorbei, die Innovation für das Leistungsangebot des Unternehmens.

5. Interne Kommunikation

Den Abschluss bildet das Blatt „Tue Ergebnisstarkes und rede darüber". Nehmen Sie andere mit auf die Reise und berichten Sie regelmäßig über die erzielten Ergebnisse – die erreichen Einsichtige genauso wie die Fehler und Erfolge.

Die jeweils in den Tabellen notierten Aspekte sind nur als Inspiration zu verstehen, sie können selbstverständlich gerne durch Ihre eigenen Ideen ersetzt werden.

Es gibt nichts Gutes, außer man tut es einfach. Beginnen Sie dort, wo sich bereits die ersten Anzeichen für einen erfolgreichen Wandel zeigen. Setzen Sie mit Ihrer Erneuerungsbestrebung dort an, wo positive Impulse und Optimismus für Effizienz- und Effektivitätssteigerung erwartet werden können.

> **Schritt für Schritt zum Ziel – nehmen Sie sich nicht zu viel auf einmal vor**
> Denken Sie in kleinen Schritten, lernen Sie aus den Misserfolgen. Motivieren Sie das Team, quer zu denken, neue Lösungen für die anstehenden Herausforderungen zu finden. Nutzen Sie bestehende Lösungskonzepte aus anderen Abteilungen, Bereichen, Industrien, setzen Sie auf Abkürzungen und Quick-Wins, bevor Sie zu den größeren Vorhaben vorstoßen. Da Marketing heute erfahrungsgemäß im Bereich Promotion agiert, können Sie auch hier die schnellsten Erneuerungserfolge verbuchen. Lassen Sie aber Ihr Ziel, den Einfluss eines erneuerten Marketings auf alle vier Ps auszudehnen – Price, Place, Promotion und Product – nicht aus den Augen.

Ich wünsche Ihnen und Ihrem Team den maximalen Erfolg – und verlieren Sie nie den Spaß an der Veränderung!

16.1   Situationsbestimmung

Die folgenden Fragen helfen Ihnen bei der Standortbestimmung im Marketing (IST-Analyse).

Einschätzung des Marketings – Wo steht die eigene Organisation?

Fragestellung	Stichworte

1. Benötigt Ihr Unternehmen neue Impulse für Wachstum und/oder zur Sicherung der Zukunftsfähigkeit?

Ja, die drei maßgeblichen Treiber können sein:

A _____

B _____

C _____

2. Ist das Marketing aus Ihrer Sicht geeignet und motiviert, um entsprechende Impulse für Innovation im Unternehmen erfolgreich zu setzen?

Ja, denn Marketing kann eine signifikante Wertschätzung in den Bereichen _____ _____ leisten.

(siehe auch Marktstimulation ▶ Abschn. 6.2.1)

3. Sehen Sie in Ihrem Unternehmen Potenzial für die verstärkte Zusammenarbeit von Marketing mit anderen Abteilungen, die ebenfalls eine Erneuerung anstreben?

Ja, mit den folgenden Abteilungen

☐ Sales

☐ IT

☐ _____

4. Wird Kundenorientierung in Ihrem Unternehmen bereits gelebt?

Folgende Studien/Projekte sind bereits aufgesetzt:

A _____

B _____

C _____

5. Besteht eine Outside-in-Sicht im Hinblick auf (digitale) Produkte und Services?

Wenn nein, kann dies gefördert werden durch

_____

(siehe auch ▶ Kap. 3 Outside-in- und Inside-out-Perspektive)

6. Lassen sich die Mitarbeiter Ihres Unternehmens von gescheiterten Vorhaben schnell entmutigen?

Die neue Lust am Scheitern kann helfen, weil

_____

(mehr dazu im ▶ Abschn. 12.5 „Trial and Success")

7. Wagen Sie Neues, im Zweifel auch in Eigeninitiative?

Meine bisherigen Erfahrungen sind

_____

8. Können Sie sich innerhalb Ihrer Organisation hinreichend über die Realisierung neuer Impulse austauschen?

Eine Verbesserung kann erreicht werden durch

☐ Jour fixe mit _____

☐ Networking mit _____

☐ _____

16.2 Auswahl der Handlungsoptionen

Die vielen Optionen für die Erneuerung des Marketings werden aufgrund der knappen Ressourcen nicht alle und schon gar nicht gleichzeitig umgesetzt werden können. Für die Auswahl der richtigen Handlungsoption ist die Beurteilung nach Ergebnispotenzial sowie Stärkenkompetenz daher wichtig. Eine Option zur Erneuerung des Marketings sollte nur bei ausreichender Ergebnissicherheit durchgeführt werden, sonst lohnt sich einfach die Mühe nicht. Damit geht die Anforderung der Messbarkeit einher. Versuchen Sie, nicht gleich zu Beginn an den Schwächen zu arbeiten. Diese sind zwar einfach zu erkennen, weil der Markt dies bereits wi-

derspiegelt, haben aber wenig Aussicht auf kurzfristigen Erfolg. Bauen Sie Ihre Erneuerungsmaßnahmen zunächst ausschließlich auf den Stärken Ihres Unternehmens sowie Teams auf.

**Sondierung des Ergebnispotenzials sowie der Stärkenkompetenz für eine Erneuerungs-
maßnahme**

Die Erneuerung des Marketings kann durch die Handlungsoption _____
signifikant vorangetrieben werden. Diese hat in Summe die Ergebnispotenziale von
_____ (Kontakten, Sales Leads, Besucher etc.), welche in einem Zeitraum von __
Wochen/Monaten bei einem Investitionsvolumen von __ Euro erreicht werden sollen. Die
Erneuerungsoption bauen im Kern auf den folgenden Stärken auf
_____.

Die Option hat ein hohes Ergebnispotenzial, weil …

☐ sie bestehende Bestseller integriert.

☐ eine hohe Qualität der Leads sichergestellt wird.

☐ sie den konvertierungsstärksten Kanal Digital/POS/PR etc. im Kern integriert.

☐ _____

☐ _____

(siehe auch Wirkungskette des Marketings ▶ Abschn. 13.1)

Die Option baut auf den Stärken des Marketings auf, weil …

☐ die kritischen Ressourcen zur erfolgreichen Umsetzung vorhanden sind.

☐ sie bereits auf Best Practices aufbauen kann.

☐ sie auf einem bestehenden Markttrend aufbaut.

☐ _____

☐ _____

Die Option setzt auf die Stärken des Unternehmens auf, weil …

☐ sie die Mission des Unternehmens stärkt.

☐ sie authentisch zur Organisation passt und so in der Implementierung leicht fallen wird.

☐ sie die Beteiligten mit Stolz erfüllt.

☐ _____

☐ _____

(siehe auch Stärken stärken ▶ Kap. 8)

Erneuerungsoption

Ergebnispotenzial

Stärkekompetenz

16.3 Denken Sie als Start-up (Projekt)

Haben Sie sich einen Überblick über die Ausgangssituation verschafft und die Handlungsoptionen abgewogen, gilt es nun, die gefundene Option in der Regel als Produkt zu planen und zu implementieren. Da es kein Standardprojekt ist – denn sonst hätte es nicht den Anspruch, Ihr Marketing zu erneuern – denken Sie wie ein Start-up. Dazu helfen die einfachen Kriterien, die bereits Daniel Sennheiser in seinem Vorwort benannt hatte: Why, Who, What und How. Gerade weil es kein Standardprojekt ist, sollten Sie schnell lernen – wie ein Start-up, welches nur sehr begrenzte Ressourcen zur Verfügung hat. Es gilt Erfahrungen umgehend in Optimierungen umzusetzen.

Die Eckpunkte des Erneuerungsvorhabens – agil wie ein Start-up

Problem (Why)

Warum führen wir gerade diese Erneuerungsoption durch? Beschreiben Sie möglichst genau, welches Problem diese Erneuerungsoption für das eigene Unternehmen lösen wird. Ein Problem, das für das Target auch relevant sein muss, oder ihm als relevant zumindest leicht verständlich zu machen sein sollte.

Target (WHO)

Wer ist der Kunde bzw. Adressat für diese Erneuerungsmaßnahme? Was sind die Bedürfnisse und Anforderungen des Kunden bzw. Adressaten heute – und was könnten sie morgen sein?

WHAT

(Das Verständnis vom Kunden ist dabei elementar ▶ Kap. 7)

Was ist das eigentliche Angebot (der Erneuerungsmaßnahme) – denken Sie dabei auch an mehrere Dimensionen bspw. Hardware/Software/Image? Was ist der Mehrwert (der Erneuerungsmaßnahme) für den Kunden, was kauft er wirklich (auch emotionale Werte!)? (Warum Kunden kaufen ▶ Abschn. 7.4)

HOW

Wie wird die Erneuerungsmaßnahme implementiert? Welche Kompetenzen werden im Team benötigt? Über welche Kanäle wird die Erneuerungsmaßnahme kommuniziert? (Das „richtige" Team zusammenstellen ▶ Kap. 4)

ITERATE

Wie stellen Sie sicher, dass das Team sehr schnell zu ersten evaluierbaren Ergebnissen kommt (Prototyp, erster Flight, Probandentests etc.)? Wie schnell können Sie die gewonnenen Einsichten in die nächste Implementierung integrieren? (Lernen aus Iterationen ▶ Abschn. 12.4)

16.4   Customers don't buy products …

… they buy an idea. Marketing ist die Unternehmenseinheit, die den Wertbeitrag von Produkten und Services für den Kunden erläutern und gar erweitern kann. Von der Generierung von Produktideen über die Entwicklung des Geschäftsplanes, das Konzept sowie Prototypen bis hin zum Vorserien- und Serienmodell erfordert ein intensives Sparring mit dem Marketing. Denn nur was im Produkt bzw. Service bereits als elementare Wertschöpfung für den Kunden enthalten ist, kann als solche im Markt kommunikativ auch platziert werden. Ein Produkt besteht dabei aus der Hardware, Software und dem Image. Jedes Produkt ist ein Markenbotschafter und zahlt auf die Marke ein oder entwertet diese beispielsweise durch mangelnde Qualität (Produkterlebnis vs. Produkterwartung), unzeitgemäßes Design/Nutzungskonzept, unpassende Markteinführung, falsche Vertriebskanäle und einfach das fehlende Match zwischen angebotener Problemlösung und Probleminhabern (den Kunden).

Impulse durch das Marketing zur Steigerung der Wertschöpfung von Produkten

Entwicklungsprozess	Steigerung Wertbeitrag durch Impuls gebendes Marketing
1. Neue technische Entwicklungen bzw. Möglichkeiten	A Abgleich mit Bedürfnissen bestehender/neuer Kunden
	B Analyse von relevanten Markttrends
	C _____
2. Prüfung auf technische Realisierbarkeit, Erstellung Business Case	A Wettbewerbsanalyse inklusive Differenzierungspotenzial
	B Umsatz-/Ergebnispotenzial in Zusammenarbeit mit Sales; Denken in Szenarien (positiv, neutral, negativ)
	C _____
3. Entwicklung von Konzept inklusive Prototyp	A Anwendertest durch qualitative Marktforschung oder Crowdsourcing (siehe ▶ Abschn. 10.3.2)
	B Beschaffenheit des Prototypen; Nutzung des Prototypen als „Concept Car" zur Steigerung der Markenbekanntheit
	C _____
4. Entscheidung für Produktion, Beschluss Business Case	A Portfolio Fit – Wie stärkt das neue Produkt das bisherige?
	B Einführungsstrategie (Early Adopters-Einbindung!), Iteration bei Nichteintreten von Szenarien (siehe KVP ▶ Abschn. 12.2)
	C _____

5.	Fertigung	A Überprüfung der Einhaltung von signifikanten Parametern wie Preis (keine Erhöhungen), Eigenschaften (kein Entfall von zentralen Wertschöpfern)
		B Qualität, Lieferbedingungen, Service, der zur Marke passt
		C _____
6.	Mid of Lifecycle	A Stimulanz bei fallendem Absatz, der weiterhin auf den Wertschöpfungskern einzahlt
		B _____
7.	End of Lifecycle	A Anbindung in einer Portfoliologik an neue Prototypen („Concept Cars") bzw. Nachfolgeprodukte, um Bestandskunden zu binden
		B _____

16.5   Tue Ergebnisstarkes und rede darüber

Michael Voigt von Loewe brachte es sehr treffend auf den Punkt: Die meisten Mittel verwendet Loewe derzeit für das interne Marketing (siehe Abschn. 15.4.2). Sie können noch so fleißig sein und mit viel Engagement Ihre Erneuerungsmaßnahmen vorantreiben –, wenn Sie intern keine Rückendeckung für diesen Weg bekommen, schwindet die Unterstützung nach den ersten Rückschlägen schnell. Der erfolgreiche Impulsgeber antizipiert dies und sorgt dafür, dass die erzielten Erfolge auch intern kommuniziert werden. Es ist erstaunlich, wie viele Marketing-Profis die eigene Kommunikation und damit auch die Wertschätzung für das Team vernachlässigen. Ein Weg der Erneuerung wird Zweifler und Bedenkenträger auf den Plan rufen. Die Unterstützer dieses neuen Weges werden zunächst nur wenige sein. Für die weitere Rückendeckung durch Unterstützer, Ihr Team und durch wichtige Stakeholder ist es unabdinglich, die Erneuerungsvorhaben auch intern zu kommunizieren und über deren Fortschritt und Ergebnisse zu berichten.

Achten Sie bei der Umsetzung von Erneuerungsmaßnahmen auf eine wohldosierte interne Kommunikation mit Stakeholdern, Team, Unterstützern und Organisation

Die Kommunikation mit den Stakeholdern erfolgt durch …

☐ monatlichen Kurzreport („One-Pager").

☐ Quartals- bzw. Halbjahresbericht mit den wichtigen Auszügen inklusive Ausblick.

☐ turnusmäßige Meetings mit den Entscheidern zum Thema Brand/Marketing/Design.

☐ _____

☐ _____

Die Kommunikation und Würdigung innerhalb des Teams erfolgt durch …

☐ monatlichen Jour fixe für das gesamte Team (inklusive der Einladung auch temporärer Teammitglieder).

☐ eine Feier/gemeinsamen Abend bei der Erreichung überproportionaler Ergebnisse.

☐ die Würdigung von Jahresergebnissen in Form von Aushängen, Objekten, Preisen etc.

Team

☐ _____

☐ _____

Die Kommunikation mit und Würdigung der wichtigen Unterstützer erfolgt durch …

☐ die Einladung zum Jour fixe des Teams.

☐ die Pflege von persönlichen Beziehungen unter Einforderung von kritischem Feedback.

☐ die aktive Einbindung, bspw. beim Content Marketing (Storytelling).

Unterstützer

☐ _____

☐ _____

Die Kommunikation mit der gesamten Organisation erfolgt durch …

☐ die Einbindung der Marketing-Ergebnisse bei Anlässen (z. B. Betriebsversammlung).

☐ die Einladung zu Fokusgruppen, z. B. für Markenpositionierung, Produktreviews.

☐ den Aushang von erreichten Ergebnissen in digitalen Portalen oder bspw. der Kantine.

Organisation

☐ _____

☐ _____

The manufacturer's authorised representative in the EU is Springer
Nature Customer Service Centre GmbH, Europaplatz 3, 69115 Heidelberg,
Germany. If you have any concerns regarding our products, please
contact ProductSafety@springernature.com

Printed and bound by CPI Group (UK) Ltd, Croydon, CR0 4YY
23/04/2026
02095635-0011